浙江千年望族

富弼与富氏家族

金邦一 著

团结出版社

图书在版编目（CIP）数据

浙江千年望族：富弼与富氏家族 / 金邦一著. --
北京：团结出版社，2017.12
ISBN 978-7-5126-5886-8

Ⅰ．①浙… Ⅱ．①金… Ⅲ．①家族－史料－浙江
Ⅳ．①K820.9

中国版本图书馆CIP数据核字(2017)第314041号

出　　版	团结出版社	
	（北京市东城区东皇城根南街84号　邮编：100006）	
电　　话	（010）65228880　65244790	
网　　址	http://www.tjpress.com	
E－mail	65244790@163.com	
经　　销	全国新华书店	
印　　刷	成都新千年印制有限公司	
装帧设计	成都天恒仁文化传播有限责任公司	

开　　本	165mm×240mm　1/16	
印　　张	22	
字　　数	423千字	
版　　次	2017年12月第1版	
印　　次	2020年1月第2次印刷	

书　　号	ISBN 978-7-5126-5886-8	
定　　价	69.90元	

目　录

第六章：地方史研究（以宗谱为支点）

第一部分：宗谱文献

第二部分：传世史料选

绪 论

一、国内外研究现状述评

在富弼的生平研究上，2002年，四川大学曹清华《富弼年谱》，对富弼生平系年进行详细考订，并对富弼在庆历、熙丰两次变法中的作用有所分析。

对于其政治和外交，2010年，山西大学李婉婷《富弼与北宋中后期政治》以富弼在庆历、熙丰两次变法中的活动和作用，着重分析了富弼的政治才能和对政局的影响；1999年，香港周莲弟《富弼与北宋的御夏政策》、2005年河南大学张显运《从出使契丹看富弼的外交才能》对富弼的外交思想和外交实践进行初步研究，周莲弟文章较为详至。

在富弼的交游上，2010年北京大学张希清《富弼与范仲淹的关系考》初步理清了富弼和范仲淹的交游情况；2011年河南大学张明华《富弼与邵雍的关系》比较详细地说明了富弼和邵雍的交游关系，对于研究富弼的性格、活动圈子有一定的作用，也折射出北宋当时士大夫阶层的风气。

在后裔研究和家族迁徙上，文成富弼后裔富晓春《"细柳"将军的传奇人生——富文其人其事》，对民国中将富文进行描写和介绍。王传珊、富知愚《从家谱看富弼家族祖裔的迁徙》，根据家谱、史料和实地访问，对富氏家族的迁徙史进行初步整理。

在实物考证上，2009年，洛阳第二考古队对富弼家族墓葬进行发掘，发表的《富弼家族墓地》中，对文物的考订，富弼家族成员（富弼祖孙三代）构成、官阶，年龄、性别构成等进行分析。对富弼的政治、外交思想，北宋的政治经济史进行分析。对于富弼到富弼孙辈的婚姻、荫补等问题进行初步爬梳。

二、选题的价值

综上所述，目前，对于作为北宋名相，著名政治家和外交家，经历北宋两次重要变法的重臣富弼的论文寥寥无几，对其研究远远不足。从已有的论著可以看出，目前对富弼的研究主要集中在政治、外交领域，而且多半言之偏于线性，饱满不足，且介绍性大于分析性。对于生平系年的考证已经有很好的文献证据，对实物分析也初步开展，但对于作为其精神产生和精神延续的家族研究几乎为空白，因此也谈不上富弼作为封建历史文化名臣，其文化遗产与文化象征对中国当下（一个方面是基于中国古代文化的传统价值重构）和地方文化精神塑造形成坚实而有持续力的建筑资源。

文成（南田泉谷——西坑梧溪）是富弼的祖辈生活地和健在所有裔孙的回迁地，是国内富氏后代中世系最完整，记载最详细，文化资源最丰富的直系后裔。富氏一世祖在五代时定居南田泉谷，七世孙（富弼孙子富直亮、富直清）避乱回归祖籍地，十一世孙（富凯，富成）迁居南田山南的西坑梧溪，一直繁衍至今，并向各地开枝散叶。富氏家族作为江南望族，在其繁衍过程中，和其他江南望族南田刘氏（刘伯温先祖和后裔、刘伯温本人）及龙川赵氏（南宋皇族后裔）、西坑岙底周氏（清代、民国望族）通婚，共同发展并形成了文成崇文好学，敦厚诗书的精神传统。

目前，国内对于家族史的研究尚属空白。研究富氏家族，对于封建家族在漫长阶段的时光中的沿革和变迁有展示和标本意义；研究富氏家族的良好家风，对于传递中国传统文化声音，展示中国价值，推进社会主义精神文明建设有重要意义；研究富氏家族历代生活细节，对于展示浙南政治经济史、社会发展史，作为大历史的小注脚及丰富的细节展示，有重要意义。

三、本课题所要解决的主要问题、研究的主要内容及重要观点

（一）本课题所要解决的主要问题

1. 从唐宝历元年（825年）到当代，文成南田——西坑梧溪富氏的发展、演变过程。

2. 富弼其人及富氏家风及在富氏繁衍中的作用。

3. 富氏家族史、联姻史与相关政治经济史、社会发展史。

（二）研究的主要内容

1. 富氏宗谱（梧溪、梓川、上海浦东）的序言，人物传、诗词。

2. 富氏后代名人传。各宗庙题匾、对联，富氏后人借据，代讼词等地方文献。

3. 《四库全书》里富弼未出版的文集及和富弼相关名人文章。

4. 富氏家庙富氏家族祭祀。

5. 其他历史文献和地方志。

（三）重要观点

1. 文成梧溪一带是富弼的祖籍地其健在所有裔孙的回迁地，是富弼家族血脉最直接、支系繁衍最清晰的后裔繁衍地。

2. 富氏家族是在浙江繁衍1100余年的望族。

3. 时代治乱、家族联姻、富氏家风是影响富弼后裔的生活繁衍的三大因素。

（四）本课题研究的主要思路和方法

1. 研究的主要思路

本课题研究的主要思路是：文献调研→阶段分析→实证研究→结论

2. 研究方法

（1）理论研究与计量研究相结合，以理论分析为主

（2）实证分析与规范分析相结合，以实证分析为主

（3）定量分析与定性分析相结合，以定量分析为主

四、本著作与已出版同类著作的主要不同之处，创新特点

1. 从地方志、族谱入手，以家族为视野，以外部史料为印证，考察富弼家族1100年的繁衍兴盛以及历史劫难。

2. 以富氏家族的发展史，以南田山一带的移民史、联姻史、家族争斗史带出浙南地方的经济政治史。

3. 以（富氏）家族为视野，有效、全面收集富弼及富氏族人文章，富氏家族的制诰。

五、本著作在理论、学术及实践上的意义、价值

1. 首部全景式研究中国历史家族的专著。

2. 以家谱与传世史料结合的历史研究。在历史研究视角上有一定的开创意义。

3. 弘扬传承中国历史名臣家族文化。

六、宗谱引用凡例

现存的富氏宗谱主要有浯溪谱，梓川谱，上海浦东族谱。其中，梧溪谱分景泰、道光、现代（1995年）版，本书引用分别称《景泰谱》《道光谱》《现代谱》，

总指则为《浯溪富氏宗谱》。梓川谱称《梓川谱》，上海浦东谱称《上海谱》。三地族谱总称则为《富氏宗谱》。

　　《景泰谱》因宗谱的页数没有标明，以及次序的混乱，引用宗谱时不能标明页数。

第一章：浙江南田富氏及支系叙述

界定：宋人籍贯意识和作为今文成人的富弼

摘要： 由于仕宦和家族迁徙，定居南田的富氏家族因为仕宦逐渐向政治中心"两京"（开封和洛阳）和经济中心平江府（今苏州）地区扩张。按照富氏宗族的大部生活在青田，以及北宋同父母兄弟户籍登记的不同实例来看，富弼仍可以登记为"青田"（今浙江文成南田人）。

关键词： 祖居地意识　籍贯

文成建县于1946年。作为富氏的繁衍地南田泉谷和西坑梧溪村，原是青田地界，自古属"南田山"。富氏从五代时期始迁祖富韬定居南田泉谷（五代时称"柔远乡甘泉里"）；浯溪位于泉谷南岭下，两地相距五里。南田富氏十二世、浯溪始迁祖富应高，"好山水之胜，暇日下（泉谷）南岭，指语溪（浯溪）而言曰：'人皆知泉谷可观，不知有此东土。'遂筑室家焉。[1]"富氏小宗支系正式定居浯溪。因元末的吴成七乱，以及元明时刘伯温家族的崛起，定居泉谷周边的富氏逐渐衰落。浯溪遂成为富氏小宗兼大宗。

文成建县后，两地均划归文成。

家族的扩张是家族实力的体现，但因为仕宦，家族成员向居住"善地"如首都地区聚集。北宋人徐积说："学士大夫起自远方，易旅仕宦处于中州，皆东西南北之人也，岁月既久，即其所居，求田问舍，遂为中州人者多矣。"[2]简单来说，北宋两京（开封和洛阳）为人才集聚地，然而人才大都不是为两京所产。"远方"即全国各地的宗族因为仕宦聚集两京，"求田问舍"即购买田地后，户口登记为"两

（1）叶琛《宋故进士富公应高传》，《现代谱》100—102页。
（2）《节孝集》卷二十。

京"之人。

古人的籍贯表述，由于史料记载的粗略和现实利益的纠葛，存在着不同的表述。如北宋王禹偁，史料记载为济州钜野人⁽¹⁾，而王禹偁自称为鲁（今山东曲阜附近）人。南宋朱熹，安徽婺源和福建尤溪均有其籍贯地的表述⁽²⁾。元末明初刘基，有青田县和文成县的不同表述⁽³⁾。明代陈茂烈，有莆田、瑞安、文成的表述⁽⁴⁾。

文成是一个新成立的县（富氏家族聚居地南田在今文成区划范围），因此，有必要以宋代通行的"祖居地意识"、户籍登记实例和现行政区划为标准⁽⁵⁾，对富弼籍贯归属进行考察。

宋代登记户籍称作"贯籍"、"占数""占籍"等，皆是取缴纳赋税之意，富弼为三朝宰相后，在洛阳有房产，有封邑，其占籍（登记户口）在河南府顺理成章。然而，根据宋代士大夫认定籍贯通行的"祖居地意识"，富弼实际上可以登记为青田（今文成南田）人，富氏宗族也有更强烈的"江浙"意识，而非河南府认同。

一、祖居地意识

魏峰认为"宋代传世墓志铭，追述传主先世多叙述为'某世唐末迁于某地，遂为某人'。累世居于某地，世代葬于某地，就形成祖居地。即使户籍不在此地，甚至没有在此地长期居住，也因为父祖的联系，对某地产生地域认同，也就是自认为某地人。祖居地意识，作为籍贯意识的一个部分，在土著家族的地域认同方面表现得较为明显。"如北宋宰相吕夷简祖父，从祖居地山东东莱搬迁到安徽，但吕夷简自认为是东莱吕氏。

魏峰还列举宋人以祖居地认定籍贯的实例：

"欧阳修迁居颍川，仍然自署为'庐陵'。仁宗朝官至工部侍郎李虚己，祖居福建建安。其父葬于洪州，其家户籍于是改为洪州（按：如富弼父亲富言，葬于洛阳）。王安石仍称李虚舟之子李定为'建安李定'。王安石的父亲葬在建康，

（1）《宋史·卷二百九十三》。

（2）王铁藩《再论朱熹的籍贯》，见《福建学刊》1991.3。

（3）今文成县和青田县媒体发布均表示刘基为本县人。

（4）《明史》表达为莆田人，《嘉庆瑞安县志》列入明代瑞安进士表，其故乡周壤乡大坑村从瑞安划入文成，又被认为是今文成人。

（5）魏峰《宋代迁徙官僚家族研究》，浙江大学人文学院，2007年博士论文。

他本人长期留居建康，家族坟寺亦在此地（按：如富弼家族坟院在洛阳和开封）。但他文集中墓志铭、神道碑的传主以江南西路最多，说明王安石地域归属观念中仍是以江西为故乡。建安浦城人章粢，徽宗朝官至同知枢密院，其父章访时已迁居平江府。宣和三年（1121年）童贯任江浙淮南等路宣抚使，章粢之子章綜时任知均州。童贯举荐章綜为两浙提举常平，理由是章綜'系苏州人，备谙江浙民情，可以依仗。'章氏在苏州入籍已经两代。但章氏先世在建安，因此章綜去世后，孙觌仍视为称其为'建安章氏'。仁宗朝曾拜中书门下平章事的曾公亮，其七世祖自光州固始，迁居福建晋江。自曾公亮去世葬于开封新郑后，曾氏一支就在开封地区繁衍。曾公亮之弟曾公望夫妇，也葬在开封新郑。但晋江对于曾氏而言，是家族兴盛之地。直到元朝至元年间，有曾公亮后裔赴晋江找寻曾氏祠堂所在，仍自言是曾氏留居郑州者（按：如20世纪80年代，洛阳富氏到南田'访祖'。），而不称为开封曾氏。"

二、户籍登记实例

另外，魏峰还举了以高祖为户头登记籍贯的实例：

"宋代户籍认定田产与葬地并举，于是出现同胞兄弟却户籍不同……绍兴十八年登科的陆升之、陆光之兄弟，为山阴陆氏后裔。而两人登记的户籍，陆光之为绍兴府山阴县，陆升之登记的籍贯是开封府陈留县。何以兄弟两人却户籍不同？笔者以为，源于他们参加发解时籍贯依据的标准不同。以陆升之登记户籍考察，其户头是'高祖'。陆升之祖父陆似，曾祖陆珪，高祖陆轸。陆轸中大中祥符五年（1012年）进士，考察其任官经历，他曾任职三司盐铁判官，居住于开封，可能于开封购买田产立户。而其弟陆光之，当是以父祖坟墓立籍于山阴。此类情况同榜还有范仲微、范仲较兄弟，皆是范祖禹后裔。范仲微是范镇次子范百禄之重孙，登记户籍为开封府祥符县，范仲较登记户籍是开封府本县。还有莫及、莫冲，他们皆是熙宁年间名士莫君陈的重孙，莫及登记为开封府开封县，莫冲则是湖州归安县。莫及的户头是高祖莫君陈，莫冲的户头是祖父莫磻。此外同榜进士葛邲，是葛胜仲之孙，葛氏为江阴名族，而葛邲的户籍登记为开封祥符县，登记户籍是高祖。葛邲之高祖葛密，庆历二年进士。估计亦是于开封有地产。[1]

同理，以宋代高祖为最大范围的仕官，晚年举家定居南田的富韬，其本人、儿子富处谦、孙子富令荀[2]，都是可以作为富弼登录"青田（今文成南田泉谷）"

（1）魏峰《宋代迁徙官僚家族研究》，浙江大学人文学院，2007年博士论文。

（2）见本书第三章第三节《吴越国：家族兴盛的起点——兼论富韬的生平》。

户籍的依据。

三、富弼作为今文成人

（一）祖居地。

1.作为富氏祖籍地的江浙。

祖籍地是指定居之前的上一个家族居住地。富弼家族居住洛阳，始自富弼的父亲富言，大约为至道（995—997）初作为吕蒙正门客随之定居[1]。富弼的祖居地为江浙。唐宝历元年（825），富弼七世祖富达为冀阳信都太守，从睦州（今新安江建德一带），避乱迁居到栝州（今丽水）。[2]

南宋范成大认为，"富氏本出处之青田"，并记载苏州支系的富严为富弼的叔父[3]。范成大与富氏家族渊源颇深：他为平江府吴县（今江苏苏州）人，而吴县为苏州富严支系聚居地；范成大与北宋名臣范仲淹同宗而不通谱，而范仲淹为富弼师友；其母蔡氏，为蔡襄孙女、文彦博外孙女，而蔡襄、文彦博均为富弼至交。乾道三年（1167年），范成大知处州。富氏在南宋初年在处州尚属全盛，范成大即使从郡守角度关注本地世家，亦是合情理。况在处州留有诗文流传和地方工程调查及建设，非泛泛过客，后入处州名宦祠。[4]

天圣九年（1031年），富弼之父富言葬在洛阳，父、祖葬地为宋人占籍标准之一，体现了富氏定居两京"迁徙善地"的冲动。但是一直到大观四年（1110）、宣和六年（1124）的富绍宁和富绍荣（富弼侄辈）的墓志铭，都表述富氏为河南府（洛阳）的外来家族，富弼成为三朝宰相后，富氏家族才成为河南府（洛阳）人：

"韩国文忠公（富弼）以盛德大业为时名相，始居洛，今为河南人。"[5]

"逮我宋太师韩国公文忠公（富弼）起家，相三朝，居河南府洛阳县，凡是族属从焉。"[6]

宣和六年（1124），富绍荣的墓志铭更表述了富氏家族和江浙（宋代江南东路，包括浙江和今江苏苏州一带）的关系：

（1）见本章第三节《支系叙述一：河南府（洛阳）富氏发展情况》。

（2）《梓川谱》，第二十二页。

（3）《吴郡志》卷二十六"富严"。

（4）彭小明、赵治中《宋代诗人范成大在处州的政事与创作》，《广西社会科学》，2004年09期。

（5）《富绍宁墓志铭》，中州古籍出版社《富弼家族墓地》第61页。

（6）《富绍荣墓志铭》，中州古籍出版社《富弼家族墓地》第63页。

"富氏在江浙为望族。"(1)

成书于两宋之交的《吴郡志》更是指出了富氏的本籍为青田（今文成南田泉谷）：

"富严，大中祥符四年进士……富氏本出处（州）之青田，文忠公（富）弼于（富）严为叔父，（富）严之祖始居吴，葬焉。遂为吴人。"(2)

明代的乡贯意识比宋代更为严密，明代的文献，直接把富严记载为青田（今文成南田泉谷）人：

"富严，青田人。其祖居吴而葬，因占籍焉。"(3)

"富严，青田人。"(4)

因为族谱为古代宗法制度的遗存，清承明制，民国之后，现在民间的籍贯认定方式亦无变更，换而言之，现在中国民间的籍贯认定方式，还和明代的认定方式类似。

而按照宋代最被认可的祖居地籍贯登记标准，以及记载的登记实例，富弼是可以登记为青田（今文成南田泉谷）人(5)。

只不过富弼当了宰相，可以另开支系，所以洛阳这一支，被青田（今南田泉谷）富氏家族的人称为"西京（洛阳，北宋西京）富氏"(6)。就像刘基家族郡望为彭城郡，刘基成为明代开国元勋后，刘基这一支系郡望变成"永嘉郡"，有皇帝封诰的缘故。

2.以青田为中心的富氏先祖定居。

富弼十世祖富达生子四，富婴、富和、富薛（即富弼六世祖）、富彦。富薛的儿子，即富弼的高祖富韬，福建仕官后定居青田南田泉谷（今文成南田刘基庙附近，人称富村。因世代繁衍，周边有富塘、富岙等地名）(7)。富韬为从福州任满回籍时定居南田(8)。从福建到浙南的陆路有两条，其中一条经福州，到达两浙

（1）《富绍荣墓志铭》，中州古籍出版社《富弼家族墓地》第63页。

（2）卷二十六"富严"，四库全书本。

（3）《姑苏志》卷四十九"富严"，四库全书本。

（4）《万姓统谱》卷一百十"富严"，四库全书本。

（5）宋人籍贯定居标准详见魏峰《宋代迁徙官僚家族研究》第三章"迁徙与定居：士人籍贯观念"。

（6）《梓川谱》第五十页"家祠家庙录"。

（7）刘耀东《南田山志》卷九"古迹"，"泉名……在华盖山南一里，又名富宅，唐富韬始居。"卷一："东北境之水……其一自富塘。"又泉谷东南有富岙乡。

（8）《梓川谱》程颐序言。

地区的温州。根据富韬从温州再到处州，经过处州东南角的原青田南田（今属文成）定居的情况，富韬从福建仕官回来，走的应为这一条[1]。富韬死葬南田三源华山无为观侧[2]，为青田（今文成南田）富氏的一世祖。富韬定居应该在公元950年前后[3]，按常理推断，此时富韬长孙即富弼祖父富令荀已经出生并随之定居青田（今文成南田），为青田（今文成南田）人。按照民间以祖父定居地通常认定籍贯的方式，富弼即为青田（今文成南田）人。

富韬六子：处谦、绍麟、绍宗、南归、绍□、绍钧[4]。根据《道光谱》和《梓川谱》的记载，富韬均生三子，其中，"南归、绍□"并不被计算在内[5]。除处谦为吴越内黄令，接受名义上的河南内黄令荫补外，其余子并没有和河南有关的资料证明。富处谦的儿子们，更多的是和江浙发生关系，如有仕官记载的富绍宗，仕温州司户；富绍钧，仕台州，二人"遂家于（彼）"，即定居于仕官地[6]。其余三子并没有外迁的史料，族谱中亦无支系记载。按照一个家族，仕官的人员多是少数的常理，且富氏《道光谱》对外迁人员多有标注的习惯[7]，富氏宗族的大部分，应该生活在青田。

富弼祖辈。族谱中保留名字的四人：令荀、令达、令昉、令谴[8]。令荀为处谦子，令达为处常子，令昉为处恭子，令谴为处顺子。其中，富令达，富令昉、富令谴定居南田。令昉最后葬于苏州，生子富严，派居河南，但仍被认为是青田人。[9]富令荀仕商州马步使，为地方厢军高级将领，为富弼支系在河南活动的开始。

富弼的父辈。富弼父富言，为咸平三年（1000）丙科进士，仕官遍及南北，以万州知州而终[10]。富言仕官的物质及人脉积累和在洛阳的葬地，奠定了富氏在洛阳扎根的基础。富弼叔父富严晚年定居苏州后，形成苏州支系。富弼父辈族谱

（1）《梓川谱》第十页"富韬，任五季福州刺使，任满回籍，道经青邑甘泉里之南田"。

（2）《现代谱》列祖介绍第一页，《梓川谱》第四十一页。

（3）见本书第三章第三节《吴越国：家族兴盛的起点——兼论富韬的生平》。

（4）邓名世《古今姓氏书辨证》卷三十四"富"。

（5）《梓川谱》"支图外纪"第一页。

（6）浯溪《景泰谱》"世系"。

（7）见《景泰谱》《道光谱》的前几世记载。

（8）根据《梓川谱》和《古今姓氏书辨证》记载。

（9）见《道光谱》《梓川谱》。

（10）富弼《富泰公言墓志铭》，《名臣碑传琬琰之集》中卷三十九。

记载者另有富琼、富升、富明、富良、富岩、富瑶、富珑、富玖、富奇、富衮等。[1] 族谱并没有标出其迁徙地，亦无仕官纪录，按照宗族抱团居住的常态，其中的大部，应居住在本籍青田。

富弼及兄弟。富弼六兄弟："某长，奭、翱、收、请、奕次之"（除去早卒的富请，成年五子）[2]，在富弼显贵后，在河南活动为三子，富弼、富鼎、富仪（富奭）[3]。除苏州支系四子富蒙、富咸、富临、富随[4]应在苏州定居外，其余富文德、富牧、富时、富文标、富偕、富侨、富伾、富僾、富亶、富诠、富暎[5]，族谱并没有标出其迁徙地及仕官地，根据中国古代宗族聚居的惯例，估计其中的大部，应居住在本籍青田。

总结如下表：

南田富氏富弼六世祖及1—5世定居情况一览

世系	定居青田（今文成南田）	游宦及定居宋江南东路（今浙江省及江苏南部）	游宦及定居河南
高祖辈	富韬。	富韬曾游宦苏州。	富韬曾游宦河南。
曾祖辈	富处谦、富绍麟、富绍宗、富南归、富绍□、富绍钧。	富绍宗，仕温州司户富绍钧，仕台州，二人"遂家于（彼）"。	富处谦，荫补为吴越内黄令。
祖父辈	富令荀、富令达、富令昉、富令谑。	富令昉葬于苏州。	富令荀仕商州马步使。
父辈	富琼、富升、富明、富良、富岩、富瑶、富珑、富玖、富奇、富衮。	富严，晚年定居苏州。	富严，派居河南。富言，仕官并葬于洛阳。
兄弟辈	富文德、富牧、富时、富文标、富偕、富侨、富伾、富僾、富亶、富诠、富暎。	富蒙、富咸、富临、富随定居苏州。	富弼、富鼎、富仪仕官河南府，富弼定居于河南府。

关于富弼曾祖到父辈的墓地。根据《现代谱》《梓川谱》，富氏的二世到四世的祖辈，除嫡长子富处谦——富令荀——富言集中在富弼显贵后，葬在"开封

（1）综合《景泰谱》《梓川谱》"世系"。

（2）富弼《富秦公言墓志铭》。

（3）《富鼎墓志》，见《富弼家族墓地》65—67页，中州古籍出版社（2007年）。

（4）《梓川谱》"内纪支图"第五页到第七页。

（5）综合《道光谱》与《梓川谱》"世系"。

祥符寺余庆禅院"外，其余先祖的坟茔已经不可考。这可能是由于欧阳修谱法，只注重嫡长子记载的关系[1]。从富弼的曾祖到父辈，仕官地分东西南北，均埋在今河南开封和洛阳两处，应该为家族集中埋葬。按照今文成遗存的富氏家族墓地集中在南田一带，以及富氏七世到九世富冲贡、富□、富天将在富氏坟山无为观出俗为道的情况，在南田定居的富氏先祖，其坟茔应该位于以始祖富弼葬地华山无为观为中心的南田一带。

3. 回迁青田的富弼所有裔孙。

富直亮、富直清的回迁也说明了青田南田（今文成南田）为富氏的祖居地。富直亮、富直清为定居洛阳的富弼次子富绍京后。而带领回迁的，是留守本土的富文德孙景贤[2]。可见两地联系的紧密。

由此可见，富氏宗族大部分在青田定居。富韬子富绍宗，仕温州司户，富绍钧，仕台州。二人均定居于仕官地。四世富严占籍苏州。温州、台州、苏州均属江浙（宋代江南东路，今苏南、上海及浙江全境）。游宦在外的有富氏家族长子支系富处谦——富令荀——富言，在今河南。

（二）富弼父辈：富严和富言考量。

如果我们考察富弼的父辈，富弼的堂叔富严，其青田人（今文成南田）印记更加明显。在北宋，开封、洛阳作为"两京"之地，解额（科举中举名额）比其他地区要高很多。从人性逐利的角度，富严在登记籍贯的时候，是更容易将这两个地区作为籍贯登记地，以便于登科录取——如果游宦河南的富氏宗族在"两京"有足够的田产的话以入籍。按富氏在前三世在今河南省的游宦记录，均为小官，并无田产（或并无足够的田产）让子弟落籍"两京"地区，比如富严的堂兄富言（富弼的父亲），为吕蒙正的门客。门客在中国历史上是一种失去土地、寄食权贵的依附性行业，大多为没有独立经济来源的士人担任。由此可见，富氏家族在宋两京（开封洛阳）地区并没有足够资产以入籍。富严以青田作为"籍贯"，根据只能是在青田的"田产"（而不是洛阳）和青田的先祖葬地。

（三）富氏兄弟：富仪（富奭）和富文德考量。

富弼显贵后，居住在富弼二弟富仪（富奭）归葬南田，亦说明西京富氏在开

（1）安国楼《中国家谱中的"欧苏法式"探讨》，《郑州大学学报（哲学社会科学版）》，第31卷第5期。

（2）《景泰谱》"世系"；《现代谱》"列祖介绍"第4页："同兄和仲（即富直清），还归九都南田。"

宗支后，和祖籍地联系紧密。

1.富仪、富奭：富弼次弟的两种不同记载。

富弼三兄弟居住洛阳，富弼、富鼎均有墓地出土，不见富仪（富奭）墓地。富仪（富奭）为富弼的大弟弟，《富鼎墓志》说："公之次弟虞部君"，《富秦公墓志铭》言其次弟为"（富）奭"。可见富弼次弟为富奭，官"虞部君（虞部员外郎）"。《景泰谱》记载，富弼行"大三"，而富仪行"大四"，亦表明富仪为富弼的"次弟"。世系里的富仪简介记载："公（富仪）……仕尚书虞部员外郎"[1]，和洛阳出土墓志富奭的官职记载相符。

另外，洛阳"虞部君"富奭子富绍修的墓志"弟纪铭，哀涕泗"[2]，表明富奭子富绍修有一弟，即富奭有二子。《景泰谱》记载，富仪"生二子"，长绍修，次绍勋[3]。族谱和出土墓志符合。总结如下表：

富奭和富仪的资料类同

姓名	资料来源	身份	官职	子嗣
富奭	洛阳家族墓地墓志	次弟。《富鼎墓志》说："公之次弟虞部君"，《富秦公墓志铭》言其次弟为"（富）奭"。	虞部员外郎。《富鼎墓志》说："公之次弟虞部君。"	二子。洛阳"虞部君"富奭子《富绍修墓志》："弟纪铭，哀涕泗"，表明富奭子富绍修有一弟，即富奭有二子。
富仪	梧溪宗谱	次弟。富弼行大三，而富仪行大四。	虞部员外郎。《景泰谱》"公（富仪）……仕尚书虞部员外郎。"	二子。《景泰谱》记载，富仪"生二子"，长绍修，次绍勋。

再次，墓志里记载的富鼎和族谱记载的富仪（富奭），二者官阶相当，应为富弼平等对待在洛阳居住的两位弟弟的表现。富弼弟富鼎，"累阶朝奉郎"，族谱记载的次弟富仪，"赠朝奉大夫"。富鼎妻侯氏，先"开邑福昌"，后增封"（福昌县）太君"，后又改"长寿县太君"，而族谱记载富仪（富奭），其妻"张氏"进封崇宁县太君，王氏进封仙居县太君，李（氏）进封长乐县太君，追赠□乐县太君[4]，如下表：

（1）"世系"。

（2）《富绍修墓志》，见《富弼家族墓地》062页。

（3）"世系"。

（4）《景泰谱》"世系"。

富鼎及妻与富仪及妻的官职对等性

姓名	资料来源	官职	妻子封诰
富鼎	洛阳家族墓地墓志	"累阶朝奉郎"	富鼎妻侯氏，先"开邑福昌"，后增封"（福昌县）太君"，后又改"长寿县太君"。
富仪	梧溪宗谱	"赠朝奉大夫"	富仪妻"张氏进封崇宁县太君，王氏进封仙居县太君，李（氏）进封长乐县太君，追赠□乐县太君"。

由此可见，洛阳家族墓地记载的富奭和族谱记载富仪有高度的一致性，二者为同一人。

2.富仪（富奭）归葬南田及意义。

洛阳富氏家族墓地，有富仪（富奭）子绍修的墓地，不见富仪（富奭）的墓地，而族谱记载的南田富氏坟地只见富仪（富奭）而不见其子绍修的坟地，两地墓地史料的记载有高度的互补性。富仪的墓地，"在南田庵下垟[1]"，表明曾经生活在洛阳的富仪（富奭）归葬祖籍地南田。

由此可见，虽然富氏五世富弼已经定居洛阳，但是富仪（富奭）的归葬，表明洛阳支系和对青田（今文成南田）祖居地的认同。在洛阳暂无生活记载的富弼三弟富文德[2]，我们只能定义他为青田（今文成南田）人。归葬的二弟富仪（富奭），按照古代葬地在籍贯认定中的重要地位，我们仍可定义他为青田（今文成南田）人。

如果富弼没有成为三朝宰相（比如官职和次弟富仪类似），可以定居在生活成本巨大的洛阳，亦存在其生活在南田或归葬南田的可能性。

（四）富弼回迁裔孙及孙辈考量。

富弼孙富直亮、富直清，在洛阳出土的富氏家族墓地并没有发现其坟墓，而南田有富直亮及其子富安朝，富直清子富楫（原名富安中，为富直亮次子，过继改名）的坟墓。两地墓地史料的记载仍具有高度的互补性。

根据宗谱记载，直亮、直清在宋徽宗党争酷烈的崇宁（1102—1106）年间，

（1）《现代谱》"列祖介绍"第60页。

（2）此处"三弟"的认定依从《浯溪宗谱》。

回迁南田泉谷[1]。富直亮的墓地，"在（南田）泉谷水口，有石门台在焉。"[2]
根据南田当地人的指认，"泉谷水口"，大致位于今刘基庙（其所在地本地人仍
称"富材"）前一里。富直亮子富安朝，墓在"南田莲花塘前山"；安中，墓在"南
田南幽山妙严寺"。[3] 表明富直亮后裔定居并葬在南田。富直清坟墓无载[4]，
其子富楫，"葬（南田）蟹坑上庵处"。[5]

家族墓地中的富直亮、富直清仕官经历较少。

富直亮：

"假承务郎。"

富直清：

"承奉郎。宣德郎、监竹木西务。守将作监主簿。"[6]

富直清的职务稍多，可能是其回迁南田，但又外出仕官的缘故（其墓葬不在
南田或见端倪），但和富弼早逝的长孙富直方长长的仕官经历相比[7]，不可同日
而语。可能即富直清离开洛阳放弃仕途，回迁青田之故。再如过继的富弼孙富直柔，
官至枢密院同知，正二品，富直亮、富直清更不能与之相提并论。

富氏的回迁可与写在大观四年（1110）、宣和六年（1124）的富绍宁、富绍
荣墓志互为印证。两墓志标榜富氏为洛阳外来家族，"在江浙为望族"的记载，
或者是富氏崇宁三年（1104）避党争回迁南田完成，祖籍地在家族中变得更加重
要的缘故。

《梓川谱》记载，富弼孙辈富直演、富直皎，南渡时亦回迁南田。富直皎："从
兄直柔南渡，来永嘉依宗族，南田居焉。"[8]

富直演、富直皎的坟墓《梓川谱》缺。其名字亦不见于现存的浯溪各宗谱。

以宗族定居的总体考量，坚守在洛阳的富弼长孙富直方无血嗣，其余健在裔
孙富直亮、富直清全部回迁。以富弼熙宁二年（1069）正式定居洛阳为标志，富

（1）刘璟《跋南田富氏宗谱》，见《易斋集》《现代谱》。

（2）《现代谱》"列祖介绍"第1页。

（3）《景泰谱》。刘耀东《南田山志》："在南田莘庄，唐大顺间建"。

（4）郭瑞德在《富弼及其祖裔》142页中认为在"章坳后溪"，然现存的族谱及
族谱残本中，不见富直清的坟墓记载。

（5）《景泰谱》"世系"。

（6）张鸿亮《略谈富弼家族的荫补入仕》，见《富弼家族墓地》199页，中州古
籍出版社（2007年）。

（7）《洛阳富氏家族墓地》198、199页。

（8）《梓川谱》"外纪行叙"第十一页。

氏在洛阳不过两代左右（从五世到七世）。

四、富氏在南田的前七世的其余墓地推测

根据族谱的坟墓葬地记录来看，富氏家族在南田集中埋葬的痕迹，整个家族的坟墓，大致埋在今南田山从泉谷到三源的地区[1]。富氏的前四世坟墓信息多半无载，以富氏宗族大部生活在青田南田（今文成南田），以及实地考察发现的三源地区个别无主富氏坟墓，根据常理，应该有不少埋在这周边的坟墓。

富氏的七世生活在正逢政局动荡的北宋末年。根据富直演、富直皎扈从隆祐太后，富直柔扈从宋高宗的记载[2]，以及郑元祐《挂蓑亭记》"富文忠诸孙南渡散处"的记载，富氏七世有集体南迁的行为。他们除少数成功到达祖籍地青田南田（今文成南田），其中的大部分人员，或在战乱中被杀戮，或随地而居，故其死所和葬地，南田本地的《富氏宗谱》无从登记。

（一）富氏在泉谷周边的扩张。

刘耀东《南田山志》记载有地名富村（即泉谷）、富塘，今百丈漈镇有富垟，黄坦镇有富岙，均位于旧青田"南田山"境内。现文成南田山地区多个村庄以聚居姓为名，如同属旧青田的，黄坦共（龚）宅，原为龚姓人聚居；西坑镇金处鳌底，为金姓人聚居；原属瑞安县的大峃镇周村，为周姓人聚居。

富氏在宋元时政治地位高，资产雄厚，为富氏繁衍开枝散叶提供了物质基础。刘鹗《南田富氏族谱序》：

"宋元时，（富氏）'擢科举者不可胜数'……正初会拜，少长至二千指（二百人），产业至二万余亩"。[3]

富氏政治势力、人口、产业均达到高峰，富氏具备以定居地（南田泉谷）为中心，向周边扩散的能力。坟墓山场是家族的私有产业，根据《道光谱》，整理如下：

"南田南华山无为观、南田富村庵下垟、南田泉谷水口、南田莲花塘前、南田章坳后溪、南田莲花塘路外、南田幽岫妙严寺、南田金壶样、南田崔洋（垟）檋树、丁坑、金壶样、西里后岩、章坳后溪（建庵匾'日思顺'）、高村榆样、高村榆样驮尖、大山衍、天然圹、恭村鲁岙、石壁岭头、太师堂、潘曹后样、浯溪南阳、金钗样、西庄、浯溪西垄、水洋尾张坵、黄坑大田后、净水三坵、南坑

（1）《道光谱》"大众山场"，《景泰谱》亦存部分记载。

（2）见本书《支系叙述三：浙北支系》。

（3）《盘谷集》第100页，文成县政协文史委资料第二十三期。

天底、金村三坵、岘山五龙头、净水上村坟、二源英田后、二源大头寮、二源滕坑天饭蒸、阵头千山丼、木槛桥外湾、薛山坊、茶湾。"

现有的富氏梧溪、蒲源支系，丽水梓川支系，均为南宋中后期及元初从泉谷迁出，也证明了富氏在家族强盛的宋代及稍后，向周边开枝散叶的过程[1]。

（二）富氏家族的青田认同。

富氏家族以"文"为族风，是一个守成而非扩张的家族。富弼的祖籍地在青田，富弼裔孙全部回迁青田并定居千年的史实，反映出富氏家族强烈"逐祖居地而居"意识。

从高祖富韬定居南田泉谷为起点，考察富氏家族富弼支系的千余年定居历史，河南府洛阳县是富氏家族定居的很短一瞬。以熙宁二年（1069），神宗赐富弼洛阳府邸（史称"郑公园"），富弼入籍洛阳，作为富弼支系正式定居洛阳的标志，到北宋崇宁三年（1104）年，除羸弱的长孙富直方留守洛阳，另外富弼裔孙富直清、富直亮全部回迁青田，富氏家族洛阳支系在洛阳定居不过35年。以靖康二年（1127年）北宋灭亡，洛阳富氏绝大部分回迁江南，富直演、富直皎回到祖籍地青田，富氏在洛阳定居也不过58年。定居繁衍的世系在两代上下。

富弼裔孙在洛阳没有后代遗存。长孙富直方留守洛阳，"生子构，十五岁而卒"[2]，政和七年（1117年）卒于洛阳。考察回迁的富直亮、富直清，富直清生子富楫，富直亮，生子安朝、安中，均留有子嗣。

综上所述，青田泉谷（今文成南田泉谷）作为富弼家族的兴盛之地和所有直系裔孙的回迁地，为富弼家族的祖籍地和所有直系后裔的繁衍地。而且根据宋人的籍贯意识和籍贯登记实例，富弼可以登记为"青田泉谷（今文成南田泉谷）"人。

五、余论：以今籍贯登记条例看富弼的青田（今文成南田）籍贯

今日的公民籍贯登记文件，以公安部的文件最有权威性。公安部公通字[1995]91号文件："公民的籍贯应以本人出生时祖父的居住地（户口所在地）……公民登记籍贯后，祖父又迁移户口的，该公民的籍贯不再随之更改。"

按富弼的祖父富令荀，少时随祖父富韬（富弼高祖）落户青田（今南田泉谷）。为青田籍贯。虽然后富令荀又在河南商州做官（是否迁移户口未知），但"该公民的籍贯不再随之更改"，则按照今日的条例，"该公民（富弼）"的籍贯为青

（1）后有专门叙述。

（2）《富直方墓志》，见《富弼家族墓地》65—67页，中州古籍出版社（2007年）。

田（今文成南田）。"

　　富弼为官宦，相当于今日的国家公务人员，对于公务人员的管理，组织部的条文具有很大的权威性。1999年，中共中央组织部和国家档案局联合下发的《干部履历表·填表说明》对干部籍贯填写做出规定："祖父或曾祖父出生地和其长久居住地作为某个人的籍贯。"富弼曾祖富处谦、祖父富令荀的出生地不明，但定居地青田（今文成南田）可以视为"长久居住地"，根据此条文，富弼同样可以登记 为"青田（今文成南田）人"。

附录：梧溪富氏世系及富氏轶事、文成遗迹

一、世系

　　根据梧溪宗谱世系及刘鹰《浯溪处士富公墓志》："六世祖讳景贤……以宋宰相文忠公之孙直亮之次子（安中）为继嗣……即公之五世祖也。"[1]的记载，梳理世系如下：

　　1. 前十二世，居南田泉谷

　　（1）以血缘论（以浯溪始迁祖富应高为终点，下同）。

　　富韬——富处谦——富令荀——富言——富弼——富绍庭——富直亮——富安中（富梓）——富瑛——富淀——富凯——富应高

　　（2）以承继论：

　　富韬——富处谦——富令荀——富言——富弼——富绍隆——富景贤——富安中（富梓）——富瑛——富淀——富凯——富应高

　　2. 南田（梧溪）富氏的总世系（到二十五世富之拱）

　　十二世到二十五世（包括以后），居今西坑梧溪。

　　综合《景泰谱》和《道光谱》，清代回迁的富之拱世系（从浯溪始迁祖十二世富应高开始）为：

　　富应高——富孟升——富鈃——富浑——富格——富竦——富俭——富昭——富善生（字汉清）——富延匣——富一秋——富以贤——富得禄——富之拱

　　（1）见刘鹰《盘谷集》。

二、梧溪富氏逸事

原文成县文物馆馆长郭瑞德先生是最早挖掘文成县富弼家族文化的人。在20世纪80年代，经常到梧溪村调查。他讲述，20世纪80年代的某年，浯溪村唱戏，大概是富弼作为王安石变法的反对者，在戏中唱的是白脸。浯溪富氏小孩子一看白脸出来，就说戏不好看，认为富弼是坏人。小孩子的爸爸很生气，打了他一巴掌，说这是祖宗。

据浯溪村富氏族人回忆，20世纪40年代，一个自称是来自河南的中年男子曾经来到南田富氏始迁祖富韬坟前拜谒，手上拿着地图，到南田泉谷，说是来此"访祖"的。[1] 他们认为，他们搬迁自浙江南田泉谷。

20世纪90年代，族人曾经在富正水的带领下，到河南洛阳寻亲，"三过黄河，二历长江，无果而返，深引为憾。"[2]

我去梧溪村调查的时候，寻访清初富氏宗人遭耿乱杀戮而集中埋葬的"丛冢"，在田间刚好碰到一耕作的老农，我问富弼公是不是你们的祖先。他确定无疑地告诉我是。我说怎么外人不了解。他说，是因为没有能人把它写出来。

三、富氏遗迹

由于社会地貌的变迁，族谱上的信息在现实地理中往往失去对应。2014年清明，我随梧溪富锡金先生等人去南田一带考察富氏家族的墓地。《现代谱》对富直亮的墓地有如下描述："葬南田水口。有石门台在焉。"[3] 但是我在南田生活那么多年，从来也没有看过见过南田水口一带有带石门台的墓地。我问了一下富氏族人，他们都说石门台墓地是他们家族的标志。

后来，我们去了黄坑富伟（富氏十一世）的墓地，才看到了残破的石门台，只剩两根立着的石柱，听周围的村民介绍，这个坟墓被人遗忘，已经几十年了。

到三源，扫过富韬的坟墓后，到了另外一个富氏家族的墓地，旁边劳作的一位老农说，这里也有个石门台，后来倒在旁边。"再后来呢？"我问。

"可能拿去修水泥路了。"他指着不远处的公路说。

再如富氏家族在南田的聚居地泉谷（今南田刘基庙一带），当地人说那个地方原来叫富村，这种说法也记载于刘耀东《南田山志》卷九：

（1）王传珊、富知恩《从家谱看富氏家族的迁徙》。

（2）《现代谱》"乡村记事"。

（3）"列祖介绍"，第1页。

"富阳，即泉谷，为富氏所居。"[1]

原有富氏大宗祠。南田刘伯温裔孙刘日泽等先生说，今伯温长廊下面的水渠是姓富人（即富氏家族）挖的。

四、富弼生日祭祀

梧溪村保有正月二十富弼生日祭祠堂的传统。曹清华的《富弼年谱》认为，富弼出生于正月初一。但是，根据典籍记载，富弼的生日为正月二十：

"元丰间儒者郭景初善论命，谓富彦国甲辰正月二十日巳时生。"[2]

"富文忠（生）甲辰年丙寅月丙午日癸巳时。"[3]

则梧溪村富氏认定的富弼生日无疑是准确的。

富氏后人富汉峰说，按照官衔品级（三朝宰相），富氏的祭祀先生（道士）是跳在桌子上唱的，按照规矩，南田山上的刘伯温（官职为太师）祭祀，先生（道士）也是可以跳在桌子上唱的，但因为刘伯温是富氏的外甥，在舅舅家的头顶上跳"不敬"，所以取消了这个仪式。

浙江南田富氏（富韬支系）的发展情况

百度百科："定居，指在某个地方固定的居住下来。"在中国古代，应该和"游宦"等词汇相对。富韬晚年（约950年）定居南田后，其长子富处谦、长孙富令荀应随富韬定居[4]。以富韬为始祖和中心的南田富氏宗族大部，应生活在南田泉谷（今文成南田）。

从仕官履历上看，富处谦——富令荀——富言——富弼等均曾游宦今河南地区，直到五世富弼，"以盛德大业为时名相，始居洛（阳）[5]"，成为河南府人，

（1）107页，文成县政协文史委资料第二十一期。
（2）南宋吴曾《能改斋漫录》卷十，四库全书本。
（3）宋高晦叟《珍席放谈》卷下，四库全书本。
（4）详见《吴越国：家族兴盛的起点——兼论富韬的生平》。
（5）《富绍荣墓志》063—065页。

·020·

形成西京支系。

另外一部分族人富令昉等在苏州活动，到四世祖富严，正式定居苏州，形成苏州支系[1]。

崇宁（1102—1106）中，新党对旧党的打击日益严酷，富弼在洛阳的孙子富直清、富直亮，在本土富氏富景贤的带领下回迁南田，富弼直系后裔（按：长孙富直方无嗣）全部回迁祖籍地。靖康之变，富直演、富直皎等随宋室南渡，亦回到南田泉谷"依宗族而居"。其余河南支系子孙"散处江南"，主要分布在浙江和苏州地区（宋代江南东路）。

富弼孙辈富直柔，官至同知枢密院事（副宰相）[2]，晚年在闽北活动，死在建州（今福建蒲城）[3]，其子孙在福州请建家族坟院[4]，坟院影占的田产成为留在福建的富氏族人生存繁衍资料，形成富氏福建支系。

富直柔归葬绍兴，其侄富杞同葬[5]，按照守坟祀祖的传统，富直柔在绍兴亦应占有田产以供祭祀，并成为绍兴富氏族人的生存繁衍资料。形成富氏以绍兴为中心的浙北支系。

建炎南渡时，部分族人如富直皎、富直演等随隆佑太后从江西路南渡，有落脚在吉安市太平乡瓦沙街者，后因战乱等原因，搬迁到湖北洪湖[6]。

南宋前中期，十世富世延搬迁到丽水梓川，形成南田富氏的梓川支系。

南宋末年，富氏十一世富凯、富成约在宋元之际，十一世富采搬迁至南田山蒲源，立祠于蒲源之东，形成蒲源支系[7]。元至元三十一年（1194），十二世富应高搬迁到南田山浯溪，立祠于浯溪之西，形成南田浯溪支系[8]。

因为元末吴成七乱，南田泉谷富氏大宗祠被毁，离泉谷不远的浯溪富氏宗祠，逐渐成为小宗祠兼大宗祠：

"建小宗于岫山之下，并列南田大宗神主。"[9]

元末富氏惨遭大难，族人散居，有居瞿溪（今温州瞿溪）、沐溪（今青田潘岙）

（1）见本章第五节《苏州支系》。

（2）《宋史·富直柔传》。

（3）同上。

（4）《从坟寺看迁徙官僚家族与地方社会》。

（5）《浙江通志》卷二百三十八。

（6）见本书《支系叙述三：浙北支系》。

（7）《蒲源义塾记》，见《现代谱》31页。

（8）见《现代谱》诸序言（2—7页）。

（9）叶日藻《之拱公小宗记》，见《现代谱》32页。

者。[1] 根据元末明初富氏人物传,富氏族人有在温州活动的记载:

"当元季,山寇窃发,标(剽)掠村庄,遂迁瓯城,居数岁而复归,卒免于难。"

"处士(富锒)乃归自欧(瓯)城。[2]"

富氏逃难到温州等周边地区,部分富氏应定居逃难地,其中部分可能没有回归,形成我们并没有发现的小支系。

经明初的恢复,又重新成为南田山实力最强盛的家族。在明中期刘伯温家族强盛后,逐渐萎缩为地方性的望族。

清康熙十三年(1674)的耿精忠攻入浙江,搬迁到梧溪村的富氏惨遭几近灭族的大难[3]。康熙四十八年(1709),逃居外郡的富得禄四子富之拱回迁浯溪,富氏家族重立宗祠,并经过一百一十年的寻找,找到家族景泰年修订的宗谱,富氏的世系重新延续[4]。

民国时期,富氏裔孙富文,为华东六省后勤补给总司令,中将衔。1949年,两岸隔绝,富文移居台湾。富文后裔有定居美国者。[5]

支系叙述一:河南府(洛阳)富氏发展情况

一、河南府(西京)富氏形成的原因

自隋唐以来,门阀士族日益衰落,国家权力通过编户、科举等手段,将地方社会力量控制起来,将地方社会的精英分子,纳入国家官僚系统,唐宋变革之后的官僚化,其实质就是中央化。城市的经济发展和科举,造成社会精英群体向经济发达的中心移动。北宋两京地区又是经济文化中心,官僚子弟更接近中央官僚

---

(1)《梓川谱》第十三、十四页。

(2)分别见明刘麃《浯溪处士富公(富孟谦)墓志》,蒋琰《故处士富公(富锒)墓志铭》。

(3)详见本书《富氏的劫难》。

(4)详见本书《宗谱研究:富氏劫难和宗谱的保存》。

(5)《(富)文公传》,见《现代谱》125—127页。

集团，官僚家族乐于定居于此，为唐宋以来的发展趋势。[1]

（一）定居的形成

"韩国文忠公以盛德大业为时名相，始居洛，今为河南人。"[2]富氏家族因为富弼的功业定居河南府，形成西京富氏。

"因缘官族，所在耕筑，地望系数百年之外，而身皆东西南北之人"[3]，宋代门阀势力的进一步破坏和科举制的完善，使官僚中央化的趋势更加明显，官员于承平之时迁徙，不会举族而迁，而只以家庭形式迁徙。北宋人徐积说："学士大夫起自远方，易旅仕宦处于中州，皆东西南北之人也，岁月既久，即其所居，求田问舍，遂为中州人者多矣。"[4]官僚在新的区域定居之后，家族其他房支会陆续前来，形成以迁居官员家庭为核心的家族。

富弼成为宋代高级官员后，熙宁二年（1069）后正式定居洛阳，以其本人、次弟富仪（富奭）、幼弟富鼎三个房支居住洛阳。富鼎子绍宁、绍休、绍荣，孙直礼、直雍、直英等；富奭子绍修，孙直夫、直道等均在洛阳发展。以富郑公园为中心，形成富氏洛阳的居住点。在洛阳繁衍了两代左右。

另外，从富处谦到富言，富氏在今河南有游宦踪迹。

（二）富氏1—5世在今河南省游宦的族人

1. 富韬。

任后唐太常少卿，正四品。仕官在都城洛阳。[5]

2. 富处谦。

天福七年（942）"吴越内黄令"[6]。应为吴越国上表中央荫补得官，是否到任实职不见记载。

3. 富令荀。

商州马步军都指挥使。吴越国内附为978年，富令荀长子富言出生于969

（1）魏峰《宋代迁徙官僚家族研究》，浙江大学人文学院，2007年博士论文。

（2）《富绍荣墓志》，见《富弼家族墓地》063—065页，中州古籍出版社（2007年）。

（3）贾至《议杨绾条奏贡举》，见《全唐文》卷三百六十八。

（4）《节孝集》卷二十。

（5）《梧溪富氏宗谱》列祖介绍"富韬"。详见本书第三章第三节《吴越国：家族兴盛的起点——兼论富韬的生平》。

（6）《梓川谱》"支图外纪"第一页。

年[1]，彼时富令荀当为盛年（20—40岁），富处谦的荫补官职为"吴越内黄令"，为八品左右的官职，地位低微，则富令荀如有吴越内附荫补，其官职亦不会高，积官到"马步军都指挥使"需要一定的磨勘年限，应为实职。[2]

4.富言。

富氏在洛阳最早确定的生活印记来自富言，为宰相吕蒙正的门客。[3] 门客是一种依附性的职业，估计是吴越国降臣富韬在荫补两代后，到富言这一代荫补终止，只能寄身豪门，以寻觅出路。

至道年间（995—997），富言客主吕蒙正至洛阳，并随带"僚属"，应亦包括富言：

"至道（995—997）初，以右仆射出判河南府兼西京留守。"

"（至道初）蒙正至洛，多引亲旧欢宴，政尚宽静，委任僚属，事多总裁而已"。[4]

富言在"至道（995—997）初"大概26岁，应随吕蒙正到洛阳。

随后，应为吕蒙正举荐，富言中咸平三年（1000）丙科进士：

"咸平三年（1000），上亲临问，始登丙科，褪褐。"[5]

宋真宗是宋代冗官膨胀的时期，高官勋贵不但可以荫其子孙，而且外亲、门客、甚至厮仆亦可入荫。即所谓"一人入仕，则子孙亲族俱可得官，大者并及于门客、医士。"

进士的丙科不常设。"旧制，及第即命以官。上初复廷试，赐出身者亦免选。于是策名之士尤众，虽艺不及格，悉赐同出身。[6]"其身份或在"及第"和"赐出身"之后，为第三等的"赐同出身"，地位较低。

咸平三年（1000）的进士科是考取人数泛滥的一次科举。进士总计1700多人，《宋史·选举一》说："推恩之广，近代所未有也"，并记载：

"亲试……八百四十人，特奏名者九百余人……又赐河北进士、诸科三百五十人及第、同出身。既下第，愿试武艺及量才录用者，又五百余人。"

以致：

"有晋天福（936—944）中尝预贡者。凡士贡于乡而屡绌于礼部，或廷试所不录者，积前后举数，参其年而差等之，遇亲策士则别籍其名以奏，径许附试。"

（1）《富秦公言墓志铭》。

（2）《梓川谱》"支图外纪"第一页。

（3）《宋史·吕蒙正传》："富言，蒙正客也。"

（4）《宋史·吕蒙正传》。

（5）《富秦公言墓志铭》。

（6）《宋史·选举一》。

富言登上丙科后，"连调兴陇军事推官"[1]，正式登上仕途。

富言在洛阳的活动痕迹还有在洛阳"监西京（洛阳）盐钱分巡院"；仁宗天圣九年（1031）"葬于洛阳县北张村之夹马原"，[2]为富氏家族首个初葬洛阳（河南府）之人。

5. 富弼。

（1）富弼辗转的青少年时期。

富弼出生宋真宗景德元年（1004），时富言接连仕官北方。富弼出生前四年即咸平三年（1000），富言考中进士后，后"连调兴陇军事推官，迁阶州（今甘肃南部）军事判官"，"以课最，改武胜军（今河南省邓州市）掌书记。"[3]均不在洛阳仕官。宋代的"课"（考核）需要年限，故富弼应该出生在此富言游宦时期，是否出生在洛阳不见史料记载。

为孩童的富弼与富言恩主吕蒙正有过会面，地点在洛阳。景德二年（1005），吕蒙正辞官，居住洛阳[4]。大中祥符四年（1011）卒，时富弼8岁。富言为了让富弼能在吕家书院读书，向吕蒙正引见了长子富弼：

"富言……一日白（吕蒙正）曰：'儿子十许岁，欲令入书院，事廷评、太祝。'（吕蒙正）及见，惊曰：'此儿他日名位与吾相似，而勋业远过于吾。'"[5]

富弼在洛阳有居住地：

"家于（洛）水北（洛阳）上阳门外。"

上阳门，元代《河南志·卷四》：

"（洛阳）东面四门，从北第一曰嘉豫门，门上有观，隋曰翔凤观。次南曰上阳门，次南曰新开门，最南曰望春门。"

则上阳门为洛阳东面南门。

长大后，富弼曾随着富言到任，流寓南北。天圣（1023—1032）初年，富言官海陵（今江苏泰州），富弼随从：

"读书堂，在泰州东北八十里景德寺东廊。宋天圣中，富弼随父任，与胡瑗、周孟阳同读书于此时，范仲淹、滕宗谅俱官海陵，谓'三人皆公辅器'。厚遇之，

（1）《富秦公言墓志铭》。

（2）同上。

（3）同上。

（4）《宋史》卷二百六十五。

（5）南宋祝穆等《古今事文类聚》前集卷二十四。另据曹清华《富弼年谱》订正，吕蒙正过世时，富弼才七岁。

后果然。"[1]

根据富弼读书于此、范仲淹和滕宗谅"官海陵"时对三人的称赞，富弼在海陵时间应该不短。

天圣七年（1029），富言官耀州（今陕西境内），富弼随从：

"时太师公（按：富言）官耀州（今陕西耀县），公（按：富弼）西归，次陕。"[2]

富弼成为显宦后，常住洛阳。熙宁二年（1069），神宗赐第洛阳，正式入籍洛阳。[3]

（2）"甚贫"的家境。

富弼的曾祖文、祖文，为今河南省地方低级官僚。曾祖富处谦，"吴越内黄令"，祖父富令荀，"商州马步使"，[4]在官僚并出的宋"两京"地区，家境非常一般。富弼父富言，仕途初期，只能当门客之类的依附性文人。文献亦记载了富弼的家境，如富言"奋寒苦"[5]，富言"甚贫"[6]，富弼"骤起寒儒"[7]。

第二，富弼求学阶段的居所和求学环境，也为富弼家境"骤起寒儒"表现。富弼居住在洛水北洛阳上阳门外，求学在洛水南的开封内城南门附近的天宫寺[8]，从住家到求学地，跨两个城市，路途遥远。另外，富弼也没有独立的求学环境。年少时，富弼就读吕家书院，为富言向宰相吕蒙正请求所得[9]。在决定其人生命运的制科考试时，富弼也没有条件有书院和老师学习制科文字，由已为"天章阁待制"的范仲淹帮其解决："公（范仲淹）曰：'有旨以大科取士，可亟还。'公见文正，辞以未尝为此学。文正曰：'已……为开辟一室，皆大科文字，可往就馆。'"[10]两次读书，均具有依附性。

第三，富弼读书的刻苦也应证其"寒家子"的品行，为改变个人及家族的命运而努力：

"（富弼）少笃学自刻，寓于僧舍，不就寝榻。冬夜以冰雪沃面，邻居僧有

（1）《江南通志》卷三十三，四库全书本。

（2）邵伯温《闻见录》卷九，四库全书本。

（3）见下文"占籍洛阳的富民"。

（4）《梧溪1995谱》列祖介绍第1页，《梓川谱》支图外纪第一页。

（5）《富秦公言墓志铭》。

（6）南宋祝穆等《古今事文类聚》，前集卷二十四。

（7）《晏氏墓志》，见《富弼家族墓地》，中州古籍出版社（2007年）。

（8）邵伯温《闻见录》卷十九，四库全书本。

（9）《宋史》卷二百六十五。

（10）南宋朱熹、李幼武《宋名臣言行录》后集卷二，又见《文献通考》等。

持苦行者，犹服公之勤。"[1]

"富公未第时……（天宫）院有行者名宗显，尝给事公左右。……伯温尝就其院读书，宗显每以富公为举子事相勉，曰：公夜枕圆枕，庶睡不能久。欲有所思，冬以冰雪，夏以冷水沃面。其勤苦如此。"[2]

第四，富弼、富言均有中举后方生子的情况（如果不是中举后方结婚），富弼言"未第决不娶"，得到富言夫妇的首肯。根据《富秦公言墓志铭》和富弼出生时间，富言亦是在登科后四年，方生长子富弼，亦有可能是登科后方娶。登科后方娶，可以视为贫寒之家改变个人及家族命运的决心。

第五，富弼观王钦若仪仗之胜，亦可窥见其家境：

"王冀公钦若以使相尹洛，振车骑入城，士民聚观。富韩公方为举子，与士人魏叔平、段希云、一张姓者同观于上东门里主先寺三门上。门高，富公魁伟，三人者挽之以登，见其旌节导从之盛。富公叹曰：'王公亦举子耶！'"[3]

在这里，富弼首先做人梯让同观者"挽之以登"。其次，发出感叹"王公亦举子耶"的感叹，大概是因为地位悬殊。

第六，宋人记载的欧阳修知富弼"必贵"的轶事也反映了富弼的"骤起寒儒"：

"欧阳公为西京留守推官，富郑公犹为举子，每与公往来。是时，胥夫人乳媪年老不睡，善为冷淘，郑公喜嗜之。每晨起，戒中厨具冷淘，则郑公必来。公怪而问之，乳媪云；'我老不睡，每夜闻绕宅甲马声，则富秀才明日必至，以此验之，若如常夜，则必不来。'欧公知富公必贵。"[4]

二、占籍洛阳的富氏

根据宋人的先人坟墓、田产、居住时间的占籍方法[5]，到富弼时，富氏正式占籍洛阳，成为河南府人。

（一）先人墓葬和坟院。

1.坟墓。

（1）韩维《富弼行状》，见《富弼家族墓地》，中州古籍出版社（2007年）。

（2）邵伯温《闻见录》卷十九。

（3）邵伯温《邵氏闻见录》卷十七，又见《瓮牖闲评》卷八。

（4）《默记》下。

（5）魏峰《宋代迁徙官僚家族研究》，浙江大学人文学院，2007年博士论文。

富弼父富言，"葬于洛阳县北张村之夹马原。"[1]

2.坟院。

富氏在河南还有家族坟院，富弼写给蔡襄的《修建坟院帖》云：

"弼修建坟院，得额已久。"[2]

分两处，"南奉亲院"、"北奉亲院"，陆游《老学庵笔记》卷四：

"富郑公初请功德院，得勅额曰：'奉亲'。已而乃作两院，共享一名，谓之'南奉亲院'、'北奉亲院'。"

其坟院"南北"分布，很可能以洛水为坐标，位于居住地洛阳和仕官地开封建立，方便祭祀。洛阳及开封分别位于洛水南北，时人邵伯温《闻见录》云：

"富公……家于（洛）水北（洛阳）上阳门外，读书于（洛）水南（开封）天宫寺三学院。"[3]

（二）田产和住宅。

1.田产。

富弼田产，随仕官高低食邑，最终"食邑一万三千户"。[4]天圣七年（1029年），卢州人王修在开封府祥符县买田十八亩，户籍即登记开封祥符县。由此可见天圣年间，有田产十八亩即有占籍开封的例子，以富弼的宰相地位，其田产远超"十八亩"占籍先例。

2.住宅。

熙宁二年（1069），宋神宗赐富弼的洛阳宅院，称"富郑公园"，李格非《洛阳名园记》称其为洛阳第一[5]。

3.居住年限。

宋代占籍，居住占籍地至少七年。"富公……家于（洛）水北（洛阳）上阳门外。"富弼从小居住洛阳。熙宁二年（1069），定居洛阳，满足占籍的居住年限。

（三）富弼在洛阳建立的家庙。

富氏在洛阳有家庙。邵伯温《闻见录》云：

（1）《富秦公言墓志铭》。

（2）《全宋文》。

（3）卷十九。

（4）《富弼墓志》。

（5）卷一。

"公清心学道，独居还政堂。每早起，启中门钥入，瞻礼家庙。"[1]

则富氏家庙应在富弼居所，即郑公园内。

而《梓川谱》对富氏家庙有不同的表述，认为是在宜阳：

"西京（洛阳）富氏。《文忠公文集》载，富氏家祠乃郑国公为始迁祖韬公、曾祖处谦公、祖令荀公、父言公所建。……地宜阳。"[2]

宜阳为河南府（西京）属县：

"河南府路……宋为西京。旧领洛阳，宜阳……九县。"[3]

洛阳市区和宜阳相邻，洛阳到宜阳县城的话大概30公里。不知何者为确，故并存之。

关于家庙的建筑时间及规模考证，详见后文《富氏家庙及富氏的祭祀》。

三、与南田本籍的联系

富氏在洛阳开宗支后，与青田本籍还有密切的联系：

主要表现在对宗族的荫补[4]、富弼兄弟的随之定居、兄弟的归葬[5]，以及裔孙富直亮、富直清的回迁[6]。

附录：洛阳富氏支系和祖籍地的联系
（以魏峰《宋代迁徙官僚家族研究》为底稿）

宋代个人成就家族，士大夫成为高宦，占籍"中州"，成为迁徙官僚家族。富氏家族即是因富弼的功业，由"江浙望族"迁入洛阳，转变为"西京富氏"。迁徙官僚家族与土著家族不同点，在于通常与祖居地的家族保持联系，予以官位荫补和经济资助。

（1）卷九。

（2）《梓川宗谱》"宗祠家庙录"，原文为"富氏家祠载，《文忠公文集》……"，今从文意改。

（3）《元史》卷五十九。

（4）见《富氏家族的仕官》富弼荫补部分及附录。

（5）见本书第一节《界定：宋人籍贯意识和作为今文成人的富弼》。

（6）同上。

　　以富弼的师友范仲淹为例。范仲淹虽然长期生活在颖昌，但正是他依靠自身优势，在苏州设立义庄等，荫补家族贫寒者，才保证了苏州宗族的稳定发展。魏峰在举了杜衍、李撰、陈豫、谢绛、蒋堂、章甫等例子来说明迁徙官僚对祖居地宗族的救济[1]。富弼一生的荫补不少于46个，用于洛阳宗族仅为8个[2]，其中绝大部分应用于青田本土的支系以及苏州宗支的荫补。根据《梧溪宗谱》、《梓川宗谱》中的青田、苏州富氏荫补情况，共计数十个，其中，5—7世，大部分荫补应来源于富弼。由于富弼高寿(83岁)，8世中，亦可能有部分的荫补来源于富弼。归葬南田的富弼次弟富仪(富奭)，仕官居住洛阳，即为富弼荫补的典型一例。

　　荫补入仕由于差遣、晋升方面多有限制，但是荫补任官之后获得官户身份，不但身份改变，地位提高，亦能免除差役。对于青田宗族来说，荫补总是有利。[3]

　　荫补加强了迁徙地洛阳和祖居地青田的联系。随着熙宁变法的推行，富氏家族站在旧党的立场上，对变法采取不合作的姿态，加之洛阳宗支科举不利，富氏家族的家族实力渐渐式微。官僚本身的经济政治条件，决定了能周济的族人的多寡。宣和二年(1120)，富直方去世的时候，墓志铭首句发出了"昔人言守成之难，岂特有天下者为难，公卿大夫之守其家者亦难"[4]的感叹，宣和年间，富绍荣尝喟然叹说："自文忠公弃世，吾家衰落不振久矣。"[5]以致"官至从五品，可以遍及孤遗"[6]也变成他的奋斗目标。富氏的衰落，以致到后来，出现"中人规景华苑，欲夺故相富弼园宅"[7]，事虽以范致虚进言而罢，但富氏家族连皇帝的赐第保存都要仰人鼻息，其衰落趋势已经非常明显。

　　崇宁间，新党对旧党的打压日趋严酷，加剧了富氏衰落。崇宁元年(1102)，蔡京立元祐党人碑：

　　"皇帝嗣位之五年，旌别淑慝，明信赏刑，黜元祐害政之臣，靡有佚罚。乃命有司，夷考罪状，第其首恶与其附丽者以闻，得三百九人。皇帝书而刊之石，置于文德殿门之东壁，永为万世臣子之戒。"[8]

　　和富弼关系好的"司马光，文彦博、范纯仁、韩维、范纯礼、范祖禹、范

(1)魏峰《宋代迁徙官僚家族研究》，浙江大学人文学院，2007年博士论文。

(2)张鸿亮《略谈富弼家族的荫补入仕》，见《富弼家族墓地》201—207页。

(3)魏峰《宋代迁徙官僚家族研究》，浙江大学人文学院，2007年博士论文。

(4)《富直方墓志》，见《富弼家族墓地》65—67页，中州古籍出版社(2007年)。

(5)《富绍荣墓志》。

(6)同上。

(7)《宋史·富弼传》。

(8)《元祐党籍碑》，见《资治通鉴后编》卷九十六。

纯粹"等列入党籍，和富弼有交集，但关系一般的苏辙、苏轼、秦观、黄庭坚、晁补之、张耒亦列入党籍。崇宁二年（1103），又立党人碑。崇宁三年（1004）六月，徽宗又下令重新籍定元祐、元符党人及上书反对绍述的官员，合为一籍，共三百零九人。富弼虽然作为元勋和年长者免于入党籍，但因为其与变法不合作的态度，富氏家族受到的震动可想而知。崇宁间，富弼裔孙富直亮、富直清回迁南田泉谷。富氏在洛阳只留下身体赢弱的富直方留守。在这样的政治形势下，富氏的重心已经转移到家族力量的保存。洛阳的富直方，应该是留守洛阳，观察时势，以俟再兴之机，而随着新党的持续把持朝政，北宋的迅速灭亡，洛阳富氏没有迎来机会。

随着富氏的迅速回迁，富氏在青田世代定居形成的祖坟、田业没有逐渐败落，因洛阳等地宗族的回迁，南田本土富氏迎来黄金的发展期，远超富氏其他支系。通观富氏两支重要支系洛阳和苏州，或由于党争，或由于处宋金、宋蒙古的战争前线而式微。南宋时期，祖籍地南田重新成为富氏的中心，出现富伟、富皡、富宗礼三个进士，以及富应高一个乡贡进士[1]，为南宋富氏诸地之冠。

原定居苏州的富嘉猷、富嘉谋为《景泰谱》记载[2]，其在族谱中的"行辈"记载以及任职青田及邻县庆元的经历表明富氏宗族向祖籍地南田收缩[3]。

支系叙述二：苏州支系

至北宋，唐五代以来的官僚脱离地方社会的进程更为深入，在中心地区"两京"已经涌入大批官僚之后，东南地区经济发达，并由于大运河与北部相连，漕运发达，这里对开封地区的政治动向亦十分敏感，因此苏、常、润成为官僚家族迁徙到两浙的主要区域。建炎年间右谏议大夫郑敦上奏说："平江、常、润、湖、杭、明、越，号为士大夫渊薮，天下贤俊多避地于此"，说明两浙及其周边成为当时南下移民的集散地，平江府（苏州）两浙为官僚定居的首选之地。[4]

（1）见本书《富氏家族的仕官》。

（2）见《景泰谱·世系》。

（3）《处州府志·文职二》。

（4）魏峰《宋代迁徙官僚家族》。

富氏正式定居苏州者为四世祖、富弼堂叔富严。富严在两知苏州后，买田占籍苏州，为当时官僚迁徙"东南善地"的明证。

文献记载了富严定居苏州的过程：

"君（富延年）之大父司空讳严，嘉佑中以秘书监守苏州，秩满上章告老，既得请，将归河南，吴人争挽留。父老前曰：'公之惠爱在此邦，邦人怀思将无穷，愿毋去我，百岁后，吴人谨烝尝，护松楸，当世世如桐乡朱仲卿也。'公平时固已乐吴中风物之美，因留居不去，没葬吴县之宝华山，子孙遂为吴郡人。"[1]

"秘书监富公严，以耆德守乡郡……而东南之才美，与四方之游宾者，视此邦之为乐也，稍稍卜居营葬，而子孙遂留不去者，不可以遽数也。"[2]

富严为富弼的堂叔，《梓川谱》记载为富弼曾祖兄弟富令达之子。[3] 传世文献亦云：

"富秘监严，丞相文忠公之叔父也。"[4]

"文忠公弼于严为叔父。"[5]

"富严，青田人。"[6]

"某惟郑国忠文公（富弼）忠节直道，丰功伟烈，平生仰之，如北斗泰山；司空（富严）之耆德，遗爱东南，搢绅至今能道之。而君（富延年）实其家令子孙。"[7]

一、富氏定居苏州全过程

从现有的史料来看，富氏家族的定居苏州是一个长期积累或谋划的过程，这也符合宋代官僚仕官一"善地"，便设法买田占籍迁徙的惯例。由于情况的普遍，招徕站在传统道德和乡土立场的士大夫的批评。政和三年（1113年），利州路转运判官高景山批评这种现象说：

"臣窃见近时士大夫，至有今日解秩，而明日立券殖产者。膏腴之田，不素图之，

（1）程俱《宋故右迪功郎监潭州南岳庙富君墓志铭》，《北山集》卷三十一。

（2）朱长文《吴郡图经续记》卷上。

（3）"世系"第一页。

（4）南宋龚明之《中吴纪闻》卷一。

（5）同上。

（6）《姑苏志》卷四十九。

（7）程俱《宋故右迪功郎监潭州南岳庙富君墓志铭》，《北山集》卷三十一。

安可即置？"[1]

富氏谋划占籍苏州可以追溯到富氏一世祖富韬。富韬在后唐灭亡（934年）后回到南方仕官，"摄丞知（苏州长洲）县事"，并在天福三年（938），正式成为长洲县令，为文献记载的富氏在苏州活动的开始。富韬孙，即富严伯父、富弼祖父富令荀，在苏州有宅院[2]。富严父亲富令昉，"葬苏州附长州（洲）娄门外陈公乡"。[3] 按照宋代占籍的三个条件：父祖葬地、田产、居住时间，富氏家族至少已经满足了葬地和居住时间两个条件。

富严应举时，填写的"脚色"为祖籍地青田，得以回避不能在事实上的住地（苏州）仕官的规定，为家族定居苏州排除了障碍。

根据程俱墓志，富严"平时固已乐吴中风物之美"，而"乐风物之美"往往是士大夫买田产占籍的托词[4]，于是"留居不去"。"（富严）没葬吴县之宝华山，子孙遂为吴郡人。"[5] 宋代父祖葬地是定居入籍的重要依据，富严葬于吴县，成为富氏家族定居苏州的有力依据。

除富严支系外，富弼三弟富翱，在富韬仕官地"长洲"为县尉，后徙为"润州丹徒县令"。其孙元规，为太庙斋郎，在富氏宗谱中记在苏州支系下，亦应定居苏州[6]。

二、和地方望族的联姻与富氏在苏州地位的巩固

官僚迁居后的姻亲，主要是当地的家族，特别是迁居官僚的第一、二代，多与迁入地士人家族联姻，以巩固家族在迁入地的地位。和地方望族的联姻也是富氏在苏州站稳脚跟的重要方式。

富氏苏州支系的联姻对象为本地望族龚宗元家族、李仲偃家族。

（一）龚氏家族。

龚氏家族是北宋苏州根深叶茂的家族。其家族成员北宋时连续科举得力，保障了家族的长盛。如龚识于端拱元年（988）及第，是宋代苏州的第一名进士；

（1）《宋会要辑稿·刑法一》。

（2）郑元祐《挂蓑亭记》，见《侨吴集》卷九。

（3）《梓川谱》"坟陵墓录"。

（4）魏峰《宋代迁徙官僚家族研究》，浙江大学人文学院，2007年博士论文。

（5）程俱《宋故右迪功郎监潭州南岳庙富君墓志铭》，《北山集》卷三十一。

（6）《富秦公言墓志铭》。

龚识弟龚纬，淳化三年（992）进士；龚纪、龚会元咸平三年（1000）同榜登科；龚识的儿子龚宗元，天圣五年（1027）王尧臣榜擢第。龚程，登熙宁六年（1073）进士第。连续的科举得力，保障了龚氏家族的长盛。崇宁五年（1106年），龚明之父亲龚况又考中进士。[1]

富氏与龚氏呈现了世姻的趋势。

富严子富临，娶龚宗元家族女：

"秘监（富严）与都官（龚宗元）聘书，今尚存。"[2]

富临子富延年，继续娶龚氏女：

"夫人龚氏，池州府君夫人之侄也。"[3]

（二）南唐李氏家族。

另外，苏州富氏还和南唐皇族李氏联姻。

富弼三弟富翱之孙元规，娶李仲偓第六女为妻。李仲偓为南唐皇族：

"曾祖昇，祖璟，并为江南国主。考从浦，右龙武大将军，公第三子也。"

李仲偓定居常州武进，属平江府（今苏州）地区：

"吴人饮公和政，去有遗恋，后四年，告老，除太常少卿致仕"。[4]

（三）姻亲的带动。

或许因为姻亲的带动，北宋末年，在洛阳富氏因党争普遍沉寂的情况下，苏州富氏接连出现富元钧、富洵两个进士。南宋建炎初，富元衡亦中进士。

三、富氏在苏州的发展情况

（一）定居地。

1.吴县。

《姑苏志》卷十七记载了富严在苏州的居住地："富郎中巷，太平桥南"，"富郎中巷"在苏州吴县。

葬地是宋人异地占籍的重要条件，因此也是宋代家族定居的重要标志。吴县

（1）见邓小南《龚明之与宋代苏州的龚氏家族——兼谈南宋昆山士人家族的交游与沉浮》。

（2）南宋龚明之《中吴纪闻》卷一。

（3）程俱《宋故右迪功郎监潭州南岳庙富君墓志铭》，《北山集》卷三十一。

（4）胡宿《文恭集》卷三十七。

宝华山为富严——富临——富延年的集中葬所。

富氏四世富严:

"没葬吴县之宝华山。"[1]

"(富严)因居于吴县之永定乡安仁里太平桥。"[2]

六世富延年,富临子。富延年、富临均葬在吴县宝华山:

"(富延年)葬……宝华山先茔之侧。"[3]

根据中国人为先祖守坟茔的惯例,苏州富氏富严支系在吴县应有较为活跃的支系。

另外,吴县为平江府的治所在地,亦为在平江府仕官定居(如富严)的首选地。

富氏后裔的交往对象也体现了富氏的吴县渊源。富直柔原为苏州富氏子[4],其交往游人亦多为吴县人,如叶梦得、李弥逊。

为富氏族谱写序言的门下婿张即之,亦有在吴县仕官的经历[5]。

2.长洲。

一世祖富韬,先为长洲县尉,"摄县事",后为长洲县令[6]。三世富令昉,"葬苏州附长州(洲)娄门外陈公乡"[7]。五世富弼三弟富翱,为"长洲尉",其有孙元规,为太庙斋郎[8],估计富弼弟弟富翱支系在长洲繁衍。

(二)人物。

1.富严。

富严在苏州的印记主要有:

第一,建吴中藏书楼及学术中心六经阁。

张伯玉《六经阁记》云:

"姑苏自景祐中范文正公典藩,方请建学,其后富郎中严,继之又建六经阁。"[9]

---

(1)南宋龚明之《中吴纪闻》卷一。

(2)《梓川谱》"坟陵墓录"。

(3)程俱《宋故右迪功郎监潭州南岳庙富君墓志铭》,《北山集》卷三十一。

(4)见本书《从富直柔看过继子在富氏家族中的地位》。

(5)见后文《梓川谱序言名流表格》附录①。

(6)柳贯《跋吴越官墨制》,见《待制集》卷十八。

(7)《姑苏志》卷十七,《梓川谱》"坟陵墓录"。

(8)见后文《富氏家族的仕官》"富翱"词条。

(9)南宋龚明之《中吴纪闻》卷一。

文章亦记载了富严建造六经阁的过程：

"至是，富公始与吴邑长洲二大夫，以学本之余钱傥之市材，直公堂之南临泮池建层屋，起夏六月乙酉，止秋八月甲申，凡旬有七浃，计庸千有二百，作楹十有六、栋三、架霤八、桷三百八十有四、二户六牖，梯冲粱棁，圬墁陶覧称是。祈于久，故爽而不庳；酌于道，故文而不华；经南向，史西向，子、集东向。标之以油素，揭之以油黄，泽然区处，如蛟龙之鳞丽，如日月之在纪，不可得而乱。"[1]

第二，以耆德为乡人所重。

"既得请，将归河南，吴人争挽留。父老前曰：'公之惠爱在此邦，邦人怀思将无穷，愿毋去我，百岁后，吴人谨烝尝，护松槚，当世如桐乡朱仲卿也。'"[2]

"未尝一造官府，以耆德称所居，坊人以德寿目之。"[3]

"未尝一造府治，终年无毫发干请，士大夫皆贤之。"[4]

2. 富临。

"（富严）有子临，娶先都官（龚宗元）之女（秘监与都官聘书，今尚存）。饱学能文，终池阳守。"[5]

"（富严）子临，亦有文名，终知池州平江节度推官。"[6]

3. 富元衡。

《姑苏志》卷四十九："元衡，字公权，幼入太学，有声擢进士第，调随县主簿，建炎初，为襄阳抚司机宜，都督张浚以才荐，改秩为诸王宫大小学教授、大宗正丞。绍兴十一年，以左宣教郎知江阴军。十二年诏诸路州学委守臣修葺具次第驿，闻元衡出缗钱五十万，鸠工抡材，庸闲民以服役，阅月而功成。尝辨盗之不应死者，全活数十人，皆感泣。改兴国军。二十六年，知袁州。逾年，迁湖南常平，改利州路提刑。蜀旧例，监司交馈，不下数千缗。元衡悉拒不纳，再移湖北，专以平反为心。隆兴中，召还中涂，遇盗，行李为之一。空帅李师颜馈以匣金，元衡不启缄，谢绝之。除工部郎中。尝曰：'吾家以清白相传，今不狱足矣。'疏乞骸骨。诏以内阁奉祠制词，有'知止不殆'之语。元衡因揭'知止'名其堂，以庆礼成。赐金紫，官至朝散大夫，卒年八十六。元衡，守节清慎，终始不渝，时论仰之。倣苏轼书，

（1）南宋龚明之《中吴纪闻》卷一。

（2）程俱《宋故右迪功郎监潭州南岳庙富君墓志铭》，《北山集》卷三十一。

（3）《吴郡志》卷二十六。

（4）同（1）。

（5）同上。

（6）《姑苏志》卷四十九。

能逼真，尤善柳叶篆。"[1]

（三）苏州的仕官。

四世富严，两知苏州，以秘书少监致仕。

五世富临，"有文名"，"终池州平江节度推官"。

六世富延年，进士，任"江浦盐官察廉"，"终监潭州南岳庙"。

七世富元衡、富洵、富钧分别为北宋末南宋初年的进士。[2]

（四）南田富氏在苏州的繁衍和扩张。

政治势力和物质积累是家族繁衍扩展的重要标志。富严买田占籍，苏州富氏世代为官，其家族应有开支散叶的过程。根据现存的史料记载，苏州富氏的足迹大致遍布北宋时期平江府及周边地区，即今苏南浙北。如"富光祖"，崇宁中曾为吴兴（今湖州）朱少翁家写《仰高亭记》，以生活时代论，估计为富氏六世或七世；富櫹，"富弼四世孙……曾官知县，贰乌程（今湖州），守乌程，守一军垒"[3]；"富琡，富櫹子……昌国（今浙江舟山）县令。"[4] 元代富恕，在吴江昭灵观为道，与地方文人酬唱甚密。[5] 以上均可视为南田富氏苏州支系的扩张。

四、富弼和富严的密切关系

富严为富弼叔父，因其定居苏州，并与苏州范仲淹前后榜进士，对富弼的仕途有帮助。

（一）富严和范仲淹（富弼荐主）：同乡兼前后榜进士。

宋代的同乡身份和进士年份是官员援引的重要途径。富弼登上仕途的荐主为范仲淹。范仲淹大中祥符八年（1015）进士，而富严为大中祥符四年（1011）进士，二人有同乡和前后榜之谊。另外，他们的渊源还在于对苏州学术发展的作用上：吴中学术的发展也是始于范仲淹建立学校，成与富严建立六经阁：

（1）又见《湖广通志》卷四十一。

（2）详见《富氏家族的仕官》。

（3）《富修仲家集序》，见《南涧甲乙稿》卷十四。

（4）《四明志粹》卷二十。

（5）《菽园杂记》卷十三，《侨吴集》卷九，《吴都文粹续集》卷三十六，《御选元诗》等。

"姑苏自景佑中范文正公典藩，方请建学，其后富郎中严继之又建六经阁。"[1]

天禧五年（1021年），范仲淹调任泰州西溪盐仓监（1026年去职）。天圣元年（1023），富㲉随父亲富言到海陵，拜见范仲淹。从现有的材料来看，富严最有可能是见面的中间人。

在范仲淹的推荐和帮助下，富㲉成为宰相晏殊的女婿：

"时晏元献为相，求婚于文正，文正曰：'公女若嫁官人，则仲淹不敢知，必求国士，无如富㲉者。'即议婚。"[2]

并考中制科：

"公果礼部，试下，公西归，范文正遣人追公曰：'有旨以大科取士，可亟还。'公还京师，见文正，辞以未尝为此学。文正曰：'已同诸公荐君矣久。为君辟一室。皆大科文字。可往就馆。'……公遂以贤良方正登第。"[3]

范仲淹对富㲉的仕途起到了关键性作用。

（二）富㲉对富严的深厚感情。

1.《出身贴》。

《全宋文》保存了富㲉的唯一家信《出身贴》：

"㲉启：近小六归，已曾拜状，窃计诚素，寻达听览。仲夏毒热，伏惟大叔、大婶尊体起居万福。诸眷聚，亦想康宁。此中上下粗且如常，不用忧及。叶郎已成出身，乃与科场一也，谅慰尊抱，谅慰尊抱。正远趋侍，可量詹仰。暑湿，切冀倍加保爱，少副下情，虔祷虔祷。不备。㲉再拜大叔秘监、大婶郡君坐前。七日。"

收信对象和富严的身份高度吻合。"嘉祐中（1056—1063）"，富严以"秘书监再守苏"，本书信的"大叔秘监"，则为富严。且收信人居住地"仲夏毒热"、"暑湿"，与苏州夏季湿热的气候吻合。

在信中，富㲉关心"诸眷……康宁"，为富严子弟谋求出身："叶郎已成出身，乃与科场一也"。在此书信中，虽贵为宰相，但在富严前面，富㲉恭敬地执子侄礼节，"再拜座前"。"再拜"表明写信人为收信人的后辈：

"前辈以'再拜'二字施于尊长，不肯轻用。"[4]

（1）南宋龚明之《中吴纪闻》卷一。

（2）南宋朱熹、李幼武《宋名臣言行录》后集卷二，南宋祝穆等《古今事文类聚》前集卷二十七等。

（3）同上。

（4）见《野客丛书》卷二十九。

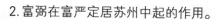

2.富弼在富严定居苏州中起的作用。

富严两次任苏州知州，均为富弼执政期间。庆历（1041—1048）初，富弼与范仲淹一起主政，富严以"由三司户部判官，除尚书刑部郎中"，[1] 任苏州知州四年；嘉佑（1056—1063）间，富弼任首相昭文相，富严"以秘书监再守苏"，[2] 秩满告老，定居苏州。富严因仕官占籍苏州。

五、苏州富氏和青田本籍的联系

富氏因战乱避居青田（今文成南田）山中，因和平向城市发展，为士族迁徙定居的惯例。苏州富氏和青田富氏的联系，除血缘的情感外，打断家族向城市扩张的战乱也是重要原因。

建炎、绍兴时（1127—1162），苏州成为宋、金两军交战之地。战乱使苏州不但不能安居，甚至先人坟茔亦难保全，"大家巨室，焚剽之余，转徙于山区海隅之间，殆无几矣。"[3] 从生计与丧葬两者考虑，战乱期间士大夫从城市（特别是战争前线城市）大量外迁。建炎四年（1130）二月二十四日，南侵金军在退兵途中入平江城：

"掳掠金帛子女既尽，乃纵火燔城，烟焰见百余里，火五日乃灭……平江士民死者近五十万人，得脱者十之一二而已。"[4]

损失最为惨重者当属富氏定居点的吴县、长洲，战火使平江民庶十室九空，苏州富氏或被杀或逃。南田处于万山丛中，交通不便，兵乱不易波及，成为了最好的躲避战乱地。且对于富氏家族来说，南田还是富氏的祖籍地，宗族的存在为其迅速融入当地提供便利。

南宋前期，苏州和青田呈密切联系的趋势。除绍兴七年富元衡续修青田富氏族谱外，庆元元年（1195），富嘉谋为青田邻县庆元县令，嘉泰（1201—1204）年间，富嘉猷为青田县令。富嘉谋、富嘉猷与其子辈富亢宗、富似宗均入梧溪宗谱。[5]

《梓川谱》保存着绍兴七年（1137）苏州支系富元衡续修的谱序，清楚接续了富氏苏州和青田的联系：

（1）《姑苏志》卷四十九。

（2）同上。

（3）《鸿庆居士集》卷四十二。

（4）《建炎以来系年要录》卷三十一。

（5）《景泰谱》"世系"。

"四世祖讳严，仕宋郎中，出守苏州，因居于吴县之永定乡安仁里太平桥。"[1]

在南宋朝宋、金以及随后的宋、蒙古交战的背景下，苏州富氏从战争前线苏州向南部收缩，有与青田本籍汇合的趋势。

支系叙述三：浙北支系

如果说富氏青田、洛阳、苏州的支系脉络大体清晰，那么浙北支系则是一个很难定义的支系。浙北支系的一部分，来自苏州支系的扩张，如湖州部分地区在宋代为平江府（苏州）地界；而萧山又属绍兴，绍兴与富弼过继孙富直柔的归葬有密切联系。另外，因换代战乱导致的人口迁徙，使从各战乱地避难的富氏又集中在南宋"行在"临安附近，也成为浙北支系的一部分。

本节定义的富氏浙北支系，主要以富直柔和其侄富杞为基准，以绍兴为地域中心。今富氏萧山（原绍兴属县）、杭州、上海浦东的支系亦暂定义为浙北支系。

一、富直柔及相关墓地：浙北富氏的核心地

富直柔和富杞的墓葬在绍兴古城：

"枢密富直柔、知府富杞墓，在（绍兴）古城。"[2]

绍兴和富姓有关的有两处地名。一是富盛（音），位于绍兴古城；二是富陵，在古城附近。

为寻找浙北富氏踪迹，2016年三月，我随富氏族人到绍兴。由于时间关系，没有去到富盛（音），但到了富陵。富陵地区有一座富姓大坟。据绍兴富国强先生介绍，在20世纪50年代，考古队曾对富陵进行试探性挖掘，挖出坟墓地砖，规制整齐精美，规制上应符合富直柔和富杞高官的身份。然而，无论是绍兴富国强还是平阳县富氏族人，都有家族的传说，说富氏在宋代出过一个"西宫娘娘"。"西宫娘娘"即正史里所讲的嫔妃。然而根据古代皇家一般制度，似乎嫔妃归葬

（1）第三页。

（2）《浙江通志》卷二百三十八。

本家族的例子较鲜见。

绍兴知府富杞，"男五，璆、x、瓒、琏、琥"，[1] 根据古代礼制和宋代官僚以坟院影占田产的通例，五子应至少有一人在富杞墓周边定居，守墓地，并影占田产，以为家族繁衍的物质基础。

二、富氏族居地

富氏在绍兴的祖居地为肖山街，为古绍兴最繁华地段。富国强介绍，原来整条街都是富氏的族产，由此可推测当时富氏在绍兴的实力。大概是清代中期，富氏家族突遭变故，碰到灭族大罪，富氏部分幸免族人外逃，形成了"不遑启处"的生活习惯（即居住一地几年，就重新迁徙）。富国强先生介绍说，其父在小时候还保留搬到一地不久居而搬迁的习惯。

既然是四处迁徙，绍兴的富氏族人有可能往周边散叶。富知愚教授提及富氏浙北的"有个村在清朝还有富姓人中举做官"，[2] 或者是肖山街富氏的后裔。

三、富氏浙北支系的现状

中国古代营葬，习惯性有"守冢庐"在周边，繁衍之后，容易变成村庄。但是在富陵，我们很出乎意外的没有碰到富姓人，这个村最多的姓氏，是姓"付"的。是他姓人迁入，还是富氏遭遇清中期富姓人的灭族大难改姓，待考。文成富弼研究会会长徐世槐老师认为，有可能是因为民间写笔画少的同音字改之。

另外，浙北富氏还有族居村，但是宗谱已经消失，个别富氏族人"谈谱色变"。富知愚教授说：

"前几年，本人受家兄富金愚临终嘱托：找一找上海周边地区有家谱的富姓族居村落。结果发现富姓族居的村落是有好几个，在海宁、海盐、桐乡都有，有个村在清朝还有富姓人中举做官，给当地修路、造亭，但家谱都在'文化大革命'中烧掉了。我还碰到一个挂着拐杖的富姓老者，对于我问及家谱仍怀有'色变'的恐惧，再三问我动机、目的。而听我解释后，只留下一句'没有了'，便回头拄拐而去。"[3]

（1）《梓川谱》"外纪行叙"第十七页。

（2）富知愚、王传珊《从家谱看富弼家族祖裔的迁徙》。

（3）同上。

四、杭州富家山族居点与途经江南西路搬迁背景

是日中午，我们在杭州萧山找到了富姓聚居村。据村民介绍，他们搬迁自杭州富家山，在旧时，富家山和本村水路相通，现在两地富姓还互通声气。从杭州富家山搬迁出的还有上海（属宋代平江府地界）浦东支系，始迁祖富百梅。

据富知愚教授对杭州富家山支系族人走访，他们称本支系搬迁自江西（宋代江南西路）。

从洛阳回迁的南田富氏在两宋之交经江南西路（今江西）回江南东路（今江浙），在宗谱中亦见端倪。《梓川谱》中存诗《将至青田》：

"江西路近浙江南，佛屋烧残有石龛。想是故乡行欲近，粥糜浑觉水泉甘（暗指南田甘泉里，即今南田盘谷富村）。"[1]

《梓川谱》记载富直演、富直皎"随驾南渡"，根据宋室逃亡路线，除东线高宗航海逃亡之外，还有一支为随隆祐太后从江南西路（今江西省一带）南渡，族谱中记载的诗歌撰写族人应属后一条线路。建炎三年（1129），隆佑太后在江南西路南逃一路上躲避金兵追杀，颇为狼狈，随从失散者甚多，毕沅《续资治通鉴》记载了当时的乱象：

"隆祐皇太后离吉州，至争米市。金人遣兵追御舟，有见金人于市，乃解维夜行，质明，至太和县。舟人耿信及龙神卫四厢都指挥使杨惟忠所领卫兵万人皆溃，其将傅选、司全、胡友、马琳、杨皋、赵万、王琏、柴卞、张拟等九人，悉去为盗，乘舆服御物皆弃之，钦先孝思殿神御颇有失者。内藏库南郎金帛，为盗所攘，计直数百万，宫人失一百六十人。惟忠与权知三省枢密院滕康、刘珏皆窜山谷中，兵卫不满百，从者惟中官何渐、使臣王公济、快行张明而已。金人追至太和县，太后乃自万安舍舟而陆，遂幸虔州。后及潘贤妃皆以农夫肩舆，宫人死者甚众。从事郎、三省枢密院干办官刘德老，亦为敌所杀……溃兵之作乱也，知永丰县、承议郎赵训之，尉、修职郎陈自仁为所害。"[2]

富知愚教授转述湖北洪湖富氏族人的表述，湖北富氏族谱记载其搬迁自江西吉安市太和县南溪乡瓦沙街（此地名考证见下文）。根据"金人追至太和县"的段落记载，金人追杀，使隆祐太后一行颇为危急混乱，逃亡者和溃兵作乱者均有之，估计部分富氏宗人与此时与大部队失散，遂定居。

局势平静后，部分人往南宋行在临安（今杭州）方向迁徙，有后裔定居杭州富家山，形成定居点。《上海谱》16页记载，靖康之变后，中原民众、贵族随康

（1）《梓川谱》第三十九页。

（2）卷一百六四。

王（宋高宗赵构）到江南落籍定居，"富弼后人名圣井者，率富氏眷属在杭州定居（今西湖之南尚有富氏之孙墓茔）。"根据《梓川谱》，两宋之交，扈从高宗南渡"富直演、富直皎"为富氏七世，富氏八世为"木字旁"作为行字，富圣井两个排行都靠不上，则其可能为在江西居住一段时间繁衍的富氏后裔。

《上海谱》16页又记载在："富氏二十七世富龙生（1667）年先考取秀才，后任无锡知县，其子富百梅（1684—1733）响应康熙帝，携带家属百余人来杭州湾北岸，围地开荒，落脚今上海航头一带，并从事盐业买卖。后三个儿子崇壁、崇熙、崇润，建宅开堂。"则上海航头支系以官宦起家，因盐商发迹，是目前所见材料中，富氏支系中少见的因商业发家的例子。

富教授对杭州富家山支系（包括浦东航头支系）的江南西路（今江西）的搬迁背景，进行了实地调查与当地人口和文史资料查证。根据其走访结果，"江西吉安市太和县南溪乡瓦沙街"今已经不可考，亦找不到富氏的踪迹。富知愚教授认为，湖北洪湖富姓为明时自太和县迁居洪湖，其初衷应是躲避战乱。因正德年间，江西有辰濠叛乱。另外，除明代的"辰濠"叛乱外，清末的太平天国运动、20世纪30年代国民政府在江西发动的五次"剿匪"引起的人口死亡和迁徙，都是富氏族人消失和地名消失的原因。

他认为，可以找当地一些大族的宗谱，找到明以前的联姻情况，或许会有踪迹。

然而，根据一些论文的研究成果，"瓦沙街"很可能为江西移民集散中心"瓦屑坝"。瓦屑坝是明初江右民系移民皖鄂两省的集散中心，政府官兵将被安排移民的对象聚集到瓦屑坝，然后上船遣送到安庆府等目的地。因年代久远，移民后代随着传说的递减，逐渐淡忘了具体祖居地，将记忆的思路定格于"瓦屑坝"，似乎"瓦屑坝"成了原居地。[1] 根据曹树基《"瓦屑坝"移民：传说还是史实》[2]的考证思路，"江西吉安市太和县南溪乡瓦沙街"是定居地大地名"江西吉安市太和县南溪乡"，和人口迁徙集散中心小地名"瓦屑坝"的粘连。如曹树基文提到的湖北黄安府境麻城县西乡《江氏宗谱》："忆我始祖考讳千四公字巨川号上亭，姚张白李氏孺人，由明初原籍江西饶州府乐平县瓦屑坝入籍麻城。"江氏原籍为江西饶州府乐平县，瓦屑坝为人口迁徙集散中心的粘连。

"瓦沙街"或为"瓦屑坝"众家谱众多异名之一。如曹树基文提到的"瓦砾坝"、

（1）百度百科"瓦屑坝"，见 http：//baike.baidu.com/link？ url=MW97DNh1ofTS_7WNfzLYtvnG9jy_pnjw6OJYxkFEmA6e19e9brmJ8dqEt2ndnI2-51gmfhYR3td7YyZgewY3DSF7r9TTf-4jQR9zFH3xmPvzeu1MBKY-6n1rfzSqxXlG。

（2）《学术界》总第160期，2011.9。

"碗屑坝"、"瓦西坝"等。

曹树基认为，"瓦屑坝"即鄱阳县"瓦燮岭"。

五、元时富氏嘉兴县定居点

生活在元末明初黄岩人陶宗仪记载，时嘉兴县富氏"得永兴桥之西陆氏宅"：

"（嘉兴县）永兴桥之西陆氏宅，有大井，不知何年所凿。面阔数尺，其深不可测，虽大旱不涸，其下可以转篙。时时于其中有浮萍，及破碎蒲帆浮起，不知何来。古老相传云：'此下通大海。'岂海水伏流地中，从此过耶？今为富氏得之，正居堂之，中以板覆盖甚谨，盖防颠溺也。"[1]

则此时富氏有人口定居于此。以其买入宅院的宏大规模，则此定居嘉兴的富氏有较强的实力。

六、富氏浙北支系名人

浙北富氏风尚崇文，亦多名人。

1.富好礼。

生活在元末明初，绍兴萧山人（又记作嘉兴人），四川顺庆府同知、仕宁远府，为富氏外甥刘基好友。

刘基《游云门记》：

"明年春天台朱伯言自浙西来，乃与东平李子庚、会稽富好礼、开元寺僧玄中皆往游，则知所谓云门、若耶，果不谬于所闻。"[2]

另外，刘基在至正十一年（1351）富氏南田大难后，曾写长诗《题富好礼所蓄村乐图》赠富好礼。[3]

朱右《游云门五记》云："洛阳富处善好礼"，则其先祖应该为搬迁洛阳、后回迁江浙的青田富氏。[4]

存世史料有：

（1）《说郛》卷一百十六。

（2）《诚意伯刘先生文集》，第252页，中国文史出版社。

（3）《诚意伯刘先生文集》，第164、165页，中国文史出版社。

（4）《续修四库全书》，电子稿见http://blog.sina.com.cn/s/blog_65b4e0210101fnt3.html。

"嘉兴人，洪武初（顺庆）府同知。创街衢置坊巷，户口田粮悉赖经理。"[1]

"洪武初，为顺庆府同知，设立大小街衢，布置郡邑坊巷，核实户口，清理田粮，至今人颂其德。"[2]

"富好礼，前顺庆府同知，悯泸河岚瘴，又相岭路甚险，乃自镇西所开路，通至峨眉，名曰：'春山'。"[3]

存诗一首《枝江县》：

"寂寞枝江县，居民祗数家。村中无吠犬，城上集啼鸦。风送千山雨，潮侵两岸沙。客途春欲暮，红见一枝花。"[4]

2.富坛。

浙江萧山人，成化进士。[5]

3.富好礼。

"字子超，华亭人，正德庚辰（1520）进士，官刑曹郎，有清慎名。御史冯恩以论冢宰汪鋐下狱，好礼力争，谓无死法。鋐衔之，出守重庆，迁建昌副使。境有大渡河，行者触瘴，多死，好礼凿山湮堑，筑塘堡数百里，属之省城，寻乞归。"[6]

七、富氏浙北支系（萧山县）节妇（明代）

和梧溪富氏相仿，浙北富氏亦多节妇。

1.富时异妻徐氏。

《萧山县志》：

"年十八归富。富，长山农民也。甫四十日夫死，将葬。氏乞于姑营双穴，不允，遂自经于墓侧。"

2.张文广妻富氏。[7]

（1）《明一统志》卷六十八。

（2）《四川通志》卷七上"顺庆府名宦"。

（3）《四川通志》卷七上"宁远府名宦"。

（4）《御选明诗》卷五十六。

（5）《万姓统谱》卷一百十。

（6）《江南通志》卷一百四十一。

（7）《浙江通志》卷二百十，"节妇·萧山县"。

支系叙述四：福建支系

通观今存的福建富氏的三个定居点泉州、福州、建州（今蒲城），为富直柔的仕官地、家族坟院所在地和死所，福建支系在宋代的支撑人物应为富直柔。明洪武时，今泉州富姓始祖从平江路毘陵（今江苏省常州市）人，以军卫戍卒入闽，后遂定居晋江（今福建省泉州市晋江市），应为福建富氏的另一构成支系。

一、富氏在福建生活印记

（一）富韬。

约公元940年福州之战入福州，后因吴越军大败于南唐和吴越国上层动荡，约950年归处州，道经南田甘泉里定居。[1]

（二）富严。

富严，"改兵部，知泉州八年"。[2]

（三）富直柔。

1.生活时间。

绍兴十年（1140），"端明殿学士、提举临安府洞霄宫富直柔知泉州。"[3]

绍兴十一年（1141）五月离任，离职后居泉州。

死后在福州有坟院。根据宋代官僚以坟院占土地的惯例，富直柔亲族在坟院周边占有了一些土地。其交往的李弥逊等，为闽北人，或有长期生活闽北的背景。

2.在福建的诗文唱和。

与叶梦得、李弥逊、韩元吉等诗人巨儒酬唱。

绍兴十二年（1142）秋，与李弥逊、张元干同聚横山阁（位于福州乌石山上），

（1）详本书《吴越国：家族兴盛的起点——兼论富韬的生平》。

（2）《姑苏志》卷四十九。

（3）《建炎以来系年要录》卷一百三十五。

有诗词唱和。

十六年（1146）三月十二日，与张元干、苏粹之游连江（今福建福州连江县），访绮溪，张元干有《天仙子》诗记之。

是年夏间，张元干、富直柔等游连江天宫寺，与李弥逊有诗词唱和。

绍兴十八年（1148）四月，与李弥逊、张元干等游侯官（今福州侯官县）精严寺。富直柔在福州万象亭作《万象亭（并序）》，有文存。[1]

3.卒于福建。

富直柔卒于福建最北部建州（今蒲城），今蒲城有富氏支系。富直柔晚年定居泉州，而建州（今福建建瓯市）是福建到处州的必经之路，"狐死首丘"，富直柔或许有归江浙本籍的愿望。因其为宰辅大臣，故最后附葬宋皇陵所在地绍兴。

富直柔卒后，其子孙请以福州双峰院为富直柔坟寺，皇帝赐额"崇因荐福"。[2]官至"同知枢密院事"（正二品）的富直柔，其坟寺旁边必然有与其级别匹配的田产。凡属朝廷敕额者，享有寺产免除赋税的优待依托坟寺影占的田产，为富氏在福州周边的家族成员提供物质基础[3]。因此，南宋时的福州，可能有一定数量的富直柔亲族繁衍。

（四）富修仲、富子立。

韩元吉《富修仲家集序》：

"曩予与修仲昆弟（富修仲、富子立）同寓于闽，访僧庐，游名山，把酒赋诗，追逐上下。"[4]

根据以上记载，则作为富直柔子辈的富修仲、富子立在福建逗留了较长时间。

韩元吉为福建世家，其家族及本人在福建有频繁的踪迹，列举如下：宋室南迁，韩氏一门避地江南，元吉一家则迁至福建邵武。至元吉27岁时，再迁福建建安（今建瓯）。绍兴二十八年（1159），知福建建安县。乾道四年（1168）以朝

（1）综合吴肖丹，戴伟华《江西诗派主脉——豫章诗社考述》，《南昌大学学报（人文社会科学版）》第42卷第1期；王兆鹏《读张元幹词札记三则》，《武汉师范学院学报：哲学社会科学版》1982第3期；郝天培《李弥逊及其诗歌研究》，西南大学古代文学专业2009年硕士研究生论文；钱建状《南渡词人地理分布与南宋文学发展新态势》，《文学遗产》2006年第6期。

（2）汪圣铎《宋代的功德寺观浅论》，《许昌师专学报（社会科学版）》第11卷第3期（1992年第3期）。

（3）同上。

（4）《南涧甲乙稿》卷十四。

散郎入守大理少卿，知福建建宁。一个月后，又改知江州。乾道九年（1173）、淳熙元年（1174）两知福建建宁府。[1]

二、以富鸿基为基点上溯的明代迁泉州富氏

（一）富鸿基及先世。

富鸿基生平：

"富鸿基，字磐伯。顺治戊戌进士，选庶常，授编修，分校礼闱，升侍讲。丁外艰，服阕，升侍读学士，迁内阁学士兼礼部侍郎，配潘湖卿相黄锡衮妹，纂修《世祖章皇帝实录》；丁内艰。服除，迁内阁学士兼礼部侍郎，充日讲官起居注、纂修《太宗文皇帝实录》总裁。进士及第，历宦至内阁学士兼礼部侍郎。"[2]

富鸿基先世的迁泉州和世系情况。李光地《礼部右侍郎富鸿基墓志铭》：

"先世为吴之毗陵（今江苏省常州市）人，始祖以明洪武时从军入闽，遂为闽之晋江人。八世以上家谱毁于火，其详不可录。自八世下，至公祖惠我公，笃行力学，以至孝闻。公父观曙公，举于乡，为教授，有潜德实行，乡人称长者。祖父赠如公之官。公为观曙公长子。"[3]

以此材料来看，富鸿基的先祖在洪武朝入闽，方式是军卫戍卒，其户口为军籍，按明代军籍登记习惯，籍贯登记在原籍毗陵（今江苏省常州市）。到清代，明时的户口制度失去了效应，故成为完全意义上的晋江人。"八世以上家谱毁于火"，故其与毗陵（今江苏省常州市）原籍的支系接续无文献直接可考。

富鸿基先世的苏州支系背景。以宋代苏、润、常三地并举的实例，北宋定居的苏州富严支系有可能往周边繁衍或迁徙。[4]以南宋初年，"富文忠诸孙……散处江南"[5]而言，则从洛阳回迁的富氏亦可能居住毗陵（今江苏省常州市）。

（二）富鸿基的"绳祖武"。

与富氏宗族的子弟一样，富鸿基传记记载的生平亦有浓烈的效法富弼痕迹。可以说，以富弼为构想对象的富氏家族家风在富鸿基身上反复出现。

以下按照李光地《礼部右侍郎富鸿基墓志铭》的记载考证。

（1）百度百科"韩元吉"。

（2）《晋江县志·卷三十九·人物志·名臣三·国朝·富鸿基》，四库全书本。

（3）《福建通志》卷七十三，四库全书本。

（4）见本书《支系叙述二：富氏苏州支系》。

（5）郑元祐《挂蓑亭记》，见《侨吴集》卷九。

富弼的不顾自身安危出使辽国以及为国事骂丈人晏殊奸邪，顾公不顾私的情况，富鸿基有类似行为。耿乱后，"编修李光地遣家人驰蜡书至京师，疏贼情形可取状"，"时论以人自贼中来，虑有他变，弗敢以闻，鸿基独毅然曰：'孤臣效忠，为国家东南半壁计，吾遑恤其它，以顾身家哉。'即诣阙代奏。"

富弼的出生，"梦有天赦，旌幡鹤雁，降盈其家"；欧阳修家中老妪"每夜闻远宅甲马声，则富秀才明日必至"[1]。富鸿基，"生之夕，光满室中，头角峥嵘起两角"。

富弼监修国史。富鸿基"纂修世祖章皇帝实录，修太宗、文皇帝实录，又为实录总裁"。

富弼，口不能言，言大事则不能屈。富鸿基"公退食则简默，无一语及朝廷，事亦不喜谈人是非，口讷讷似不能言者。至盈庭聚议，则持正论不激不靡，必抒其所见，其言曰：'会议者，将以上对君父，下关国计民生，吾竭吾诚焉而已。人之喜怒事之成否，岂所计哉？'"

事父母孝。富弼丁母忧，辞去首相职位，宋仁宗凡五起复，不应。富鸿基，"观曙公（富鸿基之父）弃世，公擗踊哀号，水浆不入……及母夫人卒，讣闻京师，以不及奉饭含，哀毁加甚。"

富弼晚年家居，不见外宾；富鸿基的苏州支系始祖富严致仕后"未尝干请"；富鸿基"致仕家居，屏迹杜门，虽乡人不得见面。"

（三）富鸿基、范承谟：富范世交的延续。

范承谟，范仲淹第十八世孙，富范为世交，[2] 以北宋为例，双方人口亡故，多互写文字悼念。康熙十五年（1676），范承谟为耿精忠胁迫自缢，郑开极作的《忠贞范公祠堂碑记》，其碑篆额即为富鸿基所写[3]。另范承谟为浙江总督时，在处州一带留下诗文，在青田留有《小溪》诗，表明其足迹到过处州（包括青田）。[4]

三、蒲城富氏

据梧溪富锡金先生称，福建蒲城的族谱谱序和文献保留不多。根据其家族口传，其聚居村先世有富氏大坟，后另一族姓迁入繁盛，将富氏祖先坟墓搬空，并

（1）《宋人轶事汇编》卷八。

（2）见本书《范富世交考》。

（3）《乌石山志》下。

（4）见光绪《处州府志》《青田县志》。

将自己先祖葬入。

此口述表明蒲城富氏亦先兴盛，后中衰。

四、福建富氏和南田本籍的联系

据梧溪富锡金描述，他所见过的蒲城《富氏族谱》谱序云，蒲城富氏源出青田县南田泉谷。2016年6月，泉州、蒲城富氏均莅临梧溪，拜谒"富相国祠"。

附录1：南田富氏与苏州范氏世交考

南田富氏与苏州范氏为世交，最早可以追溯到唐代。

1.唐末到宋初，通家之好

唐宝历元年（825），富弼七世祖富达从睦州（今建德一带）移居栝州（今丽水），共生四子婴、彦、薜、莹[1]，《宗谱》言富达仕冀阳信都太守，为一郡首长，则至少应已中年（40岁）。唐懿宗咸通十一年（870），范仲淹六世祖范隋由幽州良乡县主簿升迁至处州丽水县丞[2]，则此时，富达四子皆已成年。以常理推测，行政官和地方望族有互知信息的可能[3]。

（1）《梓川富氏家谱》第一页，程颐序言："自唐宝应（历）元年（825年）有赞公之子讳达者，居睦州，仕冀州信都太守，避乱移居括地，生子四人：婴、彦、薜、莹，其第三子娶王氏，夜梦老子授以叩（韬）书，次月生一子，因名韬焉。"

（2）《荣进集》卷四，《范氏族谱序》："（范）隋在懿宗咸通（860—874年）间，为处州丽水县丞。"《范仲淹〈范氏族谱〉在江西的发现》（江西教育学院学报，2004年05期）："唐懿宗咸通十一年（公元870年）范隋由幽州良乡县主簿升迁至处州丽水县丞，于是举家南迁，因中原战乱，不能归，'子孙遂为中吴人'。"范仲淹《续家谱序》："皇祐中（应为'初'）……遂过姑苏，与亲族会……自丽水府君而下四代祖考及今子孙，支派尽在。"

（3）《荣进集》卷四，《范氏族谱序》："（范）隋生梦龄"。

南宋龚明之《中吴纪闻》卷一："钱武肃王镠、广陵王元璙、咸显王文奉，三世皆为中吴军节度使，开府于吴中。时有丁、陈、范、谢四君同在宾幕……范讳梦龄，参政仲淹曾祖……皆职节度推官，俱以长者称，其子孙又皆登高科，跻膴仕，以见庆源深厚也。"

吴越国时期，天福三年（938）富弼五世祖富韬为苏州长洲县令[1]。时范仲淹四世祖范梦龄入中吴节度使钱元璙、钱文奉府幕，为中吴节度粮料判官[2]。

富弼祖父富令荀在苏州有"故家"，在苏州居住过。叔祖富令昉葬在苏州[3]，安葬宋代的葬地习惯，一般为久居者方能葬于一地。故到富弼祖辈，在苏州有生活印记。范仲淹祖父范赞时、父亲范墉均仕官吴越国[4]。

从富范两代的交往来看，以富弼和范仲淹为基准，始终存在范氏长一辈的情况。唐宝历元年（825），富弼七世祖富达移居栝州（今丽水），唐懿宗咸通十一年(870)，范仲淹五世祖范隋任丽水县丞，此时和范隋交往的应该是富达的儿孙辈，富弼的六世祖、富达的三子富薛，和范隋年龄应略长或者大致相近。范仲淹四世祖范梦龄、富弼五世祖富韬同在吴越中吴军仕官。天圣年间，富弼刚弱冠，交往的主角是富严（富弼叔父）、富言（富弼父亲）和范仲淹，三人为平辈，富弼为范仲淹的子侄辈。

2.推荐富弼，共推新政

富弼父亲富言，于乾兴元年（1022）出监海陵（今江苏泰州）酒税，时十九岁的富弼随父同至。次年（1023），富弼拜见范仲淹。

楼钥《范文正公年谱》："时富郑公弱冠来谒，公识其远大，力教戒而激励之。""来谒"，意为"进见地位或辈分高的人"。以地位而论，富弼为后辈白身，而范仲淹已经为进士官员；若以辈分而论，以富、范二家从唐末交往始，富弼晚范仲淹一辈。

"力教戒而激励之"，言范仲淹对富弼的重视。天圣六年（1028），范仲淹迁为秘阁校理，富弼同在汴京。天圣七年（1029），仁宗诏复制科，富弼当时归洛阳，范仲淹派人追之，劝试制科，为他向朝中官员推荐。富弼以没有学过制科

（1）《梓川富氏家谱》第一页，程颐序言。又见元柳贯《跋吴越国官墨制》，见刘耀东《南田山志》。

（2）《续文章正宗》卷三，《文编》卷五十八，《唐宋八大家文钞》卷五十一，《文章辨体汇选》卷六百七十一，《御选唐宋文醇》卷三十："曾祖苏州粮料判官，讳梦龄。"

（3）《梓川谱》："令昉公（富严父亲）葬苏州附长州（洲）娄门外陈公乡。"

（4）《宋太师中书令兼尚书令魏国公文正公传》："曾祖梦龄，祖赞时，父墉，俱仕吴越。后父随钱俶归宋，终徐州节度掌书记。"（见《范文正集》补编卷二）

推辞，范仲淹为他准备一个房间，准备复习资料，延请老师学习[1]。

范仲淹对富弼的重视，自是因为富弼"器量远大"，但如果从范、富两家为通家之好去理解，更符合人情常理。

庆历三年（1043）四月二十七日，富弼任资政殿学士，八月十三日，富弼在累辞枢密副使后就任，以范仲淹为正，富弼为副手的庆历新政正式推行。

庆历五年（1045）正月二十八日，范仲淹被罢去参知政事。同一天，富弼亦被罢去枢密副使。庆历新政结束。

3.互写祭文，情谊深厚

皇祐四年（1052），范仲淹卒于徐州。富弼撰《祭范文正公文》、《范文正公仲淹墓志铭》。一人同写墓祭文与志铭，颇为少见。

嘉佑八年（1063），范仲淹长子范钝佑卒，富弼撰《范钝佑墓志铭》。

元丰六年（1083），富弼卒。范仲淹次子范纯仁撰《祭韩国富公文》，《富公行状》。

4.小结

综上，范、富二家来往历史长久。范仲淹在推荐富弼为晏殊女婿，推荐富弼应制科中举方面起了重要作用。在富、范二家成员死去后，双方互写祭文、墓志铭，进一步巩固了双方家族的关系。

附录2：《梓川谱》的保存及信息引用的必要性

富氏宗谱现存最早的是明代景泰间宗谱（《景泰谱》），为手抄本（残本），此之前的宗谱无考。而丽水《梓川谱》虽为二十一世纪所著，且中间经过清后期战乱信息残损，但由于其保留了初版以来的序言和编排格局，较完整地保存了南田富氏前九世南田、洛阳、苏州支系世系，可以与梧溪宗谱互为补充，仍具有很高的参考价值。

（1）范纯仁《富公行状》云："时仁宗再复制科，先文正公（范仲淹）谓公曰：'子之才非常流，宜应是诏。'"邵伯温《闻见录》卷九又云："时太师公（按：富言）官耀州（今陕西耀县），公（按：富弼）西归，次陕。范文正公……遣人追公曰：'有旨以大科取士，可亟还。'公复上京师，见文正，辞以未尝为此学。文正曰：'已同诸公荐君矣。又为君辟一室，皆大科文字，正可往就馆。'"详见曹清华《富弼年谱》。

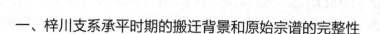

一、梓川支系承平时期的搬迁背景和原始宗谱的完整性

梓川宗谱中的信息表明富世延为搬迁为承平时期。嘉靖三十七年（1558），朱克谐序言说：

"（富世延）缘居青田之南田，一日至栝郡，嬉游丽之和乐乡太平里，偶见之起伏，若凤之翩翩而翔翔然，观望久之，曰：'此非可以优游而徜徉者乎？'乐哉斯乎，较之南田不更美而善焉？"[1]

为择土析居，而非战乱迁徙。根据一个家族分枝开族谱的惯例，会携带或抄写原有旧谱，因为其为承平时期的迁徙，富世延等所抄录的富氏宗谱（前八世世系和谱序）应较完整，特别是提及的苏州支系的记载，补充了梧溪《景泰谱》（残本）的不足。

从富世延的所属世系（富氏十世）推算，迁居时间应该在南宋前期。"崇宁（1102—1106）中"，富氏七世富直清、富直亮回迁，往后推三世（约60—90年）的十世，时间大致在绍兴三十二年（1162）到绍熙三年（1192）。

而《梓川谱》对前九世记载的详尽，不仅包括世系，还有坟墓墓葬、洛阳宗庙、家族排行、字、号等，无疑为富世延（十世）抄带族谱开宗支的证明，《梓川谱》保留的南田富氏宋代宗谱前九世的信息，与传世史料多可相互印证，具有较高的参考价值。

梧溪富氏在元末就遭受吴成七大难，族谱失落后再几经周折寻回，或已存在信息失落的可能性。而没有任何材料表明梓川元末遭受波及，有可能在元末明初，梓川关于富氏先世、富氏诰命的记载比梧溪谱详尽。

二、梓川族谱的优缺点

《梓川谱》为本次撰写的重要来源。

关于富氏前九世族谱收录的信息情况，《景泰谱》富氏九世富瑛传略："（富瑛）侍父（八世富梓）赴文州（或为今甘肃文县）助教之仕，遍历河南、东吴之间访族讲谱。"[2]可见北宋末年的富梓"访族讲谱"所得的信息，应记入当时的南田富氏宗谱。因此南宋时随富世延搬迁抄出的梓川宗谱，也应该保留三个宗支的信息。今《梓川谱》的前八世世系和坟墓记载表明了这一点。

（1）《梓川谱》序言，第十五页。

（2）《景泰谱》世系。

　　《梓川谱》信息的大量丢失在清后期。咸丰八年（1858），太平军攻入处州，宗谱遗失残破，但是战乱一过，"当妖氛荡涤之余"，[1] 梓川富氏族人旋即修谱，"汲汲以续修会议"，[2] 富成满、富德辉"袖旧谱示余"，[3] 则其依据应该是"旧谱"残本，以及族人的回忆。十一年后（1869），族谱修成。根据《梓川谱》，还能看出当时旧谱一些谱序、诰命、世系、文献分布的布局，但是具体记载上的部分内容和格式有不少乖谬。

（1）《梓川谱》二十二页。

（2）同上。

（3）同上。

第二章：富氏家族发展史

宗谱研究：富氏劫难和宗谱的保存

在封建宗法社会，血缘在以家族为单位中国社会凝合中起桥梁作用，谱牒作为血缘的证明，一直为中国各家族重视。

宋代的士大夫尤其重视牒谱。自从欧阳修、苏洵（欧阳修及苏氏家族和富弼有较深渊源）创立"欧苏法"后，宋代士大夫很重视私家牒谱的修撰和保存。富弼师友范仲淹，先祖本为中原人，后经战乱，范氏占籍中吴，范仲淹母亲改嫁朱姓。五代战乱，家谱失传，范仲淹成为宰相后，几经探访，考察出自己的先祖范履冰、范隋、范梦龄，并亲自修谱作序。

家谱在士大夫的家族亦有重要地位。南宋初年，四川诸侯吴曦向金国投降时，除了献上蜀地图外，还献上家族的牒谱：

"（吴曦）献蜀地图及吴氏谱牒于金。"[1]

一、富氏宗族的重视碟谱

根据目前能见到的材料来看，至少从富弼时期开始，富氏家族就重视牒谱。富弼家藏《元和姓纂》书，为后世流传通行底本。《跋元和姓纂后》云：

"此（《元和姓纂》）富郑公家书。甲子岁（1084），洛阳大水，公第书无虑万卷，率漂没放失。市人时得而粥之。镇海节度（即富弼，富弼晚年致仕官名）印章犹存是书，尚轶数卷，以郑公物，姑致而藏之。"[2]

作者黄伯思（1079—1118）为北宋杰出学者，生活在富弼晚年和去世后不久。

（1）《续通志卷》六百二十三"叛臣传四"。

（2）黄伯思《东观余论》卷下。

时富氏宗族尚有子孙在洛阳聚居，其信息应有较高的准确度。

另外，书写于北宋末南宋初年的《古今姓氏书辩证》主要参考了《熙宁姓纂》、《宋百官公卿家谱》，富弼作为三朝宰相，熙宁（1068—1077）时期的首相、北宋名臣，其世系应在这两本书的记载范围。

对于富氏家族后辈来说，族谱不仅是一种家族习惯，其簪缨相继的门第使尊崇族谱又有追寻祖辈光荣，寻求精神力量的作用。族谱记载的门第又对其联姻及地方影响力等现实利益密切相关，因此对族谱的珍视是历代富氏族人的共性。

富氏宗族在历史上几次失而复得。富氏族人珍视族谱，景泰三年（1452），十七世富秉初（富懿）在见到失而复得的家族宗谱和诰命，掩藏不住兴奋：

"夫神物兴，至宝在，天地间，上则气冲衡牛，头卜牛斗，下则山泽含辉，待价而沽，终不湮没。是皆阴灵之所呵护，变化不可测也。譬犹士大夫之家，有传世谱牒、告身、敕命，受之于君、承之于祖。"[1]

二、南田富氏族谱的印刷和保存情况

因为中国古代家谱的手抄工艺，修订之初数量就少，南田山旧族清代以前的家谱亦是如此：

"昔芝邑巨宗旧族，谱牒咸是手书。余及见者南田刘谱及后章坞徐谱，方知活字之美法也。余宗明存旧谱，暨康熙所序，俱是墨书，部因不可多得。"[2]

乾隆四十八年（1783），富氏用印刷术修谱，数量应较前为多，然"谱立一正五副"，也只有六本。"编排六字，各方分守"，[3]以房支为单位供族人保存（保存者应为房长），可见族谱的珍贵。

族谱数量之少增加了保存的难度。族谱的敌人为年代久远的残损和意外变故。年代流逝的破损并可以通过宗谱的重修而延续，而对于族谱来说，最大的危险还是战乱等意外变故。

以下叙述富氏南田富氏本籍的族谱保存情况。

三、南田本籍的宗谱保存情况

作为祖籍地的南田山梧溪村，族谱屡失屡得。和财富聚集、交通便利的城市

（1）《景泰谱》。

（2）《道光谱》。

（3）同上。

相比，山中并不是造反者的首选。然而山中不是净土，山贼、流寇乃至官兵，往往给家族以重大打击。富氏家族维护和保存族谱的方式主要有："访族讲谱"（北宋末年）、寻回族谱和追讨制诰（明初）、藏匿族谱（清初和文革）、寻找族谱（清前中期）。

以下是富氏宗谱的修订、丧失、寻回的情况：

（一）北宋期间，族谱修订和"访族讲谱"。

根据程颐写的序言，富氏宗谱修订于北宋元祐（1089）三年前后，序言者为理学大师、洛阳人程颐。崇宁（1102—1106）中，富直亮、富直清崇回迁南田泉谷后，应该带回洛阳修订的初版序言及富氏的世系支系情况。

北宋末，富直亮、富直清的儿孙辈曾到河南、东吴"访族讲谱"。九世富瑛传略云：

"侍父（富梓）赴文州助教之仕，遍历河南、东吴之间访族讲谱（按：则当在南渡前），书其绪属由，是以此悉载无遗焉。"[1]

或者是此次"访族讲谱"得到或充实富氏一些在洛阳和苏州繁衍的子孙支系。[2]

（二）北宋末、南宋末，南田富氏的波澜不惊。

因青田地处山中，财富积累相对匮乏和交通不便，所受的换代兵灾影响不大。另外，北宋末富直皎、富直演等洛阳支系成员回迁南田、元朝统治江南后富应高曾被当地官员推荐，亦为山中相对平静的注脚。

目前尚无史料表明富氏宗谱在这两次换代之际的遗失情况。

（三）元末的灭族之灾。

对富氏族谱第一次巨大的影响在元末吴成七的灭族大难。吴成七，幼居吴庄（今属文成大峃镇金炉社区），元至正十三年（1353）春起事。吴成七起义历时四年多。势力最大时，处（州）、温（州）、婺（金华）及闽北建瓯一带，形成首尾连络百余寨。对当地民众的生命财产造成巨大影响。[3]

根据刘基《题富好礼所畜村乐图》，在灾难还没起的时候，南田山中耕种丰收：

"山巅出泉宜种稻，绕屋尽是良田畴。家家种田耻商贩，有足懒踏县与州。

（1）《景泰谱》"世系"。

（2）根据现有的《梓川谱》世系及人物传遗存格局。

（3）百度百科"吴成七"。

西风八月淋潦尽，稻穗嶙比无蝗螽。黄鸡长大白鸭重，瓦瓮琥珀香新篘。芋魁如拳栗壳赤，献罢地主还相酬。"[1]

人民安居游戏：

"东邻西舍迭宾主，老幼合坐意绸缪。山花野叶插巾帽，竹箸漆碗兼磁瓯。酒酣大笑杂语话，跪拜交错礼数稠。或起顿足舞侏儒，或坐拍手歌瓯篓。倾盆倒榼混酰酱，烂熳沾渍方未休。儿童跳跃助喧噪，执逗逐走同俘囚。出门不记舍前路，颠倒扶掖迷去留。朝阳照屋且熟睡，官府亦简少所求。"[2]

一片"世外桃源"景象。

山寇吴成七兵起后，富氏家族作为山中大族，出面主持义勇，保卫乡里，首事者十四世富镰被执遇害。十五世富澄，"首倡义兵"，后被执遇害，年仅二十余岁[3]。因为和吴成七正面为敌，富氏遭受大难，人口损失很多。《景泰谱》中记载的"无娶无嗣"现象，以此时为甚，如十三世富孟坡、富孟培、富孟坰、富孟端，十四世富锟、富铉、富镃。[4]其中至少部分人，可能是在此次兵灾中遇害，以致青年早卒，且无子嗣遗存。

刘基《题富好礼所畜村乐图》记录了起义对南田世家的打击：

"高门大宅化灰烬，蓬蒿瓦砾塞道周。"[5]

富铟传记亦云：

"时兵焚之余，故址鞠为草莽。"[6]

上二条即记录富氏家宅被毁的情况。另外，郭瑞德认为，富氏在南田泉谷的大宗祠被毁[7]，富氏的族谱和先祖文献的诰命、文集一同流失。富氏损失惨重。

（四）明前期宗谱和诰命的回归。

富鉊，为富氏十四世，与被吴成七军杀害的富镰世系相同。

经明初的修养生息，富氏的家族实力有所恢复。宗谱和家族诰命遗失后不久，被富鉊寻得。

《景泰谱》"世系"说：

（1）周文锋《诚意伯刘先生文集》，中国文史出版社2011版。

（2）同上。

（3）《道光谱》"世系"。

（4）同上。

（5）同（1）。

（6）《故处士富公墓志铭》，见《景泰谱》。

（7）《富弼及其祖裔》第7页。

"吾宗谱诰命荐经变而遗失，已（而）得。"

并记载了十四世富鉛寻回宗谱的过程：

"公（富鉛）铎教于镕钟（今丈百漈镇篁庄）王氏家塾，有字'盘隐'者，感其子之恩，出其谱、诰以复之。"

和家谱一起回归的还有三道诰命：

"九世祖节推公（富玠）诰命一道，八世祖府教公（富伟）诰命二道"。[1]

并记载了回归经过。

"系南田族祖华八公（富鉛）得之于吾乡王氏家塾，而王得之于姻亲宋状元安固吴潜女氏。"[2]

然而并不是富氏诰命的全部：

"吾宗历官赵宋，诰敕颇多。"[3]

（五）明代前期宗谱被同宗人借走不归及寻回、文献的失落。

宗谱回归后，后被同宗人借走，十年方重新寻回：

"致有向者，十年不归之患"。[4]

所以《富氏宗谱》一位富姓人告诫后辈。

"俾知所自而勿轻以（宗谱、诰命）示人。"

"可不谨欤！可不慎欤！"[5]

族人富秉初（富懿）有记录宗谱被借走和回归过程，下面记录能辨认的文字（宗谱文字破损严重）：

"寻因予族女兄置诸奁具。……君克厚予曾祖，洎先大父访求四十余年……壬戌时兴……卷，……适值宗人大同簿致事（仕）归田，额为□。壬申，小宗子秉礼（富竦）以书奉，趋余取索。夏四月甲戌，因会从弟秉圭（富颢）、秉□同往纱埠留连，信宿，始得判簿继室□氏出，而复之予，亦乐酬以礼，于是持献严君，深藏箧笥，幸遂先志，喜不自胜。"[6]（省略号为脱落句子，□为漏字）

根据以上记载，应该是"大父"（祖父）辈，即富鉛寻回因战乱遗失的宗谱，中间又丢失，后富秉礼（富竦）寻回。寻回过程中，传者用书信、与"从弟秉圭、

（1）以上俱见《景泰谱》。

（2）同上。

（3）《喜先世诰命三首归宗敬题并序》，见《现代谱》55页。

（4）《景泰谱》。

（5）同上。

（6）同上。

秉□同往纱埠留连，信宿"，从"宗人大同簿（即富振）[1]"的继室□氏手中拿回诰命，并支付了一定的礼金（"亦乐酬以礼"）。可见过程的艰难。收回之后，"于是持献严君，深藏箧笥，幸遂先志，喜不自胜。"富秉初并发表了一些感慨：

"于戏！吾宗谱牒，论（沦）于妇人之手者！二诰命得于妇人之手者，三观吾大父所着谱志可见矣，然则所谓至宝不湮没，兴（信）乎祖宗记得之深，验于此，又可见矣！因书此，以示来世，俾知所自而勿轻以示人，致有向者十年不归之患。可不谨欤！可不慎欤！复歌一首以识于左。"

并赋诗一首，表示"喜不自胜"之情：

"九世先公致政（即富玠，'致政府君'）归，诰章散失几经时。悬知至宝难湮没，好是阴灵重护持。剑启鄞城神气肃，珠还合满夜光飞。姻戚幸籍收藏历，千载通家仰德辉。"[2]

（六）部分先人文章的寻回。

明代富氏族人寻找先祖文集的过程更加艰难。

永乐十九年（1421），富冕在收集得到"府教公"、进士富伟《松竹梅赋》后说：

"宋族荐经丧乱，家乘失传，思观先世遗文，渺不可得。尝拾得《松竹梅赋》一篇，十世祖嘉定丁丑进士之所作也。公讳伟……所作不止于此。今姑录之，后人倘能傍求博访得全集而集书之，是所愿也。"[3]

可见此时，富氏寻得的"先世遗文"还只有《松竹梅赋》一篇。

（七）清初耿乱族谱的丧失和寻回。

《浯溪富氏景泰谱》手抄两本族谱尚存。明末清初的富氏宗谱没有变故。

康熙十三年（1674），耿精忠攻入浙江，浙江生灵涂炭，富氏族人或死于兵焚，或逃于外郡，大概在耿精忠军队入处州前后，《浯溪景泰谱》两本，被放置于梧溪西山蝙蝠洞。康熙四十八年（1709）二十五世富之拱只身从泰顺泗溪回归，并不知道《景泰谱》在哪。

直到乾隆四十八年（1783），富之拱子二十六世富国奇（富燮）从"仙岩岗陡壁下一岩洞"找寻回宗谱，并由富国明（富燮）修补整理。《现代谱》"藏谱洞"记载：

"清初耿逆之乱，先祖将明景泰年间（1450—1456年）《富氏宗谱》手抄本

（1）《青田县志·吏选》："富振，金坛县主簿，调大同县。"

（2）以上俱见《景泰谱》。

（3）《景泰谱》。

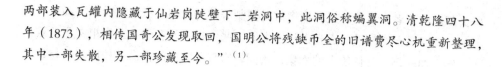

两部装入瓦罐内隐藏于仙岩岗陡壁下一岩洞中，此洞俗称蝙翼洞。清乾隆四十八年（1873），相传国奇公发现取回，国明公将残缺币全的旧谱费尽心机重新整理，其中一部失散，另一部珍藏至今。"(1)

（八）宗谱维护。

《景泰谱》手抄本是后世"富谱原本，是历代修谱的原始资料"(2)，其材质为宣纸，后富国明将每页族谱用黄纸贴页装裱，可见其维护用力很深。

装裱过《景泰谱》上有一页贴黄，上有富国明手记：

"二十六世孙讳燮，字国明，至十五、六岁时，稍知字墨，尝入泮，观此谱牒破坏，悲先世□器泯末（没），即用一年功夫收整赔（褙）补，于大清乾隆癸卯年重印新谱，一照此誉□。但前后有订差者，新谱俱已改正。吾年七旬，记此以遗后之孝子□孙，当收藏□□，勿使失藏，无不负予之苦心。大清乾隆五十六年桂月□日记。"

乾隆四十八年（1783），富氏族人根据《景泰谱》重修族谱。因为族谱对富氏的重大价值，富氏对其保存要求严格。现存的《道光谱》下署"礼字众簿"，五子按"仁义礼智信"排，此族谱为三房（礼字房）保存。其"书谱凡例"曰，"今立谱一正五副，共六部，各房存守"，"后续谱日必须俱到，不得藏匿"。各方在下次修谱时必须拿出族谱，不仅是修谱时对照的严谨，也考察各房保存族谱的情况。

因为《景泰谱》的破损，一些信息丢失。《道光谱》序言曰："所遗家乘二本……世远年湮，虫鼠蛀蚀……不无编残简断之忧。"(3)然而从现存的《道光谱》来看，《道光谱》的修订丢失了"所遗家乘二本"（即《景泰谱》）许多目前还能见到的信息，这些信息亦没有录入后面几次的修谱中。

（九）解放后的宗谱保存和修纂情况。

"文革"时，梧溪村破四旧，烧书三天，族谱亦在被"破"之列。据富氏裔孙富汉峰讲述，景泰谱手抄本被他的父亲乘乱放在灶房间放番薯种的洞里，一放多年，得以保留（同放的还有富氏清代先祖的几张画像，富氏族人俗称"颜"）。

二十世纪九十年代，客居台湾的富仲超再度回乡，《富氏宗谱》重修，富氏族人根据富氏原有宗谱文献，以及涉及到南田富氏的文献如刘璟《易斋集》、刘鹰《盘谷集》、柳贯的《跋吴越官墨制》等文献，重新找回先世谱序和先祖富弼等的一

（1）184页。

（2）同上。

（3）《现代谱》第5页。

些文献。由于老宗谱的破损和修谱时间限制等种种原因，重修富氏宗谱尚有一些瑕疵，如《景泰谱》被《道光谱》遗失的一些信息并没有录入。先祖文集的录入也不够，如富弼、富伟等人的文集，富弼、富直柔等人的诰命，按照当下材料收集的便捷性，是完全可以全文录入的。

四、洛阳等支系的族谱保存情况

南田富氏两个强盛的支系洛阳和苏州，其修订族谱的可能性和保存族谱的完备性最为具备。然洛阳和苏州均为四战之地，战乱最容易波及，族谱丢失的可能性也最大。

对洛阳富氏首要的打击为两宋之交的换代战乱。开封、洛阳的宋皇陵和大臣墓地被金兵集体盗掘，富氏族人大量南迁，因此也失去了宗族聚居的集体性氛围，族谱的式微也可以想见。

苏州富氏，居住在为宋帝国经济的最核心地区，战乱时期，成为军队劫掠的重大目标。建炎四年（1230），金溃兵入平江府（今苏州），平江府十室九空，作为富氏仕官地和定居地的长洲、吴县、吴江，荼毒尤烈[1]。目前，洛阳、苏州尚未发现有富氏宗谱存留的信息。

富氏的其他支系族谱保存情况。丽水梓川，为富氏十世富世延南宋自南田搬迁，承平搬迁，原抄录的族谱应较为齐备。然清咸丰戊午（1858）的太平军"入栝郡"，"惨酷难堪……越二载，复犯境，焚烧杀掠，一片焦土，民无安居"[2]，宗谱残损严重。

浙北支系。据富氏绍兴、嘉兴等族人称，家族原有宗谱，"文革"中被烧毁。[3]

从先秦到唐代——文献记载的富氏家族历史世系

本文根据传世史料，试接续富氏家族历史世系。

（1）邓小南《龚明之与宋代苏州的龚氏家族》。

（2）《梓川谱》第二十二、二十三页。

（3）王传珊、富知愚《从家谱看富弼家族祖裔的迁徙》。

关于"古齐郡"富氏，明代的《万姓统谱》说：

"富，齐郡，周大夫富辰之后。"[1]

浯溪各宗谱、《梓川谱》里标明的富弼家族"齐郡"的郡望，与文献记载一致。

《梓川谱》亦言富氏先祖为富辰（成）：

"有名成（辰）者，黄帝命其养蚕，三浴而成茧，至孙名大淘者，好植树桑，尧命为桑师，衣被黎元，蒸民殷富，时称为富成（辰）王，此富姓所由始也。"[2]

一、古齐世系的名人

因富弼到富元衡的支系后另有叙述，从略。故只记载唐代富嘉谟及以前。

（1）周：富辰。周大夫，谏襄王伐郑。[3]《梓川谱》记载为富成，应为同音讹误[4]。韩维等人亦认为，富辰是富弼的先祖。[5]

（2）唐：富嘉谟，武功人，举进士，尉晋阳，与吴少微、魏谷倚并负文词，时称"北京三杰"。天下文章尚徐、庾，独吴少微、嘉谟本经术，雅厚雄迈，人争慕之，号"吴富体"。韦嗣立荐，并为左台监察御史。[6]《富鼎墓志》《富绍荣墓志》都记载富嘉谟是其远祖，《梓川谱》亦有相关记载（见下文）。

二、从富嘉谟到富韬的接续试探

（一）富嘉谟：富氏唐代远祖。

各姓氏书籍，如《元和姓纂》卷九、《名贤氏族言行类稿》卷四、《万姓统谱》卷一百十均认为富嘉谟为"古齐富氏"（富辰的后代）唐代的代表，接续宋代以富弼为代表人物的富氏。

富氏家族文献一直认为富嘉谋是富氏唐时远祖：

《梓川谱》：

"唐时有讳嘉谟者，仕晋阳府相。"[7]

（1）卷一百十。

（2）程颐初版序言。

（3）《万姓统谱》。

（4）程颐初版序言。

（5）《富文忠墓志铭并序》。

（6）《名贤氏族言行类稿》卷四十八。

（7）《梓川谱》程颐初版序言。

洛阳出土的墓志《富鼎墓志》《富绍荣墓志》也认为富嘉谟为富氏远祖：

"其姓……稍显于唐，有嘉谟，名时词臣。"[1]

"嘉谟以文章名于唐，公（富绍荣）之世，相去浸邈，其胸中耿耿，言必尽诚刻意好学，落笔成文，卓然有远祖之风焉。"[2]

上三者的记载与传世典籍记载的富嘉谟身份一致，富嘉谟：

"（雍州）武功人，举进士，尉晋阳，与吴少微、魏谷倚并负文词，时称'北京三杰'。"[3]

上文献表明富嘉谟的籍贯为陕西（雍州）人。关于富嘉谟的籍贯，吴少微《哭富嘉谟并序》有另外的记载："河南富嘉谟"，大概是从唐代通行的郡望而言，或因汉代富允文等为陈留太守。

关于北方士族的南渡问题。唐代安史之乱，人民南迁，之后的藩镇割据、土地兼并、农民起义让北民南渡的趋势加剧，一些南渡家族难以回归，[4]宗谱的记载富氏家族最早在南方的踪迹为中晚唐，《梓川谱》记载：唐宝应元年，"富赞居睦州（今浙北建德一带）"，[5]可能避安史之乱，从晋阳出逃，辗转到此。其子富达"仕冀阳信都（今河北冀州市旧城）太守"，[6]富达仕官在北，表明和南渡的一些士族类似，富氏和京中亲旧尚有联系。

因安史之乱，中原藩镇攻伐，黄巢等农民起义加重了士族遂淹留南方的趋势，富氏几代定居，成为南方人。

可能是因唐后期浙东的战乱，富赞子富达又从睦州（今浙北建德一带）迁徙到更为南方、交通更不便利的栝州（今浙南丽水）。五代战乱，富达孙富韬，避居更加偏僻的南田泉谷（今文成南田刘基庙附近），为万山深处，温州和处州的交界地。可以推断，战乱是富氏家族从北方迁到江浙，又从浙北迁到浙南。

（二）关于《洛阳富氏家族墓地》里富氏迁徙路线的探讨。

王东洋《从新出墓志看北宋大族的迁徙与兴衰》[7]认为，富氏从江浙迁徙到

（1）《富鼎墓志》，见《洛阳家族墓地》第55页。

（2）《富绍荣墓志》，见《洛阳家族墓地》第63页。

（3）《名贤氏族言行类稿》卷四十八。

（4）吴松弟《唐后期五代江南地区的北方移民》，见《中国历史地理论丛》NO.3，1996。

（5）第一页。

（6）《梓川谱》程颐序言。

（7）《洛阳富氏家族墓地》，第179—181页。

齐郡，恐误。郡望是一个家族总体的兴盛之地，出现的较早。根据现有文献记载，富氏在齐郡的踪迹主要在三国和北朝，如三国兰陵人富袭、前燕兰陵人富恺，时间渺远。

王东洋认为，富氏家族的迁徙路线为从江浙——齐——汴——洛，然而，根据现有材料，以郡望齐郡为首居地，那么，如上文分析，至少唐代时首先迁徙到山西晋阳（唐代富嘉谟仕"晋阳尉"），因为安史之乱及以后的中原乱局，富赞支系在唐代中后期从晋阳周边迁徙到江浙。

富赞四世孙富韬定居南田（今文成南田泉谷），富韬子孙通过或荫补虚授，或到任的方式，迁徙到今河南（河内），北宋末年，河南的富氏又迁回江浙。故富氏的迁徙路线可以是齐——晋——江浙——今河南（河内）——江浙。

（三）《梓川谱》中迁徙时间"宝应元年"的探讨。

1.宝应元年（762）可能为宝历元年（825）的误记。

从富赞居住在睦州的宝历元年（762），到富处谦"仕吴越内黄令"的后晋天福七年（942），共280年，期间富氏繁衍世代为富赞——富达——富薛——富韬——富处谦，总共有五代。按照二三十年为一世系古代普通的家族繁衍规律，五代的相隔时间为100—150年，那么族谱记载的时长和普通家族繁衍时长有130—180年的出入，估计中间有遗漏几代。考虑到《梓川谱》普遍存在的书写错误，或者宝应元年（762）为宝历元年（825）的误记。

2.宝历元年（762）的可信因素举例。

（1）非长子支系和晚婚晚育传统可能的对富氏世代的影响。

如果考虑到家族中的非长子繁衍情况，宝应元年（762）尚在勉强可以接受的范围。考察富氏繁衍的儿子的排行，除富处谦为长子外，富薛为三子，富达、富韬不能确定他们为几子，故有一定的时间弹性。

富氏家族似乎有晚婚晚育的传统。从富言和富弼的晚婚情况逆推，富氏繁衍的时间会变得更加缓慢。富言和富弼均为晚育。根据《富秦公言墓志铭》，富言生于公元969年，长子富弼出生于1004年，时富言35岁。富弼天圣九年（1031）中制科后成婚，富绍庭卒于1105年左右，卒年68岁，则其出生在1037年左右，时富弼33岁。根据邵伯温《闻见录》的记叙，富弼的晚婚是得到富言的允许，家族似乎有晚婚的传统："（富文忠公）曰：吾年二十八登科方娶，尝白先公、先夫人，未第决不娶。"富言是咸平三年（1000）进士[1]，富弼生于1004年，富弼为富言"登科"四年后生的孩子。

（1）《富秦公言墓志铭》。

（2）宝历元年（762）富达避居栝州和浙东袁晁乱。

另外，宝历元年（762）富达避居栝州也和浙东袁晁乱对应。《梓川谱》云："唐宝应元年（762）……（富达）避乱移居括州。"[1]《旧唐书·代宗纪》载："（宝应元年（762）八月）台州贼袁晁陷台州，连陷浙东州县"，攻陷的"浙东州县"有台、衢、温、婺、明、越、信、杭、苏、常等十州。栝州（今丽水）并未被波及，故存在富达（或富氏家族成员）因这次袁晁乱避居栝州的可能。

三、从《元和姓纂》《名贤氏族言行类稿》接续先秦到南北朝的富氏名人

另有唐《元和姓纂》，南宋《名贤氏族言行类稿》，但此二书颇有争议。如关于富弼的世系，宋代姓氏学名著《古今姓氏书辩证》参校了《熙宁姓纂》《宋百官公卿家谱》，而并没有采取《元和姓纂》和《名贤氏族言行类稿》的一些记述。将此二书的富氏材料附后，备考：

周：鲁大夫富父终甥之后，亦单姓富。郑大夫有富子。[2]

汉（陈留，今河南省开封市一带）：有富留人，为公田使者，见《风俗通》。《前汉苇贤传》：有陈留太守富允文。[3]

魏（兰陵，今山东省临沂市兰陵县兰陵镇）：富袭，字熙伯，伯生之后也，为尚书令，着《论语解》。[4]

前燕（兰陵，今山东省临沂市兰陵县兰陵镇）：《前燕录》：富恺，兰陵人。[5]

后秦：《陈留先贤传》：有陈留太守富允（文）。[6]

（1）《梓川谱》程颐初版序言。

（2）《名贤氏族言行类稿》卷四。

（3）《元和姓纂》卷九。

（4）同上。

（5）同上。

（6）《元和姓纂》卷九、《名贤氏族言行类稿》卷四十八。

宋及以后的富氏发展情况

一、宋代富氏发展情况

宋代是富氏最繁盛的时期，原因是吴越国入宋积官、富弼和富直柔荫补的带动和科举得力。

以天福三年（938），始祖富韬任职"长洲（县）令"为盛年（40岁上下）计算，南田富氏以吴越国降臣仕宋（978），大约在三世富令苟成年时。通过仕官积累，四世富言、富严为进士，五世富弼为三朝宰相，富氏家族势力达到高峰。富弼拥有大量的荫补名额，通过家族的荫补入仕带动富氏的仕官，形成富氏家族的鼎盛期。[1]

北宋末南宋初年，苏州富氏科举得力，为富氏兴盛的延续。富直柔官枢密同知（正二品），通过荫补带动整个家族。[2]

南宋中后期，南田本支最为兴盛，表现还在科举得力。从嘉定四年（1211）的富皞，到咸淳四年（1268）的富应高，总共有三个半进士。人口和产业：

"正会朝拜时，少长两千指（按：两百人），产业至二万余亩。"[3]

"两万余亩"的田地，基本包括了南田山及周边的田地（如果"产业"集中在南田本地的话），富氏5—10世在南田山地区广泛分布的坟山也佐证了这一点。

二、元代富氏发展情况

（一）发展情况。

由宋入元，富氏家族并没有以前朝遗旧而遭到打击。如富应高为南宋咸淳四

（1）详见本书《界定：以宋人籍贯意识看作为今文成人的富弼》《支系叙述一：洛阳支系》《富氏家族的仕官》。

（2）见《支系叙述二：苏州支系》、《富氏家族的仕官》"进士"、"可能来源于富直柔的荫补"。

（3）刘鹰《南田富氏族谱》序。

年（1268）乡贡进士，元朝统治江南后，"会诏征贤能，路官强进士起为国用"，富应高辞以"我生于宋，当为宋臣，国既元矣，当有元臣，悉用我哉"，而路官"遂不复言"。[1]

富氏家族产业殷实，也可以从生活在元代的富应高、富孟升有关财物的言行可以看出。

刘鹗《故乡贡进士富公墓铭》记载[2]，"元至大（1308—1311）年间，饥馑荐臻，岁晏天寒雨雪，载途有造其门者"，富应高：

"不问亲疏远近，必躬自慰劳而饮食之，又尝凭高四顾卢（庐）有不烟者，辄遗之以米，家之弊衣必使浣濯补缀而藏之，以遗人之苦寒者。"

并烧毁借券：

"俄一日病革曰：'吾恶寒，可置火于卧侧。'因屏左右，取平昔贫人借贷契卷悉焚之。"

富应高子富孟升，刘鹗《浯溪处士富公墓铭》记载[3]，其产业：

"（先君）资产皆吾（富孟升）所承，今吾增拓倍于先君，契卷悉为吾名。"

把祖宅让给侄子富鈚，建造新的宅院，其规制：

"前堂后寝，翼以两庑，规制宏敞，脊角华丽，复于正寝之东，构祠以奉先世神主。"

元末"山寇窃发，标（剽）掠村庄"，富孟谦"遂迁瓯城（按：即温州），居数岁而复归，卒免于难"，为逃难性质。山寇对当地生产及家族赋税收入有所破坏，根据"时乡邑馑饥荐臻，民皆菜色"，百姓应也没有余粮上交赋税，富孟谦的产业应有缩水，但富孟升：

"发囊捐白金易谷粟，以济其亲族邻里之贫者……时蒙存活者颇众，故远近无不感悦而号公为长者。"

可见其殷实的产业基础。

富孟谦侄子富鈚与之类似，《殷五公墓铭》记载云[4]：

"逾岁，饥且大疫，民苦无聊，公恻然捐所有而赈之，存活者甚众。"

（二）元代富氏势力相对下降的原因。

但是，和宋代以三朝宰相富弼为支撑，簪缨相继的情况相比，元代的富氏势力

（1）叶琛《宋故进士富公传》，见《现代谱》100—102页。

（2）《现代谱》158—159页。

（3）《现代谱》159—161页。

（4）《现代谱》161页。

在下降。虽然刘鹰说"宋元间，擢科举者不可胜数"，但根据族谱和外部材料考察富氏具体的仕官，除了梓川支系可能生活在元代的十五世富世昌为"湖广副使"外，[1]其余俱不见载。元代的富氏并没有如富弼一样的支撑性人物，另外，元代的富氏也没有进士出现——支撑性人物的缺乏和科举不利是富氏实力下降的重要原因。

具体表现在：

1. 元代的富氏并没有如富弼、富直柔一样的支撑性人物。弱化了宗族通过荫补做官，以官员身份获取更大话语权以及现实利益的途径。

2. 科举途径的消失。宋代个人成就家族，科举的得力与否是家族势力兴盛的标志。到元代，由于科举或停办或名额锐减，富氏家族在元代并没有进士出现，失去了像南宋中后期一样以科举维持和扩张地方势力的手段。

3. 辞官。南宋末期，富应高辞官，从朝中退居南田乡里，标志着南田富氏无法在更大的公共空间做出影响。

4. 烧毁借券。元末，富应高并为子孙计，烧毁借券，富氏家族产业一定程度缩水。

5. 刘氏家族的迁入和起势。宋理宗宝庆（1225—1227）时，名将刘光世的曾孙刘集自丽水竹州徙居南田武阳[2]。刘集子刘濠，"宋翰林掌书"，刘濠子刘庭槐"元太学上舍"生员，刘庭槐子刘熵为遂昌县教谕，均在中央或地方有人脉圈。特别是刘濠在元初烧元廷的造反名录，拯救数百乡民，获得了"义孚乡里，积善余庆"的名声，在地方威望上升[3]。由于元代富、刘家族在更大公共空间的影响力已经丧失，南田山的空间狭小，"邻之厚君之薄"的效益较为明显。

三、元末富氏大难

元至正十三年（1353年），文成县黄坦人吴成七在五十六都（今文成巨屿）为寇。《青田县志》云："至正十三年（1353年），吴成七啸聚倡乱，处（丽水），婺（金华），温（温州）及建宁（治今闽北建瓯一带）均被其毒。"

已经搬迁到浯溪的富氏十四世富鏮筹备私人武装，保护家族及地方。至正十五年（1355），富鏮遇难。时富鏮与徐伯龙曾共率邑里百姓与族人前往今西坑百溪岭头堵守吴成七军。吴成七兵勇绕道大岂，在南田张坳与富鏮军在相遇，富

（1）详见《富氏家族的仕官》。

（2）百度百科"南田镇"。

（3）同上。

鏐亦"陷贼围中被执，累胁不降，诟骂不屈，遂遇害。"[1]

吴成七均得胜后，对徐、富族人见人便杀，见屋即烧。南田泉谷的富氏大宗祠遭火毁，片瓦不留。留在梧溪的富姓老少闻讯后，即逃到三里外黄连坑头的鬼崖洞中避难，亦全遭杀戮，"血水染红了黄连坑"。[2]

族谱中的记载亦印证了富氏的人口损失。大致生活在元末的富氏十三世富孟坡，富孟培，富孟坰，富孟端，无娶无嗣。十四世富锟，富铉，富镒，无娶无嗣。其中至少部分人，可能是在此次兵灾中遇害。如十五世富澄，"首倡义兵"，后被执遇害，年龄二十多岁。[3]

刘基在《题富好礼所畜村乐图》也为记载了此次富氏大难：

"高门大宅化灰烬，蓬蒿瓦砾塞道周。春燕营巢在林木，深山露宿随猿猴。"

经过吴成七乱，富氏损失较多人口，并且代表宗族力量的南田大宗祠被毁，失去了在南田泉谷立足的一个根基。

四、明代

明代梧溪富氏依旧族居。因为世为粮长，且行慈善为乡民推重，保持了一乡望族的地位。嘉靖以后，随着刘伯温家族的重新崛起，富氏宗族势力有所下降。

五、明末清初

除记载的明季梧溪富氏小宗祠被毁外，现存史料没有关于富氏在明清换代遭受大难的记载。历史上，对南田富氏影响最大的清康熙十三年（1674）始的耿精忠乱。

康熙十三年（1674），福建耿精忠叛乱，战争刚开始，即"分兵三路北伐。一由东路，取浙江温州、台州诸县，曾养性统之"。[4]《处州府志》亦云："康熙十三年（1674），四月十三日，耿精忠起兵反清，部属徐尚朝陷处州城。"

三年时间里，浙南的州县或降或叛，先后陷入叛军之手，许多城池朝复暮失，

（1）《现代谱》"宝庄公传"，106页。

（2）郭瑞德《富弼及其祖裔》。

（3）见本书《富氏粮长和富氏明代前中期的兴盛》。

（4）周望森《"三藩"叛乱期间清朝统治集团关于浙江财赋问题的论争》，《浙江师范大学学报》，1988年04期。

反复易手，浙江惨遭空前之蹂躏"地方之荼毒，百姓之困顿，强半不堪言"，[1] "福建……未若浙民处处战场，荆榛满目，惨祸如此其甚也。"[2]

魏象枢写给浙江总督李之芳的《寄李毅可藩司疏》[3] 描写了浙江耿乱后的惨象：

"市尘析毁，田园荒芜，地方残破，一望萧条，百姓惨死，数不可计，人口锐减，维产不继，准民奎滞，啼饥号寒，娠济不资，哀怜号救，投诚叛军，数量惊人，易动难安，隐患厄测，无人不苦，无地不苦，搜刮无遗，财政枯竭，地方元气，不可挽回，计穷势迫，发岌堪忧。"

康熙十三年（1674）到康熙二十年（1680），"耿乱"荼毒浙南七八年。又由于南田山位于处州和温州（瑞安）交界，为军事地理要冲。正规军和山寇反复荼毒地方，"耿乱"是富氏家族历史上遭受的最沉重的打击。

（一）耿乱对富氏家族打击的具体表现。

1. 大兵交战。

耿精忠军队入浙南后，叛军和清军反复交战绞杀。

以下是几条具体双方在浙南的战争记录：

"逆贼曾养性至平阳，与叛将司定猷等会兵围瑞安。衢州一路贼兵屯聚。"[4]

"庚寅，大将军和硕康亲王杰书奏官兵败贼于温州。伪都督曾养性、伪将军祖宏勋等于二月十七日率贼四万余水陆来犯，将军贝子傅喇塔遣副都统吉勒塔布沃、伸巴图鲁等统满洲、蒙古绿旗官兵分路逆战，斩贼二万余。"[5]

"十四年八月，贼党自台州遁还温州……贝子以懿……行间剿逆绥良……其间战功次第自不若。"[6]

"十四年十月……伪将军曾养性率贼三万余众，乘船二百余艘，水陆来战。五穆都同贝子富拉塔奋击败之，复太平、乐清、青田三县。"[7]

"三月，伪总兵连登云偕徐尚朝、沙有祥自温州窥处州，距城五里列寨。玛哈达与察珲、李荣、陈世凯分兵往剿贼。败溃，复奋兵追击、斩伪参将陈亮、郭

（1）李之芳《请蠲被兵地方钱粮第三疏》。

（2）李之芳《请蠲被兵地方钱粮第二疏》。

（3）《寒松堂全集》卷九。

（4）《平定三逆方略》卷六。

（5）《平定三逆方略》卷二十二。

（6）《宁海将军固山贝子功绩录》提要。

（7）《钦定八旗通志》卷二百十六。

美才等，获旗帜军械无算。"[1]

"浙江温州总兵官陈世凯、平阳总兵官王廷梅等遣兵分路复浙闽、江西接壤诸县。"[2]

2. 财产劫掠。

上几条记载中，既有耿精忠军的进攻，又有清军的进攻，除了战争本身对百姓的人身损伤外，数万大军的战争给养也是当地沉重的负担。衢州材料记载说：

"耿精忠数万叛军乱衢三年，始终未破衢城，但在四乡烧杀抢掠，十室九空。而清军以剿叛为名，也横行乡里，无恶不作。"[3]

经叛军和官军反复绞杀的原青田、瑞安地区也应出现类似情况。

3. 山贼蜂起。

战争后，由于粮食的缺少和法律制度的真空，山贼出现。

"自寇曾养性逼台郡以后，山贼蜂起，俱假大寇旗号，遍满天侨乡村。"[4]

"耿寇作乱，康熙十三年（1674）邑陷……奸匪乘机戕劫为害。"（《南田山志·厉一石先生传》）

"岁辛酉（1681），闽省汰兵聚为盗流入本邑九都（南田）。"[5]

4. 灾后大疫。

大灾之后的大疫是人类史上的常见状态，因人众死亡，易发生流行病的缘故。南田山一带，如元末吴成七乱后，"明年，岁歉，且大疫"[6]。清末，太平军袭击富氏另一聚居地丽水梓川，"大兵之后，继以大疫，宗族之中有全家殒殁者，有家失大半者，有家存一二者。"[7]

（二）富氏受难的记载。

在这样的背景下，南田山梧溪富氏也受灾惨重，人口锐减，富氏族人纷纷逃到外郡：

（1）《钦定八旗通志》卷一百六十。

（2）《平定三逆方略》卷二十六。

（3）《衢州历史故事：清代耿精忠叛清乱衢》http://blog.sina.com.cn/s/blog_72e7ff640100uyso.html。

（4）《宁海将军固山贝子功绩录》。

（5）《历代青田县令撷英之十四：注重文物保护的清知县张皇辅》。

（6）《故处士富公墓志铭》，见《景泰谱》。

（7）《梓川谱》第二十二页。

"沿及康熙初年，遭耿逆燹，（梧溪富氏）人民失散。" [1]

"'三藩'之乱，浯溪（富氏）宗人流散殆尽。" [2]

则可见，当时富氏族人已经离散，梧溪彼时已无富氏居住。

文献亦记载了梧溪周边民众或被杀或逃亡，人口锐减、田园荒芜恶情况：

"耿寇作乱，康熙十三年（1674）邑陷，尸骨枕籍，村落为墟，而八、九两都（即现南田山地区），逼处瓯闽万山之界，周二百余里，鸟道险僻……田荒无人耕作，粮饷正供微诸孑遗，农民益复逃窜。" [3]

"自耿藩平定后，邑（青田）属荒凉，户口耗散。" [4]

"独……处（州）之云（和）、龙（泉）等七县被陷三载，困苦备极……自闽回处（州），惟见百里无人，十里无烟。" [5]

因为民众或被杀或逃亡，处州一带"荒田特多"：

"青田自耿藩（耿精忠）平，荒田特多。康熙四十年（1701）后，前县令郑新命招民开垦，大率皆有粮之荒田，谓之垦复。" [6]

六、康熙四十八年（1709）之后的清中期

（一）重整家业。

康熙四十八年（1709），富之拱与夫人返回家乡，为梧溪村返乡的唯一富姓人。富之拱开辟田地，重振家业，生子五，父子两代建宗祠，延续了南田富氏家族的血嗣和祭祀。时梧溪的富氏族产被厉姓占据，厉姓人称富氏田地的"三十年皇粮"是他们缴纳的，必须归还。富之拱只能把新盖的三间楼房拆成平屋。后厉姓人得罪青田官府，逃亡他乡，"梧溪的山林和田园，也由青田官府重新判还给之拱公所有" [7]。于是富氏的兴盛有了物质基础。

宗谱记载中有所表现，表现如下：

1. 辟田和旧有田地的赎回。

富国元：

（1）《道光谱》。

（2）林毅《富氏宗谱序》，见《现代谱》1页。

（3）韩锡祚《厉一石先生传》，见刘耀东《南田山志》。

（4）《历代青田县令撷英之十四：注重文物保护的清知县张皇辅》。

（5）《衢州府志》。

（6）《青田县志》。

（7）《之拱公应梦兆》，见郭瑞德《富弼及祖裔》128，129页。

"毛八源塘下圩自手创五石。"

富国奇、国元、国顺：

"赎回三分头山一片。"

2. 建屋。

富国元：

"乾隆三十三年（1768）建屋西庄。"

富燮（国明）：

"建屋东里。"

富国顺：

"乾隆丙申（1776）……建屋让泽。"[1]

（二）修谱和建宗祠。

修谱和建宗祠是经济宽裕，家有余财的体现，亦是家族意识的重要标志。

1. 修谱。

康熙五十八年（1719），富氏重修族谱。但是此时富氏的先祖无从接续。由于耿乱开始，富族匆忙出逃，富之拱只身回归，出逃时手抄的《景泰谱》并没有找到，富氏宗谱的世系并不完整。

乾隆四十八年（1783），富之拱子富国明在西山"蝙蝠洞"（现称藏谱洞）找到了富氏族谱景泰抄本，富氏的支系重新完整。是年，富氏续修谱。从耿乱开始的康熙十三年（1674）到乾隆四十八年（1783）110年的富氏谱系中断情况终结。

2. 建宗祠。

"元迄明季，屡遭兵燹，大宗、小宗已不知毁何代矣。[2]"南田大宗祠毁于元至正十三年（1353）年的吴成七乱，梧溪小宗祠应该毁于明末清初。

梧溪富氏宗祠谋划于归乡的富之拱：

"及家稍裕，欲建大宗，谋之族众，俱以绵力辞，因嘱余辈建小宗于岫山之下，并列南田大宗神主。将手置高丘田租十余亩，以为奉祀之需。"

成于其子辈，建成于乾隆甲申年（1764）：

"续父卒之六年后，在甲申（1764），与兄国奇、国元、鼠俊、弟国顺等协议，各费银六十余两，叠石垒土，庀材鸠工，竖立寝庙。翼以廊庑，周以墙垣。"

3. 祭产供给。

首先是宗族祭产。

（1）《道光谱·世系》。

（2）叶日藻《之拱公小宗记》，见《现代谱》32、33页。

富之拱：

"祭产一买高坵，租三十三石，二买黄坑大田二坵，及墩后田四坵，源大坑田一段，共租三十一。剑湖里砦并沙鱼坵田，一十五石，章山寮基租二石。子五房，轮流祭享。"

富国元：

"抽八都亭后砦租廿硕，墩头垟租十硕，又七源布袋坵廿四石，毛八源塘下圩自手创五石，以上租可为身后祭祀之需。"

国顺：

"抽本都八源叶岸沙坵口粮租廿硕。"

其次，回迁者本人身后的祭祀：

富之拱：

"外畲租五硕，浯屿租六硕，七源木调追租五硕，祭五龙坟（按：富之拱葬地）。"

富国元：

"抽高坵大松树下田一坵十石为长子刘勋、次子严松二人日后轮流。"[1]

七、清后期

清后期，太平军起事。平阳金钱会流窜入文成，此次兵祸，对梧溪影响不大。《梧溪富氏宗谱》"乡村记事"说：

"同治元年（1862）正月十四县城（按：指青田县城）失守，三月景宁失守。九都富户出饷聚团练勇，守石溪岭各要处；八都富户出饷率围练勇守水亭岭，境内耕作一如常……五月初十，金钱会突引乐清太平军自大峃镇、养源头越浯溪、九都、林坑入景邑，人马连走三日，人适插秧，弃秧而逃，惟明裕公遇军受害，其余被虏，逃归蟹坑、吴岙各处，人屋均无恙，是时，过处鸡犬无留。惟祭户明杨公尚存二猪二鸡，足见祖宗之显应。"

兵过后，梧溪百姓生活没受太大影响，依旧歌舞升平：

同治二年（1963），贡生富缵忠、监生富胜宗主修的"继安桥"告竣，请候选州判詹芳写序言。詹芳又参加了富氏家族为"富母刘太孺人"过七十岁生日，并写了贺词。

"乡村记事"又记载：

"同治四年（1865）董事玉润公造丁步。吴大宗师岁试，鸿经公，铭旗公同科入泮。"

（1）以上均见《道光谱》"世系"。

"同治七年（1868）九月建上马坦、五显庙、鲁班庙。"

同治年间，富氏先辈去世，均由后辈写了墓志铭并被族谱收录，井然有序。

但是，相隔不远的丽水梓川富氏就没有那么幸运，直接遭到了太平军的攻击：

"我朝戊午（1858），粤匪（太平军）自江西窜入栝郡，惨酷难堪，越二载，复犯境，焚烧杀掠，一片焦土，民无安居。"

"大兵之后，继以大疫，宗族之中有全家殒殁者，有家失大半者，有家存一二者，其生卒某年月日时，其坟茔都邑邱垄于此，而弗志之。"

或者亦遗失部分家谱信息：

"以故户藏家乘者，往往失之，由是以观，则国史之缺者有之，与夫家乘之残者亦有之。"

故同治八年（1868年），梓川富氏族人自局势稍安定后，"思宗功绵远，祖德宏深"，"不惜繁费"，重修族谱，"上有以笃宗支，下以裕后昆弟"。[1]

八、民国

据富氏族人言，民国时富文成为华东八省补给司令。[2] 梧溪村在地方强盛，亦多地主。

九、二十世纪六十年代

《梧溪富氏宗谱》"乡村记事"：

"1960年，断节竹结果实，形似稻米，性硬味甘，可作粮食。是年凡有此竹必产此果。翌年（1961年），此竹全部枯死。是岁大饥荒，米价高昂。"

据富氏族人回忆，梧溪一地主，解放前吃水只吃前一桶（后一桶因为离屁股太近，担心长工放屁在里面），首先饿死。

"1965年，六月三日，郁斋公（富文）在台北逝世。"

"1966年，文化大革命之火在本村燃烧，历史文物被毁。"

则富氏仅存之文物，或在此次焚烧中被毁，据称，当时富氏的史传旧物如书籍等烧了几日夜。

"文革武斗"亦波及：

"1967年，全国武斗影响本村。"

（1）以上俱见《梓川谱》第二十二、二十三页。

（2）《文公传》，见《现代谱》。

据西坑一退休教师回忆，当时他刚好在石垟林场，不在梧溪本村，躲过一劫。

"文革"时，富汉锋之父将《景泰谱》、清代先祖画像（当地人俗称"颜"）等家族史料放在灶房间洞里，珍贵史料《景泰谱》等得以保存。

富氏粮长和富氏明代前中期的兴盛

经过元末吴成七几至灭族的打击，宗祠和大宅被毁，富氏的势力下降。以人口为例：

"今致政（即富玠，被称为'致政府君'）子孙……甚殚弱。"[1]

"（梧溪富氏）譬犹隆冬盛寒，草木凋落。"

刘基孙细诚意伯刘廌认为，因世代积德，富氏中兴有望：

"（富氏）谆谆雅饬，谨守礼法，未尝有为纤芥之恶者……且敦厚积善如原惠征士者，不啻一人……而阳和之气已复于地，人未之见耳。富氏之兴复有征矣。"[2]

因各种原因，明代中前期，富氏实力重新恢复。

一、粮长

粮长制始创于洪武四年（1371）。粮长制是对富户的一种优待政策，选择的是"有恒产有恒心"的"乐为己用者"。明初人仕做官除了学校科举，还有"荐举"一途。荐举的名目中，有所谓"税户人才"，即办理征收税粮得力的人员，这些人几乎全为粮长。他们被封以知县、知州、知府、布政使乃至朝廷九卿，特别优异者还可以获得皇帝的径加委任。明代初期的粮长人选带来经济效益和社会地位，是政府所授予的一种荣耀。[3]

（1）刘廌《南田富氏族谱序》，见《盘谷集》卷七，文成县政协学习文史委第二十三期文史材料。

（2）同上。

（3）童中平《明代粮长命运的变迁》，见《经营管理者》2014年24期。

（一）富氏粮长历史。

然而，富氏负责其粮长的角色时间远早于此，最早可追溯到前元政权。元代以缴税多者为地方大户，催科地方钱粮，即为明代粮长制的原形。以宋元时"两万多亩"的产业，富氏在南田山中的大族中，是最有可能称为催科者。

以浯溪富氏二世祖长房富孟谦的产业为例，梧溪始迁祖富应高死后，富孟谦操持家务得力，家族财产得到增殖：

"（资产）增拓倍于先君。"

此时的富氏俨然山中望族。因此，富孟谦也担任了催科者或粮长的职务。其传记云："致于官司征输期程，繁剧之际，公处之有方，民不劳而事集。"[1]富孟谦（1290—1268）的任职对象应为元政权或朱吴政权。

孟谦侄富銀并没有担任粮长的记载（或因此时担任粮长的为父辈富孟谦）。其生平主要为寄情山水和慈善：

"晚年幅巾谢事，寄情予山水之间……迁（逾）岁，饥且大疫，民苦无聊，公恻然捐所有而赈之，存活者甚众。"[2]

二房富銀子富浑曾担任粮长。富浑生至正已丑（1249），卒于永乐甲午（1414），以二房长子担任明时粮长：

"（国）初以来，以丁壮产多之家，征集其以致租赋，曰粮长……公膺是任，惟以言语晓之，使之知利病，秋毫无扰，楚罚不施，□（而）征输无滞，遐迩皆翕然称之。"[3]

富浑子富格妻钱氏在孀居后：

"徭役虽繁，必先延师教子，赖有成而益进家业。"[4]

则富格死后，钱氏接任粮长事务。富格在生前可能已经担任起征输钱粮的工作。富格，卒于永乐八年（1410年）。

永乐十九年（1421），富玙（字处温）被擢为粮长，叶圭撰文记载了富玙的工作：

"膺是选者，岁一朝京师，亲受上命。符牒征敛，征集又输诸官，计所入之数，粮长以之报命于阙廷之下……富公处温（富玙）偕予从弟克宏……故有是役。"

因为粮长与家族势力的消长相关，于是"群彦咸酌酒赋诗，相送于浯溪之上，以饯行。"[5]声势颇为浩大。

（1）《浯溪处士富公墓志》，见《现代谱》159—161页。

（2）蒋琰《殷五公墓铭》，见《景泰谱》。

（3）周宗保《知止斋处士富公墓志铭》，见《景泰谱》。

（4）叶琴慎《故浯溪友廿四富公圹志》，现代谱164页。

（5）叶圭《浯溪送别诗序》，见《景泰谱》。

同样的因为输送钱粮到京师，地方名士送别的记载还出现在永乐二十一年（1423），富玙"近因粮长事，竣将赴京缴檄"，[1] 后录徐侗、林份、叶琴、陈谷等诗歌四首，[2] 亦为一时地方文士聚会之盛。

以上记载表明从元末到永乐年间，富氏持续担任南田山地方的粮长。另外，永乐十八年（1420），明王朝正式迁都北京，则富氏运送钱粮到过的都城名分别是南京和北京。

宗谱并没有明中后期，富氏担任粮长情况的史料。或因明中期粮长渐成为破家的苦差，其世姻刘伯温家族在此时的起势，富氏家族或因此免除了粮长的职务。

（二）富氏被擢为粮长的原因。

粮长推选，考虑的是地方实力和影响力。富氏被擢为粮长，有以下几个原因。

（1）山中的望族。田地和人丁是封建家族势力的象征，富氏广泛拥有田地，人丁兹茂，为山中之冠：

"当其盛时，正初会拜，少长至二千指（按：二百人），产业至二万余亩。"[3]

"（国）初以来，以丁壮产多之家，征集其以致租赋，曰粮长……公（富浑）膺是任。"[4]

另外因为富氏从宋元以来均为山中最强盛家族，即便元末富氏中衰，由于心理惯性，地方更容易接受山中旧族作为征粮召集人。

（2）富氏行慈善。从元初开始明代前中期，富氏累世慈善，绵延不绝。[5] 因为累世慈善，乡人感德，故催收赋税便行。如富孟谦催收赋税，"民不劳而事集"。

（三）富氏担任粮长的回报。

考察富氏元代以降的家族势力分布，两宋时因科举得力的簪缨相继显然已经成为过去，如果没有科举外的另外途径，富氏家族像所有衰落的家族一样，困居一方，仅仅成为地方的望族。

因为被"擢为粮长"，富氏走出南田山，视野得以开阔。明初，因战乱缺人，国家草创，荐举成为国家机构人员来源的大头，粮长亦在推荐中。他们征解税粮

（1）徐侗《送富君处温赴京序》，见《景泰谱》。

（2）《景泰谱》。

（3）刘鹰《南田富氏族谱序》，见《盘谷集》卷七，文成县政协学习文史委第二十三期文史材料。

（4）周宗保《知止斋墓志铭》，见《景泰谱》。

（5）见本书《富氏的慈善》。

直接向皇帝负责，粮长解运税粮至京师时，常蒙皇帝召见，面加"训谕"，垂询民情，因此，有不少接近皇帝和京官的机会。因为粮长的连带，家族亦走出南田山，如明前期，富氏十六世富桓曾"以事趋至京师"。[1]

通过送别等雅集，积累了本地人脉，如永乐十九年（1621）：

"群彦咸酌酒赋诗，相送于浯溪之上。"[2]

送粮到京师，在精英荟萃的京师和士大夫广有交往。永乐十六年（1618）的富叶氏贞节吟咏雅集，参与者从甘肃到福建，如果不是因为富氏粮长在京师（时南京）结识高官名流，很难想象南田地方的节妇富叶氏等有如此广泛的影响力。

另外，富氏的善行也得到了回报，乡人普遍感激富氏救人性命，富氏家族在本乡的生存发展更为从容。乡人叶琴慎说：

"正统丙寅，（富）竦适以间右居京师。既久，归省乡人，迎而谢曰：'吾乡昔遭寇乱，困于饥寒，微君之太夫人发己廪赈济，吾属何到今日。'"[3]

叶氏的高官名流叶仕宁、叶诜、叶圭等也为富氏的宗谱留下诸多文献。

二、富氏人口滋茂和义塾的兴起

明代富氏的开支散叶也能说明其家族实力的发展。一般情况而言，家族财产的积累为人口的滋茂提供物质条件，而人口的滋茂是家族扩张的重要前提。南宋到明前期，富氏的势力逐渐扩展到南田的周边地区。

蒲源支系的发展即是一个例子。

蒲源的始迁祖为富氏十一世富采，为南宋时从南田泉谷搬迁到蒲源。明前期，蒲源富氏的财产和家族教育得到发展。明成化十年（1474年），富采孙子富孔英建祠堂，即是蒲源富氏物质基础的反映：

"（富孔英）谨承父命，夙夜拳拳，遂执义白于季父秉朝及诸昆仲思绪、孔资辈。赞襄厥美，卜旧址一区于所居之东。乃命工鸠材翼飞栋宇，周以墙垣，饬以湮土。"[4]

"仓廪实而知礼节"，家塾设置也表明蒲源富氏的物质基础：

"中为塾，训诲子弟。"[5]

家族人脉。成化十五年（1479年），留都南京的兵马指挥屏川（今文成县西坑镇）

（1）《景泰谱》"世系"。

（2）叶圭《浯溪送别诗序》，见《景泰谱》。

（3）《故浯溪友廿四富公圹志》，见《景泰谱》。

（4）叶诜《蒲源祠塾记》，见《现代谱》第22、23页。

（5）同上。

叶诜为祠堂作记，表明了叶诜和蒲源富氏的良好关系。

以上表明，蒲源富氏经过三代的积累，在物质基础、家族教育和人脉上有较大发展，迁入的蒲源富氏站稳脚跟。

搬迁到浯溪富氏，其家族教育亦得到发展。在蒲源富氏建立"义塾"（家族私塾）的前三十四年即正统五年（1440），浯溪富雅敬等人已经建立义塾：

"置田租百石于所居之右，临溪构屋三间，两翼作讲堂……岁岁延师，以教乡之子弟，凡愿学者咸得就学而无所费，人尽予之。"[1]

并在景泰元年（1450），由"赐进士通议大夫、吏部左侍郎、温州知府"何文渊为浯溪义塾作记。

根据史料里何文渊在景泰元年（1450）的行程，何文渊应该是处州剿匪回程途中，为之作记：

"（正统十四年，即1449）九月癸未，王即皇帝位……以明年为景泰元年（1450）……庚寅，处州贼平。"[2]

"处州盗起，官军讨之，不克。文渊诇知贼据乌凤洞，悉捕其渠魁。"[3]

三、粮长和南田山中大族实力的消长

综观富氏在元末明初的担任粮长经历，和南田山的另一大家族武阳刘氏的兴衰有微妙的关系。

关于明初粮长制的记载颇为芜杂，但以一乡大小为粮食征输单位的规模可以基本确定，可以说，在南田山这一个地方，基本上只有一两户右族承担粮长职务。南田富氏宋元期间最后一个有影响力的人物为宋末乡贡进士富应高，死于至大（1308—1311）年间，其遗孀死于至正四年（1344）十月。至正四年，武阳刘基34岁，中进士十一年，"游学江东，小驻丹徒，并曾赴大都，历三年乃归"，[4]还在元末地方任职，飘零转徙，寻找机遇的阶段，刘基这个富氏外甥还没有入明后为开国元勋的巨大影响力。对于进士辈出、簪缨相继的富氏家族来说，一个进士并没有震慑力，因此，此时的刘氏家族势力还比不上根深叶茂的富氏家族。元朝在南田山地区设置类似于粮长的职务，更可能选择势力更强的富氏家族。

到朱吴时期，刘基拥有武装势力，保卫地方安宁。但作为朱元璋谋臣的刘氏

（1）何文渊《浯溪义塾记》，见《现代谱》第21、22页。

（2）分别见《明史·景帝本纪》。

（3）《大清一统志》。

（4）《刘基年谱》。

家族的标志性人物刘基为随军参谋，不在本地。而作为刘基母族和妻族的富氏，更有可能担任粮长职务的。富应高子富孟谦担任粮长输送粮食的记载，[1] 也证明了这一点。

洪武朝（1368—1398）是武阳刘氏在明代的第一个兴盛时期，刘基被封为"诚意伯"，为开国勋臣，赐铁券。其子刘琏、刘璟均在京城供职，为朱元璋所喜爱。洪武二十三年（1390），刘基长孙刘廌袭诚意伯爵，富氏在南田山中处于明显弱势地位。

洪武末年到永乐初年的明朝廷政局发展，使得南田山家族力量的对比又起了变化。在朱元璋大力清洗朝中勋臣势力的背景下，洪武二十四年（1391），刘廌被夺袭诚意伯爵位，二十七年（1397），被谪贬甘肃，遇赦后回乡，写下"愧我辞官盘谷中，凿井开田甘老农"[2] 的诗句，躬耕不出。永乐元年（1403），刘廌叔刘璟被牵扯入建文帝和燕王朱棣的皇位之争，被逮捕后，在朝廷犹称朱棣为"殿下"，拒不和新政权合作，刘氏家族虽然逃过一劫族灭之灾，[3] 但刘氏家族在中央的政治权力已经中止，刘氏后人或远逃外地，或在本地隐姓埋名，对地方社会的话语权自然下降。而永乐年间，富氏家族富浑、富格两代成为南田山的粮长，送粮上京时，"群彦"送别赋诗，一片热闹景象。

有文献记载的富氏在明代最后一个在京师（北京）活动的人是十七世富竦，时间在正统（1436年—1449）年间，身份是"闾右"，即世家大族。[4]

到明代中后期，粮长成为破家的苦差。嘉靖十年（1531），恢复朝中勋臣地位的刘氏家族，是否对富氏家族施以援手，让其脱离"破家的苦差"，暂无文献支持。作为世姻和地方两个大族的刘氏和富氏，在种种形势下的微妙关系，是一个很有意思的问题。

四、结语

明代中前期，随着刘璟靖难，勋臣刘伯温家族的沉寂，富氏家族迎来了将近百年的发展机遇。通过担任粮长，行慈善积累了物质基础和良好口碑，并取代新

（1）刘廌《浯溪处士富公墓志》："致于官司征输期程，繁剧之际，公处之有方，民不劳而事集。"

（2）刘廌《送徐仲成还玉壶山兼柬胡叔谨》，见《盘谷集》卷二。

（3）《诚意伯次子合门使刘仲璟长史传》："时郑朱子罪没其家，权宦希旨缘例，帝曰：'璟家难例郑朱子，置之。'诏其家归葬之。"见《易斋集》"本传"。

（4）叶琴慎《故浯溪友廿四富公圹志》。

晋的刘氏成为山中代表性家族。富氏的人口发展，教育兴盛为富氏实力发展的例证。随着明中后期文伯温家族的重新崛起，富氏家族逐渐陷入沉寂。

以明代富氏家族的几次雅集看明前、中期家族势力的变迁

明前、中期，以富氏族人为中心的四次雅集（浯溪富节妇贞节吟咏、富叶氏寿乐吟咏、送别雅集研究、蒲源耕乐雅集），多有高官名流到场，是此时富氏经济实力和文化影响力强盛的体现。

因贞节吟咏和寿乐吟咏有诸多类似，故列一处叙之。

一、富叶氏：寿乐吟咏、贞节吟咏（永乐七年、永乐十六年研究）

（一）内部研究。

元至正十三年（1353），富孟升子富鋃"三岁而孤"，富叶氏"年二十励志守节"，承担起富应高二房的事务，在她的维持下，富氏"家业赖以不坠"，富鋃"籍以成人"。另外，从富叶氏抚养婆婆，并尽礼送终："姑八十五而卒，叶哀痛逾情，丧葬尽礼。"[1]

1.富叶氏主事背景：家族的战乱衰落和男性主事者的相继过世。

二房富孟升妻叶氏在元明之际，对浯溪富氏在浯溪的立足和发展的巨大作用，还需在此前后浯溪家族的发展中来考量。

元至大三十一年（1194）年，十二世富应高搬迁到梧溪。元至正十三年（1353），山中吴成七乱，富应高长孙富鏮组织乡勇抵抗，十四年（1354）富鏮身死，富氏族人或被杀或逃亡，富氏遭受大难。富氏宗族的标志南田大宗祠被烧毁，南田富氏族居大宅被烧毁，连明初的刘鹰都认为，富氏"子孙殚弱"，"譬犹隆冬盛寒，草木凋落。"[2]因此，作为宋元之际富氏最具代表性人物富应高支系能否立足，是关系到南田山富氏生存发展的大事。

（1）以见引文俱载于蒋琰《富节妇传》，见《景泰谱》。
（2）详见《宋及以后的富氏发展情况》"元末富氏大难"、《道光谱》"世系"。

作为家族代表、长房长孙富鏛的身死，无疑是对富氏家族在元末遭受重创标志。

搬迁到的富氏前三世的男丁成员及卒年表[1]

世系	男丁
一世	富应高（卒至大年间，即1308—1311年）
二世	长房：富孟谦（卒至正二十八年，即1368年）。次房：富孟升（卒延祐七年，即1320）
三世	长房：富鏛（卒至正十三年，即1343年）。次房：富鋧

可以看出，富应高长房和次房两代单传。时二世二房富孟升已卒于延祐七年（1320），在长孙富鏛已经身死的情况下，富鋧作为浯溪三世唯一人员，对于二房乃至整个家族都非常重要。面对"三岁而孤"的富鋧，如果富叶氏的离去，对于孩子的成长，和二房子嗣血脉的延续都产生重大影响。

至正二十八年（1368，即洪武元年），长房富孟谦卒。富氏长辈男丁的相继去世，无疑增加了富叶氏作为"主婆"（文成常见称谓：女性长辈主事者）的责任。虽然至正二十八年（1368），二房富鋧41岁，可以承担家事。然而从辈分上和富叶氏从守寡起对家族的巨大贡献来看，富叶氏应该依然是更有权重的主事者。

2.富叶氏主持的具体事务。

（1）"养姑抚子"。担负家庭的重担"家事无巨细，悉究心处置，靡不合宜。"[2]

（2）祭祀、应对宗族和赈济乡人的事务："奉祭祀以敬，处宗族以和……性温好施，与儿凶荒之岁，邻里宗姻有不给者，悉赠之□，以贷买谷自远而来者，西州直之外，仍有路费之资……至老不衰，邻里咸煦其德。"[3]

3.富叶氏对富氏宗族的贡献。

富叶氏是在富氏遭受元末大难，门庭衰微的情况下，让富氏宗族子孙兴旺、门庭振兴的关键性人物，具体表现在：

（1）富氏通过"养姑抚子"，使富氏血脉延续。浯溪富氏宗族特别是所在二房重新兴旺。在富叶氏的主持下，子孙繁茂，且二房远比长房要盛。以人口论，长房富鏛，二房富鋧派下孙子同为7人，但长房曾孙5人，二房曾孙11[4]。且富氏粮长职务，在二房长孙富浑、曾长孙富玙身上。

人物传是人物身份成就的象征。以现存的人物传来看，富氏二房留下的人物

（1）《道光谱》"世系"。

（2）蒋琰《富节妇传》，见《景泰谱》。

（3）同上。

（4）《道光谱》"世系"。

传比重比长房要高（不知是否亦因现浯溪富氏均为二房派下）。如下表：

富应高派下长房、二房人物传列表

世系	长房	二房
十四世	富鎌：《宝庄公传》	富鈊：《故处士富公墓志铭》《殷五公墓铭》 富叶氏：《叶太孺人节孝传》
十五世	富浯：《浯公传》	富浑：《蟹谷山人传》、《知止斋处士富公墓志铭》 富潫：《浯谷山人传》、《素斋先生传》、《大明处士素斋先生富公圹志》
十六世		富桓：《桓公传》 富格：《故浯溪友廿四富公圹志》

（2）通过抚恤宗族及乡人，维持了富氏的地方声望。蒋琰《富节妇传》记叙：

"方其夫亡子幼之时，富氏之祠祀不绝如缕，微节妇安得子姓之振振，门户之奕奕乎？……养老抚姑恤贫济众，丈夫之所难也。节妇兼而有之，可尚哉也，可尚哉也。"

4.富叶氏八十寿宴：明初富氏强盛实力的体现。

永乐七年（1409），富浑、富涟为富叶氏摆的寿宴，体现浯溪富氏强盛的经济实力。蒋琰《寿乐图序》云：

"炉薰蔼瑞，华烛光晖，丝竹既陈，羞馔盛具，霞觞屡进。"[1]

实写了宴会熏香炉、大红烛、奏乐、酒馔齐聚的盛况。浯溪富氏的世家风范亦不因元末大难和子弟衰微而中断。

另外，丧礼、训子、祭祀、处理宗族等事务均得到适合世家规则的处理：

"姑寿八十五而终，叶哀毁逾情。居丧尽，一子虽爱之，而训之必以礼义，遇之不少假借。奉祭祀以敬，处宗族以和，家事无巨细，悉究心处置，靡不合。"[2]

5.富叶氏的评价。

综上，富叶氏在浯溪富氏最为"孱弱"的条件下，操持家务，为浯溪富氏的复兴作出巨大作用。又因为其"节孝"的品行，富叶氏融入了明代标榜节孝的主流话语，成为家族和民间社会的道德标杆，因此在富氏家族史上有较高的地位。

君子士大夫对其有高度评价：

"此其以得缙绅之榆杨，馨简编之芳誉也欤。"[3]

（1）《现代谱》27页。

（2）蒋琰《富节妇传》，见《景泰谱》。

（3）季德几《富节妇赞》，见《景泰谱》。

"宜其表著当世，与前休（修）同于弗朽。"[1]

"乡邦之称节孝者，必以夫人为首，推为乡邦之称。"[2]

个别文献，将其对富氏家族的贡献，提高到与富弼并举的地位：

"今观富氏之子孙繁盛，闺门雍睦，引翼诗书之泽，益崇礼让之风，虽由文忠公之盛德大业，（足）垂休社，岂非夫人积庆之所致欤？"[3]

"宋世文忠推第一，明时节孝更无双。"[4]

"致君泽民练就忠谦第一，奉姑抚子守来节孝无双。"[5]

（二）外部研究（参与人物和吟咏倾向）。

1. 富叶氏贞节题咏人物研究。

以《景泰谱》残卷来看，参与富叶氏吟咏的人员，天南地北名流云集，壮大了富氏家族的声势，无疑为家族积累了人脉图。主要人员如下表：

人员	身份	籍贯
周宗保	赐进士、朝列大夫、贵州布政使司、右参议	（时）青田
谭源清	监察御史	云阳（今重庆）
叶仕宁	赐进士、奉议大夫、礼部郎中	（时）青田
杨宗衡	福建布政司参政	永嘉（今温州）
杜恒		金华
颜守敬	永乐中敕修的《五经四书大全》纂修官、善化县儒学教谕（《经义考》卷四十九，卷八十七，卷一百一十二、卷一百四十四、卷二百）	文水（今山西文水县）
吴铎		永嘉（今温州）
虞璜		安固（今瑞安市）
季德几		东嘉（今温州）
陈谷	号"存存生"	（时）青田南田山
叶仕宁	同进士、奉议大夫、礼部郎中	（时）青田
黄寿生	翰林院检讨、从仕郎（《经义考》卷二百等）	
孙隆		安固（今瑞安市）

（1）孙隆《富节妇诗卷序》，见《景泰谱》。

（2）陈谷《富节妇诗卷序》。

（3）同上。

（4）《宗祠楹联》，见《现代谱》176—180页。

（5）同上。

2.富氏贞节记叙与《明史·列女传》的类似性、与明代典章的奠定者刘伯温记叙的类似性。

元代以来，纲常伦理成为儒学在民间社会的行为准则，成为意识形态的主流。作为被标榜的"贞节"，如被标榜的"忠孝"一样，让富氏的礼义之门名声远播。来自各个省份的名流到场赋诗（其中不乏编纂钦定《五经通考》的大儒颜守敬、黄寿生等），扩大了富氏人脉网和政治潜力。

妇人"孝节"在明代为潮流。《明史·列女传》开篇明义：

"明兴，著为规条，巡方督学岁上其事。大者赐祠祀，次亦树坊表，乌头绰楔，照耀井闾，乃至僻壤下户之女，亦能以贞白自砥……岂非声教所被，廉耻之分明，故名节重而蹈义勇欤！"

（1）富叶氏贞节明代主流价值的类似性。

首先，"抚姑养子"与《明史·列女传》的记叙类似。

富叶氏守节事迹贯穿元末明初，但其被书写、歌咏于明永乐十六年（1318）。其事迹和明遗民书写《明史·列女传》里一些篇幅的写法颇为类似。

如富叶氏的年少守寡、抚姑养子与《明史·列女传》里一些传主的节孝一脉相承。

富叶氏：

"叶氏年方二十，励志守节，养姑抚子，□□克家。其父母悯其早寡，屡欲夺其志。叶蓬首垢面，每以死誓，又是获全其节。……姑寿八十五而终，叶衰毁逾情。"[1]

《明史·列女传》：

"吴遗腹仅六月……已果生男……姑喜曰：'万氏有后矣。'乃与诸娣共守，名阀来聘，皆谢绝之，训全读书，迄底成立。"

"（金徐氏）已果生男……徐抚孤恸曰：'我本欲从汝父地下，奈金氏何？'……服阕，父母劝他适，截发断指自誓，食澹茹苦六十余年，视子孙再世成立，乃卒。"

（2）孝节感物和《明史·列女传》、刘基诗歌的类似性。

富叶氏的传记中"孝节"感动猫犬，颇有灵异性：

"家有猫，每居故侧，与饭则食，不与虽鱼肉在侧不嗅。敢有犬，每获兽于野，必衔至堂下以示人而去。"

"富节妇叶氏，懿行内修……其养姑克守克勤……有能济贫恤苦，以致家之所畜，驯驯若有知识。"[2]

（1）《景泰谱》。

（2）同上。

《明史·列女传》：

"后招远有孝女……父采石南山，为蟒所吞。女哭之，愿见父尸同死。俄顷大雷电击蟒堕女前，腹裂见父尸。"

"及天波从亡缅甸，夏遂自经。时城中大乱，死者载道，尸为乌犬所食，血肉狼籍，夏尸弃十余日，独无犯者。"

富氏外甥刘伯温是明代典章的主要奠基者之一。节操感物在他的文中时有书写，如壮士为父报仇：

"壮士拔剑出门去，手提仇头掷草中……追兵夜至深谷伏。精诚感天天心哀，太一乃遣天马从天来，挥霍雷电扬风埃。壮士呼，天马驰，横行白昼，吏不敢窥。"[1]

刘基的书写或体现了明时的风气和富、刘两家的渊源。

3.富节妇贞节记叙里的人性化倾向。

然而，和《明史·列女传》以及刘基的诗文相比，当时的文人士大夫，对富叶氏守节的书写更富有人性温度。

（1）对富氏二十岁守寡不嫁的动机阐释。

富鋭死后，"子甫三岁……舅既殁，惟姑在堂"；[2]"孤儿膝下未能言，老姑在堂仍瞽目。"[3]上有老，下有小，从人性的恻隐之心切入，显得更为自然。

（2）富叶氏父母对女儿的张罗改嫁。

"青春二十颜如玉。"[4]

"其父母悯其早寡，屡欲夺其志。"[5]

（3）富叶氏从人性角度守志。

从文献的表述，富叶氏的誓志不嫁来源于对富家老小感情，儿子三岁，姑在堂孀居，于是"蓬首垢面，每以死誓，又是获全其节。"[6]

书写者的评价倾向亦是从人性着眼，和《列女传》的扑面而来的酷烈之气截然不同。如蒋琰通过对"青春二十颜如玉，镜掩尘台罢膏沐"的年少孀居者透露同情，最后赞叹说："年少居孀，不贰其志，妇人之至行也。"[7]

（4）富叶氏主持家事对家庭、宗族和乡里的人性流露。

（1）《诚意伯刘先生文集》，中国文史出版社2011版。

（2）蒋琰《富节妇传》，见《景泰谱》。

（3）《富节妇诗》，见《景泰谱》。

（4）同上。

（5）同（2）。

（6）同（2）。

（7）同（2）。

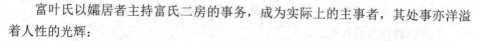

富叶氏以孀居者主持富氏二房的事务，成为实际上的主事者，其处事亦洋溢着人性的光辉：

"一子虽爱之，而训之必以礼义，遇之不少假借。奉祭祀以敬，处宗族以和，家事无巨细，悉究心处置，靡不合宜。性温好施，与儿凶荒之岁，邻里宗姻有不给者，悉赠之□，以贷买谷自远而来者，西州直之外，仍有路费之资……至老不衰。"(1)

"奉祭祀以诚敬，处宗姻以和穆。"(2)

二、浯溪送别雅集（永乐十九年、二十一年）研究

（一）"粮长"送别：梧溪家族发展潜力的体现。

粮长为富氏在明前期强盛实力的体现。富氏在永乐年间两次以富叶氏为主题的文人雅集后，高官名流纷至，聚集了人脉，蔚然为本地势力最为深厚的望族。永乐十九年（1421）、二十一年（1423），粮长富处温（富玙）、富克宏押送粮草赴京，士大夫为之送行，为一时之盛会。士大夫的雅集送行，除富氏家族本身原有的实力外，粮长在明初为美差，有可能被朝廷看重而在中央或地方为官的前景也是因素之一。(3)

从目前保留的诗歌署名来看，参加的名士主要有永嘉徐侗、同里及姻亲蒋恂、林份、留季和、陈谷、叶仕宁、叶正、叶琴等，地域主要限制在浙南。人物身份上，叶仕宁为进士，陈谷为地方名士（四库全书均有词条），其余人员也应该是地方上的读书人。

通过两次送别雅集诗歌分析，可以看出，在众人的眼中，富氏成为粮长，对有诸多好处：

1.扩大视野。

富氏成为粮长，有利于家族走出乡里，促进家族风气的良性发展，不至于永为田舍翁：

"际先岳气合之时，礼乐政教具修之日，可不思逢矣，壮图以广慱其闻见，遂汩汩于户庭，营营于里□者乎？"

"郑鲁之墟，拜孔林而迤东鄙，逾大江由常而秀而苏而杭，览名山大川之胜，搂鸿德骏望之士，瞻其仪规，□聆其绪论，耳目为之更新，胸次为之迪计，必有

（1）蒋琰《富节妇传》，见《景泰谱》。

（2）蒋琰《叶太孺人节孝传》，见《景泰谱》。

（3）详见本书《粮长及明前中期富氏的兴盛》。

私淑之喜，卓乎不可及也！岂若余之能陋，寡闻而老朽于山驿耶！"[1]

2.可以瞻仰京城和圣上。

"间阎九重红日近"；"仰瞻红日近天颜"（留季和）

"紫盖祥云通御幄。"（叶仕宁）

"宵汉喜看鸾鹄翔。"（陈谷）

"九重间阎云宵近。"（叶正）[2]

3.富氏有可能得官职。

明初粮长可擢为中央或地方官员的风气，富氏有可能得官职。

"九重雨露通龙汉，万里风云接凤坡，回首蓬莱天咫尺，承恩应报玉音多。"（林份）

"金阙九重楼十二，观光此去缀通班。"（留季和）

"金台回首承恩渥。"（陈谷）

"五云回首拜宠光。"（叶正）[3]

可见部分人士对富氏为官前景有一定的恭维——至少也应该是期待。另据《青田县志》，明初富氏宗人富惟安"大同判簿"即是输送钱粮所得。

然而，随着明中期富氏实力的衰弱以及粮长渐成苦差，根据现有材料，富氏家族走出丛山的势头并没有进一步发展。富氏家族因此也可能萎缩成地方性的望族。

（二）家族势力下行：浯溪送别诗词与富节妇吟咏的比较。

富节妇吟咏与浯溪送别诗词参与人员的身份下降，体现了两次雅集期间富氏影响力的下降。

永乐二十一年（1423）的送行，是明前期浯溪富氏家族最后文人雅集，与永乐十六年（1418）的节妇吟咏雅集相比，无论从人数还是地域性来看，有身份的名士已经减少。见下二表：

1.永乐十六年（1418）节妇富叶氏吟咏人物表

名字	题署	四库全书词条
叶仕宁	同进士、奉议大夫、礼部郎中同邑	8条
周宗保	赐进士、朝列大夫、贵州布政使司、右参议、同邑	9条
黄寿生	翰林院检讨、从仕郎、蒲田	9条

（1）徐侗《送富君处温赴京序》，见《景泰谱》。

（2）《景泰谱》。

（3）同上。

续表

名字	题署	四库全书词条
颜敬守	文水	5条
陈谷	同里、存存生	1条
蒋琰	同里	1条
谭源清	监察御史	无
杨宗衡	福建布政司参政、永嘉	无
杜恒	金华	无
虞璲	安固	无
吴铎	永嘉	无
季德几	东嘉	无
何贞	教谕	无
孙隆	安固	无

2.永乐二十一年（1423）浯溪送别吟咏人物表

名字	题署	四库全书词条
叶仕宁	无	8条
陈谷	无	1条
叶圭	屏川	无
徐侗	永嘉	无
林份	素履生	无
蒋恂	无	无
叶琴	无	无
留季和	无	无
叶正	无	无

三、蒲源耕乐"耕乐图"雅集与浯溪"寿乐图"雅集比较

嘉靖二十三年（1544）、二十九年（1550），邻近梧溪的蒲源富氏亦举行"耕乐图"雅集。

从操作手法上，蒲源富氏的"耕乐图"宴集和浯溪富氏的"寿乐图"宴集的手法上很多相似：

1.宴集之前，都先推出家族节妇。嘉靖二十三年（1529），叶鑪为富汉厚妻叶氏做传："时康子汉厚之妻……贞节孝义，乡邑素重，内外同称。"[1]

2.宴集时，目的均为贺寿。此次宴集的核心人物是"富康翁"。

（1）叶鑪《赠贤甥富崇母叶氏贞节传》。

3. 都请了一班文人赋诗。

4. 在宴会上，"斑衣拖彩连北堂"，[1] 都用了"斑衣戏亲"的手法，以标榜孝道。

5. 目标也应该类似，通过雅集聚集人气、人脉，求得家族的进一步发展。

从永乐到嘉靖，时间过去已近120年。对比明代前期（永乐七年到永乐二十三年）的浯溪文人雅集，和明代中期（嘉靖二十三年、嘉靖二十九年）蒲源文人雅集，手法虽类似，但是亦有很多不同：

首先，无论是写序言者，还是题诗者，身份都在下降。浯溪序言者陈谷、蒋琰，虽没有功名，但不失为地方有名望的名士（四库全书有词条），更不用说叶仕宁、周宗保、黄寿、颜敬守之类的进士、名宦、名流为雅集题诗。蒲源序言书写者为青田教谕、以县令致仕的王礼，为两位地位较为低微的官员（四库全书里并没有词条）。其余题诗者如余体道、陈邦和等，亦不见经传。

其次，两次诗歌的质量不同，也可以看出雅集参与者素养的高下。浯溪雅集，从四言、五古、七古、七律到骚体、柏梁体，众体皆备，用词精到，引典娴熟，写作者从家族视野开拓、道德礼仪标杆、人性描摹等方面着眼，显得眼界不凡。蒲源雅集诗歌多为歌行体，语言的密度感和力度上不足，且皆就事论事，显得比较应制。

第三，人脉地域缩小。浯溪雅集，涉及人员有青田、金华、安固（瑞安）、永嘉、山西文水、贵州、福建莆田，一些官员如修撰永乐朝的《五经四书大全》的黄寿生、颜敬守等应该自京城来。蒲源雅集人员地域具体不可考，但以其不署地域的情况来看，大致来自原青田或周边地区。

如果我们换一个维度，将这两个同在南田山、亲缘性很强（均为宋末从泉谷分支）的富氏分派看做同一宗支，无疑我们得到的信息是从明初到明代中期，南田富氏家族的势力和影响力在下降。原因可能有二：

1. 元末明初，刘氏家族相对的不强势。这一点，从元末到明初，富氏连续担任粮长或近似粮长的职位，并广泛救济乡民、保障乡里可以看出。其中虽然有洪武年间富氏姻亲刘氏家族的强势，但以刘基和刘琏、刘璟父子两代而言，大体上保有士大夫的操守，且洪武朝清洗勋臣，使得勋臣势力不至于膨胀。接着，是永乐元年，刘璟在京中自杀，家族受累或远避或改姓留守，刘氏家族陷入近百年的沉寂期。因此在永乐年间，富氏家族重新成为山中最有实力的家族。

2. 明中期开始，刘伯温家族重新进入勋臣序列，南田刘氏势力急剧扩张。特别是嘉靖十年（1531年），刑部郎中李瑜建言："（刘）基宜侑享高庙，封爵如中山王（徐）达"，下廷议，最终刘基配享太庙，以伯爵而位在"八王之下，群

（1）《耕乐图》诗，见《景泰谱》。

公之上"。[1]明后期的几个袭诚意伯刘世延、刘荩臣、刘孔昭的性格又颇为强势，在朝中引起诸多非议。如刘世延因在南京的骄纵被谏官吴时来、骆问礼、孙居相、赵参鲁等几次弹劾，虽屡经嘉靖皇帝原宥，但最终减死而削职为民。刘孔昭更是参与阉党和东林党人的党争，其品格颇有争议。[2]在地方话语权上，弘治十二年（1499）初以后，处州（今丽水）指挥使已经为刘氏世袭，南田刘氏势力强大。虽然两个家族为"世姻"，但"邻之厚，君之薄"的效应在小地方是不会例外。刘世延在南京的数两银子之贪的事例颇让人惊骇，[3]让人对刘氏家族在地方的强势有诸多联想。

3. 南田本籍富氏的科举不力、家族代表性成员不热衷世事加剧了富氏的实力下降。明代，南田富氏本籍并没有出现进士或举人的纪录，其余浙北、河内、齐郡的进士或仕官者也全部集中在明前期（正德及之前）。本籍的十五世富涟、富浑不热衷世事，成为隐者之流。如富浑"幅巾布裳……或咏或觞，乐以成趣"，"利禄不介于怀，戮辱不惊"，[4]对于家族势力的扩张并没有好处。

富氏从嘉靖时期的衰落也显露在《梓川谱》的记录中。何镗在嘉靖三十六年（1557）[5]的序言中，只提及富氏家风传承：

"首则枢密院宣奉大夫直柔公，谦抑节俭，如寒士然……次则乐道林丽，以诗书寓目，松菊怡情……棠棣和好，族属雍雍，无忝于敦睦之陈景。"

没有片字提及明代梓川及南田富氏的实力情况。

接着批评了"今之仕宦"：

"不似今之仕宦，藉势位以骄人，快膏粱以自得者"。

联系到万历年间王樵弹劾袭诚意伯刘世延"藉势位以骄人"的事迹，[6]以及刘氏世袭诚意伯，在处州府独大的实际情况，"今之仕宦"或者亦包括刘氏家族。

另外，民国时"永嘉梅雨清"也记载了刘伯温之后刘氏家族的强盛，他认为，刘伯温以前，"富、钱、蒋、刘、徐诸族皆为山中著姓"[7]，而"自刘诚意挺出，

（1）《礼部志稿》卷八十三。

（2）秦博《明代勋臣政治权力的演变》，中国社会科学院研究生院2013年硕士学位论文。

（3）王樵《勘覆诚意伯刘世延事情疏》，见《方麓集》卷一。

（4）周宗保《知止斋处士富公墓志铭》，见《景泰谱》。

（5）见《梓川谱》第十六、十七页。

（6）同（3）。

（7）《南田山志》，见文成政协学习文史委资料第二十一辑。

子孙继绳，代有闻人，刘氏遂为山中弁族。”[1]

四、结语

从明初到明中期，虽然富氏贞节吟咏和梧溪送别名流咸集，但随着刘氏家族的重新崛起和富氏族人本身的科举不利和淡泊荣辱，富氏家族势力总体呈下降趋势。

（1）《南田山志》，见文成政协学习文史委资料第二十一辑。

第三章：南方家族和富弼

历代家族外人员眼中的南田富氏与富弼

　　和平民相比，望族有更多的权力和财富，更富教养和地位的交际圈，因此也拥有更多的关注度，更容易为文字记载。

　　富氏宗谱[1]保留了为数甚多的族谱序言、人物传记等文献材料。书写者的身份，从高宦、名流、一乡之望到普通士人以及富氏族人（大体随着富氏家族势力的兴衰而波动），广泛涵盖了社会各阶层。保存的文献作者记载了南田（梧溪）为富弼的祖籍地和后裔（孙子）回迁地。

　　民国时期，邑人刘耀东谈及南田（梧溪）富氏与富弼的关系说：

　　"宋、元之世，钱武肃（钱镠）之玄孙、富郑公（富弼）之高祖，蒋中丞之嫡裔歌易于斯，丘墓俱在，子孙济济，人才辈出，考其家乘，行状传记出自通人，非可伪托。"[2]

　　下面结合家谱史料，例举外人眼中的南田（梧溪）富氏与富弼。

一、《梓川宗谱》序言里南田富氏与富弼的记载

　　如下表：

时间	撰写者	记载
元佑三年（1388）	程颐	夜梦老子授以叨（韬）书，次月生一子，因名韬焉。仕五季福州刺史，任满回籍，道经青邑甘泉里之南田，见民风和穆，以为美里，因而居焉。传五世至弼公，仕宋有功，封郑国公，赐第河南府。

（1）梧溪和梓川各宗谱。

（2）《南田山志》，又见《现代谱》181、182页。

续表

时间	撰写者	记载
南宋中期	张即之	一世祖韬公守闽福州，任满乘航，由东瓯至栝之青田柔远乡甘泉里之南，见其风淳俗美，遂卜居而家焉……逮五世弼公，以功封郑国公，位居左平章、金紫光禄大夫、上柱国、食禄一万五千户，赐第西京河南府，卒，谥"文忠"。绍隆公长子随驾南渡，以故绍隆子复居于芝田之南田云。
洪武十四年（1381）	刘基	文忠公（富弼）示人睦族之道，曰："族人不相亲，是忘其祖也。"
天顺四年（1490）	陈诏	今南田富氏之谱，无可议者，支图了然。
嘉靖三十六年（1457）	何镗	栝苍丽之北乡富氏，乃文忠公（富弼）第三子绍隆之苗裔。
嘉靖三十七年（1458）	朱克谐	富氏之族，有讳世延者，宝（衍字）郑国公（富弼）之后，乃梓川开基始祖也。
万历三十年（1602）	朱克谐	克继克述，而先烈弗坠者，文忠公（富弼）后乔乎。
康熙辛未年（1691）	王儒林	自始祖讳韬公仕福州刺史任满回籍，道经乘舡，而游青田甘泉里之南田，竟见风淳俗厚，因择而居焉。至于五世弼公，仕宋有功，封郑国公。
同治八年（1869）	翁廷谔	其先世韬公，避地青田之南田，贤裔如郑国公（富弼），勋业彪炳，固所共仰。
光绪二十一年（1895）	富既升、富方谷	观我富氏一族，发迹南田，徙迁梓里。
民国丙辰（1916）	李方华	其始祖讳韬公发迹南田，贤裔如郑国公（富弼），勋业灿烂，昭然在目。
民国三十三年	朱孔阳	考富姓始祖讳韬公，仕福州刺史，任满返籍，道经青田之南田，见其土美泉甘，民淳俗厚，遂卜居焉……至五世讳弼公，才兼文武，仁孚军民，辅上治下，功绩卓著，致封郑国公之职。

二、《浯溪宗谱》序言里南田富氏与富弼的记载

如下表：

时间	撰写者	记载
洪武中	刘璟	南田富氏，皆自韩公（富弼）出。谱系至今，为昭灼其先：有为工部郎中某州刺史讳韬者，唐季隐居南田，卒葬南华山，今无为观之东峙，因名其山曰"刺史山"，此韩公（富弼）之高大父也；其子讳处谦，为内黄令，后赠太师，封邓国公，居河南，遂为河南人；逮韩公（富弼）之孙，承务郎、签枢密院事，讳直亮，宣德郎直清者，爱南田山水之佳，复居泉谷，其子姓蕃衍，因遍择幽胜之地为别墅，今居泉谷、浯溪之胄皆是也。
康熙五十八年（1710）	富得秀等	吾祖自唐刺史（富韬）迁居南田。
乾隆癸卯（1782）	周丰	有讳韬者，仕唐工部郎中，始迁邑之南田泉谷；五传讳弼公，官枢密副史，历相宋君，而河南家焉；再传直清公，复返南田；至应高公转徙浯溪。
乾隆四十八年（1784）	徐绍伟	浯溪富氏，为青田著姓；唐工部讳韬者，其始祖也。其勋名德业，垂诸史册，不事表暴。韬公自河南迁居南田泉谷，后由泉谷再徙八都浯溪，遂蕃然成族，聚居于此。
道光十九年（1840）	梁卓汉	余阅富氏谱，起自唐、宋，沿及元、明，簪缨继世，忠孝传家，代不乏人，固已久矣！其族肇始于南田泉谷，再迁于浯溪、蒲源……忠孝如韩国公（富弼），勋著旗常。

三、家谱文献

如下表：

时间	作者	文献名称	记载
明初	刘鹰	《浯溪八咏并序》	溪之两岸有著姓富氏，其先故宋太师河南郑国公之苗裔也。
明初	刘鹰	《为富澄川题葡萄园》	澄川（富浒）郑国（即富弼，因其被封为"郑国公"）裔。
永乐乙（己）丑（1409）	陈谷	《寿乐图序》	故宋丞相魏国文忠公之裔孙澄川（富浒）世居也。
		《寿乐图序》	（澄川）先生姓富氏，宋太师河南郑国公之裔也。
永乐二十一年（1423）	徐侗	《送富君处温赴京序》	（富处温）可谓无忝韩国文忠公（富弼）之裔孙。

续表

时间	作者	文献名称	记载
景泰元年（1450）	何文渊	《浯溪义塾记》	（富）秉礼之先世，唐松州刺史讳韬者居南田泉谷，至宋宰相文忠公暨进士曰伟、曰宗礼皆居泉谷，数传咸淳进士应高者，始迁于浯溪。
成化十五年（1479）	叶泷	《蒲源祠塾记》	（富秉教）尝念先世刺史公暨太师公以忠孝□□祠堂。（按：部分文字从《景泰谱》改）
康熙庚寅（1710）	金以成	《竹溪富翁传赞》	按富氏先世，多显官，宋相文忠公为最著。
乾隆丁亥岁（1767）	叶日藻	《之拱公小宗记》	韬公自河南始迁南田泉谷（唐末），再传宦居河南，五传文忠公最著。

四、人物传记

时间	作者	文献名称	记载
明初	刘肇	《故乡贡进士富公墓铭》	公讳应高，字春牖，宋郑国文忠公七世孙也。世居青南田山之泉谷。
明初	刘肇	《浯溪处士富公墓志》	历世登显仕，为名卿者，冠盖蝉联，蔚为望家。六世祖讳景贤，绪兄直柔恩泽，仕宋为端明殿大学士，赠宣奉大夫，以宋宰相文忠公之孙、直亮之次子（安中）为继嗣，仕文林郎，文州助教，即公之五世祖也。
永乐辛卯（1411）后	叶仕宁	《素斋先生（富灅）传》	公姓富氏，讳灅，字澄川，宋太师韩国文忠公之裔也。
永乐十二年（1414）后	周宗保	《知止斋处士富公（富浑）墓志铭》	乃按公（富浑）之先祖韬为唐部刺史郎中，大（太）常寺少卿，松州刺史，避乱隐居括苍青田县南田山。其后因仕宦居河南，至宋宰相郑国文忠公之孙直亮、直清，自河南复还南田泉谷而家焉。
乾隆四十八年（1783）	叶日跻	《珠川富公墓铭》	翁讳国奇，字世珍、号珠川，宋相文忠公二十六世孙也。
永乐乙（己）丑（1409）	徐绍伟	《让泽公暨徐孺人墓铭》	故宋丞相魏国文忠公之裔孙澄川（富浑）世居也。
同治十二年（1874）	林寿祺	《焕章公墓志铭》	（富处温）可谓无忝韩国文忠公（富弼）之裔孙。
咸丰五年（1855）	蒋廷勋	《慎斋公暨刘孺人墓志》	翁讳敬宗，字日谨，号慎斋，系宋文忠公廿八世孙。

五、宗祠楹联

宗祠为纪念先祖，彰显宗族荣耀的重要场所。富氏宗祠的楹联也充满先祖富弼的气氛，摘录如下[1]：

"契丹使功传今日，耆公会事著当年。"

"主善为师精旧策，以文会友契耆英。"

"南田归隐山中相，洛社交游地上仙。"

"勋著宋朝节标明代祖德宗功成仰忠贞烈烈，支衍泉谷派盛浯溪秋霜春露共庆瓜瓞绵绵。"

"族聚中州仕征唐室数百载分支泉谷世继簪缨大启冠裳，居离平邑籍返芝田三十年创业浯溪家传忠孝同承俎豆。"

"义田活族范文正，简法安民富郑公。"

"一堂已成三进士，四世曾封五国公。"

"祥徵圣井绵瓜瓞，牒衍河南溯水源。"

"境（墙）上纷题刘伯墨，笥中饱积郑公书。"

"宋世文忠推第一，明时节孝更无双。"

"燕京德望推三杰，郑国勋名冠四真。"

"河北资生真德业，关南折敌大经纶。"

"主北主西功同文正，争献争纳理屈契丹。"

"功业超群活东京民万余口，经纶军偶陈安北策千数言。"

"急公忘私允矣劳谦君子，委身干国诚哉塞鄂王臣。"

"致君泽民练就忠谦第一，奉姑抚子守来节孝无双。"

"鲁韩秦邓国公簪缨继世，科甲恩岁进士忠孝传家。"

"义勇坚操史册犹书姓字，忠贞介节鼎钟独勒功勋。"

"拜爵王朝德望常昭百世，扬言帝座勋名并著三朝。"

"开阁招贤缅当年功同文正，尽忠报国溯昔日名并魏公。"

"口不言兵愿天下河清海晏，才堪佐帝综民生道一风同。"

"祖国公孙国公奕世国公孙继祖，兄进士弟进士一堂进士弟联兄。"

"民流东京活千万人饥寒性命，职司北路陈十三策活乱谟猷。"

"义气炳日月义兵义饷练成义勇，文名高宇宙文言文行共仰文忠。"

（1）《现代谱》第176—179页。

附录：富氏宗谱序言及文献作者名流简表

姓名	简介	资料来源	族谱中的所着文献
程颐	字正叔，洛阳伊川（今河南洛阳伊川县）人，世称伊川先生，北宋理学家和教育家。元祐元年（1086年）除秘书省校书郎，授崇政殿说书。程颐与其胞兄程颢同学于周敦颐，共创"洛学"，为理学奠定了基础，世称"二程"。程颐为元祐年间朝中"洛党"的领袖。	《宋史》、百度百科等	元祐三年序言（《梓川谱》）
富元衡①	字公权，富氏裔孙。宋代进士，书法家。初任随县主簿，绍兴年间（1131—1162年）官至工部郎中。	《建炎以来系年要录》《吴郡志》《姑苏志》《湖广通志》百度百科等	绍兴七年族谱修订者（《梓川谱》）
张即之①	字温夫，号樗寮，历阳（今安徽和县）人，宋代书法家。历官监平江府粮科院、将作监薄、司农寺丞。特授太子太傅、直秘阁致仕。后知嘉兴，以言罢。其书宗唐人，结体严谨，笔法险劲，泼辣苍勇。对当时书坛影响很大，金人尤喜其墨，视以珍奇，北方金人亦多效其体。	《宋史》《景定严州续志》《浙江通志》《姑苏志》等	绍兴七年序言撰写者（《梓川谱》）
刘基②	字伯温，今浙江省文成县南田（旧属青田县南田乡）人。元末明初的军事家、政治家、文学家，明朝开国元勋，洪武三年（1370年）封诚意伯。武宗正德九年追赠太师，谥号"文成"。刘基通经史、晓天文、精兵法，他辅佐朱元璋完成帝业、开创明朝并尽力保持国家的安定，因而驰名天下，被后人比作诸葛武侯。他以神机妙算、运筹帷幄著称于世。在文学史上，刘基与宋濂、高启并称"明初诗文三大家"。	《明史》、百度百科等	洪武十四年序言（《梓川谱》）

续表

姓名	简介	资料来源	族谱中的所着文献
叶琛	字景渊，明初大臣，浙江丽水高溪村人。至正二十年（1360），与刘基、章溢、宋濂同时被朱元璋征聘至应天府，初授营田司金事，不久调任洪都（今江西南昌）知府。至正二十二年（1362），降将祝宗、康泰叛乱，叶琛被俘，不降，为叛军所杀。明洪武元年（1368），追封"南阳郡侯"。	《明史》《续资治通鉴》《弇山堂别集》《钦定续文献通考》《弇州四部稿》等	《宋故进士富公传》（《梧溪富氏宗谱》）
刘璟	刘基次子，今文成县南田人，洪武二十三年（1390年）命袭父爵，刘璟以让兄子刘廌。乃特设阁门使授之，以刚直闻。寻改谷王府长史。燕王朱棣起兵时，命参李景隆军事。兵败，上书不见省，遂归里。燕王即位，召之，称疾不至。逮至京，下狱自经死。福王时，赐谥"刚节"（一作谥"忠节"）。有《易斋集》一卷。	《明史刘基传》、百度百科等	《跋南田富氏宗谱》
刘廌	字士端，诚意伯基（刘基）之孙，江西参政刘琏之子。洪武二十三年袭封，明年，坐事贬秩归里，筑室鸡山下，命曰："盘谷。"丁丑谴戍甘肃，寻赦还，建文帝及成祖皆欲用之，以奉亲守墓力辞。永乐年，卒于家。着有《盘谷集》十卷，《盘谷倡和集》二卷。	《明史》《浙江通志》《甘肃通志》等	《梧溪八咏并序》《恒斋诗并序》《为富澄川题葡萄园》《故乡贡进士富公墓志铭》《梧溪处士富公墓志》
陈谷	字宾旸，青田人。隐居好古，不荣利。诗文有奇气，着有《存存生集》。	《括苍汇纪》	《寿乐图序》《寿乐图序》"又诗卷"、
叶圭	字季鼎，浙江丽水人。年逾弱冠，始习举业，博洽经史，门壁皆书格言，后以贡升知丰县。生平着作甚富，尤工诗、画。别墅在椒山，治流倚山，逶迤如桃源，人谓不减辋川（王维）。	《处州府志》	《梧溪送别诗序》《赠（富）处温公上京诗》
黄寿生	字行中，莆田人永乐戊子京闱第一，辛卯举进士，改庶吉士，预修《五经四书性理大全》书，功除检讨。寿生端重博赡，时人重之。	《万姓统谱》卷四十七、《经义考》卷四十九、《福建通志》《翰林记》等	《跋富节妇诗卷》（《景泰谱》）

续表

姓名	简介	资料来源	族谱中的所着文献
颜敬守	山西文水人，湖南善化县儒学教谕，永乐十二年，以文学入行在（北京）参与修撰《五经四书大全》，纂修管共四十二人。为一时经术之选。	《经义考》卷四十九	《寿乐图序》"又诗卷"
蒋琰	字叔圭，屏居南田，宋（御史）中丞继周之孙，家贫，授徒自给。足迹未尝至邑郭，诗文师韩、杜，孝友溢于家庭。	《青田县志》	《寿乐图序》"又诗卷"、《富节妇传》《殷五公墓铭》（《梧溪富氏宗谱》）
叶仕宁③	永乐二年进士。初以仪制司主事升员外郎，永乐十六年升郎中，十七年六月升陕西布政司左参政。成化间修《青田县志》四卷。有《知非集》。	《浙江通志》《礼部志稿》《千顷堂书目》	《赠蒲源耕乐公序》《素斋先生墓铭》（《梧溪富氏宗谱》）
周宗保	永乐四年丙戌科榜（进士），青田人。十一年十一月，贵州等处承宣布政使司以总八府，授为右参议，率至贵州，随缺定注。	《浙江通志》《弇山堂别集》	《止斋公墓铭》（《梧溪富氏宗谱》）
谭源清	湖南茶陵人，永乐三年乙酉乡试举人，御史。	《湖广通志》卷三十四	《寿乐图序》"又诗卷"
何文渊	广东广昌人。永乐十六年进士，为监察御史，考察四川，风纪振肃。宣德五年，知温州府，居三年，政化大行。入觐道括苍岭，永嘉丞遣其子以金，睨却之。既复任，益尽心职业，暇则与诸生章纶革，论经史。处州盗起，官军讨之，不克。文渊詗知贼据乌风洞，悉捕其渠魁。时都指挥李贵等，执平民，使诬服，文渊移牒，言"贼己得"，于是二百余人皆得释。民有兄弟，争财谕，以天伦大义，兄弟感悔如初。入温州明代名宦。	《浙江通志》《广西省志》《明一统志》、百度百科等	《梧溪义塾记》《梧溪富氏宗谱》
叶正	浙江兰溪人，永乐二十一年癸卯科进士，辽府长史。	《浙江通志》	《浯溪送别诗序》"又诗卷"（《梧溪富氏宗谱》）

续表

姓名	简介	资料来源	族谱中的所着文献
叶诜	江苏常熟人，宣德四年进士，成化年间南京兵马指挥使。	《江南通志》《梧溪富氏宗谱》	《蒲源祠塾记》（《梧溪富氏宗谱》）
陈诏	字迁询，浙江青田县城司下街兴贤坊。明宣德五年（1430年）登甲科第一名进士（会元）。历任福建礼典乡试考官、云南道监察御史、四川按察副使。时闽浙盗发，温、处屠掠尤惨，以诏素有经济才，拜金都御史，巡抚浙江。诏至，谕以利害，不烦寸兵，而诸寇悉平。先是，郡省运金帛巨万，犒军委诏，不问出入，诏例给之，羡余即封还府藏，一丝不染。名入《两浙名贤录》。	《浙江通志》《明史纪事本末》《弇山堂别集》《钦定续文献通考》	天顺四年序言（《梓川谱》）
何镗	字振卿，号宾岩，丽水人，嘉靖二十六年（1547）进士。初授进贤知县。为人刚直，不畏权贵，有政声。后任开封府丞、潮州知府、江西提学金事等职。崇尚理学，勉励读书。临川汤显祖受其赏识，荐补为生员。任云南参政间，以亲老乞归养获准。在乡获升任广东按察使、河南布政使，生平着作甚多，采史记文集游览之文，编成《古今游名山记》、《中州人物志》。撰《修攘通考》、《翠微阁集》等。万历七年（1579），总纂《括苍汇纪》，被认为"简而文，核而当，详而有体"。	《明史》《浙江通志》《河南通志》《广东通志》、百度百科等	《嘉靖三十六年序言》（《梓川谱》）
端木国瑚	今青田县城太鹤山麓人，字子彝、鹤田、井伯，晚号"太鹤山人"，清代学者。嘉庆间举人，任归安教谕十五年。以通堪舆之术，道光中被召卜寿殿，特授内阁中书。十三年成进士，仍就原官。国瑚博通经史及阴阳术数，精研《易经》。著有《太鹤山人诗集》十三卷，《太鹤山人文集》四卷，《周易指》四十五卷，《周易葬说》一卷、《地理元文注》四册等。	《清史稿》《梧溪富氏宗谱》、百度百科	《雅斋先生六秩荣庆寿序》《洽阳公墓志》（《现代谱》）

续表

姓名	简介	资料来源	族谱中的所着文献
林毅	浙江省人民代表，民族华侨委员会委员、外事工作委员会委员、中国人民政治协商会议温州市委员会副主席、中国国民党革命委员会温州市委主任委员、高级工程师。	《梧溪富氏宗谱》	《重修富氏宗谱序》（《现代谱》）

说明：

①富元衡和张及之同出现在《梓川宗谱》绍兴七年的富氏二版序言，然而以二者生活时代不同，不可能出现于同一序言里，可能是经咸丰八年（1858）兵焚，两序并一序的结果。

根据序言苏州支系和青田支系相连的叙述，富元衡应有归省青田事，直接原因可能为南宋初年的战乱。[1]在苏州成为主战场的情况下，苏州富氏回归青田山中是可能的心态，作为南宋初苏州富氏的代表性人物富元衡的归省并续修族谱是苏州富氏向祖籍地靠拢的表现。

北宋末南宋初年，苏州支系进士辈出，御史中丞、同知枢密院事富直柔在血缘上亦属于苏州支系。而回迁南田的富氏家族还没有出进士，实力强盛，若此时《富氏宗谱》由苏州支系的裔孙主持修订亦顺理成章。

富氏三个支系的最早记载来自宋末回迁富氏九世富梓，到洛阳、东吴"访族讲谱"[2]。富元衡的续修富氏宗谱，为三个支系来往的持续。

以年代、生活地域和《梓川谱》中常见的同音错字考量，"张及之"即"张即之"。张即之撰写的序言落款为"承事郎"、"门下婿"。张氏家族在苏州活动频繁。张即之叔父张孝祥葬于南京，可以视为张氏家族占籍吴中的开始。仕途初期，张即之"以父恩授承务郎，铨中两浙转运司进士，举历监平江府粮料院"[3]，则其为在苏州活动的印记。可能即在此时，张即之成为富氏（最有可能为苏州支系）女婿，通观张即之的整个仕途和其遗留题字，大致在江南东路区域活动，尤其是苏南平江府、江阴军、扬州、镇江一带，其与苏州的关系不浅。

张即之与浙江渊源甚深，其祖张邵居于知嘉兴"鄞县西南林村"，张即之本人就曾为嘉兴知县，其家附近"资教寺"就留有他的很多墨迹[4]。其在浙江留下

（1）见本书《支系叙述二：苏州支系》。

（2）见《景泰谱》"世系"，富梓传。

（3）《宋史》卷二百零四。

（4）《浙江通志》卷四十三，百度百科。

的题字还有四明（宁波）的"苍云堂"[(1)]、绍兴"逸老堂"[(2)]，绍兴"大禹峰"[(3)]，严州（今建德一带）高青亭[(4)]、"流光堂"[(5)]、杭州"佛国山门"[(6)]等等。更重要的是，《富氏族谱序言》并非张即之在浙江所做族谱的孤立序言［另有景定三年（1260年）兰溪《李氏宗谱》序言[(7)]］。故张即之为富氏做过族谱序言在逻辑上可以成立。

然富元衡、张即之二人年龄有百年的差距，并做一序可能性不大。今并序的原因为经咸丰八年太平军乱[(8)]，因家乘散乱，重修族谱回忆，两序并一序的结果。今从《梓川宗谱》而存之。

咸丰八年的"粤匪"乱。清咸丰八年（1858）三月，翼王石达开率太平军从江西进入浙江，六月十三日，石镇吉率军攻占处州。《梓川谱》此次战乱对梓川家乘的影响：

"迨我朝戊午，粤匪自江西窜入栝郡，惨酷难堪，越二载，复犯境，焚烧杀掠，一片焦土，民无安居，以故户藏家乘者，往往失之，由是以观，则国史之缺者有之，与夫家乘之残者亦有之。"[(9)]

"粤匪"平定后，富成满、富德辉随即续修族谱，"袖旧谱"示写序言者。"故户藏家乘者，往往失之"，估计其"旧谱"，已经是残谱。[(10)]

②刘基的序言，落款时间洪武十四年，此时刘基已经过世。富知愚认为，是先索序再做族谱，导致的时间讹谬。个人认为这个结论可以成立：

首先，刘基为富氏的亲族。刘基其母、其妻均为富氏。

第二，文风符合刘基序言风格。刘基序言的常见写法为先提一事，辗转多次才到正题的特点。[(11)]通观整个序言，刘基亦先从"文忠公示人以睦族之道"开始，

（1）《开庆四明续志》上。

（2）《浙江通志》卷十五。

（3）同上。

（4）《景定严州续志》卷九。

（5）《浙江通志》卷四十四。

（6）《西湖游览志》卷十一。

（7）王鹤鸣《宋代谱学创新》，《安徽史学》2008年第2期第17、18页。

（8）见本文《梓川谱引用的必要性》。

（9）《梓川谱》序言。

（10）同上。

（11）如《赠徐仲远序》《赠奕棋相子先序》《苏平仲文集序》《送顺师住持瑞岩寺序》等。

讲到富氏的支系分布再讲富氏族人团结的重要性，最后才提及修谱的意义。整个风格感时而发，符合刘基时弊性强的特性。

③族谱记载为屏川（今文成西坑镇一带）人，为富氏姻戚。

变形的信息：一世祖姓名辩证

富弼的高祖名字在青田富氏与洛阳富氏的关联中有非常关键的地位。虽然南宋初年的范成大记载"富氏源出青田"，成书于同时期的姓氏学名著《古今姓氏书辩证》里记载的富氏1—4世世系，与梧溪宗谱及《梓川谱》大同小异，从目前看起来，富韬作为富氏高祖是最可以接受的信息。但是，关于富氏一世祖名字的三种记载让富氏一世祖面目模糊，因此仍然是一个必须花力气去考证的问题。下表是不同文献对富氏家族一世祖的记载：

文献	文献时间	作者	高祖名字	官职
1.《富秦公言墓志铭》	天圣九年（1031）	富弼	富璘	后唐京兆少尹
2.《富鼎墓志》	元丰三年（1080）	李寔	富璘	后唐京兆少尹
3.《富公行状》	元丰六年（1086）	范纯仁	富璘	
4.《富文忠公墓志铭》	元丰六年（1086）	韩维		
5.《梓川谱旧序》	元祐三年（1088）	程颐	富韬	吴越内黄鸿胪寺丞，历郎中，擢福州刺史
6.《富郑公神道碑》	元祐五年（1090）前后	苏轼		
7.《古今姓氏书辩证》	绍兴十一年（1142）	邓名世	富伯瑶	赠工部郎中
8.《跋吴越官墨制》	元中期	柳贯	富韬	（天福三年，即938年）摄丞知县（吴越国长洲）事，稍进秩，守县令
9.《梧溪富氏宗谱》	明景泰年间（1450—1457）		富韬	（后）唐工部郎中，松州刺史、太常寺卿

根据上表的高祖记载，文献1、2、3记载为富璘，文献5、8、9记载为富韬，文献7记载为富伯瑶。

从各姓名记载的集中时间来看，富璘的记载从天圣九年（1031）到元丰六年（1083），时间跨度为富弼中制科（1031）步入仕途到富弼过世（1083），亦即富弼在世时。富韬从元祐三年（1088）《富氏宗谱》初版修订开始，为历代宗谱记载所延续（主要体现南田富氏的宗族认同）。《古今姓氏书辩证》撰写于北宋末年到南宋初年，作为本书引用材料的富伯瑶的记载不迟于此成书时。

从仕官地点来看，富璘主要仕官在河南洛阳，富韬主要在四川（松州刺史）、河南洛阳（太常寺卿）、吴越。

一、三种记载的辨析

以下通过史料对三种记载进行辨析：

（一）富璘。

1.富弼的记载。

（1）记载的可能原因。

天圣九年（1031），富弼作《富秦公言墓志铭》：

"后唐京兆（洛阳）少尹璘生内黄令处谦，令生商州马步使令荀，即显考也。"

突出的是富氏家族的河南（北方）背景。此时，富弼已经为王曾、晏殊等"诸近侍"所知，秘阁校理范仲淹又为荐主，政治前途一片光明。

朝廷政治力量的地域格局，特别是仕途升迁中的籍贯援引，是仕官者特别是富弼这种初登仕途的人必须考虑的因素。庆历新政以前的宋仁宗朝廷，依然是北人占主导。天圣年间（1023—1032），朝廷的主政者为吕蒙正侄子吕夷简，属于东莱吕氏家族，为北人。天圣九年（1031），富弼用丞相李迪辟，签书河阳节度推官厅公事，在丞相幕下为官的背景无疑为其仕途打下良好的基础。李迪依然为北人。[1] 李迪对富弼仕途进取有很大的激励（见下文《富弼仕途：南北之间的选择》）。

因此，在南北力量冲突、北人占据政坛统治地位的政局里，富弼是有可能回避"江浙望族"的南人背景，而突出渲染家族的北方背景。

（2）富璘官职可以支撑家族。

富璘的官职为"京兆少尹"，为从三品，任官地为首都洛阳，为显宦，富璘的官职等级能够支撑起一个家族。姓氏学名著《古今姓氏书辩证》提到的富氏一世祖富伯瑶仅为"赠工部郎中"，为赠职正五品，中级官员，显然此书提到的"宋

（1）李迪先祖为赵郡人，后迁家至濮州（山东菏泽市）。

河内富氏"不是以其富伯瑶而是以富弼为家族支撑（用欧苏法追溯到高祖富伯瑶）。故富弼在此文中记载的高祖富璘的"京兆少尹"官职有一定的疑问。

（3）富弼对其籍贯和家族地域的回避。

另外，在富言的墓志中，富弼对于家族的"姓系贯籍"、"世德族望"（籍贯和远祖名人），以"先君志于职方之墓矣"简单带过，并没有正面提及[1]。如果宣和六年（1124）富绍荣"富氏在江浙为望族"和南宋初范成大"富氏源出青田"为确的话，富氏家族的"姓系贯籍"、"世德族望"，则应为"江浙"。

2.富鼎墓志的延续记载。

富鼎墓志为洛阳富氏家族墓地出土的唯一的富弼兄弟墓志，其记载的高祖"富璘"，时间在"元丰三年"（1080，即富弼过世前三年），体现了和富弼记载的高度一致性。

3.小结。

因此，对于富弼在《富秦公言墓志铭》记载的高祖"富璘"，由于在其仕途节点、富璘的官职分量以及富弼对其籍贯和家族地域的回避上，还有一些疑点。

（二）富伯瑶和富韬

1.富伯瑶。

"富伯瑶"记载的珍贵之处在于通过与洛阳富氏同时期的家族外部学者叙述，打破了元丰六年（1083）以前富氏墓志所声称的高祖为"富璘"的说法。

作为姓氏学名著的《古今姓氏书辩证》，《四库全书总目》里评价说："往往足补史传之阙……故较他姓氏书特为精核。"其引用权威，考订严谨，代表了宋代谱学的最高水平。作者邓名世在北宋政和（1111—1118）、宣和（1119—1125）年间开始著述此书，北宋政和（1111—1118）、宣和（1119—1125）间，富族尚族居洛阳。因此，考虑到富氏家族在洛阳的势力及一手材料引用的便利性，邓名世对于同样生活在两京地区富弼的祖先名字的记载，出错的可能性很小。另外，根据《梓川谱》《富氏宗谱》作于元祐三年（1088）前后，其中关于高祖的信息亦可能是邓名世"宋河内富氏"世系的来源。

更重要的是，在邓名世著书的过程中，参考过与富弼关联密切的两本姓氏书籍《熙宁姓纂》《宋百官公卿家谱》，邓名世之子邓椿年乾道四年（1168）所作《辩证序》称：

"绍兴辛酉（1141）冬……会韩衡州美成同寓临川，（邓名世）借其家藏《熙宁姓纂》《宋百官公卿家谱》稽考参订之。及将易箦……"

（1）富弼《富秦公言墓志铭》。

由此看出，韩美成"家藏"的《熙宁姓纂》《宋百官公卿家谱》是《古今姓氏书辨证》成书之前，邓名世"稽考参订"的重要依据。《熙宁姓纂》记载宋神宗熙宁时期的姓氏，作为首相的富弼很难逃出其中记载。富弼作为三朝宰相、配享于北宋皇宫的名臣之一又很难逃出《宋百官公卿家谱》的记载。因此，《古今姓氏书辨证》对于富弼世系（包括高祖）的记载，应该有很高的准确性。

对于富氏家族，《古今姓氏书辨证》卷三十四记载其始祖为富伯瑶。抄录如下：

"宋河内富氏。赠工部侍郎伯瑶六子处谦、绍麟、绍宗、南归、绍□、绍钧。处谦，内黄令，赠太师、中书令兼尚书令、邓国公，生令苟，一名暕，商州马步军都指挥使，赠太师、中书令兼尚书令、韩国公。三子，言、尧、相。言都官员外郎，赠太师中书令兼尚书令、秦国公，生弼，字彦国，历相三朝，开府仪同三司、守司徒，武宁军节度使同中书门下平章事致仕，赠太师，谥文忠公。"

和梧溪宗谱及《梓川谱》高度一致（表述见下文）。

2. 富韬。

富韬的记载主要集中在文献5、8、9记载。目前可见的文成梧溪、丽水梓川、上海浦东等各地家谱亦采纳富弼高祖为富韬的说法。

关于富韬的仕官，文献5、8的记载有浓厚的吴越国背景。2008年洛阳出土的和富绍荣有关的两个墓志铭点出了富氏为河南的外来家族，为江浙的望族。其中宣和六年（1124）的《富绍荣墓志》云："富氏在江浙为望族，韩国文忠公以盛德大业为时名相，始居洛，今为河南人。"关于富氏家族的吴越背景，除文献5、8记载的高祖富韬外，还有富氏二世富绍麟、富绍宗（为《古今姓氏书辨证》及《景泰谱》记载）分别仕浙南温州、台州；三世富令苟活动于苏州（职方故宅）、富令昉葬于苏州；四世富严仕官、定居、葬于苏州。富氏家族的"江浙望族"的印记非常明显。

《富绍荣墓志》和族谱的信息对应还可见对富氏始祖富辰、唐代远祖富嘉谟的记载。

《富绍荣墓志》云：

"自富辰以谏诤显于周，嘉谟以文章名于唐，公之世相去浸邈……卓然有远祖之风焉。"

《梓川谱》：

"时称为富成（辰）王，此富姓所由始也。"

"有唐辞臣富嘉谟为晋阳府尉。"[1]

《富绍荣墓志》为2008年首次出土，与宗谱信息的对应，有很强的说服力。

（1）程颐序言。

文献9记载的后唐背景，考证详见后《富韬与吴越国》。

（三）富伯瑶、富韬的亲缘性。

1.名字的亲缘性。

古人取名一般为单名，中间的字表示排行（如富氏家族富直方、富直柔中的"直"），或表示长幼（"伯"、"孟"、"仲"、"叔"、"季"），因此，除去富伯瑶中间相对次要的"伯"字，"富瑶"和"富韬"有高度的类似性：

首先，二者读音一致。唐宋平声不分阴阳，"瑶"、"韬"读音相同。

第二，"瑶"的名，和族谱记载的富韬的字都能构成流畅的相关。《梓川谱》云："韬公，字怀宝。""瑶"，即美玉，和"怀宝"正相关，符合古代人的取字习惯。"韬"的本意为"剑套"，也可以引申为"隐藏"，和"怀宝"也能相关（字是对名的解释补充）。"富瑶"变为"富韬"，可能是改名或讹写。

如果是改名，可能是因为富弼的高祖在吴越国时曾在中吴军（今苏州）和福建仕官[1]，为南唐和闽越的战争前线重镇，改了更有战斗气息的"韬"（韬略）。

2.史料记载二者世系的一致性。

如下表：

《古今姓氏书辨证》与富氏宗谱记载的富弼支系前五世

世系	1《古今姓氏书辨证》	2《梓川谱》	3《梧溪富氏宗谱》
一世	富伯瑶	富韬	富韬
二世	处谦、绍麟、绍宗、南归、绍□、绍钧	富处谦、富处麟、富处宗、富处钧	富处谦、富处恭、富处常、富处顺。（富绍麟、富绍宗被归于富氏六世，因同属"绍"字辈）
三世	富令荀（一名暕）	富令荀	富令荀
四世	言、尧、相	言（富尧被归到富弼堂叔富琼名下）	言
五世	富弼	富弼、仪、鼎、牧	富弼、仪、鼎、文德

以下通过上表对富氏前五世逐世分析：

富氏一世祖，存在富伯瑶和富韬的不同记载。

二世，文献1记载六子，2、3记载四子，其中，名为"谦"、"麟"、"宗"、"钧"的为文献2记载，"谦"、"麟"、"宗"为3记载，而富绍麟、富绍宗误入富氏六世。

（1）《梓川谱》"世系"第一页。

三世，记载一致。

四世，1记载三子。2、3只书一子，其中，富尧被2误载为五世。按富弼名富皋，皋陶为尧的臣子，故二者不可能并列为一世（五世）。

五世，1只书一子（省略其余四子），2、3记载均为四子。

另外，有大量的文献表明，“富伯瑫”后代在“富韬”任职的中吴军（苏州）地界活动，与宗谱相符[1]。

从以上看出，作为姓氏学名著的《古今姓氏书辨证》与富氏宗谱对于富氏世系的记载具有高度一致性。《古今姓氏书辩证》记载的富弼高祖富伯瑫和族谱记载的高祖富韬，应该为同一人。富氏的一世祖，应为富韬（富伯瑫）。

二、富（伯）瑫、富韬两种记载的原因

（一）别字。

信息的丢失导致的口传因素，以及修谱人文化能力的限制，宗谱的记载中经常出现别字。如《梓川谱》关于富韬的记载：

“（富达）其第三子娶王氏，夜梦老子授以叨书，次月生一子，因名‘韬’焉。”“叨书”即为“韬书”（韬略之书），“叨”为“韬”的误写。

富绍庭，《宋史》等诸多文献记载为富绍庭，但《梓川宗谱》有时记载为“绍庭”，有时“绍定”，如元祐三年程颐序言：

“今富之绍庭，余深相契交。”

“今绍定即公（富弼）之冢君（按：应为‘子’）也”。

北宋张舜民《画墁录》亦称“绍庭”为“绍定”：

“（富弼）族子绍定居之。绍定，本始姑苏人。”

（二）改名。

宋代存在普遍的改名情况，最典型的是皇位继承人在继位之前的改名。从2—7世来看，富氏家族亦普遍存在改名的情况：

1.富令昉。

富令昉：“一名暕。”[2]

2.富弼。

富弼，原名富皋。南宋朱熹、李幼武《宋名臣言行录》：“晏（殊）即取富

（1）《梓川谱》坟陵墓录，《现代谱》“列祖介绍”。

（2）《古今姓氏书辩证》卷三十四。

皋为婿，后改名，即富郑公也。"⁽¹⁾

《梓川谱》、历代修订的《梧溪谱》中富氏五世均记载有"富皋"和"富弼"，应为将一人的两名字误作两人之故。

3．富奭。

梧溪宗谱记载为"富仪"。⁽²⁾

4．富鼎。

原名富弈。⁽³⁾

5．富绍庭。

又名绍定。⁽⁴⁾

6．富直方。

富直方，原名"定方"。《晏氏墓志》："孙男三人，定方，承奉郎；直清，承奉郎；直亮，假承务郎。"⁽⁵⁾

7．富直柔。

《现代谱》："（富绍庭）又立纯公子沁，改名直柔为次子。"⁽⁶⁾，苏州支系富严孙富纯，派下有次子"富沁"，没有记载子嗣，而同文献"富直柔"有子嗣记载（"世系"）。应为富沁（富直柔）过继，其子孙承嗣过继房支的缘故。

8．富景贤。

原名直言。⁽⁷⁾

9．富梓。

原名安中。⁽⁸⁾

10．其他。

又如梧溪谱记载的二世处恭、处常、处顺，和《古今姓氏书辩证》记载的二世"绍麟、绍宗、南归"姓名不相符，不知道是否也存在改名情况。

（1）前集卷七，又见清朱轼《史传三编》卷三十等。

（2）见《界定：以宋人籍贯登记方法看作为今文成人的富弼》"富仪、富奭考辨"。

（3）见《富氏家族成员和家族世系》，《洛阳富氏家族墓地》第79页。

（4）见《梓川谱》第一页程颐序言、元末明初陶宗仪《说郭》。

（5）"列祖介绍"，又见《梓川谱》"世系"。

（6）《现代谱》"列祖介绍"第1页，富直柔词条。

（7）《现代谱》"列祖介绍"第4页，富景贤词条。

（8）《现代谱》"列祖介绍"第4页，富梓词条。

三、从富（伯）瑫、富（绍）麟到富璘的变形

当然我们可以考虑另外一种可能，富璘是"富（伯）瑫"吸收了"王"字旁，从《古今姓氏书辩证》记载"绍麟"（二世次子）里吸取了字（音和近似形），合成了"富璘"，富弼出现误记。原因是唐末五代对族谱的毁坏，及宗族的不断流徙，导致信息不准确。

吴越国：家族兴盛的起点——兼论富韬的生平

一、富韬的祖辈生活在吴越国境内（江浙）

《梓川谱》：

"自唐宝应（或为宝历，元年824年），有（富）赞公之子讳达者，居睦州（今浙江建德一带），仕冀阳信都太守。避乱移居栝州（今丽水地区），生四子：婴、和、薛、彦。"[1]

丽水莲都区有"富山"，或为富氏定居地。和南田泉谷富村后来成为诚意伯庙驻地一样，富山建有"开国元勋祠"。

二、富韬的仕官吴越和定居南田

（一）富韬仕官记载及辩证。

文献	地方官职	中央官职	作者
1. 梓川谱	五季吴越内黄鸿胪寺丞，擢福州刺史	历郎中	富氏族人
2. 浯溪富氏宗谱	松州刺史	（后）唐工部郎中，太常寺卿	富氏族人
3.《待制集·跋吴越官墨制》	摄丞知县事，稍进秩守县令（天福三年，即938年）		柳贯（元）
4.《古今姓氏书辩证》		赠工部郎中	邓名世（宋）

（1）第十页，程颐序言。

根据文献1和3的地方官职，富韬在吴越仕官。根据文献1、2的地方官职，富韬曾为刺史。根据文献1、2的"鸿胪寺丞"和"太常少卿"，富韬曾为礼乐官。根据文献1、2、4的中央官职，富韬曾为（工部）郎中。

（二）官职考证。

1. 内黄鸿胪寺丞。

富韬的号透露他可能在河南洛水一带生活过的信息，"韬公……号洛川。"[1]

官职上，太常少卿和鸿胪寺丞都为礼乐官：

"太常，掌陵庙群祀，礼乐仪制……少卿……各一人。"（《隋书·百官志》）

"典客，秦官，掌诸归义蛮夷，有丞……武帝太初元年更名大鸿胪。"（《汉书·百官公卿表上》）

故二者存在混淆的可能。且鸿胪寺丞为中央官职，不可能设在内黄县，估计是富处谦为吴越内黄令的影响而讹谬，[2] 故"内黄鸿胪寺丞"可能即为"鸿胪寺丞"。

综合文献1、2，富韬应担任过朝廷礼乐官。

2. 工部郎中、松州刺史和太常少卿。

文献2记载，富韬曾担任"唐工部郎中、松州刺史、太常少卿"。

后唐以"唐"为国号，此处的"唐"应该为史书上说的后唐。如文献3云："然武肃王（钱镠）始受梁封为吴越国王，唐庄宗入洛，乃赐玉册金印。"此处的"唐"亦指后唐。

富韬担任的"松州刺史"时间。根据五代时期中原王朝对蜀地的控制情况，应在同光二年（925）到应顺元年（934年），五代时期中原王朝对蜀地的控制仅在此时。

担任"太常少卿"过程的推论。刺史的品秩为正四品下到从五品下，太常少卿（正四品），二者官阶相近。或者是作为"松州刺史"的富韬，在蜀地失陷后的934年到后梁灭亡的936年，回到朝廷担任太常少卿。

3. 福州刺史。

文献1富韬担任福州刺史却并不可信，或为在福州仕官和"松州刺史"的重叠误记。吴越第一任福州刺史为降将李孺赟，第二任为吴越丞相吴程，均为史料明载，后福州刺史均为吴越宗室担任，不容外姓人染指[3]

（1）《梓川谱》"外纪行序"第一页。

（2）《梓川谱》"世系"第一页："（二世）富处谦，天福七年仕吴越内黄令。"

（3）见《福州府志万历本》。

（三）富韬生平。

1.松州刺史和南归。

富韬担任松州刺史应在同光二年（925）到应顺元年（934）。应顺元年（934年），孟知祥在成都建都称帝，后唐失去对后蜀的控制后[1]，富韬仕官吴越苏州长洲。富韬四子叫"南归"，可能是富韬从中原王朝仕官后回南方的证明。与此同时生下一子，取名"南归"。

苏州由于经济文化发达，为长江下游的中心，向来被誉为"甲郡标天下"。安史之乱以来，唐代北方移民以其为重要聚居地[2]。五代时期，由于战争的需要，吴越国统治者笼络北来的士卒和士人，如投降吴国的北方孙儒部队，在孙儒死后：

"其士卒多奔浙西，钱镠爱其骁悍，以为中军，号'武勇都'。"

吴越国采取了有效的笼络媒介，钱镠：

"常使画工数十人居淞江（今吴淞江，位于其后富韬孙富令荀及后裔富恕居住的吴江），号莺手校尉，伺北方流移来者，咸写貌以闻，择清俊福厚者用之。"[3]

估计富韬从北方南归的途中，通过"莺手校尉"仕官吴越中吴军（今苏州）。洛阳和苏州运河相连，富韬的逃亡途径可能是通过运河。

2.长洲县丞和长洲令。

根据《跋吴越官墨制》，天福三年（938），富韬任职"长洲（县）令"。此前"摄（苏州长洲县）丞，知县事"，可能是初到吴越国的一种试探性任职。唐宋官制：县丞，八品；县令，七品，两个官衔和"松州刺史"（正四品下到从五品下）、"太常少卿"（正四品）相比，都低了许多，可能是作为从另一政权回归的官员的降级使用。

富韬的任职经历多为文官，但在五代那个以战争为第一要务的年代，地方长官也无疑具有较强的武将色彩。如"松州刺史"的官职，是随着后唐军队对蜀地的征服任命；如苏州为吴越和世仇南唐的战争前线，并升格为"中吴军"，作为苏州"长洲（县）令"，也无疑要担任边防任务。

富韬身上文武杂糅的官职色彩，从其后代的荫补的"文武交替"也可以看出。富韬子富处谦，天福七年（942），为"吴越内黄令"，是文职。但是到了孙子富令荀，为"商州马步使"，是武职。

3.仕官福建。

（1）百度词条"后蜀"。

（2）吴松弟《唐后期五代江南地区的北方移民》，见《中国历史地理论丛》NO.3，1996。

（3）同上。

福州是富韬的最后一个仕官地,《梓川谱》曰:"(富韬)福州任满回籍(丽水),道经青田柔远乡甘泉里……遂家焉。"[1]青田县在丽水最南,为从福州到丽水的经历之路。

富韬从苏州到福州的任职,与吴越国在福州对南唐作战有关。长兴二年(931),闽越王室内乱。吴越、吴国、南唐先后出兵,前后几次大战。一直天福十二年(947)年,吴越控制福州为止[2]。

富韬为吴越长洲县令为938年,则其往福州任职,估计在938年到947年。其入蜀、镇守中吴军的军事经验可能是原因。以路途而论,无论是从中吴军(苏州)或都城杭州出发,海道均可以到达福州。天福十一年(946),吴越兵至福州,自晋浦南潜入州城。天福十二年(947),"吴越复发水军……自海道救福州。"[3]吴越国军队入城,兵戍福州。此两次吴越国的出征,富韬均可能随军海道到福州。

4.定居南田。

根据宗谱,富韬定居南田为福州"任满"之后,大致在950年。可能和福州的激烈大战、吴越国上层动荡、947年吴越国的福州战败、950年的福州内战有关。

天福十二年(947),吴越王弘倧袭位"大阅水军,赏赐倍于旧":"胡进思固谏,弘倧怒,投笔水中,曰:'吾之财与士卒共之,奚多少之限邪!'"[4]

钱弘倧的厚赏和发怒,大概是因水军在进入福州立的功勋,可见吴越士兵入福州的九死一生。

同年(947),驻守福州的军队与节度使发生内乱:

"威武节度使李孺赟与吴越戍将鲍修让不协,谋袭杀修让,复以福州降唐。修让觉之,引兵攻府第,是日,杀孺赟,夷其族。"[5]

同年,吴越王弘倧和忠献王弘佐不协,吴越高层发生内斗:

"吴越王弘倧,性刚严,愤忠献王弘佐时容养诸将,政非己出,及袭位,诛杭、越侮法吏三人。"[6]

吴越王弘倧与权臣胡进思亦内斗,胡进思率三百甲兵大肆喧哗,突入官府,钱弘倧开门抗拒,率身边的人和其发生激烈战斗,最后左右全部被杀,弘倧被罢黜。

乾祐元年(948)吴越高层君臣相疑:

---

(1)第十页,程颐序言。

(2)《吴越备史》。

(3)《资治通鉴》卷二百八十六。

(4)《资治通鉴》卷二百八十七。

(5)同上。

(6)同上。

"弘俶畏忌进思，曲意下之。进思亦内忧惧，未几，疽发背卒。"[1]

乾祐三年（950），南唐袭福州，鲍修让、罗晟与威武节度使吴程的内斗，吴越军大败，吴程"仅以身免"，"吴程至钱唐，吴越王弘保俶悉夺其官"[2]。

古代官员三到五年轮替，以富韬946、947随军入福州的假设，富韬的"任满"，应在此前后。乾祐三年（950年），福州刺史、山阴人吴程战败北还。富韬"回籍"，可能即在此时。

三、富韬儿孙辈的官职情况

如下表：

姓名	与富韬的关系	官职	资料来源
富处谦	长子	天福七年（942）吴越内黄令	《梓川谱》
富绍麟	次子	仕台（州）……	《景泰谱》
富绍宗	三子	温州司户	《景泰谱》
富令荀	长孙	商州马步使	《梓川谱》《景泰谱》

吴越国一直奉行"善事中原"的政策：

"（932年）吴越武肃王钱镠疾……又曰：'子孙善事中国，勿以易姓废事大之礼。'"[3]

故名义上吴越国为中原王朝的地方诸王，接受中原王朝的荫补。富处谦、富绍麟、富绍宗的官职可能来自荫补。以富处谦天福七年（942）的荫补为"吴越内黄令"来看，此时富处谦或已成年。从942年到吴越内附的978年，富氏家族还有一代左右在吴越国的生活时间。从富处谦"吴越内黄令"（七品）的官职来看，其子富令荀没有什么荫补空间。富令荀担任"商州马步使"，应是北宋王朝对吴越降臣的笼络，"商州马步使"（商州地方厢军的高级将领）也应是其最终官衔。

（1）《资治通鉴》卷二百八十七。

（2）同上。

（3）《资治通鉴》卷二百九十三。

从《古今姓氏书辨证》看以富弼为支撑的"河内富氏"

提要：富弼《富秦公言墓志铭》里的"富璘"为"京兆（洛阳）少尹"，正三品，为高官，可以以其为支撑点，支起一个家族。然而，《古今姓氏书辨证》里的"河内富氏"以富弼为支撑点，"富璘"为富弼高祖的记载可能是误记。

《古今姓氏书辨证》对姓氏来源及姓氏名人的记载的部分材料引用如下[1]：

姓氏	记载	名人	上溯时间
俞	《姓苑》曰："汉有俞连，《吴志》：'孙韶伯父何本吴人，姓俞。'《集韵》曰："……今衡州有此氏，乃音丑，盖音变也。"	俞连	汉代
右	《元和姓纂》曰："晋屠击将右行，因氏焉。谨按：左公子之后为左氏，则右氏亦右公子后，《姓纂》以为右公氏故。"	屠击	周代
就	梁大通元年，有营州就德兴，请降于魏。	就德兴	南北朝
廖	秦昭王时，巴夷廖仲，作白竹之弩，射杀白虎。……	廖仲	周代
窦	出自姒姓。夏后氏帝相失国，其妃有仍氏女方娠，逃出，自窦奔归。有仍生子少康。少康二子，曰杼，曰龙，留居。有仍遂为窦氏。……	有仍	夏代

从以上材料可以看出，本书的讲姓氏，如有文献，必说明历史上出处、历史名人等，家族往往上溯到先秦。

本书的富姓记载没有历史出处，历史名人，只有五宗世系。可以得出以下结论：

首先，标明"宋"族，富氏是一个因富弼为三朝宰相而新晋的家族，并不是一个古老的宗族，以"宋"作为家族的起始，表明不是以五代时期的始祖富伯瑶而是以宋代的富弼作为立族的时间。富伯瑶辈分不标兄弟，为富弼所认定的一世祖。从一世祖到五世，为宋代与富弼同时期出现的族谱"欧（阳修）苏（洵）法"，

（1）《古今姓氏书辨证》卷三十四。

相当于宗谱世袭从图表转化成文字。因此，有理由认为，富氏家族是用"欧苏法"以富弼为基准上追五代开宗支。

其次，新开宗谱和富氏五代前的富姓名人很难接续。如"窦"姓、"廖"姓，都可以接续到先秦时期。富氏是一个小姓氏，人口本来就不多，没什么势力，在唐代，未必能够上官方修订的族谱里，《富鼎墓志》言："其姓……稍显于唐"，则为一证。如果有族谱，自身人口基数，注定其保留的族谱也相对较少。加上唐末五代时战乱对宗谱典籍的损毁，富氏宗谱的难以接续是正常现象。《梧溪富氏宗谱》标明"古齐世系"，则富氏远祖可能在齐郡（山东）族居过。

再如同样在宋代显赫、本书作者邓名世的邓姓，家族追溯到商代：

"邓：出自子姓，商高宗武丁封其季父，于河南为邓侯。"[1]

下面历数春秋、战国、汉、后汉到"宋成都邓氏"，代不乏人，"宋成都邓氏"世系如下：

"太常丞致仕赠太师至生绾，字文约，历御史中丞、龙图阁学士、中大夫知滁州、赠太师、有传。二子：洵仁、洵武。洵仁，某军节度使、开府仪同三司。洵武字子常，观文殿大学士，知枢密院事。生雍，字处和，吏部侍郎。"[2]

与之相比，富姓宋以前先世缺乏显赫人物。《古今姓氏书辩证》河内富氏是以富弼这个三朝宰相为支撑而新晋的家族。以欧苏法五世为宗，刚好对应《古今姓氏书辩证》家族记载起点"富伯瑶"。

族谱中宋族的记载，印证或补充了传世史料的内容。富冕说"宋族荐经丧乱"[3]，是对"宋河内富氏"的回应。《梓川》、《浯溪》宗谱都认为富韬（即富伯瑶）是一世祖[4]。在族谱中，富韬还可以上溯三代，分别为富薛，富达，富赞。富氏先祖可以追溯到富嘉谟（唐）。在富绍荣的墓志中，有"慕远祖富嘉谟"的语句，即是富氏族人对远祖富嘉谟的回应。

（1）《古今姓氏书辩证》卷三十四。

（2）同上。

（3）《景泰谱》富冕"后记"。

（4）富韬与富伯瑶，详见本书《变形的信息——一世祖姓名的辩证》。

富弼仕途：南北之间的选择

富弼家族原为江浙望族，但富弼支系从祖父富令旬开始仕官北方[1]。富弼及其家族成员在仕途上的交往对象上，出现南北杂糅的特点。富弼的入仕，南人范仲淹、晏殊起到很大作用；仕途初期，援引王曾、李迪等北人前宰执；庆历新政，与南人关系密切；嘉祐以后，又回归北人阵营。其子辈富绍荣等活动在南人占据主导的熙宁变法的时期，又着力突出家族的南人背景。

一、北宋党争中的南北冲突

北宋中后期，"守祖宗旧法"与"祖宗之言不足恤"的党争日趋激烈。保守与变法的党争，南人、北人的斗争明显地掺杂其间。

党争肇端的宋仁宗前中期，发现地域因素在官僚政治生活中的作用已经渐渐凸显。清代王夫之在《宋论》卷四认为宋代党争"景祐诸公（指范仲淹、欧阳修等）开之"，即南人背景的范仲淹、富弼等与北人吕夷简的对立开始的。

北宋的党争，首先集中在人事权和与人事权相关的科举上，官员的地域因素成为其中明显的考量：

（一）宰辅任免的争夺。

王旦。大名莘县（今属山东）人，真宗朝宰相。王旦反对南人作相：

"帝欲相王钦若。（王）旦曰：'……臣见祖宗朝未有南人当国者。虽古称立贤无方，然须贤士乃可。臣为宰相，不敢沮抑，然此亦公论也。'真宗遂止。旦没后，钦若始大用。语人曰：'为王公，迟我十年作宰相。'"[2]

司马光，山西夏县人，持和王旦相同的态度。

"上问：'近相陈升之，外议云何？'……光曰：闽人狡险，楚人轻易，今二相（曾公亮和陈升之）皆闽人，二参政（王安石和唐介）皆楚人，必援引乡党之士，充

（1）见《吴越国：家族兴盛的起点——兼论富韬的生平》。

（2）《宋史·王旦传》。

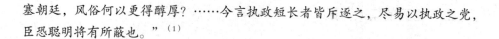

塞朝廷，风俗何以更得醇厚？……今言执政短长者皆斥逐之，尽易以执政之党，臣恐聪明将有所蔽也。"[1]

（二）科举排名和科举人数的争夺。

科举的排名先后决定官员的任免品级，地域科举人数直接决定地域官员的数量。北宋中后期，南、北两地域科举排名和科举人数进行激烈的争夺。

宋真宗时，江西新喻人萧贯与北人蔡齐均为状元候选，寇准"尤恶南人轻巧"，以"南方下国人不宜冠多士"为由，认为蔡齐应该成为状元，在蔡齐成为状元后：

"（寇）准……谓同列曰：'又与中原夺得一状元'。"[2]

宋仁宗时，北人司马光和南人欧阳修科举方式上也有不同意见，不同方案的背后，还是地域科举名额的争夺：

"知谏院司马光上言请贡院逐路取人……参知政事欧阳修上言："……国家方以官滥为患，取士数必难增。若欲多取西北之人，则却须多减东南之数。今东南州军进士取解者，二三千人处，只解二三十人，是百人取一人，盖已痛裁抑之矣。西北州军取解，至多处不过百人，而所解至十余人，是十人取一人，比之东南十倍假借之矣。若至南省，又减东南，而增西北，则是已裁抑者。又裁抑之，已假借者，又假借之，此其不可者二也，东南之士于千人中解十人，其初选已精矣，故至南省所试合格者，多西北之士。学业不及东南，当发解时，又十倍优假之。盖其初选已滥矣，故至南省，所试不合格者多。今若一例，以十人取一人，则东南之人合格，而落者多矣；西北之人不合格，而得者多矣。"[3]

神宗熙宁到哲宗绍述，从南北统考到南北分考，科举方式的变迁，又体现了南北科举名额的争夺：

"及至熙宁间，荆公（王氏）罢词赋、帖经、墨义（明经诸课），并归进士一科。齐、鲁、河朔之士，往往守先儒训诂，质厚不能为文辞，所以自进士科一并之后，榜出多是南人预选，北人预者极少。自哲庙（哲宗）以后，立齐、鲁河朔五路之制，凡是北人皆别考，然后取人，南北始均。"[4]

（1）《三朝名臣言行录》卷七。

（2）《续资治通鉴长编》卷八十四。

（3）《文献通考》卷三十一。

（4）《文献通考》卷三十二。

二、富弼的南人背景

对于天圣八年（1130）已经二十八岁还是秀才的富弼来说若要在仕途上发展，首先是一个中举名额。进士科要先考诗赋，如果没有荐主，不擅长诗赋的富弼应还要在科举考试中沉浮很长时间。

南人范仲淹和晏殊的出现，使宋仁宗恢复中断几十年的制科考试，富弼也因制科中第，成为三朝宰相。

（一）范仲淹。

范仲淹有深厚的南人（吴越）背景。高祖范隋，唐懿宗时渡江南下，任丽水县丞，时逢中原兵乱，遂定居吴县（今苏州市）。五代时，曾祖和祖父均仕吴越，父亲范墉早年亦在吴越为官。北宋建国后，范墉追随吴越王钱俶归降大宋，任武宁军节度掌书记。富范为世交。[1] 范仲淹对富弼有重要的提携之功。

1.富弼中制科。

富弼少年苦读，二十八岁之前应礼部试，不中，时范仲淹在中书任秘阁校理，拥有一定的高层人脉资源。并且制科考试需要荐举人选，并且考试流程经过"秘阁"，范仲淹起了通报信息的作用：

"公果礼部试下。公西归，范文正遣人追公曰：'有旨以大科取士，可亟还。'"[2]

并向朝廷高官推荐：

"亲怀其文以见丞相王沂公（曾）、御史中晏元献公（殊）洎诸近侍，曰：'此人天下之奇才也，愿举于朝而用之。'"[3]

"文正曰：'已同诸公荐君矣。'"[4]

制科考试要先写好预备文章以备考核：

"（天圣）七年，诏以先朝所置贤良方正等六科，凡京朝官不带台省职事者，许近臣及少卿监以上荐举，自应者听之。先上所业策论五十篇，两省看详，召赴秘阁试六论，中则庭策之……限十月终，先具名奏，即不得荐行艺无取之人。"[5]

范仲淹为富弼提供了单独研习的场所，并准备了老师，以便研习并写预备文

（1）详见本书《富范世交考》"唐末到宋初，通家之好"。

（2）《宋名臣言行录》后集卷二。

（3）《富弼行状》。

（4）《闻见录》卷九。

（5）《太平实训政事纪年》卷二。

章：

"公还京师，见文正，辞以未尝为此学。文正曰：'……为君辟一室。皆大科文字。可往就馆。'"[1]

2.富弼成为晏殊的女婿。

范仲淹并推荐富弼成为宰相晏殊的女婿：

"(范仲淹)亲怀其文以见丞相王沂公(曾)、御史中晏元献公(殊)泊诸近侍……晏公世号知人，遂以女妻之。"[2]

为富弼的仕途发展提供巨大的便利。

（二）晏殊。

晏殊（991—1055），字同叔，江南西路（今江西）抚州临川人，为北宋江西派官僚的代表性人物之一。官至右谏议大夫、集贤殿学士、同平章事兼枢密使、礼部刑部尚书、观文殿大学士知永兴军、兵部尚书，死后封临淄公，谥号元献。

富弼为晏殊女婿。晏殊"女六人"，欧阳修《侍中晏公神道碑并序》："长适户部侍郎、同中书门下平章事富弼……次适礼部侍郎、三司使杨察。"杨察，江南西路（今江西）庐州合肥人。

（三）洛阳钱幕文人集团的南人主力背景。

洛阳"钱幕文人集团成员"是北宋中期重要的文人集团，其参加成员为官僚，是由以南人（钱惟演）发起并以南人为主力。天圣九年（1031）到乾祐元年（1034），正值仕途之初的富弼，参加了这一组织，并有聚会唱和，欧阳修有《述怀感事赠梅圣俞》以记之，诗中言富弼："彦国善饮酒，百盏颜未丹。"[3]

（四）庆历新政团队的南人背景和反对派的北人身份。

庆历新政的核心人物和执政团队亦充满浓厚的南人色彩。

关于庆历新政的核心，范纯仁《富弼行状》云：

"时杜祁公为相，先文正公参知政事，韩魏公为枢密副使，与之（富弼）同心协力，期致太平。"

则核心人员为杜衍、范仲淹、韩琦、富弼。除韩琦为北人（河南人）外，杜

（1）《闻见录》卷九。

（2）《富弼行状》。

（3）楼陪《北宋洛阳文人集团与南北文学的冲突和融合》，中华文史论丛，2012.4期，总第118期。

衍，越州山阴（今浙江绍兴）人，范仲淹家族为世为吴越国官员，富弼家族为"江浙望族"。

庆历团队的另外成员有欧阳修、蔡襄、王素、余靖。欧阳修，吉州永丰（今江西省吉安市永丰县）；蔡襄，兴化军仙游县（今福建仙游县）人；王素，甘泉（今江苏扬州）人；余靖，韶州曲江（今属广东韶关）人，均为清一色南人。

与之相对，反对派的核心成员多为北人身份，如贾昌朝和王拱辰。贾昌朝，真定获鹿（今河北获鹿）人；王拱辰，开封府咸平（今河南省通许县）人。作为反对派的贾昌朝以执政身份，王拱辰以台长资格，不择手段地打击改革派。如王拱辰为了分化庆历新政，曾亲自游说庆历新政执政韩琦（河南人）：

"稚圭（韩琦）不如拔出彼党，向这下来。"[1]

（五）富弼侄富绍荣突出的家族南人背景。

自熙丰变法后，南人大量成为执政团队的成员，在朝政斗争中跟占了绝对优势地位。富氏这一时期的墓志里家族背景书写为北方迁入家族——"江浙望族"，是一个逐步脱离北人认同，转向南方背景的过程。

富弼卒后的第二十七年即大观四年（1110），富弼侄富绍荣为兄富绍宁撰写墓志，云：

"逮我宋太师韩国公文忠公起家相三朝，居河南府洛阳县，凡是族属从焉。"[2]

此墓志突出说明富氏家族为居住在"河南府洛阳县"的外来家族，因为富弼的功业"是族属"跟随定居。

十四年后的宣和六年（1124），富绍荣卒，其墓志将大观四年（1110）的北方外来家族的说法更近一步，指出富氏搬迁自南方：

"富氏在江浙为望族，韩国文忠公以盛德大业为时名相，始居洛，今为河南人。"[3]· · · · · · ·

（六）富弼出使契丹南北人的反应。

庆历二年（1042），富弼出使契丹。作为战争调停者的使者的出使，面临被杀或被扣留的巨大危险，富弼的出使也不例外。南、北两个阵营对富弼出使的不同态度，可以为富弼所属阵营的注解。

出使推荐人为北人吕夷简。而南人欧阳修、蔡襄等极力反对，欧阳修更是引

（1）强至《韩忠献公遗事》。

（2）《富绍宁墓志》，见《富弼家族墓地》061页。

（3）《富绍荣墓志》，见《富弼家族墓地》063页。

颜真卿使李希烈被杀事比喻富弼出使之险。而时江西人彭任：

"闻富彦国当使不测之敌，愤愤推酒床，拳皮裂。"[1]

（七）富弼与王安石。

王安石，江西临川人，为南人。富弼对王安石有提携之功，而北人（河南府人）张方平认为不妥当：

"王安石未柄用时，韩琦、富弼、欧阳修皆以王佐才目之……一日，富弼见张安道语次，安道曰：'当日安道知贡举，辟安石同事，既至，则一院之事皆欲纷更，因实时斥逐之。'弼闻之惘然也。"[2]

嘉祐六年（1091），王安石为知制诰，曾为富弼三弟富翱[3]写《苏州长洲县尉富翱润州丹徒县令制》。[4]以县令的官职之微，让知制诰（正三品）"书写"制，亦颇为少见。

三、北人色彩

北宋中前期的政局，还是北人主导政坛的局面[5]。由于富弼家族从祖父富令荀任商州马步使开始，家族在北方仕官，且富弼主要在北方成长，加以政坛权势者的地域援引因素，使得富弼在仕途晚期，北人的执政风格也非常明显。庆历时的锐意改革，到嘉祐时富弼再主政后，转而秉行"守典故，行故事"的执政理念。其晚年参加以北人为主政治性文学团体的"洛阳耆英会"，均较为明显地体现富弼身上一些北人的思想倾向。

（一）富弼出自东莱吕氏门下。

富弼父亲富言"甚贫，客吕文穆公蒙正门下"。咸平三年（1000）的进士科总共1300多人，是一次数目泛滥的进士科考试，也是一次人情请托明显的考试。[6]史载富言是"上（皇帝）亲临问"，"始登丙科"，[7]可以说，作为宰辅的北人

（1）古今事文类聚续集卷十三。

（2）《御选唐宋文醇》卷三十九。

（3）《梓川谱》记载为六世。

（4）王安石《临川文集》卷五十二。

（5）王翠《北宋前期中央官僚的地域构成》。

（6）见《支系叙述一：河南府（洛阳）富氏发展情况》。

（7）《富秦公言墓志铭》。

吕蒙正在富言成为进士上起到了关键作用，推动了富氏家族在河南府（今洛阳）的站稳脚跟和发展。

一些史料认为，富弼出自东莱吕家门下：

"文穆公（吕蒙正）见之，惊曰：'此儿他日名位与吾相似。'亟令供给甚厚。后郑公两入相。……文、富二公皆出吕氏之门。"⁽¹⁾

吕蒙正侄子吕夷简，对富弼的仕途客观上亦起推动作用。吕夷简推荐富弼出使契丹，出使契丹是其仕途突破性的大事，富弼的职位连续得到升迁。庆历初，仁宗"锐以太平责成宰辅，数下诏督弼与范仲淹等，又开天章阁，给笔札，使书其所欲为者；且命仲淹主西事，弼主北事"，富弼正式成为执政者。⁽²⁾

（二）王曾对富弼的仕途推动。

王曾的地域背景：

"其先旅于无棣（今山东省滨州市）……晋避地青社（今山东益都），遂家。"⁽³⁾

为典型的山东人。南田富氏为"古齐世系"，山东为富氏郡望地所在。

天圣八年（1030），富弼文章被范仲淹推荐给王曾，属于干谒性质：

"（范仲淹）亲怀其文以见丞相王沂公（曾）、御史中丞晏元献公（殊）洎诸近侍。曰：'此人天下之奇才也，愿举于朝而用之。'"⁽⁴⁾

景祐四年（1037）夏六月，王曾辞宰相位，以资政殿大学士为郓州安抚使。富弼从王曾擢用，通判郓州，在仕途的初期就成为前任宰相的僚属，为富弼的仕途提供极大的便利。

王曾对富弼寄予厚望：

"（韩琦）公言：'富公为郓（州）卒，沂公作安抚使。一日，谓富公即日当某位。'富不敢当，沂公曰：'然。进则易，退则难。'"⁽⁵⁾

富弼亦对王曾很有感情：

"富公……钦慕沂公，至死不衰。"⁽⁶⁾

王曾死后，《神道碑》为富弼撰写。

（1）《锦绣万花谷》前集卷二十四"文、富二公皆出吕氏门"。

（2）《宋史·富弼传》。

（3）富弼《王文正公曾行状》。

（4）《富弼行状》。

（5）《安阳集编年笺注》附录五"韩魏公遗事"。

（6）宋李季可《松窗百说》。

（三）富弼好友的北人背景。

邵雍、程颐、程颢为当世大儒，这三人的学术身份，使交往相较而言有私人空间意味。邵雍为富弼至交，史籍中二人交往的例子甚多。[1] 程颐为富氏宗谱初版序言撰写者，程颢为富弼死后祭文的撰写者[2]，和富弼关系密切。

相比朝堂的政治分合，与这三人的交往对于研究富弼的感情趋向更有典型的意义。他们的籍贯分别为：

邵雍：生于范阳（今河北涿州大邵村），幼年随父邵古迁往衡漳（今河南林县康节村），后卜居到（河南）共城苏门山。

程颐：洛阳伊川（今河南洛阳伊川县）人。

程颢：世居中山（河北定州），后从开封徙河南（今河南洛阳）。

均为纯正的北人。

（四）晚年参加的政治性诗文团体"洛阳耆英会"的地域构成。

"洛阳耆英会"活跃于神宗熙宁（1068—1077）、元丰（1078—1085）时，时富弼的生命步入晚年。"洛阳耆英会"是一个政治性诗文团体，其可考证籍贯的成员，除张问为湖北襄阳人，还可以算南方人外（按：以现在的人文地理秦岭淮河线划分），其余均为清一色的北方人，如下：

文彦博：汾州介休（今山西介休）人。

王尚恭：河南（今河南洛阳）人。

刘几：洛阳（今属河南）人。

冯行己：河阳（今属河南）人。

楚建中：洛阳（今属河南）人。

王拱辰：开封府咸平（今河南通许县）人。

张焘：京东临濮（今山东菏泽西北）人。

司马光：陕州夏县（今山西夏县）涑水乡人。

四、从文风看富弼家族的南北杂糅身份

北人质朴，南人尚文被认为是中国人的地域文化特点。富氏家族身上文风的交替变化，也体现了富氏家族的南北杂糅身份。

富弼的不善辞赋，体现了北人特点：

（1）详见《试论西京洛阳的交游方式与交游空间——以邵雍为中心》。

（2）见《梓川谱》。

"景祐四年（1037），召就馆职，富弼以不善作赋，寻会免试，只求外任。朝廷特令就以策论"。[1]

其交好的邵雍、二程、陈襄，均以经术见长。

富弼同时期的南人，辞赋正为所长，如晏殊、欧阳修、范仲淹、三苏等。而富弼与三苏关系一般，且不善黄庭坚。南宋朱熹（其父朱松曾与富弼孙富直柔游，见富直柔《题芦川归来集后》）说：

"公（富弼）初甚欲见山谷，及一见，便不喜，语人曰：'将谓黄某如何，元来只是分武宁一茶客。'富厚重，故不喜黄。"[2]

到其儿孙后辈，其家族渐渐往辞赋方面发展。富弼从子绍荣，"慕远祖嘉谟之风，属意文辞"；富弼孙直柔，为洛阳八骏中的"文俊"[3]，来往的为李弥逊、叶梦得、苏迟等为诗词名家，他们之间往往有雅集及应和诗词；其曾孙辈富櫄、富子立，均与文人交，有应和文章。其七世孙富伟，有辞赋名篇《松竹梅赋》[4]。

从文风的转变看，富氏从北人推崇经术的习性，渐渐过渡到南人善文。取向的变化，似乎与熙丰变法后，南人渐渐占据朝廷要职，以及富氏家族到富弼孙辈回迁青田（今文成南田）一致。

富弼晚年，很少参与朝廷中的南北争斗，其阅历渐长，皈依佛老是其中原因，但这种不参与争斗的行为似乎亦和富弼南北杂糅的身份有关。熙宁变法期间，王安石为变革的主导者，在神宗大用南人的背景，富弼能够成为与王安石搭班的宰相，或许也有地域因素的考量。而就职的富弼既不赞同王安石的变法举措，因此离开宰职位置，并执意"不行青苗法"，但又没有像司马光等一样，站在急切反对变法的角度。抛去王安石变法措施的争议性，其南北杂糅的身份背景，或许是原因之一。

（1）《朱子语类》卷一百三十。

（2）《朱子语类》卷一百三十，《宋稗类钞》卷二十四。

（3）《跋朱岩壑鹤赋及送周丘使君诗》："承平时，洛中有'八俊'：陈简斋'诗俊'，岩壑'词俊'，富季申'文俊'。皆一时奇才也。"见宋代楼钥《攻媿集》卷七十一。

（4）见《现代谱》55页，又见《全宋文》第333册（上海辞书出版社2006年版）。

第四章：富氏家族人物研究

富氏家族的仕官

"富氏江浙为望族。"刘鹰《南田富氏族谱序》云："富氏世为余乡右族……宋元间，擢科举者不可胜数。"根据目前能接续的南田富氏家族成员考量，富氏家族的仕官始于唐、五代，盛于宋、元、明。以下分条说明富弼家族仕官情况。

富弼显然是南田富氏家族的支撑性人物。除去富弼发达以前的仕官人物，南田富氏家族在两宋时期的荣耀，直接或间接来自三朝宰相富弼。富弼配享大明殿和宋神宗庙，给家族带来了巨大的现世利益。《配享功臣"盖棺未必论定"：略说宋朝官方的历史人物评价操作》认为："功臣配享先皇庙庭，不仅显示了朝廷主事者的历史人物评价立场，还给进入庙庭的逝者罩上了最辉煌的荣誉光环。此外，给这些功臣的子孙家族也带来很多实惠。"[1] 如果说北宋末南宋初年在宋经济中心苏州出现的三个进士不尽有说服力，那么南宋时期偏居浙南一隅的南田出现三个半进士即是很有力的例证。

一、富弼的仕官先世

《富绍荣墓志铭》云："富氏江浙为望族。"指的是青田富氏三朝宰相富弼以前的家族成员仕官。根据宗谱和文献，整理如下表：

（1）王瑞来著，见《史学集刊》2011年第五期。

姓名	与富弼的关系	浯溪谱记载官职	梓川谱记载官职	文献记载	备注
富嘉谟	唐时远祖		晋阳府相。	《万姓统谱》等：晋阳尉。	
富达	六世祖		（唐）冀州信都太守。		
富韬（富伯瑶）	高祖	仕（后）唐工部郎中，松州刺史，太常卿。	仕五季吴越鸿胪寺丞，历郎中，擢福州刺史。	《古今姓氏书辨证》：赠工部郎中。《跋吴越官墨制》：吴越苏州长洲（今常熟）县令。	
富处谦	曾祖	仕内黄令，赠太师，封鲁国公。	天福七年，仕吴越内黄令，以子官，赠太师，中书兼尚书令，进邓国公。	《古今姓氏书辨证》：内黄令，赠太师、中书令兼尚书令、邓国公。	
富绍宗	四世祖	仕台（州）。			《古今姓氏书辨证》言其为富伯瑶子，浯溪谱、梓川谱将其放在富弼子辈排行。梓川谱记为富处宗。
富绍钧	四世祖	仕温州司户参军。			《古今姓氏书辨证》言其为富伯瑶子。《浯溪谱》，《梓川谱》将其放在富弼子辈排行。《梓川谱》记为富处钧。
富令荀（富暕）	三世祖	商州马步使，赠中书令。	仕太师，加封韩国公。	《富秦公言墓志铭》：商州马步使，赠职方员外郎。《古今姓氏书辨证》商州马步军都指挥使，赠太师、中书令兼尚书令、韩国公。	
富令昉	三世祖		宋工部郎中		
富令达	三世祖		通判		

续表

姓名	与富弼的关系	浯溪谱记载官职	梓川谱记载官职	文献记载	备注
富言	父	仕尚书都官员外郎，赠尚书令、太师、秦国公。	赠太师，中书兼尚书令，进邓国公。	《富秦公墓志铭》：万州知州，朝请大夫等、《古今姓氏书辨证》：都官员外郎，赠太师中书令兼尚书令、秦国公。	
富严	堂叔		宋秘书。	《姑苏志》：三司户部判官，尚书刑部郎中，苏州知州，泉州知州，太常少卿，越州知州等。	

二、富氏家族的进士

宋代"个人成就家族"，科举得力（进士）是家族长盛的首要条件。富氏家族进士始于北宋真宗咸平三年（1000），中式者为富言；终于南宋末年，中式者为富应高，共10个（包括1个乡贡进士）。其中，居住南田本籍4个（外加1个乡贡进士），苏州支系4个；洛阳1个（即富言，然未知其登科籍贯登录为何处），如下表：

姓名	进士科榜	官职	记载文献	备注
富言（四世）	咸平三年（1000）	万州知州 朝请大夫 都官员外郎	《富秦公言墓志铭》《富氏宗谱》	居洛阳，进士丙科
富严（四世）	大中祥符四年（1011年）	三司户部判官，尚书刑部郎中，苏州知州，泉州知州，太常少卿，越州知州等	《吴郡志》《姑苏志》《万姓统谱》《富氏宗谱》	南田本籍（从《姑苏志》《万姓统谱》等）
富延年（七世）	建炎二年（1128）礼部特奏名释褐	江浦盐官察廉监潭州南岳庙	《江南通志》《宋故右迪功郎监潭州南岳庙富君墓志铭》《梓川谱》"世系"第七页	苏州支系

续表

姓名	进士科榜	官职	记载文献	备注
富钧（八世）	绍圣元年（1094）毕渐榜进士	承议郎，署圻州团练副使	《吴郡志》《江南通志》《梓川谱》"世系"第六页、《梓川谱》"外纪行叙"第十六页	苏州支系
富洵（八世）	绍圣四年（1097）何昌言榜进士		《吴郡志》《江南通志》《梓川谱》"世系"第六页	苏州支系
富元衡（八世）	宣和六年（1120）沈晦榜	大宗正丞知江阴军利州路提刑	《吴郡志》卷二十八、《姑苏志》《湖广通志》《梓川谱》"世系"第六页	苏州支系
富皞	嘉定四年（1211）赵建夫榜		《浙江通志》卷一百二十七	南田本籍
富伟（十世）	嘉定十年（1217）吴潜榜	仕文林郎，安庆府府学教授，授官至宣义郎	《浙江通志》《梧溪富氏宗谱》	南田本籍
富宗礼（十世）	淳祐十年（1250）方逢辰榜		《浙江通志》《梧溪富氏宗谱》	南田本籍
富应高（十二世）	咸淳四年（1268）陈文龙榜	签书枢密院事	《宋故进士富公应高传》（《梧溪富氏宗谱》）	南田本籍。乡贡进士

三、制科中式者

富弼为制科中举者，为两宋制科任宰执的唯一一人。

姓名	制科科榜	官职	记载文献
富弼	天圣九年（1031）制科（茂才异等）	三朝宰相	《宋史·富弼传》等

四、荐举

富直柔以荐举入仕，后因宋高宗起用"旧臣"子弟，官至枢密院同知。

姓名	制科科榜	官职	记载文献
富直柔	靖康初，晁说之奇其文，荐于朝，召赐同进士出身	除秘书省正字。官至枢密院同知	《宋史·富直柔传》等

五、荫补

（一）可能来源于富弼的荫补。

宋代"个人成就家族"，以三朝宰相富弼为支撑的富氏家族，在两宋期间，因荫补入仕者亦不在少数。富弼为时名相，一生具有的直系亲属荫补名额保守估计有44个，张鸿亮教授考证的有8个集中于定居洛阳富氏子弟[1]。综合宗谱和史料记载，8人整理下表：

洛阳出土墓志中确定来源于富弼的荫补

姓名	与富弼关系	《洛阳家族墓地》墓志记载	族谱记载	其余史料
富鼎	弟	"已而文忠公（富弼）贵，荐试将作监主簿，再奏守主簿"（《富鼎墓志》）	仕尚书员外郎，赠金紫光禄大夫（《道光谱》）	
富绍庭	长子	宗正丞、此步员外郎、朝奉郎、朝议大夫、西京留守御史台等（《晏氏墓志》、《张氏墓志》）	光禄寺宗正丞、尚书祠部员外郎，赠宣奉大夫、小（少）保、再赠小（少）师，氏封寿安县君，进封普安君夫人	《（富直柔）父任右朝议大夫赠宣奉大夫绍庭赠太子少师勅》《（富直柔）母普安郡夫人刘氏赠彭城郡夫人勅》
富绍京	次子	"以父（富弼）任为秘书省正字秘书省正字"（《富绍京墓志》）		
富绍隆	三子	光禄寺丞（《晏氏墓志》）		
富绍宁	侄	"（富弼）因乾元节荐其弟之子绍宁"。将仕郎、守将作监主簿、朝奉大夫等（《富绍宁墓志》）	朝奉大夫（《梓川谱》"世系"第四页）	

（1）张鸿亮《略谈富弼家族的荫补入仕》，见《富弼家族墓地》204页。

续表

姓名	与富弼关系	《洛阳家族墓地》墓志记载	族谱记载	其余史料
富绍荣	侄	"（富弼）遗表补假承事郎"。宣德郎、奉直大夫（《富绍荣墓志》《侯氏墓志》）		
富绍修	侄	伯丞相（富弼），恩荐初。由太祝，历奉议，佩银鱼，勋云骑。（《富绍修墓志》）	奉议郎，（李）氏封永乐县君	（《景泰谱》"世系"）
富绍勋	侄		从事（仕）郎（《梓川谱》"外纪行叙"第六页）	
富直方	长孙	"自熙宁四年由荫补将仕郎、秘书省校书郎，用文忠公（富弼）及右卫公（富绍京）遗恩"（《富直方墓志》）	仕朝奉郎，监左藏库，氏封宜人。（《景泰谱》"世系"）	
富直清	次孙	承奉郎、宣德郎、监竹木西务。（《晏氏墓志》《侯氏墓志》）	仕宣奉郎，后进宣德郎	《范太史集》卷三八："守将作监主簿。"
富直亮	幼孙	假承务郎（《晏氏墓志》）	仕承务郎（《景泰谱》"世系"）	

富直方：宗谱亦记载在富绍京派下，误记为富椅，其云："字义伯，娶范氏，子一。仕朝奉郎，监左藏库，氏封宜人。"富直方为富弼长孙，洛阳墓地多个墓志中多次出现。范之才《富直方墓志》："若予内兄义伯"；"初，文忠公欲富、范世为昏姻，予三叔父叔母，乃以长女妻义伯，封安人。"《宋故安人范氏墓志铭》："公语周国夫人日：'此女，直方妇也。'直方仕至朝奉郎，即公之长孙。"

此外，张鸿亮教授还认为，富弼"庆历元年就有荫补资格时，其后（按：洛阳）子、侄、孙才渐多，受荫年龄应多很小"[1]，其拥有的荫补资格，可能用于本籍南田及苏州支系，其初期的荫补名额可能用于宗族的弟弟和从兄弟。

以富弼的寿命（80岁），其荫补大概可以到弟侄及子孙，至多到曾孙。根据宗谱现存信息，南田富氏5—7世，记载的荫补出身人员很多，以下收录可能来源

（1）张鸿亮《略谈富弼家族的荫补入仕》，见《富弼家族墓地》204页。

于富弼的荫补名额。如下表：

宗谱记载中可能来源于富弼的荫补

姓名	与富弼关系	宗谱记载官职	文献记载
富文德	弟	宣义郎（《景泰谱》"世系"）	
富仪（富奭）	弟	仕虞部员外郎，赠朝奉大夫。张氏进封崇宁县太君，王氏进封仙居县太君，李氏（进）封长乐县太君，追赠□乐县太君。（《现代谱》"列祖介绍"59、60页）	《富鼎墓志》："公之次弟虞部君。"
富蒙	族兄弟	中奉大夫（《梓川谱》"支图外纪"第五页）	《续资治通鉴长编》卷二百五十二："（熙宁七年四月）诏陈州节度推官富蒙与一子郊社斋郎。"
富琼	族兄弟		清初青州（今山东益都）刘德清《欧阳修论稿》297页："'三资堂'并祠范仲淹、富琼、欧阳修。"《梓川谱》"外纪行叙"第三页："富琼，行宏二。"
富临	子辈	朝散郎（《梓川谱》"支图外纪"第七页）朝散大夫（《现代谱》"列祖介绍"60页）	《姑苏志》卷四十九："终池州平江节度推官。"
富咸	子辈	朝散大夫（《梓川谱》"支图外纪"第六页）	
富绍勋	子辈	从事郎（《现代谱》"列祖介绍"60页）从仕郎（《梓川谱》"支图外纪"第四页）	
富绍休	子辈	朝散大夫，知潮州（《景泰谱》"世系"）朝散大夫（《梓川谱》"支图外纪"第四页）	《富鼎墓志》："承事郎。"《侯氏墓志》："承议郎。"

续表

姓名	与富弼关系	宗谱记载官职	文献记载
富翘	子辈	朝奉大夫（《梓川谱》"支图外纪"第五页）	《续资治通鉴长编》卷二百五十二："诏陈州节度推官富蒙与一子郊社斋郎。蒙往蔡州新蔡县修水田，宿村舍。民家遗火，燔死。故录之。"其"郊社斋郎"来源于其父富蒙的死职荫补。
富翰	子辈	朝请郎（《梓川谱》"外纪行叙"第九页）	
富绶	子辈	朝请大夫（《梓川谱》"支图外纪"第六页）	
富绅	子辈	县尉（《梓川谱》"外纪行叙"第七页）	
富翱	子辈	朝请大夫（《梓川谱》"支图外纪"第六页）朝请郎（《梓川谱》"外纪行叙"第九页）	《故朝散大夫太常少卿致仕李公墓志铭》："次（适）长洲尉富翱孙元规。"（《文恭集》卷三十七）
富扬庭	子辈	监簿（将作监主簿）（《梓川谱》"支图外纪"第七页）	《桂林记》："富扬庭蓄鸭，万只每饲以米五石，遗毛覆渚。"（《说郛》卷一百十九上）
富纯	子辈	文林郎（《梓川谱》"外纪行叙"第八页、"支图外纪"第七页）	
富延年	子辈	迪功郎（《梓川谱》"支图外纪"第七页）	
富寅	子辈	文林郎（《梓川谱》"外纪行叙"第九页）	
富景贤（原名直言）	孙辈	绍直柔公恩泽，仕端明殿大学士，赠宣奉大夫（《现代谱》"列祖介绍"4页，又见刘鹰《故浯溪处士富公行状》）	《氏族大全》《万姓统谱》："（富直言）绍兴中，知枢密院事。"
富直夫	孙辈	文林郎（《梓川谱》"支图外纪"第四页）	《孺人李氏墓志》："直夫，补将仕郎。"《富绍荣墓志》："宣和壬寅冬祀……（富绍荣）恩补从侄直夫人仕。"
富直夆	孙辈	将仕郎（《景泰谱》）	

续表

姓名	与富弼关系	宗谱记载官职	文献记载
富直仁	孙辈	将仕郎（《梓川谱》"支图外纪"第四页）	
富元辅	孙辈	承信郎（《梓川谱》"支图外纪"第六页）	
富元佐	孙辈	承信郎（《梓川谱》"支图外纪"第六页）	
富元钧	孙辈	迪功郎（《梓川谱》"支图外纪"第六页）	
富元佐	孙辈	承信郎（《梓川谱》"支图外纪"第六页）	
富藻	孙辈	尚书赐迪功郎（《梓川谱》"支图外纪"第六页）	
富钧	孙辈	承议郎（《梓川谱》"支图外纪"第六页）	
富满	孙辈	进奉大夫（《梓川谱》"支图外纪"第七页）	

（二）富氏弟、子、侄、孙的荫补情况。

《洛阳家族墓地》墓志中富弼，弟侄若非早卒，一般均能拥有致仕荫补、甚至郊社荫补资格。[1] 如居住在洛阳的富鼎、富绍庭、富绍京、富绍荣，派居苏州的叔父富严，以官职品级而言，亦有荫补名额。

以下是富弼堂叔富严、富弼弟侄的荫补情况分析：

富严，秘书少监，从四品。因官职较小，荫补能力有限，苏州支系富严曾孙（七世）富元辅、富元佐、富元钧、富元佐、富藻、富钧、富满其中部分来源于富严。而富弼作为正一品，以年龄而论可荫补至孙辈（富氏七世），估计其中许多的富严曾孙（七世）来源于富弼的荫补，故系于上表。

富鼎官朝奉郎、比部员外郎致仕、上轻车都尉，为正四品。富绍京供备库副使，从四品。均有一定的荫补名额。

富氏家族5—7世富绍庭、富绍宁、富绍荣亦有荫补资格。

以上成员可能的荫补如下表。

（1）张鸿亮《略谈富富氏家族的荫补入仕》，206页。

姓名	世系	洛阳家族墓地墓志记载	族谱记载	荫补来源
富直躬	七世	郊社斋郎，前邓州南阳县主簿	《梓川谱》"支图外纪"第四页：迪功郎	《略谈富氏家族的荫补入仕》认为：可能受荫于富鼎郊祀荫补。
富直英	七世	假将仕郎，以奉直任为假将仕郎	《梓川谱》"支图外纪"第四页：将仕郎	《略谈富氏家族的荫补入仕》认为：富直英受荫于其父富绍荣郊祀荫补。《富直英墓志》："以奉直（富绍荣）任为假将仕郎。"
富直夫	七世	将仕郎		《略谈富氏家族的荫补入仕》认为：富直夫可能为宣和五年特例荫补。
富直道	七世	修职郎，新授蔡州上蔡县主簿	《梓川谱》"支图外纪"第二页：宣教郎，以子贵赠朝奉。	《孺人李氏墓志》。
富直渊	七世		《梓川谱》"支图外纪"第四页：迪功郎	《略谈富氏家族的荫补入仕》认为：富绍宁致仕荫补可能授予富直渊。
富直柔	七世			《略谈富氏家族的荫补入仕》认为：应是富绍庭郊祀或致仕荫官。
富直礼 富直雍	七世			《略谈富氏家族的荫补入仕》认为：若富绍休有荫补名额，则富直礼、富直雍或可荫补为官。
富楫	八世	光禄寺丞	《景泰谱》"世系"：仕将仕郎，绍兴元年，陈乞赐冠秩	《略谈富氏家族的荫补入仕》认为：可能受荫于元祐七年（1090）荫补特例。
富柄	八世	将仕郎	《景泰谱》"世系"：仕将仕郎	《略谈富氏家族的荫补入仕》认为：富柄应受荫于其父富直方的致仕荫补。
富橚	八世			《略谈富氏家族的荫补入仕》认为：富绍荣致仕荫补名额可能授予其孙富橚。

（三）可能来源于富直柔的荫补。

富弼之后，随着新党执政，旧党色彩浓厚的富氏中衰。富氏家族的第二次荫补高潮，大多都直接或间接来自南宋初年的富直柔（除了富弼少数儿孙有荫补资格的名额外）。

富直柔扈从宋高宗南渡，为"扈从泛海"的六位大臣之一[1]，后为御史大夫，枢密副使（正二品），富直柔的显赫直接带动了南田富氏的兴盛。以进士论，其曾孙辈富伟、富宗礼成为进士，另一进士富皞虽行辈不可靠，但其中进士时间在嘉定四年（1211），尚在富伟、富宗礼之前，从时间上看，可视为富直柔高官的连带效应。另外，富直柔官衔高（正二品），具有相应数量的荫补名额。其荫补名额，兄弟及从兄弟、子辈到孙辈，即7—9世（部分荫补名额应与富弼的荫补重叠，因史料缺乏，不作区分）。

7—9世可能来源于富直柔的荫补，如下表：

姓名	荫补官职	世系	宗谱资料来源	文献记载	与富直柔的关系
富景贤（原名直言）	绍直柔公恩泽，仕端明殿大学士，赠宣奉大夫	七世	《景泰谱》"世系"	《氏族大全》，《万姓统谱》："（富直言）绍兴中，知枢密院事。"	从兄
富直亮	签书枢密院事	七世	《景泰谱》"世系"		兄
富直惠（《梓川谱》作"与惠"）	资政殿学士、衢州使君	七世		程俱《宋故右迪功郎监潭州南岳庙富君墓志铭》	从兄弟
富直牟	将仕郎	七世	《景泰谱》"世系"		从兄弟
富直仁	将仕郎	七世	《梓川谱》"支图外纪"第四页		从兄弟
富直躬	迪功郎	七世	《梓川谱》	《富鼎墓志》："郊社斋郎。"《富绍宁墓志》："前邓州南阳县主簿。"	从兄弟

（1）《建炎以来系年要录》："建炎三年十有二月，是月乙亥朔，庚寅，从官以次行，吏部侍郎郑望之以疾辞不至，给事中兼权直学士院汪藻以不便海舶，请陆行以从，许之。于是扈从泛海者，宰执外惟御史中丛赵鼎、右谏议大夫富直柔、权户部侍郎叶份、中书舍人李正民、篡崇礼、太常少卿陈歌六人，而听夕密卫于舟中者，御营都统制辛企宗兄弟而已。时留者有兵火之虞，去者有风涛之患，皆面无人色。"

续表

姓名	荫补官职	世系	宗谱资料来源	文献记载	与富直柔的关系
富直英	将仕郎	七世	《梓川谱》"支图外纪"第四页	假将仕郎。	从兄弟
富元辅	承信郎	七世	《梓川谱》"支图外纪"第六页		从兄弟
富元佐	承信郎	七世	《梓川谱》"支图外纪"第六页		从兄弟
富元钧	迪功郎	七世	《梓川谱》"支图外纪"第六页		从兄弟
富元佐	承信郎	七世	《梓川谱》"支图外纪"第六页		从兄弟
富藻	尚书赐迪功郎	七世	《梓川谱》"支图外纪"第六页		从兄弟
富钧	承议郎	七世	《梓川谱》"支图外纪"第八页		从兄弟
富满	进奉大夫	七世	《梓川谱》"支图外纪"第七页		从兄弟
富楫	仕将仕郎，绍兴元年，陈乞赐冠秩	八世	《景泰谱》"世系"	《张氏墓志墓志》：假承务郎。	子辈
富樟	仕朝奉郎，知汉阳军	八世	《景泰谱》"世系"		子辈
富□	仕宣奉郎，进后（后进）宣德郎	八世	《景泰谱》"世系"		子辈
富梓	仕文州助教	八世	《景泰谱》"世系"		子辈
富宪	仕迪功郎	八世	《景泰谱》"世系"		子辈
富杞	朝奉大夫，出知府事	八世	《梓川谱》"支图外纪"第二页、"外纪行叙"十七页	《浙江通志》卷二百三十八："知府"。	子辈
富俩	儒林郎	八世	《梓川谱》"支图外纪"第三页		子辈
富安朝	迪功郎	八世	《梓川谱》"支图外纪"第五页		子辈

续表

姓名	荫补官职	世系	宗谱资料来源	文献记载	与富直柔的关系
富橚		八世	《富修仲家集序》，"伯父枢密公季申，以其恩入官。"（《南涧甲乙稿》卷十四）	唐圭璋《全宋词》："以荫入仕，曾官知县，贰乌程，守一军垒。"	子辈
富元规			《文恭集》卷三十七	太庙斋郎	孙辈
富琯	仕朝清（请）大夫，行司农事丞，仕至太中大夫中奉大夫	九世	《景泰谱》"世系"《梓川谱》"支图外纪"第九页	《后乐集》卷一：中奉大夫、直文华阁、知太平州军，知婺州军，中书门下省检正诸房公事，兼管内劝农营田使、河南县开国男，食邑三百户，特授中书门下省检正诸房公事。	孙辈
富琚	仕将仕郎，德安抚（府）排军	九世	《景泰谱》"世系"		孙辈
富琪	将仕郎	九世	《景泰谱》"世系"		孙辈
富璞	恩封修职郎，娶刘氏，恩封恭人	九世	《景泰谱》"世系"		孙辈
富璃	仕修职郎，隆兴府参军 江东抚干	九世	《景泰谱》"世系"《梓川谱》"支图外纪"第九页		孙辈
富琥	仕修职郎	九世	《景泰谱》"世系"		孙辈
富玠	仕文林郎，新国奉君节度推官，致仕宣义郎	九世	《道光谱》"世系"		孙辈

（四）南宋科举得力的连带。

富氏南宋的科举得力，从南宋建炎（1127—1130）中，富元衡中进士，到宋末咸淳四年，富应高为乡贡进士，共进士4个，乡贡进士1个。富氏家族的第三次为官高峰，可能来源于科举的连带。

姓名	官职	世系	资料来源	文献记载
富涟	仕文林郎	十世	《景泰谱》"世系"	
富庆	仕通仕郎	十一世	《道光谱》"世系"	
富度（进士富宗礼子）	仕提举	十一世	《道光谱》"世系"	
富嘉谋	仕文林郎	十一世	《景泰谱》"世系"	《咸淳临安志》、《浙江通志》、《六艺之一录》、《重修琴川志》、《全宋文》记载为庆元县首任知县，平江府长洲（今江苏常熟）人。
富嘉猷	仕文林郎，遂昌县令	十一世	《景泰谱》"世系"	《青田县志》（光绪）："（庆元）遂昌县令。"
富大和	仕丽水巡检，以子爵赠朝奉大夫	十一世	《梓川谱》"支图内纪"第十二页	
富似宗（嘉猷子）	待补国学生员	十二世	《景泰谱》"世系"	
富应尧	太学生员	十二世	《景泰谱》"世系"	
富应炎	仕都使	十二世	《景泰谱》"世系"	
富应燀	仕都使	十二世	《景泰谱》"世系"	
富文皋	宋朝（奉）大夫	十二世	《梓川谱》"支图内纪"第十二页	
富奕受	宋干运	十三世	《梓川谱》"支图内纪"第十二页	
富奕清	迪功郎	十三世	《梓川谱》"支图内纪"第十二页	
富世昌	湖广副使	十四世	《梓川谱》"支图内纪"第十二页	

综上，富弼家族的进士，咸平三年（1000），富言以吕蒙正门客的身份，"上亲过问"，中丙科进士开始，后苏州支系、青田支系在北宋末和南宋连续科举得力，引起家族连带，是这个家族在两宋长盛不衰的一个重要原因。但更重要的是富弼和富直柔位登宰辅，官高品重让富氏家族有大量的荫补名额，进士和高官的出现，带动家族兴旺，体现了宋代"个人成就家族"的特点。

六、元、明富氏家族的仕官

到元、明，南田、洛阳、苏州等支系沉寂。富氏家族为官者，主要集中在浙北支系，宗支记载地"河内"、[1] 郡望地山东。

（一）浙北支系
（1）进士科

姓名	籍贯	进士科榜	官职	文献来源
富坛	浙江萧山	成化		《万姓统谱》
富好礼	华亭（今上海）	正德辛巳	刑曹郎，建昌副使，按察司副使	《江南通志》、《故南京礼部尚书顾文僖公墓志铭》

（2）荐举

姓名	籍贯	荐举时间及荐举人	官职	文献来源
富好礼	嘉兴	洪武初，刘基	顺庆府同知、后仕宁远府	《明一统志》卷六十八、《四川通志》卷七上

（二）宗支记载地河内。
《古今姓氏书辩证》记载富弼家族为"河内富氏"。富于文，"临漳人，正德中陕西洛南县知县"。[2]

（三）郡望地山东。
富德庸，"济南人，至元二十五年宰慈溪。下车，即念曰：'赋役有常，经簿书期。会有常程，孔道送迎有例程，惟横民为百姓患苦，此吾政所当急者。'辄下令禁谕，摘其尤不悛者而重法之，闾里以宁。时学校毁废，政暇辄身亲课督，弦诵洋洋，比于邹鲁明。"[3]

（1）《古今姓氏书辩证》卷三十四。
（2）《万姓统谱》卷一百十。
（3）同上。

七、清代

主要表现在先世从毗陵（今常州）搬迁到泉州的翰林富鸿基（详见本书《福建支系》）。

清代的绍兴亦强盛。据绍兴裔孙富国强回忆，清代绍兴富氏最强盛时，肖山街均为富氏产业（详见本书《浙北支系》）。

附录：富氏名人

富韬：浙江南田富氏一世祖。后唐工部员外郎，松州刺史富韬，吴越国苏州长洲县令，曾仕官于福州。[1]

富言：见《富秦公墓志铭》。

富严：浙江文成记载的第一个进士。其祖居吴，而葬因占籍焉。严庆历初，出三司户部判官除尚书刑部郎中，知苏州四年。改兵部知泉州八年，以太常少卿知越州。嘉祐中，以祕书监再守苏，秩满告老，未尝一造官府，以耆德着称乡人。因名其居曰：‘德寿坊’。卒赠司徒。墓在横山宝华寺傍。苏州市至今留存"富郎中巷"，在太平桥西。[2]

富弼（1004—1084）字彦国，河南洛阳人。天圣八年，举茂材异等，授将作监丞，迁直集贤院、知谏院、史馆修撰。庆历二年，知制诰，纠察在京刑狱，曾两使契丹。次年，拜枢密副使。至和二年，拜同中书门下平章事。嘉佑六年，以母忧去位。英宗立，召拜枢密使，封祁国公，进封郑国公。熙宁二年，授左仆射、门下侍郎同平章事。时王安石用事，弼与之不合，求退，以同平章事出判河南，改亳州。复以诋青苗法被劾，以仆射判汝州。遂请老，拜司空，进韩国公致仕。元丰六年卒，年八十，赠太尉，谥文忠。弼谙熟边事与范仲淹分主西、北边务，又尝与仲淹推行"庆历新政"。有奏议十二卷、札子十六卷等，收入《全宋文》。今存《富郑公诗集》一卷。[3]

（1）《古今姓氏书辨证》、《跋吴越官墨制》《浯溪富氏宗谱》、《梓川谱》。

（2）《姑苏志》卷四十九，《姑苏志》卷三十五，《姑苏志》卷三十四，《姑苏志》卷一十七，《吴郡志》卷二十六。

（3）《全宋文》。

富直言：遇事敢谏，宋绍兴中，知枢密院事。[1] 又《现代谱》富景贤词条：字思齐，原名直言。仕端明殿大学士，赠宣奉大夫，同兄（直亮）和仲（直清），还归九都南田，葬章坳后溪。坟称"花坟"。[2]

富直柔（1084—1156）：字季申，富弼之孙，富绍庭之子。以父任补官，靖康初，召赐同进士出身。建炎初，除秘书省正字。累逐右谏议大夫，出知鼎州。四年，入为给事中，迁御史中丞，除端明殿学士、签书枢密院事。绍兴元年，除同知枢密院事，为吕颐浩、秦桧所忌，遂罢，以本官奉祠。八年，起知衢州，罢，又知泉州。复以失入死罪，落职奉祠。后复端明殿学士。绍兴二十六年，卒于建州，年七十三。[3]

富元衡：元衡，字公权，幼入太学，有声，擢进士第，调随县主簿，建炎初，为襄阳抚司机宜，都督张浚以才荐，改秩为诸王宫大小学教授大宗正丞。绍兴十一年，以左宣教郎知江阴军。十二年诏诸路州学委守臣修葺具次第驿，闻元衡出缗钱五十万，鸠工抡材，庸闲民以服役，阅月而功成，尝辨盗之不应死者，全活数十人，皆感泣。改兴国军。二十六年，知袁州。逾年，迁湖南常平，改利州路提刑。蜀旧例，监司交馈，不下数千缗。元衡悉拒不纳，再移湖北，专以平反为心。隆兴中，召还中涂，遇盗，行李为之一。空帅李师颜馈以匣金，元衡不启缄，谢绝之。除工部郎中。尝曰："吾家以清白相传，今不殀足矣。"疏乞骸骨。诏以内阁奉祠制词，有"知止不殆"之语。元衡因揭"知止"名其堂，以庆礼成。赐金紫，官至朝散大夫，卒年八十六。元衡，守节清慎，终始不渝，时论仰之。傚苏轼书，能逼真，尤善柳叶篆。[4]

富珀：字次律，中奉大夫、直文华阁、知太平州军，知婺州军，兼管内劝农营田使。河南县开国男，食邑三百户，特授中书门下省检正诸房公事。曾为使者出使金国告哀。曾为朝清（请）大夫、司农事丞，仕至太中大夫。[5]

富伟：嘉定四年辛未赵建夫榜进士，留存《松竹梅赋》。[6]

富嘉谋：字君美，其先洛阳（今河南洛阳）人，后居平江府常熟（按：今江苏苏州常熟，平江府即原吴越国中吴军），富弼裔孙。以祖泽仕，调归安尉，迁

（1）《氏族大全》卷十九，《万姓统谱》卷一百十。

（2）"列祖介绍"。

（3）《全宋文》。

（4）《姑苏志》卷四十九，《湖广通志》卷四十一。

（5）《宋史宁宗本纪一》《江南通志》卷一百二、《浙江通志》卷一百十五、《后乐集》卷一、《现代谱》"列祖介绍"。

（6）《浙江通志》卷一百二十七，《梧溪富氏宗谱》第56页，《全宋文》。

无为军判官，南安军上犹县令。庆元初创庆元县，知县事。再任临安府通判，知饶州、泰州、和州。奉祠居家累年，卒，年七十七。留有《乞置籍拘管没官地田库息钱等奏》，《建庆元县经始记》等文章。[1]

富鸿基（1634—1708）：字盘伯，晋江人。顺治戊戌进士，选庶常，御试擢第一。甲寅，耿逆变起，编修李光地遣家人驰蜡书至京师，疏贼情形可取状。时论以人自贼中来，虑有他变，弗敢以闻，鸿基独毅然曰："孤臣效忠，为国家东南半壁计，吾遑恤其他，以顾身家哉。"即诣阙代奏。上大悦。命鸿基持光地奏。遍示满汉诸大臣。随擢礼部右侍郎。己未、壬戌两知贡举，锁院，积弊为之一清。后乞假归，卒年七十二。[2]

富文（1895—1965）：字郁斋，文成县西坑镇梧溪村人。保定军校八期。一生历经北伐、东征、抗战，曾任三十一集团军总司令部中将参谋长兼军长、苏、鲁、皖、豫四省边区干训团教育长、后勤部第一补给区（华东七省）司令。他一生的主要精力在于军事教育，而且成效显著。在相当长的一个时期，国民党海陆空高级将领，大多出其门下。他尤以招考严格，军纪森严，训练有方而闻名，被赞誉为"细柳将军"（西汉名将周亚夫）。富文好学，勇于任事。端品尚德，廉洁奉公，任补给司令多年，过手钱财无止亿万，而两袖清风，一尘不染。性耿直，不畏权贵，不徇私情。逝世后，丧礼由抗日名将薛岳主持。蒋中正颁"永怀勋猷"横额。其子富仲超，1985年自台湾返乡修建族谱，修葺本村文物及富氏先祖坟墓，为富家族文化及地方文化的保护作出贡献。[3]

富氏像赞、家族人物传研究
——正史人物传的补充和注脚

像赞，即为人物画像和人的相貌所作的赞辞，是古代宗族保留先祖面貌和功业的方式，一般分为"画像"和"赞辞"两个部分。因岁月久远和意外变故，今《梓

（1）《全宋文》。

（2）《福建通志》卷四十五。

（3）富晓春《"细柳将军"的传奇人生》，见《温州人》杂志2010年第一期；富焕荣《富仲超先生敬祖爱乡事略》，见《现代谱》131页。

川谱》的赞辞相对完整；画像虽在，但显出同一化的趋势，可以说画像已经失去了原有的指事意义。

通过赞辞，富氏族人以后辈的身份对先祖性格、经历进行分析，为正史视角的补充。

一、梓川富氏像赞词里的人物分析

富氏家族史料存录着人物像赞[1]。

（一）正史有记载的先祖像赞。

富氏一世到九世，官职多较显耀，因此有传世史料与宗谱材料互证。

1.一世祖富韬。

《刺史韬公像图》：

"居诚列班，听讼明允，尸位素饭（不确，暂存），不贪固宠，知得知丧，知微知彰，明哲保身，万世称扬。"

富韬，曾为四川松州刺史，太常寺少卿。"居诚列班，听讼明允"，颂扬的是任刺史等行政官时候的事情。"不贪固宠，知得知丧，知微知彰，明哲保身，万世称扬。"写的是晚年任满后，归隐定居南田事。"尸位素饭"，指一个人占据官位而碌碌无为，不太符合后辈对祖先的赞辞惯例，应为传抄或文字回忆讹误所致。

2.二世祖富处谦。

《处谦公像图》：

"心存宽厚，政尚宏纲，父子置淑，于祖有光。"

富处谦为商州马步使，对于其仕官只是概括的用"心存宽厚，政尚宏纲"带过，可能因为其荫补为官，仕官经历简单的缘故。"父子置淑，于祖有光"，笼统地说明富韬、富处谦两代为官的光宗耀祖。

3.三世祖富令荀。

《令荀公像图》：

"任人唯贤，任事惟能，官居鼎鼐，执掌铨衡。"

富令荀，《梓川谱》记载为"宋工部郎中"。"官居鼎鼐，执掌铨衡"，点明了其京官身份。

4.四世祖富言。

（1）像及赞辞见《梓川谱》八十八到一百二十九页。

《讳言公像图》：

"积善之家，宜膺福庆，世代簪缨，史书足证。"

富言曾为万州刺史等官职，官职并不低微。然此处强调的是其"积善之家，宜膺福庆"，指的是其子富弼的高官身份，根据富弼《富秦公言墓志铭》记载，富言在南阳任掌书记的时候，曾宽宥因饥饿啸聚的灾民性命，故有此语。"世代簪缨"被认为是"积善余庆"的表现。

5.五世祖富弼。

《讳弼公像图》：

"报国尽忠，德服胡雄，功名显著，爵赏褒崇。"

富弼的功绩很多，"德服胡雄"的加载，是出使契丹，以德感动契丹君臣，不辱使命的事情。"功名显著，爵赏褒崇"，显示了富弼作为三朝宰相深受厚赏。此处行文表明富氏族人对于富弼这个富氏家族支撑性人物的自豪感。

6.六世祖富绍庭。

《朝议大夫绍庭公像图》：

"家承世胄，代袭簪缨，义方式训，权握重兵。"

"家承世胄"表明富绍庭作为富弼嫡长子的显赫身世，"代袭簪缨"，表明富氏先祖世代为官的家族荣耀。"义方式训"，指富绍庭守家法，《晏氏墓志铭》言其"端重孝友，克承先志"，《富绍庭传》言"性靖重，能守家法。弼薨，两女与婿及甥皆同居，绍庭待之与父时不殊，一家之事毫发不敢变，族里称焉。""权握重兵"，表明其为武职。然富绍庭为"祠部员外郎"、宿州知州等职务，为文职，疑为富绍京像赞文字脱漏入此处（绍京曾为"供备库副使"，为武职）。

7.七世祖富直柔。

《奉宣大夫直柔公像图》：

"职居枢密，锁纶台垣。威慑西夏，声振契丹。"

"职居枢密，锁纶台垣"，指其为枢密院同知（从一品，相当于副宰相）。"威慑西夏，声振契丹"，与富直柔生平不符，更像是富弼的赞语。

8.九世祖富琯。

《中顺大夫琯公像图》：

"官居中顺，克勤克慎，讯狱平衡，无忝治郡。"

"官居中顺"，言富琯为中顺大夫。但是根据史料，富琯并没有任职"中顺大夫"的记录，《梓川谱》记载为"中奉大夫"，正四品。《梧溪富氏宗谱》记载其为"太中大夫"，从四品上。"克勤克慎"言其为政风格。"讯狱平衡，无忝治郡。"富琯无做司法官记录，富琯曾"知太平州军，知婺州军"，或指其为行政长官兼及司法事。

（二）正史没有记载的宋代仕官人物像赞。

《梓川谱》所记载十世至十五世仕官人物，因官职地位，不入正史记载话语，族谱保留的像赞透露了富氏宋代辉煌的余绪。

1.十世祖富端位（仁）[1]。

《承奉大夫端位（仁）公像图》：

"宿列承奉，纠愆善讽，耿介不磨，朝家梁栋。"

《梓川谱》"外纪行叙"第二十一页记载为"承奉郎"，从八品上。其父富琯为中奉大夫，正四品，估计为荫补得官。因梓川始迁祖富世延为十世，所以富端位（仁）以及以下的富梦生、富迪属于南田本支。

从赞辞看，富端位（仁）还是继承了富氏家族耿介和正直的传统。

2.十世祖富梦生。

《制干梦生公像图》：

"承宜制干，恪守公文，出宣国事，入究典愤（坟）。"

《梓川谱》"世系"无载其名。"恪守公文"，指做公事的到位，"入究典坟"，指其对儒家经典有爱好。

3.十世祖富迪。

《主簿迪公像图》：

"迪功列职，朝奉褒荣，史书博览，琴瑟和声。"

《梓川谱》"世系"无载其名。"迪功列职"，指其为"迪功郎"，"朝奉褒荣"或指其为"朝奉大夫"。"史书博览"讲其博览史书，"琴瑟和声"讲其夫妻关系融洽。

4.十一世祖富大和。

《巡检大和公像图》：

"职莅司官，商敛获宽，藏市者悦，税关者欢。"

"巡检"，即为"巡检使"，宋时于沿边、沿江、沿海置巡检司，掌训练甲兵，巡逻州邑，职权颇重，后受所在县令节制。《梓川谱》第二十三页"内纪录"："富大和，仕丽水巡检。""职莅司官"即指其担任巡检使事，"商敛获宽"，指对减轻市场的税赋对官府的奉献，"藏市者悦，税关者欢"，指商人和税务人员都很高兴，可以想见富大和可能在付税者商人和收税者税务人员之间找到平衡。

5.十二世富文皋。

（1）《梓川谱》世系"富端位"，疑为"富瑞仁"的笔误（"世系"第10页）。

《朝奉大夫文皋公像图》：

"上宣朝政，下体民情，朝班靖肃，野庶永清。"

"朝奉大夫"，《梓川谱》第二十三页"内纪录"："富文皋，宋朝（奉？）大夫。""上宣朝政，下体民情"指富文皋做好政策的执行，在政策执行中体恤民情。"朝班靖肃"，指朝廷的安定，"野庶永清"，指民情的安定。

6.十三世富奕受。

《运干讳奕受公像图》：

"运干军粮，储蓄赔（倍）常，户部称赏，辕门赞扬。"

《梓川谱》第二十四页"内纪录"："富奕受，仕宋干运。""运干军粮，储蓄赔（倍）常"，指筹办输送军粮得力，仓库里储蓄的粮食倍于平常。"户部称赏，辕门赞扬"，指户部和军队都很满意。

7.十四世富得岩。

《主簿讳得岩公像图》：

"抚字黎庶，德齐邵父，莅政缙云，职称主簿。"

"主簿"，《梓川谱》第二十四页"内纪录"："仕缙云主簿，权丽水事。""抚字黎庶，德齐邵父"，指其在位推行德政，其治理之德比得上召公。

8.十五世富世昌。

《副使讳世昌公像图》：

"职司藩宪，发祥布恺，庶民爱戴，仁施皋台。"

"副使"，《梓川谱》第二十四页"内纪录"："富世昌，湖广副使。""副使"指"节度使或三司使等的副职"，从下文看，指的是节度使的副职。"职司藩宪"，指其掌管湖广地方的总体工作，"发祥布恺"，指给地方带来良政及和乐。"仁施皋台，庶民爱戴"，指其在位施行仁政，得到百姓爱戴。

考察搬迁到梓川的十世到十五世富世延——富大和——富文皋——富奕受、富奕清——富得岩支系，连续得官，按始迁祖富世延为南宋初期搬迁到丽水梓川，十五世富世昌应该生活到元末。南宋时期，梓川富氏接承南田富氏本支余绪而相继得完。十六世后梓川富氏沉寂无官职，较为充分地说明以富弼为支撑的富氏家族，其家族命运和赵宋朝廷息息相关的性质。

9.小结。

梓川始迁祖十世富世延无官职记载，其后裔累代得官。然其后裔又无科举记录，他们得官的方式，很可能是南田宗族富弼后裔身份和十世到十二世富伟、富应高等科举得力的带动。 [1]

——————————

（1）见本书第四章第一节《富氏家族的仕官》。

此时梓川的富氏，虽有富文皋为"朝奉大夫"（正五品），参与中央事务，但总体上只能在地方上担任一些小官。和北宋时期已经不可同日而语。十世"富迪"，迪功郎，从九品，十四世富得岩，缙云主簿，从九品，十五世的富德昌为"湖广副使"，应该有一定的品级。

（三）清代的富氏地方名望像赞。

清代的梓川富氏，没有具备官职记录的人员出现，大体以年高或其品行载入族谱，至多为一乡之望，族谱记载以民间道德守护者的角度切入。

1.二十六世富梓宪。

《省祭讳梓宪公像图》：

"三考满廉，报念慈贤，天容其年，不获职迁。"

无官职记载。

2.三十一世富继彩。

《皇恩钦赐讳继彩公像图》：

"状貌魁伟，德齿如松。心存忠直，仁施皋台。"

无官职记载。

3.三十一世富继武。

《皇恩钦赐讳继武公像图》：

"为人忠直，出言有方。克勤克俭，宗族荣光。"

无官职记载。

4.三十一世富继斌。

《皇恩钦赐讳继斌公像图》：

"言语慷慨，家道殷资，年近耄耋……"

无官职记载。

5.三十一世富继卿。

《皇恩钦赐讳继卿公像图》：

"勤俭持家，忠厚处世，克友克恭，肯堂肯构。"

无官职记载。

6.三十二世富明学。

《皇恩钦赐讳明学公像图》：

"匪言勿言，匪行勿行。与人无忤，与物无争。"

无官职记载。

7.三十二世富明光。

《皇恩钦赐讳明光公像图》：

"克勤克俭，大振家声，年高有德，党族并称。"

无官职记载。

二、赞辞记载：家族势力盛衰的印射

像赞和传记人物为家族一时期的精英，通过各时期家族精英的纵向比较，可以看出家族实力的盛衰。

富氏北宋的像赞多半为中央官员，南宋时多任职地方，而清代的富氏，则无官职人员记载。可以看出，随着赵宋朝廷的灭亡，富氏在仕途地位呈下行并仕官断层的趋势，但传统家族以官员为荣的心态并没有消失，如二十六世富梓宪，仅"荣膺乡长"就写入像赞。到了家族成员没有官职时，赞词撰写者多从封建时期的意识形态"德行"入笔。如或"奖善劝恶"、"乡党咸服"、"乡里仰钦"，成为一乡的善人；或"族党称誉"，成为家族的善人；或"教子义方"、"持家严肃"，成为一家的表率；或"为人正直"、"端方处世，忠直为人"，为道德底线的守护；或仅仅是高寿，"与物无争"被写入赞辞中。和簪缨相继的宋代富氏先祖差距较大。

三、梧溪人物传的类似记载

《梧溪富氏宗谱》里的人物传亦体现了富氏功名从宋元到明清实力的下行。传记的人物也略分为三段，如宋代富弼、富直柔等为正史所传，四库全书有记录。宋元明时，家族人物的传记撰写者为名宦及地方名流如叶琛、刘鸁。清代宗族内传记，很少功名记载，主要从地方、家族的角度去写人物品行，语亦甚简约。表明富氏家族的功名地位，存在着宋元（明）时期显赫，而清代了无名声，沦为地方道德表率，和富氏梓川宗族的发展轨迹类似。

第五章：家族风貌研究

富氏家风

唐代尚武，宋代崇文。富氏家族以"宋族"自居[1]，其家风亦偏向"文治"。另外，富氏家族的标志性人物、三朝宰相富弼的品格言行也对家风产生了巨大的影响。

对于其偏文的家风，前人多有评价。明初，长史刘璟言富氏家族"其敦肖儒雅、守法度，有礼让之士。"[2] 袭诚意伯刘廌亦记载了对富氏家族的印象："其子孙尚谆谆雅饬，谨守礼法，未尝有为纤芥之恶者"，且南田富氏"富积善余庆，固非一世"，"敦厚积善如原惠征士者，不啻一人。"[3] 嘉靖三十九年，进士何铠亦言："谦抑节俭，如寒士然。"[4]

以下根据富氏宗谱和外部史料的富氏人物传，试对富氏家风进行梳理。

一、家风总述

（一）忠诚。

姓名	世系	记载
富弼	五世	"尔今辅翊之臣，抱忠义之深者，莫如富弼。"（《宋史》卷二百九十五） "志节皎皎，忠勤勷勷。"（《文简集》卷四十一"富郑公弼"）

（1）《景泰谱》富冕后记："宋族荐经丧乱。"

（2）刘璟《跋富氏族谱》，见《易斋集》卷下。

（3）刘廌《南田富氏族谱序》，见《盘谷集》卷七，文成县政协学习文史委第二十三期文史材料。

（4）《梓川谱》序言第十六页。

续表

姓名	世系	记载
富瑞仁	十世	"宿列承奉，纠愆善讽，耿介不磨，朝家梁栋。"［《承奉大夫端（瑞）位（仁）公像图》，见《梓川谱》］
富应高	十二世	"天下大定，会诏征贤能，路官强进士起为国用，进士曰：'我生于宋，当为宋臣，国既元矣，当有元臣，悉用我哉？'路官遂不复言。"（刘鹰《故乡贡进士富公应高传》）

（二）悯民。

姓名	世系	记载
富言	四世	"进及掌南阳管记，并岁歉，馑民思攘，寇啸聚林，懋然无犀利之器，惟锄耰白梃为具尔，饥虚易与，一境大扰。诸尉分讨，械送于理者日数百，郡将而下，悉欲按法诛之。先君议曰：'此虽名贼，实为寒馁所窘，请从便宜，恕死可乎？'郡将怒曰：'遽出死刑如许，奈法令何？'或有欲系而闻上者，先君复曰：'羸老幼病，死生旦夕，安能幽而俟报耶？掌记头可断今，日之议不可易。'郡将不得已从之。"（富弼《富秦公言墓志铭》）
富弼	五世	青州救灾，活五十万灾民。（《宋史·富弼传》等）
富鼎	五世	"时狱有重系，君按视，谓情轻于法，即与州议，特奏请谳，免死者七人。郡有古溉，田渠久废，君复之，民赖其利。"（《富鼎墓志》）
富绍荣	六世	"初巴、利、文、政等州岁输金课，立额太甚。山泽所出无一二，其输于公者何啻十倍，民深患之。公下车几月，力为条奏，卒获蠲免。众被实惠，悉以手加额。"《富绍荣墓志》
富嘉谋	十一世	"自臣到任以来，凡没官户绝田入于官者籍之，今得田一千七百亩，岁收其租，以赡鳏寡贫穷孤独之人，及有死无以葬者。立广惠舍于州仓之内，尊委户曹主之，与常平、义舍兼举而并行。"（富嘉谋《乞置籍拘管没官地田库息钱等奏》）
富大和	十一世	"职莅司官，商敛获宽，藏市者悦，税关者欢。"（《巡检大和公像图》）
富文皋	十二世	"上宣朝政，下体民情，朝班靖肃，野庶永清。"（《朝奉大夫文皋公像图》）
富孟谦	十三世	"尝谓为人之不可知医，遍索海上诸家秘方，编汇成集。择其屡试有验者，岁发己币购药材，配剂以备，亲之不虞，复推其余以施病者，所济不可胜数。"（《浯溪处士富公墓志》）
富得岩	十四世	"抚字黎庶，德齐邵父。"（《主簿讳得岩公像图》）
富世昌	十五世	"职司藩宪，发祥布恺，庶民爱戴，仁施皋台。"（《副使讳世昌公像图》）

续表

姓名	世系	记载
富明楷	二十九世	"他如脱难俘虏，凡有经其地者，俱给付以为回里之资。"《明楷公传赞》
富立庠	三十世	"同治年间粤匪窜入各邑，被虏（掳）逃归者时有过其地，赖伊送县给照，旋归故里。"（《立庠公传》）

（三）敬祖。

姓名	世系	记载
晏氏	五世（妻）	"夫人躬修时祭，春秋既高，虽大寒暑亦栉荤履屦，宵未艾而已行其礼。容不少惰，立不倨而色愈庄，必待礼彻而后反其室。"（《晏氏墓志》）
侯氏	六世（妻）	"其承先祖，共祭祀，则亲临涤濯，躬羞籩簋。休惕之心，温厚之气，见于颜色。"《侯氏墓志》
张氏	六世（妻）	"凡冠昏祭祀，吉凶之用，率有常度，守文忠、周国之法谨甚。"《张氏墓志》
富直方	七世	"义伯总家政……岁时祭祀……纤悉必遵旧制，如是者终其身。"《富直方墓志》。
富孟谦	十三世	"构祠以奉先世神主，每晨省谒不失礼度。"《浯溪处士富公墓志》
富鋹	十四世	"惟事祝奉，祭必躬亲耳。"（《故处士富公墓志铭》）
富浘	十五世	"奉先以敬"。（《知止斋处士富公墓志铭》）
富玙		"继志述事，克振前修。"（徐伺《送富君处温赴京序》）
富国俊	二十六世	"至建祠续谱，亦竭力率先洵。"（《国俊公传》）
富燮	二十六世	"构宗祠，恢祭产，公之力居多焉。常览旧谱，装璜增订，以示来兹，今又乐任主修。"（《燮公传》） "以先世宗祠毁坏，倡义而营建之。祭产微薄，竭力以增拓之。"（叶日跻《珠川富公墓铭》）
富国顺	二十六世	"凡建祠续谱，竭力率先，不辞劳费。"（《让泽公传》）

（四）睦宗族。

姓名	世系	记载
富弼、富奭、富鼎	五世	"当是时，而文忠公已还政，公之次弟虞部君亦相欢挂冠，而君恭顺于伯仲之前，素发垂领，于于怡怡，然人皆荣之。故文忠公有诗云：'古有二疏南北异，今唯三富弟兄亲'也。兹则不独为一时盛美，实可以形友悌之风于四方焉。"（《富鼎墓志》）
富孟谦	十三世	"时孟升之妻叶氏……子立寡居。其子银甫三岁，公抚育教诲，同于己子，同居共灶，凡二十余年，庭无闲言，既而叹曰：'先君既殁，资产皆吾所承，今吾增拓倍于先君，契卷悉为吾名，异时吾子私为己有，则同气之义乖矣，岂吾之志哉。'即让祖宅以居银，分膏腴之半以与之。"（《浯溪处士富公墓志》） "自少好读书，有力略，诗歌名于世，闻望重于乡。不幸仲氏讳孟升早世，公由是居家养亲，不复有仕进志。"（《浯溪处士富公墓志》） "待宗族以和。"（《浯溪处士富公墓志》）
富秀田 富日彬	二十七世 二十八世	"公自幼冲时遭家不造，甫六岁即失怙，十三岁复失恃，茕茕孤特，终鲜弟兄。幸仗其仲父秀田公，堂兄日彬，抚字教诲，一则视若己出，一则爱若同胞，相与保护，独致周翔。"（《慎斋处士传》）
富日潜	二十八世	"当分灶时，以昆季之多，辞腴让美。"（《日潜公传》）

（五）和地方。

姓名	世系	记载
晏氏	五世（妻）	"处乡里无怨怼者。"（《晏氏墓志》）
富应高	十二世	"里有忿争或诉之，反复告戒，莫不悦服。"《故乡贡进士富公墓铭》
富孟谦	十三世	"或有曲直不辨，惟公一言而决。"（《浯溪处士富公墓志》）
富瓛	十五世	"于里纷争，质之于公，只以直言劝解，无不感愧脱（悦）服。" "洪武□□，邻境草寇构乱，扰攘邻落，公与屏川良殷、叶君倡义，保障一乡，贼不敢犯。"（叶圭《素斋先生传》）
富之生	二十五世	"在乡邻间谦恭可挹。"（《之生公传》）
富必盛	二十七世	"缉睦邻里。"（《必盛公传》）
富日丰	二十八世	"尤善说辞，凡遇纷争，用力排之，毋使眦雀牙角之终凶。"（《日丰公传》）
富鸿飞	二十九世	"曾于同治初年，粤匪窜入景邑，人心惊惶奠定，得先生倡义捐资，镇守险要，从此地方安堵，先生之力多焉！"（《明经公传赞》）

（六）守礼法。

姓名	世系	记载
富弼	五世	"文忠公性严重，居家斤斤如官府，子弟不冠不见也。"（《张氏墓志》）
晏氏	五世（妻）	"夫人敷奏详款，辞气殊不慑，上然所对，人多叹服。既而公遂其请。文忠迭居二府几三十年，夫人人谒中禁，肃雍有仪。命妇预于朝者，往往观以为法。"（《晏氏墓志》）
富绍京	六世	"事亲竭力，接人尽礼，见之者不知其为贵公子也……韩公居家，动静如绳矩，君能左右循法无违。宾客人其门庭，见子弟之谨，睹隶御之肃，而公之家政可知。"（《富绍京墓志》）
富直方	七世	"义伯率内外诸弟，蚤暮集中门，整冠齐衣，雁序而进于文忠公前，退就学舍……逮元丰间，予再侍亲于洛，各加长矣。礼益严，貌益恭。"（《富直方墓志铭》）
富孟谦	十三世	"不侮鳏寡，不畏强御。"（《浯溪处士富公墓志》）
富瀚	十五世	"好遵古礼。"（《素斋先生传》）

（七）孝父母。

姓名	世系	记载
富弼	五世	"某与诸孤奉太夫人养，咸率理命，罔敢荒失，得从死于九原，为不辱训，幸矣！"（《富秦公言墓志铭》）
富应高	十二世	"明日复上疏日：'臣亲已老，无他兄弟备养，日落西山，气息淹淹。报亲之日短，报陛下之日长……。'……是时宋季扰攘，进士严君寝疾诊候汤药，靡昼靡夜，焚香移以身代，终不愈而卒。"（叶琛《故乡贡进士富公应高传》） "太夫人一旦疾病，气击于胸，诸药莫治，思以奇割股可疗法，视刀于天伺刀跃方可用，进士屏营涕泣未试，而太夫人卒，三日水浆不入口，泣血几绝者数日，寝苫枕块，未尝变易。"（叶琛《故乡贡进士富公应高传》）
富浑	十四世	"及母卒，居丧尽哀，葬祭如礼。"（《知止斋处士富公墓志铭》）
富桓	十六世	"父府君遘疾，卧不安于枕席，公日夜抚侍，积忧忘食，公私口有，徭役常恐贻府君之忧，故不惮烦劳，周旋其间。"（《桓公传》）
富玙	十六世	"孝奉慈闱。"（徐侗《送富君处士温赴京序》）
富乔楠	二十七世	"乐善好施，无改父道。"（《瑶峰公墓志铭》）

（八）淡荣辱。

姓名	世系	记载
富弼	五世	“富韩公弼少时，有诟者，如不闻，或问之。曰：‘恐骂他人。’曰：‘斥公名云。’富公曰：‘天下安知无同姓名者。’”（《言行龟鉴》“德行门”）
晏氏	五世（妻）	“其自奉养，不择丰约世俗之尚，泊然绝所欲，其衣服簪珥，尝取新于时而妄费一物。……至和中，文忠作相，夫人侍秦国入朝，时同列争珠玉以为胜，文忠亦市以奉秦国，夫人恬不为意。或谓夫人曰：‘幼为相女，长为相妇，何自奉之薄耶？’夫人日：‘吾夫骤起寒儒，始登显仕，禄赐之入止可内以奉亲，外以养贤，岂效世俗之为而私于身耶；幸得以副笄、象服侍吾姑出入禁闼，足矣！盛珠玉以夸视为意，岂所欲哉！’”（《晏氏墓志》） “夫人性嗜淡泊，而不乐华侈，衣必浣濯，虽弊不易。”（《晏氏墓志》） “待亲者不睡意加厚，待疏者不匿情示薄，其视贵贱之人如所以待亲疏……凡世间得丧荣辱不以经意，泊如也。”（《晏氏墓志》）
富鋹	十四世	“新居既成，乃以家事付诸子而幅巾杖履，怡情山水间。”（《故处士富公墓志铭》）
富瓛	十五世	“性恬静。”（钱禋《浯谷山人传》）
富玙	十六世	“浯溪富君处温谦静冲雅。”（徐侗《送富君处温赴京序》）
富鸿逵	二十八世	“其与人缔交不以货财相耀，不以意气自矜，而和气迎人，如饮醇酒。”（《鸿逵公序赞》）

（九）平等待人。

姓名	世系	记载
富弼	五世	“宰相自唐以来，谓之礼绝百僚，富文忠公弼为相，虽微官布衣，皆与之抗礼，引坐与语。自是群公效之，折节自公始云。”（《山堂肆考》卷四十三） “宰相自唐以来，谓之礼绝百僚，见者无长幼皆拜，宰相平立，少垂手扶之，送客，未常降阶陀。客坐稍久，则吏从旁唱‘相公尊重’，客踧踖起退。及公为相，虽微官及布衣谒见，皆与之抗礼，引坐语，从容送之，及门，视其上马，乃还。自是，群公效之，自富公始也。”（《仕学规范》卷六） “国初袭前代之旧，士夫隔品致敬，则端拜。自文忠公为相，一切罢之。潞公尝云：‘宰相事体，都被富郑公坏了。’”（《事实类苑》卷八）

续表

姓名	世系	记载
富应高	十二世	"与人言，虽幼贱，必竭其忠。"（《故乡贡进士富公墓铭》）
富孟谦	十三世	"处朋邻以信，虽三尺童子有问，必竭诚以告人。"（《浯溪处士富公墓志》）

（十）崇文学。

富氏以读书起家。富弼"少笃学自刻"，后中制科，成为三朝宰相，为家族的标志。整个宋代富氏共出现10个进士，科举的兴盛是富氏宗族繁盛的基础，因此，也引导着富氏家族"崇文学"的族风。富氏崇文的风气，造就了一大批读书人。因人生取向和机遇不同，其后世子孙职业分三类：一是在仕于朝，如富弼、富直柔、诸富氏进士；二是没有功名或功名不足以做官，退为一乡名望，如富孟谦、富鉌、富在文等；三是无意仕进，沦为隐士、文人之流，如富浮、富瀰等。

富氏的崇文还表现在立家塾、延师教子、树立文昌阁、文人雅集等。

崇文学表现：

姓名	世系	记载
富弼	五世	"少笃学。"（《宋史·富弼传》） "少笃学自刻，寓于僧舍，不就寝榻。冬夜以冰雪沃面，邻居僧有持苦行者，犹服公之勤。"（范纯仁《富公行状》） "富公未第时，家于水北上阳门外，读书于水南天宫寺三学院。院有行者名宗颢，尝给事公左右。……熙宁间，宗颢尚无恙，伯温官就其院读书，宗颢每以富公为举子事相勉，曰：'公夜枕圆枕，庶睡不能久。欲有所思，冬以冰雪，夏以冷水沃面。其勤苦如此。'"（邵伯温《邵氏闻见录》卷十九）
富绍京	六世	"好读书史。"（《富绍京墓志铭》）
富绍荣	六世	"公……言必尽诚刻意好学，落笔成文，卓然有远祖（富嘉谟）之风焉。"（《富绍荣墓志铭》）
富梦生	十世	"入究典愤（坟）。"（《制干梦生公像图》）
富迪	十世	"史书博览。"（《主簿迪公像图》）
富应高	十二世	"自少穷经潜心学问，年十三、四，力举学业，虽炎铄金寒折胶，不出户限，未几下笔成文，思如泉源，日出不舍，气势沈融，如老将帅师，旌旗火鼓，缤纷交错，咸中规矩。"（叶琛《故乡贡进士富公应高传》） "公甫六岁，即从师学问而手不释卷，习举子业。宋季尝一践场屋，颇符有司绳尺。"（叶琛《故乡贡进士富公墓铭》） "课子诗书。"（叶琛《故乡贡进士富公墓铭》）

续表

姓名	世系	记载
富錤	十四世	"首建家塾，延师以教子侄。"（蒋琰《故处士富公墓志铭》）
富浮	十五世	"公性善吟咏，有佳致。"（周宗保《知止斋处士富公墓志铭》） "少好读书，涉猎史传。"（叶圭《蟹谷山人传》）
富浯	十五世	"读书好礼。"（《浯公传》）
富格	十六世	"徭役虽繁，必先延师教子。"（叶琴慎《故浯溪友廿四富公圹志》） "先生好读书。"（叶琴慎《故浯溪友廿四富公圹志》）
富在文	二十七世	"好经书，乐诗赋……仿阮籍之高风，得刘郎之逸趣。"（《岘山处士传》）
富敦厚	二十七世	"习经史而工文辞，耽诗酒而乐山水。"（《石池公传》）
富朝宗	二十八世	"博经史……制艺精华，诗词工雅……公有图书癖，多购如邺架，且不吝……尤能善交礼宾，好植名花，兴来或眠琴高啸，或饮酒赋诗。消暇日，于绿荫佳卉之傍以供清赏，儒林中有翩翩欲仙之致。"（《岁进士怀峰公传》）
富汝珊	二十九世	"幼习经历（艺？），博览群书。善属文长诗赋，书法尤工。"（《伟琳居士传》）
富鸿学	二十九世	"每读书得间，遇命题则握管立就，谋篇尽善……自入庠后，益好学，午夜披诵，志图上进。"（《竹川处士传》）
富鸿旗	二十九世	"博经史、通音律、娴弓马，弱冠游庠，把风采者，无不雅重之……或对月弹琴，或临风品笛，迄今日轻轻袤缓带，尤想见其翩翩之雅度云。"（《小峰公传》）
富汝祥	二十九世	"幼而歧嶷，读儒书……闲则临渊垂钓，兴则把酒酣歌。"（《汝祥公传》）

二、行政官、文臣背景的家族

1. 富氏先世仕官和"崇文学"家风。

富氏先世的仕官，多为行政官和文臣，也有利于崇文家风的形成。以富氏家族有书面记载的先祖为例。唐富嘉谋作为辞臣，体现文风。

富达，唐冀阳信都太守，为行政官，属文臣序列。

富韬，松州刺史，长洲县令，属文臣序列。但五代习惯以武将行文官事，富韬入蜀又在唐庄宗收复蜀地期间，加以吴越中吴军（苏州）、彰武军（福州）为前线，富韬应有一定的武将色彩。

富处谦，吴越内黄令，文臣序列。

富令荀，商州马步使。武官序列。

富言，南阳掌书记，万州知州等，文臣序列。

富弼，三朝宰相，属文臣序列。但以宰相兼枢密使，又染上一定的武臣色彩。

富绍京，供备库副使，赠右卫将军。武臣序列。

富直柔，御史大夫、枢密院同知。文臣序列，有一定的武臣色彩。

另外，富严、富元衡、富元钧、富伟、富皞、富宗礼、富应高等进士或乡贡进士，都属于文臣序列。富橚、富琡、富嘉谋等低级官员，均为文臣序列。

元末反抗山匪吴成七的富鏮，被授松阳县统兵，武官。

明代富瀞、富浮，诗酒自娱，为隐士之流。清代富在文等，为国学生、郡庠生。

民国富文，为华东八省战备司令，管部队后勤，为武官，军队系统里偏行政文职工作。

2. 富氏文风的发展趋势。

总体上，富氏为一个文臣家族，即使是接受武职，也是文臣的附属或在武官中行使偏向行政的职权，如民国时的国民党华东六省后勤司令富文。

与之对比的是刘伯温家族，从始祖刘怀忠到刘延庆、刘光世，为清一色的武职。刘伯温作为明王朝的辅佐者，其谋士的背景也有武职印记。明代的世系的处州指挥使，几个诚意伯在南京担任的武职，民国时期辈出的武将，都让这个家族染上并不淡薄的武职色彩。

随着家世不振，交游缩小，富氏的文风一点点在封闭的乡村磨灭。北宋及南宋初年苏州支系的富严、富光祖、富临、富元衡等，均有诗文传世。北宋中期洛阳支系的富弼，策论出众，北宋末南宋初年的富直柔，为洛阳八骏中的“文俊”。富氏回迁青田后，南宋前期的进士富伟的《松竹梅赋》情致不凡。到明代，富瀞、富浮诗酒自娱，为隐士之流，其交往的叶圭、徐侗等诗文情致可观。清代富在文等，垂意制艺乡试，风采和明代的富氏读书人相比已经不及。

富氏的慈善

富氏家风里最引人注意的是好慈善。慈善是一种损己利人的行为，慈善取向体现了富氏家族的人道主义因素。因其事迹较多，且深具影响，故单独叙之。

一、先祖的带动：富弼的青州救灾

富弼一生两件大事，一件出使契丹，面不测之死地，不辱使命，延续宋辽间七十年和平，另外一件则是青州救灾。

出使契丹，因为功在社稷，是时人、后人均看重，《宋史·卷三百六十二》记载了了"中人规景华苑"，以富弼"和戎"大功而保住富郑公园的故事：

"中人规景华苑，欲夺故相富弼园宅。致虚言：'弼和戎有大功，使朝廷享百年之安，乃不保数亩之居邪？'弼园宅得不取复。"

可见富弼出使契丹在当时人心中的地位。

另如苏轼《富郑公神道碑》，开头即书写："宋兴百三十年，释放无虞，人物岁滋"，接着用近四分之一的篇幅写富弼的出使之功。

如《宋史·富弼、文彦博传赞》：

"富弼再盟契丹，能使南北之民数十年不见兵革，仁人之言，其利溥哉！"

宋王十朋《梅溪集》前集卷十一《富郑公》：

"岩岩富公，仁者之勇。危言折敌，神色不恐。公在使车，敌不敢动。"

宋王柏《鲁斋集》卷六《富郑公弼》：

"庆历人望，元丰老成，片言折房，访落戒兵。恩浸南北，寿配冈陵，鹤降星殒，始终之灵。"

但富弼并不以出使契丹为功，南宋朱弁《闻见录》记载：

"晁检讨谓之……崇宁初尝为予言，富公晚年，见宾客誉其奉使之功，则面颈俱赤，人皆不喻其意。子弟于暇日以问公，公曰：'当吾使北时，元勋宿将，皆老死久矣。后来将不知兵，兵不习战，徒以聘问络绎，恃以无恐。虽曲不在我，若与之较，则包藏祸心，事未可知。忍耻增币，非吾意也。'"[1]

倒是另外一件被史官带过的青州救灾，富弼非常看重，宋叶梦得《避暑录话》卷下云：

"尝见与一所厚者书云：'在青州二年，偶能全活得数万人，胜二十四考中书令（按：即郭子仪）远矣。'"

语虽平淡，但认为自己救灾之事，比长期担任宰相要职、并平定安史之乱的郭子仪做的事情要有意义。

青州救灾，富弼活五十万灾民，名载史册，功劳卓著：

"庆历五年（1045年）河朔大水，民流就食……（富弼）劝所部民出粟，益以官廪，得公私庐舍十余万区，散处其人，以便薪水。官吏自前资、待缺、寄居者，皆赋以禄，

（1）卷二。

使即民所聚，选老弱病瘵者廪之，仍书其劳，约他日为奏请受赏。率五日，辄遣人持酒肉饭糗慰藉，出于至诚，人人为尽力。山林陂泽之利可资以生者，听流民擅取。死者大冢葬之，目曰'丛冢'。明年，麦大熟，民各以远近受粮归，凡活五十余万人，募为兵者万计……帝闻之，遣使褒劳，拜礼部侍郎。弼曰：'此守臣职也。'辞不受。前此，救灾者皆聚民城郭中，为粥食之，蒸为疾疫，及相蹈藉，或待哺数日不得粥而仆，名为救之，而实杀之。自弼立法简便周尽，天下传以为式。"[1]

得到高度评价：

"自弼立法简便周尽，天下传以为式。"[2]

富弼的救灾方法，成为后世救灾的模式，可见其救灾活民的有效性。

另外，富弼不拘常法，调动行政力量救灾，是在遭"谋反"猜忌时所作，冒了很大的政治风险：

"富郑公为枢密使，坐石守道（石介）诗，自河北宣谕使还，道除知郓州，徙青州。谗者不已，人皆为公危惧……有劝公非所以处疑弥谤，祸且不测。公傲然不顾曰：'吾岂以一身易六七十万人之命哉！'行之愈力。"[3]

可见富弼行慈善，不顾己身，这似乎已经不能用通行的政治秀来解释了。

二、绳祖武：富氏历代的慈善

富弼因在青田富氏家族中处于支撑性地位，其慈善亦被富氏后人反复效仿，并逐渐积淀形成富氏的慈善家风。富弼八世孙富孟升救济乡民，曾举先祖富弼为例：

"吾五世祖文忠公尝活青州之流民五十余万，积功累仁，致有今日。吾虽不能效法吾祖，岂可私其资贿而不以周邻里之急哉！"[4]

富氏的慈善主要体现在以下几个方面：

（一）频繁地救助乡里灾患。

1.十二世富应高：

"元至大年间，饥馑荐臻……岁晏天寒雨雪，载途有造其门者（富应高）不问亲疏远近，必躬自慰劳而饮食之，又尝凭高四顾卢（庐）有不烟者，辄遗之以米，家之弊衣，必使浣濯、补缀而藏之，以遗人之苦寒者。公生平济入利物之行，

（1）《宋史》卷三百十三。

（2）同上。

（3）叶梦得《避暑录话》卷下。

（4）刘鹰《浯溪处士富公墓志》，见《盘谷集》卷之十，又见《景泰谱》。

率多类此。"[1]

2.十三世富孟升：

"当元季，山寇窃发，标（剽）掠村庄……时乡邑馑饥荐臻，民皆菜色，公发囊捐白金易谷粟，以济其亲族邻里之贫者……时蒙存活者颇众，故远近无不感悦而号公为长者。"[2]

3.十四世富鈘：

"元季闽寇犯境……迁（逾）岁饥且大疫，民苦无聊……相率采竹实而食"，"（富鈘）恻然捐所有而赈之，存活者甚众。"

"贫者屡贷而屡逋，亦勿厌吝之色。其遇饥岁，踵门求济者无虚日，未尝使之空囊而返，枵腹而行也。"[3]

4.十五世富浑：

"未几还井，乡党获其恬恬……于人之穷急急者，用之不能，教之未尝忽之也。"[4]

5.十五世富灊：

"能推余济急。"[5]。

6.现代富文妻刘氏：

"于救苦济贫，则惟力而视，不少吝啬。"[6]

（二）救济灾害"不责借券"。

因乡民饥馑，一些乡民没有能力还债，富氏往往对贫困乡民"不责借券"。

1.十二世富应高：

"俄一日病革，曰：'吾恶寒，可置火于卧侧。'因屏左右，取平昔贫人借贷契卷悉焚之。嘱其子曰：'吾家积德非一日矣，计利害义，义则不详。'"[7]

2.十三世富孟谦妻叶氏：

"以邻称贷，毋弗（二字讹误，应为'母'）与者虽多，不责其契券。"[8]

---

(1) 刘鹰《故乡贡进士富公墓铭》，见《盘谷集》卷十，又见《景泰谱》。

(2) 刘鹰《浯溪处士富公墓志》，见《盘谷集》卷之十，又见《景泰谱》。

(3) 蒋琰《殷五公墓铭》，见《现代谱》161页。

(4) 周宗保《止斋公墓铭》，见《现代谱》163页。

(5) 《素斋先生传》，见《景泰谱》。

(6) 叶以新《富文中将暨德配刘夫人七秩双寿序》，见《现代谱》157页。

(7) 刘鹰《故乡贡进士富公墓铭》，见《盘谷集》卷十。

(8) 蒋琰《殷五公墓铭》，见《现代谱》161页。

（三）散医施药。

古代大灾后往往有大疫。元末浙南山寇乱后，十三世富孟谦从温州回乡，见乡民病患，于是：

"遗索海上诸家秘方，编汇成集。择其屡试有验者，岁发己币购药材，配剂以备，亲之不虞，复推其余以施病者，所济不可胜数。"[1]

（四）保障乡里。

战争是对民众生命财产的破坏。在战争来临时，富氏族人为一乡领袖，组织民众，保障乡里，不少人付出生命的代价：

1.十四世富镰，作为一乡领袖，保障乡里：

"至正癸巳（1353年），山寇窃发，大为民患，公挺身仗义，输己币给饷义兵，助顺讨逆，保障乡间……（甲午，即1354年）未之任统兵，留佐官军，扑灭贼党，既而转战逾境，陷贼围中被执，累胁不降，诟骂不屈，遂遇害。"[2]

2.十四世富銀：

"闽中寇乱……故致此岁戊戌，官军补（捕）贼，声势大振，处士乃归自欧（瓯）城，乡民问（闻）其至矣，（无）不欣然归向。既而（继而）处士献策军门攻城，负固招抚胁从，其间赖以全生者，亡虑数百。"[3]

3.十四世富澄：

"当元季山寇窃发，从官兵深入，被寇所害。"[4]

4.十四世富浑：

"寇道□蜂起，世态（扰）攘，公从父避瓯，未几还井，（乡党）获其恬愉。"[5]

三、慈善之报

（一）富弼青州救灾。

富弼青州救灾为后世铭记，南宋岳珂说：

（1）刘鹰《浯溪处士富公墓志》，见《盘谷集》卷十，又见《景泰谱》。

（2）《景泰谱》。

（3）蒋琰《殷五公墓铭》，见《现代谱》161页。

（4）《景泰谱》。

（5）周宗保《止斋公墓铭》，见《现代谱》163页。

"其温而惠，有青州救荒之意。其劲而竦，有北庭抗议之勇。"[1]

后人将其功绩与出使契丹并举。其尚在任时，在山东建亭，时人以"富公亭"称之，后人又建冰帘堂，欧阳修有《富公亭》诗歌：

"富公亭，在府城西四里石子涧侧，宋富弼知青州建。后人又建冰帘堂。"[2]
欧阳修有诗：

"巀嶭高亭古涧隈，偶携佳客共徘徊。席间风起闻天籁，雨后山光入酒杯。泉落断崖春螫响，花藏深崦过春开。麏麚禽鸟莫惊顾，太守不将车马来。"[3]

明时，青州民仍思其惠，嘉靖十六年（1522），青州青州兵防金宪东汾康复上书请建"富文忠公祠"：

"嘉靖十有六年，青州兵防金宪东汾康公，以修西月城余材，修富文忠公祠于晏公庙之基。"[4]

（二）富氏的慈善之报。

在南田本乡，富氏的慈善为家族积累了强大的道德感召力，巩固了富氏作为一乡领袖的地位。十三世富孟谦，"时蒙存活者颇众，故远近无不感悦而号公为长者。"[5]十四世富鈚，"及卒，吊者接踵，莫不呜咽流涕，叹处士之言，年不称其德。"[6]十五世富瀞，"于（闾）里纷争，质之于公，只以直言劝解，无不感愧脱（悦）服。"[7]

富氏对生命的尊重被乡里人铭记。正统丙寅（1446），富竦"适以闾右居京师既久，归省乡人"，乡人"迎而谢曰：'吾乡昔遭寇乱，困于饥寒，微君之太夫人发己廪赈济，吾属何到今日。'复拜君之面。"[8]

另外，因为富氏的慈善也让富氏获得现实利益。元末到明前期，富氏为南田山一带世代粮长，为家族的繁衍兴盛提供保障。富氏与山中大族叶氏、钱氏、刘氏等亦交好，代有联姻。富氏族人品行，在历代名宦、乡贤笔下评价都甚高。

（1）《宝真斋法书赞》卷十。

（2）《山东通志》卷九。

（3）欧阳修《富公亭》，见《山东通志》卷三十五之一下。

（4）明杨应奎《建富文忠公祠记》，见《山东通志》卷三十五之十九下。

（5）刘鹗《浯溪处士富公墓志》，见《盘谷集》卷之十，又见《景泰谱》。

（6）蒋琰《故处士富公墓志铭》。

（7）《素斋先生传》，见《景泰谱》。

（8）叶琴慎《故浯溪友廿四富公圹志》。

富氏的宗教信仰

宗教是中国古人精神寄托之一。其中的求善去恶，因果相报，是中国古代"敬天畏人"的体现方式。至于富弼的宗教观，则为古代士大夫寻求精神超脱的努力方式，也是其民本思想的折射。

富氏的信仰佛道，最早可见五代时期的富玖（其与南田富氏的关系暂不可考）《玉芝堂谈荟》卷三十、《说郛》卷九十一云：

"唐永昌元年后，尽五代，至宋朝熙宁七年名人、逸士，编而次之，凡一百一十六人……五代……富玖。"

逸士则为道家之流。

另百度百科云：

"富玖，五代画家，工画佛道，有《弥勒内院图》《白衣观音》《文殊地藏》《慈恩法师》等像传于世。"

其存世画题材不出佛教，则其人沾上较浓的佛教信仰。

根据以上两条材料，大致可以推测出富玖佛、道合一的信仰倾向。

富弼的信仰中，亦存在三教合一的倾向，北宋僧人惠洪《冷斋夜话》记载：

"富郑公每语客，'此两道人，可谓佛弟子也。倘使立朝，必能尽忠，以其人品不凡，故随所寓，辄尽其才。今则净琏辈，何其少也耶。'"[1]

道门弟子，因为人品不凡，所以富弼认为他们是"佛弟子"，"倘使立朝，必能尽忠"。富弼的思想观念里，宗教的核心是"劝善"，终极目的是人格的锻炼。

根据存世典籍，道教、佛教对富弼的较为深刻的影响，连同士大夫的儒学教育，体现了三教合一的倾向。

一、富弼及其后裔的道教信仰

（一）富弼。

北宋中后期后，道教逐渐成为国教，在士大夫上层广为流行。富弼一生好道，

（1）卷十。

富氏的为道，即是北宋上层好道的时代风气的反应，或亦为富氏家风所及。

1. 笃信道教。

富弼号"昆仑真人"，即充满道教色彩，昆仑为"昆仑墟"，为道教所信奉的神仙所居的仙山。真人，即道家称存养本性或修真得道的人。道教典籍《庄子》中的《大宗师》篇说：

"古之真人，其寝不梦，其觉无忧，其食不甘，其息深深……古之真人，不知说生，不知恶死，其出不欣，其入不距；翛然而往，翛然而来而已矣。"

富弼自少年便笃信道教：

"郑公少好道，自言吐纳长生之术，信之甚笃。亦时为炼烧丹灶事，而不以示人。"(1)

至老不衰：

"公致政（按：时69岁），筑大第于至德坊……宗颢来或不得前则直入道堂。"(2)

"富公以司徒使相致仕，居洛……公清心学道，独居还政堂。"(3)

"然公晚于道，亦不尽废。"(4)

2. 与道士的交往。

富弼曾与北宋中期著名道士王荟交往：

"王荟，字子真，有道之士。富郑公尝客之于门，元丰中，神宗赐号'冲熙处士'。"(5)

其事迹颇为神异：

"元符三年，（王荟）游茅山，受上清箓。先是，茅山中峰石洞忽开，按其域，乃真诰所谓'华阳洞天'便门也。自左元放仙去，即闭阒千岁矣，至是复开。又前期，累日甘露泮降。道士刘混康曰：'以此必有异，无何先生至受箓之夕，仙乐闻于空浮之上山中。'刻石为记其事。"(6)

3. 家藏和手书道教典籍。

家藏道教典籍：

"一日旦起，公方听事公堂，颙视室中有书柜数十，其一柜镝甚严，问之左右。曰：'公常手自启闭，人不得与。'意必道家方术之言，亟使取火焚之。执事者

（1）叶梦得《岩下放言》卷中。

（2）邵伯温《闻见录》卷十九。

（3）邵伯温《闻见录》卷九。

（4）叶梦得《岩下放言》卷中。

（5）吴曾《能改斋漫录》卷十八。

（6）同上。

争不得，公适至问状，颙即告之曰：'吾先为公去大病矣。'公初亦色微变，若不乐者。已而意定，徐曰：'无乃太虐戏乎？'"[1]

手书道家典籍：

"余镇福唐，尝得其（富弼）手书《还元火候诀》一篇于蔡君谟（蔡襄）家，盖至和间持其母服时书。以遗君谟者，方知其持养大概。"[2]

（二）富氏后裔的道教信仰。

富弼的道教信仰影响到其后裔的信仰。富氏后裔多有为道者。元平江路儒学教授郑元祐《挂蓑亭记》：

"宋丞相富文忠公其子孙渡南而散处者……遗辙往往寄迹于释老异教。"[3]

1.富恕。

富恕，字子微，号林屋山人，元代著名诗人，画家。尝绘《仙山访隐图》一卷。[4]

郑元祐《挂蓑亭记》记载了富恕的修道情况：

"为屋不百楹，而神明偶像居什六七……而紫微又不乐与凡构接，恒飘飘有凌云之思，谢去而未能……盖将与三高神游，意犹未足，则又绘《仙山访隐图》置于中，若将寻真蓬莱，访其师安期羡门于云海之上，以究竟黄老之说，而成遐举之愿也。"

郑元祐《吴江甘泉祠祷雨记》记载了富恕的一次以"教法役神"乞雨的过程：

"至正三年夏，大旱，田禾焦然就槁，民心皇皇无赖……富君（富恕）乃用其教法役神，召龙炼铁缺符投桥。水符才入，而雷殷殷自水起，去云四垂，雨即随至。"[5]

另外，明陆容《菽园杂记》卷十三亦记载了富恕在吴江与文士唱和活动的情况，表明富恕应受到过正统儒学的教育：

"吕诚……吴之东仓人。幼聪敏，喜读书，能去豪习，家有梅雪斋，日与文士倡和，其作诗故清绝云。其余吴士……富恕子微……也。"

2.南田本土的富氏道士。

南田本土富氏亦"为道"。根据《景泰谱》的记载，富氏家族在无为观为道

（1）叶梦得《岩下放言》卷下。

（2）叶梦得《岩下放言》卷中。

（3）郑元佑《侨吴集》卷九。

（4）百度百科、《御选宋金元明四朝诗》。

（5）同（3）。

的有七世富檡、八世富天将；九世富冲贡，"知无为观事"；约十四世[1]某，号"口真法师"，无为观住持。

富氏一世祖富韬，葬三源华山无为观。根据现存的周边数目众多的富氏坟墓[2]，应为富氏坟山所在。无为观有可能原是富氏家族道观，富氏的"为道"，应和守坟山性质的融合。

富氏对无为观的维护。无为观，《青田县志》："县西百五十里，唐天宝年间建"，为山中大寺："经历代修建，庙宇壮观，殿阁瑰丽，至元末已成为山中名刹"。[3]华山为富氏坟山，富氏家族繁盛于宋代，或者则历次修建中，富氏家族以家族势力为支撑，对此大寺进行物质和人力的补助。

无为观的衰落。随着宋元交替，元代崇奉黄教，无为观变成佛寺。可能随着家族势力的式微，无为观渐渐失于管理。据说元末，有恶僧赶走原来善良的住持，续任无为观住持，为非作歹，后被刘伯温所剿灭。[4]富氏十四世"口真法师"，约生活在元末，或"原来的住持"，即为此人。

二、佛教

富弼晚年入佛。熙宁中（1068—1077），经禅师颛公点播，信仰佛教甚笃。

（一）信仰佛教。

得法于圆照大本。

《岩下放言》卷中：

"熙宁间，（富弼）初罢相，守亳州，公已无意于世矣。圆照大本者住苏州，瑞光方以其道震东南口州，僧正颛世号颛华严者，从得法以归，郑公闻而致之于亳。馆于书室，亲执弟子礼……自是豁然遂有得。颛曰：'此非我能为，公当归之照师。'乃以书偈通圆照，故世言公得法大本。"

《与圆照禅师书》：

"弼虽得法于颛师，然本源由老和尚而来，宗派甚的。"

（1）在《景泰谱》排行记载与富镰同一行，另《现代谱》"列祖介绍"第56页："富仲贞，无为观为道"，排行亦在十四世上下。

（2）如七世富梓，十一世进士富伟等大墓，另有已不知姓名世系，但确为富氏的小坟墓。

（3）《火烧紫阳观》，见《刘伯温传说集成》。

（4）同上。

富弼对圆照大本的弟子颐公执弟子礼，并向朝廷推荐颐公：

"（富弼）闻颐禅师主投子法席冠淮甸，往质所疑。……公微有得，因执弟子礼趋函丈，命侍者请为入室……后奏署颐师。"[1]

（二）信仰甚笃。

《五灯会元》：

"（富弼）不舍昼夜，力进此道。"[2]

邵雍为富弼至交，对富弼信仰笃信佛教颇有微词：

"邵康节与富郑公在洛，每晴日，必同行至僧舍。郑公见佛，必躬身致敬。康节笑曰：'无乃为佞乎！'"[3]

熙宁中，富弼退隐，不问朝中事，但对于讲法却甚热心，司马光、邵雍对此不以为然，认为其政治影响亦不好：

"洛中有一僧，欲开堂说法。司马君实夜过邵尧夫，曰：'闻富彦国、吕晦叔欲往听，此甚不可。晦叔贪佛，已不可劝，人亦不怪。如何劝得彦国？'尧夫曰：'今日已莫（暮），姑任之。'明日，二人果偕往。后月余，彦国招数客共饭，尧夫在坐，因问彦国曰：'主上以裴晋公礼起公，公何不应命？又闻三遣使，公皆卧内见之。'彦国曰：'衰病如此，其能起否？'尧夫曰：'上三命，公不起，一僧开堂，以片纸见呼，即出，恐亦未是。'彦国曰：'弼亦不曾思量至此。'"[4]

富弼致政于家，对佛学更加用力，名儒吕大临亦表达不满，认为他应该更多关心国事，其写于富弼的书信云：

"古者三公无职事，惟有德者居之内，则论道于朝外，则主教于乡。……今大道未明，人趋异学，不入于庄，则入于释，疑圣人为未尽善，轻礼义为不足学，人伦不明，万物憔悴。此老成大人恻隐存心之时，以道自任，振起坏俗，在公之力，宜无难矣！若夫移精变气，务求长年，此山谷避世之士独善其身者之所好，岂世之所以望于公者哉？"[5]

（三）信仰佛法的其他表现。

富弼佛教信仰的表现，史料中其还有收藏云门禅师、荷泽诸禅师影像。《全

（1）《五灯会元》卷十六。

（2）卷十六。

（3）明何良俊《何氏语林》卷十九。

（4）《道山清话》。

（5）《宋史》卷三百四十，又见《宋名臣言行录》后集卷二。

宋文》中富弼《与吴处厚书》、《与张隐之书》、《答颐公书》、《与圆照禅师书》讲禅法和修禅之法，为其修持佛法的例证。

（四）富弼好佛对北宋后期中上流社会的影响。

由于富弼的宰辅地位和交游圈子，他的信仰禅宗（佛教），引领了北宋中期上层信仰禅宗的潮流：

"熙宁前，未有谈禅者，自富郑公得法于圆照大本，于是一时幡然慕向，人人喜言名理……惟司马温公、范蜀公以为不然。既久，二公亦自偶入其说，而温公尤信。"[1]

（五）富弼好佛对家族的影响。

佛法讲求"好生之德"。富弼中年，救活青州五十万居民，为其"好生之德"的体现。

富弼的好佛道，对家族亦有影响。

富弼妻晏氏：

"其自奉养，不择丰约世俗之尚，泊然绝所欲，其衣服簪珥，尝取新于时而妄费一物。遇贫族之急难其有以济之，无秋毫爱也！"[2]

弟媳侯氏：

"以为瞿昙行而不喜以杀，乐林泉胜而欲数其居，此又暇时服勤之余事也。"[3]

富弼女：

"志尚清静，以邑封换道士服。"[4]

侄媳范氏：

"舍是则诵佛书，勤女工，焚香宴坐，终日自若。"[5]

嫡长孙富直方：

"又日诵《华严经》，凡世间得丧荣辱不以经意，淡如也"。[6]

嫡长孙媳范氏：

（1）明何良俊《何氏语林》卷九。

（2）《晏氏墓志铭》。

（3）《侯氏墓志》。

（4）《范氏墓志铭》。

（5）同上。

（6）《富直方墓志铭》。

"却绮纨，服布素，不复以家事自婴，泊然若无意于世者。"[1]

孙富直柔亦参禅学佛，南宋初，"佛日大师"宗杲讲佛法，"抠衣与列，佩服法言"的显宦之中，就有枢密富直柔。[2]

二十六世富国顺：

"尤信因果，命子（富）敦书远涉南海（普陀）拈香。"[3]

通观富氏定居地，多近寺庙而居。如浯溪附近有唐名刹安福寺。梓川有家寺普慈寺（为富氏裔孙富文皋所建）。其家族的慈善行为，亦可被认为是佛家"好生"思想的影响。

三、结语

信仰佛道者多恬淡自守，不好荣利。富氏家族的慈善，隐居，似乎均受到富氏宗教观的影响。

富氏家庙与富氏的祭祀

《左传·成公十三年》云："国之大事，在祀与戎。"国家祭祀以宣誓承继天命，家族祭祀以侍奉先祖。

富氏是一个慎宗追远的家族。根据《梓川谱》记载以及嘉佑二年（1057）的宋代家庙建设诏令、家庙建设实践，可以得出富氏在西京（洛阳）有家庙，并有常规性的岁时祭祀的结论，相关家庙规制的祭祀细节亦可根据典籍的记载恢复。

一、祭祀：慎宗追远的富氏家族

对于祖先的尊崇，是富氏家族的显著特征。[4] 以富氏家族的代表性人物富弼

（1）《范氏墓志铭》。

（2）伍先林《略论宗杲的思想发展历程》，《佛学研究》2008年第17期。

（3）《现代谱》113页。

（4）详见本书《富氏家风》"敬先祖"。

为例，他曾建两处家族坟院（这在宋代宰臣的坟院规制中也不多见），并请名书法家蔡襄题写坟院匾额。晚年定居洛阳时，家中建有家庙。

二、富弼任职朝廷时宋朝对家庙建设的讨论和士大夫实践

家庙又称宗庙、祠堂、影堂，是宗法制度中的一个重要组成部分和封建家族制度得以维系的重要环节。北宋家庙的重建的倡议始于庆历元年（1044），经皇祐二年（1050）、嘉祐三年（1058）、大观四年（1110）的四次讨论而不断完善。除大观四年（1110）的讨论富弼已经过世外，前三次的家庙讨论富弼均有参与。富弼在北宋家庙制度建立的过程中起到了较为重大的作用。

以下从北宋中期历次家庙讨论期间，富弼的任官职权（尤其是礼乐职权）切入。

（一）富弼参与北宋家庙制度建设。

宋仁宗一朝，家庙建设讨论共三次，分别为庆历元年（1041）十一月，皇祐二年（1050年）、嘉祐三年（1058）。富弼分别为差同判太常寺兼礼仪事、礼部侍郎、昭文相。家庙事均在其职权范围。

（1）张方平是年轻时与富弼在"监中"读书，同为范仲淹所重，并一起被推荐为晏殊女婿候选者，与富弼多有交集。张方平为最先建议讨论官员家庙事宜者（事在庆历元年十一月），其《功臣许立私庙赐戟》云：

"宜令史臣先具功状申中书，畴其勋迹之著者，许令本家，追为修营（私庙）。"[1]

宋仁宗下令：

"功臣不限品数赐私门立戟，文武臣僚许立家庙。已赐门戟者，仍给官地修建。"[2]

后来，事以"有司终不能推述先典"而罢。[3]

富弼的仕官情况为该年（1041）九月，富弼"差同判太常寺兼礼仪事"。太常寺为封建社会中掌管礼乐的最高行政机关，《隋书·百官志》：

"太常，掌陵庙群祀，礼乐仪制，天文术数衣冠之属。"

历代大体相同。富弼直接负责礼仪事。"文武官立家庙"之事，在富弼的职权范围中。

（1）见《乐全集》卷二十。

（2）《长编》卷一百三四"仁宗庆历元年十一月"条。

（3）《宋史》卷二百八十四。

另外，从富弼在"文武官立家庙"事前后史籍的相关记载来看，富弼在此时的朝中话语权呈增大趋势。富弼于宝元二年（1039）知谏院，知谏院虽为七品，但宋代的台谏官在朝中有重大的发言权，如富弼曾与康定元年（1040），上奏章，建言"中书同议论枢密院事"，"中书别置廷与枢密院议边事"，上奏章《乞诏陕西等路奏举才武奏》，均在朝中产生较大影响。特别是上书"除越职言事"之禁，直接参与朝廷敏感的朋党的争论，而为仁宗皇帝采取，给景祐三年（1037）因范仲淹被黜而引起的朋党之案平了反。庆历元年（1041年），五月，富弼"改右正言、知制诰、纠察在京刑狱，赐三品服。"[1] 进入了中书省，渐入朝廷核心。可见，在这次家庙重立讨论之前，富弼在朝廷中处于地位不断上升，话语不断为朝廷采纳的过程。

（2）皇祐二年（1050年）

皇祐二年（1050年），富弼为礼部侍郎，直接掌管礼仪事。此时，宋朝对家庙制度进行了第二次比较深入的讨论："下两制，与礼官详定制度"。[2] 是宋代家庙制度文本正式制定的开始。

（3）嘉祐三年（1058）

嘉祐三年（1058），富弼刚升任昭文相（首相），朝廷的施政均在其职权，当然也包括家庙制度的讨论。其盟友文彦博与之并相，是年，文彦博请"于河南府营创私庙（即家庙）"，诏从之。

（二）富弼对家庙推动给史家的误记推测。

另外，史料中对于"皇祐二年（1050）"有"至和二年（1055）"的误记。[3] 如："至和二年，宰臣宋庠言庆历郊祀赦书，许文武官立家庙……"[4]

考察至和二年、嘉祐三年，均为富弼拜相之年，主持朝廷政事，苏轼《富郑公神道碑》云：

"至和二年，召拜同中书门下平章事，集贤殿大学士。"

"嘉祐三年，加礼部尚书、昭文馆大学士、监修国史。"[5]

或为富弼推动家庙建设给史家的误记。

（1）《富郑公神道碑》，见《东坡全集》卷八十七。

（2）北宋王称《东都事略》卷六十八。

（3）杨建宏《宋代家庙制度文本与运作考论》，见《求索》2005年11期。

（4）《文献通考》卷一百四。

（5）《宋史》卷一百九。

三、富氏家庙

富氏家庙的位置记载不一。史料暗示，其在富郑公园内。而《梓川谱》记载认为，富氏家庙位于河南府宜阳县。宋代，家庙的建设规制，亦文彦博家庙为标准；而祭法，以杜衍、韩琦的为标准。富氏的家庙建设，应该在文彦博建立家庙的时间（嘉祐三年）前后；富氏家庙的规制，亦以文彦博的规制类推。而富氏家庙的祭法，可以与富弼一起参与"庆历新政"的两个核心杜衍、韩琦家庙祭法类推。

（1）富氏家庙位置。

皇佑二年（1050）的朝廷规定，士大夫"凡立庙，听于京师，或所居州县。"[1]富弼居住河南府（今洛阳）。

根据《名臣言行录》，富弼致仕后"独居还政堂。每早起，启中门钥入，瞻礼家庙"，则富弼家庙在其居所"郑公园"内。

另根据《梓川谱》："西京（河南府）富氏。《文忠公文集》载，富氏家祠……地宜阳。"[2]富弼家庙在河南府宜阳县。

河南府路，"宋为西京。旧领洛阳、宜阳、永宁、登封、巩、偃师、孟津、安龟、池九县。"[3]

二处均在河南府（今洛阳），相去30里。

（2）建立时间。

富弼致仕于熙宁五年（1072），根据富弼致仕后"瞻礼家庙"的记载，富氏家庙建造不迟于熙宁五年（1072）。

富弼建立家庙，最有可能是在嘉祐三年（1058）前后。

嘉祐三年（1058），富弼和文彦博并相，文彦博与是年陈请建立家庙：

"嘉祐三年，礼部尚书、同中书门下平章事文彦博……乞于河南府营创私庙，乞降敕指挥。"诏从之。[4]

（3）庙数。

嘉佑三年（1058），文彦博上书建言家庙庙数：

（1）《文献通考》卷一百四。

（2）《宗祠家庙录》。

（3）《元史·志第十一·地理二》。

（4）《文献通考》卷一百四。

"平章事（正二品）以上，许立四庙。"(1)

时富弼为昭文相，为首相、正一品，家庙为四庙规制。

《梓川谱》"宗祠家庙录"的记载和以上记载符合："富氏家祠乃郑国公为始迁祖韬公、曾祖处谦公、祖令荀公、父言公所建。"为四庙规制。

北宋后期，朝廷太庙由七庙升为九庙。大观四年（1110），朝廷规定：

"执政（按：执政官如宰相等）视古诸侯以祭五世。"(2)

富氏家庙或随之有四庙扩建到五庙的行为。至今，《梓川谱》保留着对五世祖、居住栝州（今丽水）的富薛的记载。(3)

（4）家庙的具体布局。

宋代为家庙重建期，并没有关于士大夫家庙布局的具体典章可参考，因此也导致庆历初年的家庙推行，"有司终不能推述先典"。(4)宋代的士大夫如文彦博根据寻访的唐代士大夫家庙遗迹，仿效营造。

嘉佑年间文彦博所创制的家庙很大程度上影响了士大夫家庙的建构，成为宋代各级官员修造家庙的蓝本。

富氏家庙的规制文献没有提及，但是可以根据同时期文彦博的家庙进行大致类推：

"至和初，（文彦博）西镇长安访唐庙之存者，得杜岐公遗迹，止余一堂四室，及旁两翼。嘉佑元年，始做而营之。三年，增置前两庑及门东庑，以藏祭器，西庑以藏家谱。斋祊，在中门之右；省牲、展馔、涤濯在中门之左；庖厨，在其东南。其外门，再重西折而南出。"(5)

（5）祭法。

祭祀是对先祖崇敬和团结宗族的仪式，其规制肃穆严整。富氏家族的祭祀仪式，目前尚未见文献记载。从洛阳出土的八块墓志铭记载的能看到的富氏家族的祭祀实践记录来看，祭祀仪式严整肃穆，应该有一套严格的程序：如晏氏，"必待礼彻而后反其室……可以奉祭祀则不失职"(6)；侯氏，"亲临涤濯，躬羞笾簋。

（1）《文献通考》卷一百四。

（2）《宋史》卷一百九。

（3）《宗祠家庙录》。

（4）《宋史》卷二百八十四。

（5）《五礼通考》卷一百十四。

（6）《晏氏墓志》。

休惕之心，温厚之气，见口颜色"[1]；张氏，"凡冠昏祭祀，吉凶之用，率有常度"[2]；富直方，"岁时祭祀……纤悉必遵旧制。"[3]

宋代为家庙的恢复期，在庆历初年的家庙恢复期，其规制无朝廷典章可循，祭祀方法亦是如此。《五礼通考》卷一百十四说："近世士大夫家祭祀，多苟且不经"，"王公荐享，下同委巷；衣冠昭穆，杂用家人"。随着制度北宋士大夫对祭祀制度的考证挖掘，宋代的家族祭祀逐渐完善。北宋中期祭法最为人称道的是杜衍、韩琦，均为富弼庆历新政时同僚（其中，杜衍为庆历宰相，韩琦和富弼、范仲淹为庆历新政的核心），其祭法被认为"颇为近古"、"其说多近人情，最为可行"：

"杜正献（杜衍）家用其远祖叔廉书，仪四时之享，以分、至日，不设椅卓，惟用平面席褥，不焚纸币，以子弟执事，不杂以婢仆，先事致斋之类，颇为近古。又韩忠献（韩琦）公尝集唐御史郑正则等七家祭仪，参酌而用之，名曰韩氏，参用古今家祭，式其法，与杜氏大略相似，而参以时宜，如分、至之外，元日、端午、重九、七月十五日之祭皆不废……其说多近人情，最为可行。"[4]

按照富氏与杜衍、韩琦良好的私交，富氏家族"纤悉必遵旧制"的祭祀记载，富氏祭法遵从或参考了二者的祭法。

关于富氏一年中的祭祀次数和时间。根据晏氏晚年"躬修时祭"，[5]张氏"冠昏祭祀，吉凶之用……守文忠、周国之法谨甚"，[6]富直方"岁时祭祀……纤悉必遵旧制，如是者终其身"，[7]富氏家族也应该在一年中的固定时期，如"分、至日"，"元日、端午、重九、七月十五日"等时节祭祀。

关于富氏家庙的祭祀礼器。宋徽宗政和年间，朝廷对祭祀礼器做了规定，富弼为三朝宰相，正一品。正一品官员祭器如下：

"正一品：每室笾、豆各十有二，簠、簋各四，壶尊、罍、铡鼎、俎、筐各二，尊、罍加勺、幂各一，爵各一，诸室共用胙俎、罍洗一。"[8]

（1）《侯氏墓志》。

（2）《张氏墓志》。

（3）《富直方墓志》，见《富弼家族墓地》65—67页，中州古籍出版社（2007年）。

（4）《却扫编》卷中。

（5）《晏氏墓志》。

（6）《张氏墓志》。

（7）同（3）。

（8）《宋史·志·卷六十二》。

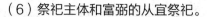

（6）祭祀主体和富弼的从宜祭祀。

富弼在家庙中的活动，唯一的记载为熙宁五年（1072）致仕后："独居还政堂。每早起，启中门钥入，瞻礼家庙。"[1]为一种日常性的礼拜。

根据洛阳出土的富弼家族墓地墓志铭，富氏家族祭祀者的主事者大多为命妇，如富弼妻晏氏，富鼎妻侯氏，富绍京妻张氏。可能是因为富弼等家族男性成员忙于国政的缘故，如富弼并无主祀家庙的记载。唯一主持祭祀的富直方，身体羸弱，"养偏亲，守先垄，家居不出仕"。[2]

与富弼至和、嘉佑年间并相的文彦博，在为相时亦无暇分身：

"（嘉佑）四年秋，庙成。公以入辅出藩，未尝逾时，安处于洛。元丰三年秋，留守西都（洛阳），始衅庙而祀焉……"[3]

嘉佑四年（1056），文彦博家庙建成，但直到元丰三年（1080），文彦博才开始祭祀。估计富弼也是在留守西京，如嘉佑末年丁母忧、熙宁五年（1072）致仕后，才有空参与祭祀。

平常国政繁忙，出守各地的时候，文彦博从宜祭祀：

"又以或受诏之四方，不常其居，乃酌古诸侯载主之义，作车奉神板以行，此皆礼之从宜者也。"[4]

或者富弼亦有类似的做法。特别是根据韩琦的祭法，每年"分、至之外，元日、端午、重九、七月十五日之祭皆不废"，祭祀时间频繁。作为宰相的富弼大多身处汴京（开封），应无暇到洛阳参与正式祭祀而选择"作车奉神板以行"等"礼之从宜者"。

以富直柔看富氏家族的过继子地位

人口的繁衍是封建社会家族的大事，特别是拥有子嗣，让祖先血食不断被认为是每个子孙应尽的义务。亚圣孟子提出"不孝有三，无后为大"，汉代赵歧注曰：

（1）《闻见录》卷九。

（2）《富直方墓志》，见《富弼家族墓地》65—67页，中州古籍出版社（2007年）。

（3）司马光《传家集》卷七十九。

（4）同上。

"……不娶无子，绝先祖祀，三不孝也。三者之中，无后为大。"[1] 无男性传宗接代，沿袭香火，过年过节时无后代为祖先扫墓、祭拜，这是令古人无法容忍的。中国古人对男性后代的需要已脱离了人的生育自然本能和人伦伦理意识，上升为一种文化行为和宗教行为，甚而是政治行为。

在南田富氏家族的发展过程中，人口繁衍一直是困扰富氏的问题。除遭受的几次接近灭族的灾难对富氏人口的繁衍造成重大打击外，富氏家族晚婚、择求门第等因素，也对富氏的人口繁衍有影响。

在家族宗法慎终追远的祖先崇拜情结中，没有继嗣就意味着祖先祭祀无法维持下去。一旦单个家庭的正常延续出现断裂。没有男丁的家庭，为了不使自己门户断绝，就会用一些办法来弥补无儿的缺憾，努力将自己的家庭拉入社会认同的所谓"正常"的发展与延续模式。立嗣继承或称为过继，就是其中重要的一种方式。[2]

从文献上看，北宋中后期到南宋初年（对应富氏世系为七世到九世），富氏家族文献出现比较多的过继子。根据宋制，过继子与亲子有同等的家族地位，并规定只能过继同族子弟。[3]

富氏的出现"过继子"，为宋代同族子弟过继的典型实例。如富直柔是富氏家族以过继子身份继承先祖富弼政治遗产的实例。

一、以富直柔看富氏家族的过继子地位

富氏七世到八世过继子举隅。

同宗族过继又叫"过房"，以富氏七世到八世为例，过继子如下表：

姓名	世系	过继子（孙）情况	原因
富直方	七世	将择族中贤子（富梅）立嗣[1]	生子构，十五岁而卒。[2]
富直英	七世	享年二十七……以再从兄直举之子橚为嗣。[3]	无子
富景贤（直言）[4]	七世	景贤……立直亮公次子安中为嗣，改名梓[5]	无子
富直柔	七世	后发干将子梼过房与兄枢密富直柔为子。[6]	无子
富楫	八世	立安朝（富直亮子）公次子玠为嗣。[7]	无子
富梅	八世	立侄盖公子为孙。[8]	无孙

（1）《孟子注疏》卷七下。

（2）以上论述主要参考《记同治五年一张继嗣文书》，《山东理工大学学报》2011年第3期。

（3）《宋代财产继承法初探》，《河北大学学报》1986年第8期。

①②《富弼家族墓地》067页，中州古籍出版社。

③《富弼家族墓地》068页，中州古籍出版社。

④《现代谱》"列祖介绍第"第4页："娶李氏，续娶叶氏"，或者也透露出求子的动机。

⑤《现代谱》"列祖介绍"第4页。

⑥《中兴礼书·凶礼六十五》。

⑦《现代谱》"列祖介绍"第4页。

⑧《道光谱》。

二、以富直柔看富氏过继子的家族地位。

宋制规定养子并依"亲子法"继承家产[1]。下面以富绍庭继子富直柔为例，说明富氏家族的过继子，不仅确立了相同的家庭地位。还可以成为主事者，并继承先祖（富弼）的政治遗产。

1.富直柔的过继子身份考证。

《现代谱》对富直柔作为富绍庭的过继子有记载：

"绍庭……又立纯公子沁，改名直柔为次子。"[2]

《梓川谱》的苏州支系始迁祖富严孙富纯世系下有"富沁"：

"纯，（次子）沁。"[3]

出土文献洛阳家族墓地的墓志及现存史料亦透露了富直柔过继子的身份。在出图墓志和族谱中，富直柔为富弼长子富绍庭之子。富绍庭妻刘氏在北宋末年即故去，《张氏墓志》：

"又二年（1085），夫人之姑周国太夫人晏氏薨。其后朝议公夫妇（富绍庭夫妇）亦亡。"

富绍庭夫妇相继而亡，根据《富绍庭传》，富绍庭卒于北宋崇宁（1102—1106）中，则其妻刘氏亦卒于崇宁（1102—1106）左右。

而富直柔所生母死去在绍兴六年（1136），《宋史·富直柔传》：

"（绍兴）六年（1136），丁所生母忧。"

《建炎以来系年要录》卷九八：

"壬寅，持服前左中大夫富直柔起复资政殿学士，知镇江府。时直柔方持所

（1）郭东旭《宋代财产继承法初探》。

（2）《现代谱》"列祖简介"第一页。

（3）《梓川谱》"支图外纪"第七页。

生母丧，故有是命……既而直柔引祖弼故事乞终丧制，上许之。"

则"所生母"必不为富绍庭妻刘氏，而为其苏州支系的生母，即富纯之妻。

2.过继过程。

宋制对过继方法亦有规定。宋代养子有抱养子和收养子之分，抱养子即常见的过继，是无子之家为防户绝而养同宗昭穆相当之人的小儿以为子，亦称"过继子"或"过房子"。[1]富直柔（原名沁）为富氏七世，与富绍庭子（七世）昭穆相当，符合宋代抱养过继法。

在宋代养同宗子必须依"除附之法"。"此谓人空养同宗子，两户各有人户，甲户无子，养乙户之子以为子，除乙户名籍而附之于甲户。所以谓之除附"。只有经过"除附"，即办理了户口转移手续，在法律上确立了养子与养父母的关系，终止了与其生身父母幼身份关系，才视为合法的过继子，才受到法律的保护[2]。根据《梓川谱》，富纯子富沁后不附后裔[3]，而绍定（绍庭）子富直柔后附后裔[4]，符合宋代"除附之法"。

3.过继时间。

史料上没有对富直柔过继时间的直接记载，以下从洛阳富氏家族墓地发掘墓志富直柔相关记载出现的时间，推断富直柔完成过继的时间。

元祐二年（1087），《宋赠太尉谥文忠韩国富公周国太夫人晏氏墓志铭》云："（富弼夫妇）孙男三人，定方，承事郎；直清，承奉郎；直亮，假承务郎。"[5]

富直柔生于元丰七年（1084），到元祐二年（1087），富直柔已经三岁，但是此家族文献不见记载，应该是还没完成过继。

家族文献中第一次出现富直柔是在政和五年（1115），《张氏墓志》云："侄直柔，方主颍州主簿。"[6]

则此时富直柔已经完成过继（以官职论，刚登上仕途，估计为祖、父辈的荫补），时年二十二岁。

综上，根据墓志文献，其过继于富绍庭为元祐二年（1087）到政和五年（1115）之间。

4.富氏过继子在家族地位的认定。

（1）郭东旭《宋代财产继承法初探》。

（2）同上。

（3）《梓川谱》"支图外纪"第七页。

（4）《梓川谱》"支图外纪"第二页。

（5）《富弼家族墓地》第55页，中州古籍出版社。

（6）《富弼家族墓地》第60页，中州古籍出版社。

（1）家族认定。

过继后的富直柔，以长房子的身份，很快起到了家庭主事者的作用。政和七年（1117），三十一岁的富直柔主持了富弼长孙富直方的葬礼，《富直方墓志铭》云：

"从弟迪功郎直柔实承家事，卜宣和二年七月二十三日举葬于右卫公墓次。"[1]

宣和（1119—1125）年间，富直柔又接连为富氏家族过世成员撰写墓志铭，如宣和四年（1122年），为富弼嫡长孙富直方妻范氏书写墓志铭，《范氏墓志》：

"（范氏）后六年以疾终，实宣和四年十一月初十日也……迪功郎、新差充京畿转运司、句当公事富直柔书。"[2]

宣和六年（1124），富直柔为再从弟富直英书写墓志铭，《富直英墓志》：

"宣和甲辰（1124）……（富直英）遽感疾不起……再从兄直柔铭之曰。"[3]

以上可见，富直柔作为富绍庭过继子，"实承家事"，起到了富弼长房孙的作用。此其为富氏家族内部承认"过继子"为"子"的鲜明证据。

（2）文献认定。

外部史料作为富氏家族外部人员的记载，亦认定了富直柔富绍庭子、富弼孙的地位，如下表：

文献	撰写时间	表述
《却扫编》卷上	南宋初年	祖孙秉政，国初至绍兴凡四家……富文忠孙季申直柔，同知枢密。
《名贤氏族言行类稿》卷四十八	南宋嘉定（1208—1224）	绍庭字德先……有子直柔。
《宋史·富弼传·富绍庭附传》	元代	（绍庭）子直柔，绍兴中，同知枢密院事。
《宋史·富直柔传》	元代	富直柔……宰相弼之孙也。
《万姓统谱·氏族博攷》卷十二	明代万历年间（1573—1620）	祖孙执政……富文忠、孙季申。

（3）官方认定。

皇家制诰对富直柔祖先的荣封，《北山集》卷二十二中《同知枢密院事富直柔，明堂大礼赦，恩封赠曾祖任尚书都官、员外郎、赠太师中书令、兼尚书令、

（1）《富弼家族墓地》第66页，中州古籍出版社。

（2）《富弼家族墓地》第68页，中州古籍出版社。

（3）同上。

追封韩国公言改封鲁国公勅》等六个追封富直柔先祖富言、富弼、富绍庭夫妻的诰命（最直接的证据为富直柔母被认定为富绍庭妻刘氏）[1]来看，明确了富言——富弼——富绍庭——富直柔的世系，认定了富直柔作为富弼孙的地位，以及在南田富氏宗族中的地位。

富直柔的历次官职封定制诰，也反复提及富直柔作为"富弼孙"的地位。在富直柔的仕途上，还享受着富弼"盛德大业"的遗产，如下表：

文献	撰写时间	表述
《胡寅、富直柔左右史制敕》（见《大隐集》卷一）	南宋初年	以尔直柔，名臣（富弼）之孙。
《新除端明殿学士签书枢密院事富直柔辞免恩命不允诏》（见汪藻《浮溪集》）	南宋初年	朕惟庆历宗臣（富弼），驰单车入不测之敌，以片言成万世之功。相吾三宗，如古伊吕……以卿（富直柔）高明浑厚，德颇似之（富弼）。
《赐新除御史中丞富直柔辞免恩命不允诏勅》（见《北海集》卷十三）	南宋初年	卿天资直谅，绰有祖（富弼）风。
《富直柔罢同知枢密院事，依前中大夫差提举临安府洞霄宫敕》（见《北山集》卷二十六）	南宋初年	庶几魏郑（富弼）之孙，复振臧僖之后。
《戊申富直柔签书枢密院事制》（见《宋宰辅编年录》卷十四）	南宋初年	配是似于前人（富弼），当承辟国之烈，不陨名于世德。
《挥麈录》余话卷一	南宋初年	思陵（宋高宗）中兴，兴念故家，所以富郑公（富弼）之孙季申直柔……相继赐第，为右府。

（4）富直柔交游对象的认定

富直柔的交游对象也认可了富直柔作为富弼孙的地位，以下是一些私人往来诗文（撰写者为时高官名流）：

（1）见本书"富氏制诰·富直柔"中《同知枢密院事富直柔，明堂大礼敕，恩封赠曾祖任尚书都官、员外郎、赠太师中书令、兼尚书令、追封韩国公言改封鲁国公勅》等。

文献	表述	撰写者及身份
《寄富季申》（见《景迂生集》卷八）	故园（郑公园）多谢凌霄木，直到丹霄上上头。	晁说之（1059—1129），曾任秘书少监兼渝德、寻以中书舍人兼詹事，高宗即位，接猷阁待制兼侍读。富直柔的荐举人。
《闻富季申迁校书郎》（见《景迂生集》卷九）	相公（富弼）勋业久弥著，孙子门阑渐有光。	晁说之（同上）。
《次韵晁待制喜富季申迁校书》（见《东窗集》卷四）	郑公（富弼）勋阀似汾阳，人物君看同舍郎。	张扩：崇宁中（1104年左右）进士。授国子监簿，迁博士，调处州工曹，召为秘书省校书郎，寻充馆职。南渡后，历中书舍人。
《上富枢密生辰诗》（见《五百家播芳大全文粹》卷八十七）	（富弼）盛德三朝老，元勋四海瞻。仁公归衮绣，赤舄尚苍髯。	韩驹（1080～1135）北宋末南宋初江西诗派诗人，诗论家。宣和五年（1123）除秘书少监，六年，迁中书舍人兼修国史。高宗立，知江州。
《贺富枢密启》（见《北海集》卷三十一）	（富弼）圣德歌于庆历，尤推同位之三公；忠节表于元丰，尚及挂冠之一。肆追评于先政，必订美于诸家。	綦崇礼（1083—1142），宋高宗时中书舍人、翰林学士。
《贺富枢密启》（见《北海集》卷三十二）	擢秀谢兰，蚤席先门之庆；挺材楚梓，出膺大厦之求……期中兴于王室，用追绍于家声。	綦崇礼（同上）。
《次韵富季申寄示》（见《忠正德文集》卷五）	第恐先求旧，黄麻起世臣。	赵鼎（1085—1147），宋高宗时宰相、词人。曾与宋高宗、富直柔同舟南渡。
《满庭芳·寿富枢密》（见《芦川归来集》卷七，又见《芦川词》）	韩国（富弼）殊勋，洛都西内，名园甲第相连。	张元干（1091—约1161）：历任太学上舍生、陈留县丞。金兵围汴，秦桧当国时，入李纲麾下，坚决抗金，力谏死守。曾赋《贺新郎》词赠李纲，后秦桧闻此事，以他事追赴大理寺除名削籍。与张孝祥一起号称南宋初期"词坛双璧"。
《感皇恩（寿）》（《芦川归来集》卷七，又见《芦川词》）	年少太平时，名园（郑公园）甲第。	张元干（同上）。

续表

文献	表述	撰写者及身份
《代贺富枢密启》（见《香溪集》卷二十）	真名臣（富弼）孙，款奏论于合中。	范浚（1102—1150），南宋初理学家，世称"香溪先生"。
《上富枢密生辰诗》（见《五百家播芳大全文粹》卷八十七）	闻郑公（富弼）声迹留契丹，忠义肝胆人所难。……郑公遗范后必大……	杨万里（1127—1206），著名文学家、爱国诗人，与陆游、尤袤、范成大并称"南宋四大家"、"中兴四大诗人"。曾任太子侍读、秘书监等职，官至宝谟阁直学士，封庐陵郡开国侯。

5. 结论

富绍庭继子富直柔，在富氏家族中拥有嫡子同等的身份，直接继承了富弼的政治遗产。富氏家族中的过继子和嫡子有同等的地位。

三、富氏子嗣繁衍不发达原因试探究。

（1）富氏和大族反复联姻的倾向，其婚姻对象相对狭小。大族掌握较多的政治资源和经济资源，联姻是官僚家族巩固自身地位的一种方式。另外，亲上加亲，反复联姻，不以贵贱捐弃，显得人情味十足。富弼的联姻观念也很能说明富氏家族对近亲婚姻的态度："欲富、范为世姻"。[1]富弼孙富直方妻和表妹范氏联姻，就是富弼亲定："此女，直方妇也"。[2]

根据现有文献，富氏七世近亲结婚如下表：

对象	关系	世系	记载及文献
富直方、范氏	表兄妹	七世	（富直方）夫人范氏……母富氏，丞相文忠公之女……公语周国夫人曰："此女，直方妇也。"（《范氏墓志铭》）

（1）《富直方墓志》，见《富弼家族墓地》第66页，中州古籍出版社。

（2）《范氏墓志》，见《富弼家族墓地》第67页，中州古籍出版社。

续表

对象	关系	世系	记载及文献
刘彦忠（富氏六世女之子）、富氏	表兄妹	七世	孙女三人……次适颍昌府郾城县主簿刘绚。（《晏氏墓志》）
			（张氏）女一人，适朝奉郎、提点杭州紫霄宫刘绚。（《张氏墓志铭》）
			（张氏）（孙）女二人，长适绚之子彦忠。（《张氏墓志铭》）
富延年（富临妻龚氏子）、龚氏	表兄妹	七世	夫人，龚氏池州府君夫人之侄也。（《宋故右迪功郎监潭州南岳庙富君墓志铭》，见《北山集》卷三十一）

近亲的结果容易导致遗传病，表现在富氏家是子嗣夭折和无子。北宋中期到北宋末年，富弼家族子嗣或幼年夭折或无子的状况已经显现（见上文"富氏七世到八世过继子举隅"）。

到了北宋末，南宋初年回迁到本籍青田后，到站稳脚跟，又和地方大族钱、蒋、刘、叶、周反复联姻。清代康熙乱后回迁后，第二代开始的适婚年龄人口的人又和累世姻亲南田刘氏反复通婚。基因的固化和相似性使得其后代容易出现生殖能力不强。

当然也有可能是读书人家，体质较弱的原因。南田富氏女，如刘伯温妻、赵超构母也同样存在生育困难的记载。

（2）族风柔弱不争。富弼自少年好道，至老不衰，晚年又好佛，到富弼家族南渡后，族人散处江南，元代郑元祐《挂蓑亭记》说富氏子弟"遗辙往往寄迹于释老异教"。[1] 同文记载，富弼的诸孙富恕在"为道士于吴江之昭灵观"，"不乐与凡构接，恒飘飘有凌云之思"。对于隐者的态度，很能表现富恕的价值取向。他认为隐者"虽圣人不能语之化"，"其卓识远见，世盖有不得而闻者"，是一种认为比儒家的圣人更加高明的群体，富氏的族风里，有推重避世的隐者甚于入世儒者的心态。明代记载的富氏族人传记寥寥无几。但其中，明初富銀，"晚年幅巾谢事，寄情予山水之间"，[2] 明初富浑，"常以诗酒自娱"不乐仕进，"尝谓世人营营碌碌，乃曰：……知止不殆物之理也；因以'止'自名其斋。……常幅巾布囊，与二、三挚友盘旋其间（蟹谷），或咏或觞，乐以成趣……其胸次悠然，

（1）《侨吴集》卷九，《吴都文粹续集》补遗卷下。

（2）《殷五公墓铭》，见现代谱161页。

漫出流俗。"[1]南田富氏与佛有染着，如明代族人里，也有在福建作寺院住持的人。清初回迁的富国顺"尤信因果，命子敦书远涉南海（普陀）拈香"。[2]好佛老超脱，必然在主观上出现不争物质的观念。而物质基础，是家族繁衍的重要条件。

（3）晚婚传统。从目前掌握的富氏家族关于婚育的材料来看，富氏家族对于晚婚晚育至少不排斥。邵伯温《闻见录》卷二十八记载：

公曰："晚娶甚善……吾年二十八登科方娶，尝白先公、先夫人：'未第决不娶，弟妹当先嫁娶之。'"

从这个材料看出，富弼认为"晚娶甚善"，将仕途摆在婚育之前。富弼二十八岁（虚岁）制科登第后方娶晏氏，其父母对行为亦不没有阻拦。

然而生育均有一定的年龄期限，生育年龄的过晚会影响子女的体质。根据《富秦公墓志铭》以及洛阳富氏家族墓地出土的十四块墓志，排列出的文献生卒年可考的父——长子组合分别为富言——富弼、富弼——富绍庭，富鼎——富绍宁，富绍京——富直方。富氏4—7世普遍存在晚育的情况，以下是对富氏长子出生时父亲年龄的考证。

富言——富弼。《富秦公言墓志铭》："天圣八年（1030）就移知万州……明年九月三日（1031）感厉气无良医以资终于郡署之正寝"，年"六十三"（虚岁），以此逆推，则生于公元969年。富弼生于景德元年（1004），则时富言三十六岁（虚岁）。

富弼——富绍庭。富弼生于景德元年（1004。）富绍庭（又作"绍廷、绍定"，见《梓川谱》初版序言、《画墁录》、邵伯温《闻见录》），卒于崇宁年间（1102—1106）："崇宁中，德先卒"，[3]年六十八（虚岁），[4]逆推之，则生于1035年—1039年，时富弼三十二岁-三十六岁（虚岁）。另外，根据北宋张舜民《画墁录》[5]的说法，富绍庭也不是富弼的亲生子："富郑公……无子。族子绍定（即绍庭）居之。绍定（绍庭），本始姑苏人，富家又无子。"即富绍庭是南田富氏苏州支系的子嗣，与富直柔类同。

富鼎——富绍宁。富鼎，元丰四年（1081）卒，"年七十三"（虚岁），[6]逆推之，则生于（1009年）。长子富绍宁，"遇疾卒于东京开宝寺旅舍，实大观

（1）《知止斋处士富公墓志铭》，见现代谱162页。

（2）徐绍伟《让泽公暨徐孺人墓铭》。

（3）宋邵伯温《闻见录》卷九。

（4）《宋史·富弼传·富绍庭附传》。

（5）载《说郛》卷十八上。

（6）《富鼎墓志》，见《富弼家族墓地》第55页，中州古籍出版社。

四年（1110）四月十八日也"，"享年六十有二"（虚岁），[1] 逆推之，则生于1049年，时富鼎四十一岁（虚岁）。

富绍京——富直方。富绍京，"（元丰）六年（1083）闰六月韩公薨……其七月丙寅以疾卒"，[2] 年三十七（虚岁），则其生于1047年。其长子富直方"（政和）七年（1117）……遂终于正寝"，[3] 享年五十（虚岁），则其生于1068年，时富绍京二十二岁。富绍京——富直方是墓志世系里唯一早育的，但长子富直方"体素羸"，次子富直清先于母亲张氏（卒于政和五年即1115年）[4] 而亡，虽生子富楫，但无孙子。出土墓志关联的唯一的早育世系其子的或身体羸弱，或寿命不永。

搬迁到梧溪的富应高支系也存在相应的情况。因为族谱的残破导致明代梧溪族人生卒年的普遍失考，现仅以宋元时期的富应高——富孟谦——富鐻三代长子支系为例：

富应高，生宝祐癸丑（1253），其长子富孟谦，生至元庚寅（1290），[5] 时富应高三十八岁（虚岁）。

梧溪二世祖富孟谦，其长子富鐻生延祐己未（1319），[6] 同上时富孟谦三十岁（虚岁）。

（4）慈善的物质让利。物质条件的积累是家族兴盛的必然基础，而慈善是一种损己利人的行为。富氏的慈善行为，代有记载，直接导致家族的物质基础喊少为必然。如又无财产增拓，必然对后代的繁衍兴盛产生一定影响。

（1）《富绍宁墓志》，见《富弼家族墓地》第61页，中州古籍出版社。

（2）《富绍京墓志》，见《富弼家族墓地》第58页，中州古籍出版社。

（3）《富直方墓志》，见《富弼家族墓地》第66页，中州古籍出版社。

（4）《张氏墓志》，见《富弼家族墓地》第60页，中州古籍出版社。

（5）《现代谱》"列祖介绍"第5页。

（6）同上。

第六章：地方史研究（以宗谱为支点）

南田山的宋族定居背景及富氏的联姻

一、福地南田

文成"天下第六福地"之名，源于下辖镇南田。南田，旧称南田山，位于旧青田南，今文成县西北，古称"天下第六福地"。

关于南田山的记载：

"在（青田）县南一百五十里……周二百里。土沃宜稻。岁旱丰稔如常。"[1]

因为田地广阔，大涝大旱都不绝收，古来都被称为"福地"：

"《舆地纪胜》：'古称七十二福地，此其一也。'"[2]

又因为万山的阻隔，历代成为避乱定居佳处：

"南田之山，四围皆峭拔而峻厉。"[3]

"唐广德中袁晁之乱，邑人多避难山中。"[4]

清雍正《浙江通志》卷二十一对南田的地名亦作了简介："下有黄庄楼、百丈漈，右有吴埠桥"，吴埠桥所在地，即富氏聚居的梧溪村。

在堪舆学中，南田亦有很好的地形，刘基裔孙刘日泽在《刘基故里南田——天下第六福地》介绍说：

"南田山四灵具全，北枕'龙山'为'玄武'；左辅'驮山'、'放牛山'为'青龙'；右弼'垄头口山'为'白虎'；前案'缸窑山'为'朱雀'；远有'马垄尖'为'朝山'，

（1）卷二十一。

（2）《大清一统志》卷二百三十六。

（3）《南田山志·跋》。

（4）同（2）。

围合成台上之谷，盆中之盆。东西两溪似双龙戏珠环抱南田，屈曲缓行，流聚东南。（三滩水口、高村垟尾、西段丁坑口）三道水口，环环紧扣，锁住南田之灵气。"

因为田地广阔、旱涝保收，又有"风水"，所以对于卜居家族来说，南田山为定居佳处。

二、富韬定居以前的南田周边定居情况

南田山位于浙南山区。

1.中唐顾况记载的浙南山区定居情况。

唐以前，"（浙南）僻在荒服中，多老林，供郡国材用而已。至唐始有山民烧畲辟壤，渐兴赋役。"[1]

中唐曾仕于温州的顾况《莽墟赋》[2]更是记载了浙南山林丛杂的幽僻地貌：

"前山极高，犹在其下。聚首峨峨，去天无多。中有灵草，洞泉浇沙。倒壁挂松，灵蓍接波。乳窦滴沥，芝房骈罗。野火不钻，枯木夏摩。阴岑胶加，流响灭华。阳冈豁寥，上景澄霞。何意万里之荒谷兮，有此数百家。"

"何意万里之荒谷兮，有此数百家"概括了浙南丛林掩盖的险僻地貌。

富氏宗人的文献也记载了浙南山区开发及人口聚集的信息。南宋富嘉谋《建庆元县经始记》记载了南宋庆元时青田邻县的庆元县：

"其巉岩之峰，硌矷之石，屹立于瓯南、闽越之交。岭复而益峻，道隘而益隐……其居幽速，足迹未曾至县，有不得其所者……时有木数千章，在深山穷谷，既巨且良。"

可以看到南宋庆元县创始时的幽僻。

因交通和经济发展的便利，唐中后期中原因战乱南下两浙的北方移民，大体在苏南和浙北地区。而关于浙南移民的定居点情况，顾况《莽墟赋》的姐妹篇《游仙记》[3]中有所涉及。《游仙记》云：

"温州人李庭等大历六年（771年）入山斫树，迷不知路，逢见祭水。祭水者，东越方言以挂泉为祭。中有人烟鸡犬之候，寻声渡水，忽到一处，约在瓯闽之间，云古莽然之墟。有好田泉竹果药。连栋架险，三百余家。四面高山，回还深映。有象耕雁耘，人甚知礼，野鸟名鸽，飞行似鹤，人舍中唯祭得杀，无故不得杀之。杀则地震。有一老人，为众所伏。容貌甚和，岁收数百匹布，以备寒暑。乍见外人，

（1）林鹗《泰顺分疆录》。

（2）《全唐文》卷五百二十八。

（3）《六艺之一录》卷一百二。

亦甚惊异，问所从来，袁晁贼平未？时政何若？俱以实告。"

从"入山斫树，迷不知路，逢见祭水"的情况，可以看出，当时还是树木繁杂，多未开辟的莽荒之地，从"人甚知礼"、"容貌甚和"，以及老人问"袁晁贼平未"可以看出，"三百余家"居民不是莽荒的土著，而为时避乱的外来户。从文章记载的风俗来看，本地和南田山及邻近地区确有相符之处。如南田位于"瓯闽之间"，如当地人称瀑布为"漈"，"雁耘"盖不是实写，言其可耕之地处高山。关于袁晁难，逃亡山中之人，《明一统志》卷四十四记载：

"南田山……唐袁晁之乱，邑人多于此避难。"

2. 从寺院看唐代南田山的人口情况。

寺庙是人口兴盛的标志。僧人很少参加劳动，生活来源来自施主供养。中国古代，乡绅、朝廷通常拨置田地，作为寺院的经济来源。寺院的出现，是一个地方人口聚集、财富发展到有余力从事精神生活的象征。寺院的背后，是以寺院为中心的相对稠密人口和发达经济的定居圈。

从盛唐开始，南田山就有寺院记载，为本地人口定居到一定规模的反映：

"唐玄宗天宝年间（742—756）……在三源小坑边（今属文成）建紫阳观。"

"唐宪宗元和三年（808）……在西坑夏田（今属文成）建安福寺。"

"唐宪宗元和七年（812）……在黄坦柿树根（今文成雅梅乡严钵村）始建僧院栖真寺。"[1]

另有唐宣宗大中（847—858）时南田建慈仁寺，南田西陵建妙因寺。唐昭宗乾宁（894—897）时，南田建连云寺等。[2]

三、富韬定居时的南田山人口情况

唐代南田山寺院林立，则唐代南田山已有一定的人口基数和经济基础。五代时期富韬迁入时的记载也佐证了这一情况：

"（富韬）道经青邑甘泉里之南田，见民风和穆，以为美里，因而居焉。"[3]

"民风和穆"表明，人口定居一定时间后，形成了相对稳定的社会秩序。

（1）沈克成《温州历史年表》。

（2）刘日泽《南田与九都》。

（3）《梓川谱》第一页。

四、四大望族定居形成的南田山崇尚耕读的风气

1.四大望族的定居。

关于南田山中宋代以前（包括宋代）定居的望族。刘耀东的《南田山志》卷三中认为：

"山中氏族，宋元之世，钱、富最著，蒋、刘稍后。"

五代定居的富氏，及其后定居的钱晁（钱镠九世孙）、陈襄、蒋继周、刘光世（以及南宋后期，搬迁到南田山脚的赵允夫）后裔，均为官宦人家，其自身的财产和文化素养，推动了南田山的经济和文化开发，形成了南田山浓厚的"宋族"耕读尚文的风气。

2.富氏的望族家风。

以富弼为代表的富氏家族，在宋代簪缨相继，在朝中有广泛的影响力，作为浙南深山南田文化开拓的先行者，富氏吸引大族定居，富氏起了领风气之先的作用。

富氏的望族家风在现存的富氏族谱中还能见端倪：

（1）耕读传家的家风：

"子孙务以耕读为本，不可入于下流"[1]。

"下流"，概指工商之业。

（2）门当户对的联姻习惯：

"子孙嫁娶，必选门第相当，不可徒贪财物，或微贱之家，玷辱宗风，大可痛也。[2]"

从现有家谱来看，富氏家族北宋末年搬迁回南田后，和钱、陈、蒋、刘、赵、叶等望族世代联姻。

五、联姻家族的宋族背景及联姻情况

富氏和迁到南田山及周边的宋望族有广泛的联姻。

1.钱氏。

（1）钱氏和富氏家族的渊源。

南田钱氏奠基祖为钱晁，北宋熙宁二年（1079），钱晁"乐南田东里山水之胜，遂徙焉，因名其地'钱唐'（钱镠为钱塘人），不忘本也"。钱晁"应宋皇祐五

（1）《道光谱》"书谱凡例"。

（2）同上。

年进士举，初授山东泰安州判官，官至亚中大夫、崇政殿侍讲学士，出知越州军州事，以淮南、江浙等道发运使致仕"，为明显的高官。

钱氏和青田发生关系最早为钱勰八世祖钱原（元）瑾。其为钱镠子，曾任处州刺史。

钱氏定居南田以后，钱勰九世孙钱天禹"复应进士举，为宋大理评事，号'靖庵先生'。"并首布宗谱，接续钱镠世系："列武肃王诰券表文于右图，昭穆世系，祖免亲疏"。元代钱元达，"读书知兵……授管军总把千户。"[1]

钱氏和富氏的渊源最早可追溯到五代时期，富弼高祖富韬为吴越国中吴军长洲县尉、长洲县令，[2]时中吴军节度使为钱镠子钱元璙、孙钱文奉。富韬后在福州为官，[3]时威武军（后称彰武军）节度使为钱宏偡、钱元瓛。宋仁宗时，富弼参与钱氏后裔钱惟演幕下的文人集团唱和。天圣九年（1031）到乾祐元年（1034），富弼正值仕途之初，在王曾幕下为推官，洛阳有"钱幕文人集团成员"，本身就是一个以南人（钱惟演）发起并以南人为主力的文人集团。富弼与钱惟演、钱暄（钱惟演三子）均为洛阳钱幕文人集团成员，有唱和往来，欧阳修有《述怀感事赠梅圣俞》以记之。[4]

《景泰谱》中保存的富氏与钱氏联姻记录，主要集中在明代，如富桂（十六世）、富傃（十八世）。

2. 陈氏。

（1）陈氏和富氏家族的渊源。

陈氏定居青田的祖先为陈文发。

《阜山陈宅村和它的北斗七星》记载了陈襄次子陈文发定居青田的过程：

"陈文发，曾任将作主簿（原文记载为正四品，按宋制，'将作监簿'为从七品下），因朝廷为变新法纷争不已，风云丕变，便淡泊功名，寄意山水。宋哲宗元祐年间（1086～1094），他来年阜山方见此有三源合流，七星布局，又有双台西照，五驳南驰之景观，便定此农耕，据传其为入赘。"[5]

陈文发为北宋名臣陈襄次子。

<hr />

（1）以上引文俱见刘鹰《钱氏重修家谱序》，见《盘谷集》卷八，文成县政协学习文史委第二十三期文史材料。

（2）见本书《吴越国：家族兴盛的起点——兼论富韬的生平》。

（3）同上。

（4）王书荣《地域文化与洛阳钱幕文人集团唱和诗研究》，广西大学2012年古代文学硕士论文。

（5）http://www.taiwan-zhejiang.com/megazine/015（cn）/e04.htm。

根据记载，则同属旧党的陈襄家族在党争后避新党锋芒而退居青田。

陈襄（1017～1080），字述古，号"古灵先生"，仁宗、神宗时期名臣。进士及第，历官枢密院直学士，知通进银台司，提举进奏院，后又兼侍读，提举司天监，兼尚书都省事等。其人公正廉明，识人善荐，著有《古灵集》二十五卷传世。

陈襄与富弼交厚：

"富丞相当国日，引陈襄述古为上客。述古所以告富公者尽仁义也。有不悦富公者，造为'五鬼'之号，而襄在其一二人。"[1]

二人政见类似，皆属旧党。熙宁中，富弼知河阳，抵制青苗法；此时，陈襄知谏院，奏请罢青苗法。

根据曹清华《富弼年谱》，二人的具体交往举例如下文。

陈襄为富弼所荐。嘉佑二年十月，富弼荐陈襄试馆职（秘阁校理）：

"七日，学士院试秘书丞陈襄，赋诗三下，诏充秘阁校理，以宰臣富弼荐命试。"[2]

嘉祐四年（1059），陈襄有《与富丞相书》，乞一闲曹，以遂著书之志。

熙宁二年（1069），富弼为相，擢用陈襄，因吴充言，宋仁宗"于是疑弼"：

"吴充曰：'不然。弼用私又甚于琦。其所厚善者韩维、陈襄，他日必先引此二人，即臣言可验。'上默然。公亮闻之，果急劾弼擢用维、襄，于是充徨退曰：'臣向言如何？'上意于是疑弼。"[3]

熙宁四年（1071），富弼请老，陈襄上《谢富相公启》。

熙宁七年（1074）夏，陈襄有与富弼启。

其后裔陈水英为刘基二房夫人，为刘琏、刘璟的母亲。刘基的正房为富氏，即为富弼的后裔。

族谱中富氏与陈氏有频繁的联姻记录。如"存存生"陈谷为富氏外甥。详见《景泰谱》。

3.蒋氏。

蒋氏为青田大姓，刘鹰《莘野蒋氏祭规序》：

"孝廉之先起自三评事府君，肇基莘野，今传十六世，历年五百，至今弗替，可谓悠以者矣。"

始迁祖为"三评事府君"，搬迁至青田，以刘鹰生活的1400年左右逆推，"历

（1）《吕氏家塾记》。

（2）《宋会要辑稿》选举三一。

（3）《续资治通鉴长编》卷二百三十一"熙宁五年"。

年五百"，则迁入时间大致在公元900年左右，时间为唐末五代初。"蒋中丞之嫡裔歌易于斯"[1]，蒋继周活动在南宋初年，则蒋氏搬迁到南田山，大致在南宋时。

代表人物蒋存诚、蒋继周。

蒋存诚：

"字遂明，青田人。好学，工文词，登崇宁五年进士，历官国子祭酒，知饶州，著《国子先生集》。"[2]

蒋继周（1134—1196），字世修，浙江省青田县垟心村人。曾国史院编修官，后升吏部郎官、直谏议大夫、御史中丞。任谏官五年，敢于犯颜直谏，后任礼部尚书。墓葬青田石头村福延山。[3]

蒋家作为山中大族，和富氏有非常频繁的联姻记录。在武阳刘氏兴盛前，为最主要的联姻对象，如富安朝、富宪、富玠、富应炎、富孟后、富应尚、富应烨均娶蒋氏。武阳刘氏兴盛后，富氏亦与蒋氏联姻。如富根（十六世），娶马保蒋氏，富钫，娶应阳蒋氏，另如富镆、富铢、富孟野、富添保，富添盛；女适蒋氏的，有十三世富氏女，适马保蒋氏，富女钦，适莘野蒋秉广武，富女姿（十七世），适莘村蒋旻，富女得（十五世），适万阜蒋成浩。[4]

4.刘氏。

（1）代表人物。

刘氏家族原定居武阳，后逐渐扩张到南田全境，代表人物刘光世、刘基等。

刘光世，刘基七世祖南宋中兴四大将之一，为"检校太保、殿前都指挥使，封荣国公"，"赠封太师，谥武僖"，后追封鄜王，列七王之首。刘光世曾久居住温州[5]。刘光世子刘尧仁，"乐山水之胜者，因居栝苍严水之竹洲（今丽水莲都）……（刘鹰）九世祖六五府君（刘集）又自竹洲徙居青田之武阳"。[6]

刘基，字伯温，明开国元勋，入历代帝王庙。

（2）搬迁时间。

刘氏搬迁到南田武阳为宋末元初。

（1）刘耀东《南田山志》。

（2）《浙江通志》卷一百八十二。

（3）综合百度百科，《浙江通志》卷一百六十二。

（4）《景泰谱》"世系"。

（5）《续资治通鉴》。

（6）刘鹰《刘氏家谱序》，见《盘谷集》卷七，文成县政协学习文史委第二十三期文史材料。

刘廌《刘氏家谱序》：“竹洲既有详谱，而吾武阳为未备”，刘氏自刘基高祖刘集搬迁到武阳后，到七世刘廌时，本地尚没有形成独立完备的家族概念。

（3）刘、富联姻。

目前能确定的刘富联姻始于十二世。富氏女嫁于刘氏：“富凯女（十二世），适武阳刘”，富凯为梧溪始迁祖富应高的父亲，此女即富应高的姐妹。元代时刘基母、妻均为富氏。明前期“富女小（十五世），适武阳刘仕（士）取（‘仕’字行为刘基的孙辈）”；富女苍（十六世），“适御史中丞诚意伯刘公曾孙允迪”。[1]

富氏娶刘氏稍晚，始于十三世。元富孟鼎（十三世），“娶武阳刘氏”。明富澄（十五世），娶武阳刘氏。富钧（十六世），娶刘氏。明富添熹（十六世），娶武阳刘氏。

到清康熙四十八年（1709）富之拱回迁后不久，富氏第二代适婚年龄又和刘基家族联姻。

刘、富联姻层出不穷，详见梧溪各宗谱。

（4）刘基的母亲及夫人（富氏）世系探究。

刘廌《南田富氏宗谱》云：

“南渡之前，有仕青田为县令者，任满因家焉，是为致政府君。府君三子，长十七府君，次廿二府君，季廿三府君，别为三房……独廿三府君子孙为最隆盛……余先曾祖（刘爚）妣永嘉郡夫人乃其第五世孟八府君女也，余先祖（刘伯温）妣永嘉郡夫人又其第六世叔二府君女也。”

回迁的富直亮、富直清、富景贤均为富氏七世，他们子辈“廿三府君”则为八世。“五世”和始祖相隔四世，则刘廌认为，刘爚妻为富氏第十二世，刘基妻为富氏第十三世。富氏第十二世富应高，弱冠（二十岁）为南宋淳祐四年（1244）乡贡进士，卒至大四年（1311），生活在元末明初。以类比性而言，十二世应大致生活在宋末元初，十三世生活在元中后期，时间比较吻合。

从另外的角度，以古代联姻，行别不乱的角度，从刘基后裔与富氏的联姻情况逆推，刘基夫人亦为十三世：“富女小（十五世），适武阳刘仕（士）取（刘基孙）”，“富女苍（十六世），适御史中丞诚意伯刘公曾孙允迪”。[2]

但是从刘基的生辰和梧溪富氏十四世的生活时间考证，我们又会得出另外的结论。刘基生于1311年。而梧溪富应高支系长房孙十四世富鏴生于1319年（延祐六年）；次房孙十四世富鋃，生于1318年（延祐五年），与刘基年纪仿佛。按此类比，刘基夫人富氏似可能为富氏十四世，即梧溪始迁祖富应高的孙辈。

（1）《景泰谱》。

（2）《景泰谱》“世系”。

以上两种情况都以梧溪支系为考量（因材料的缺乏，舍去还未搬迁的南田泉谷大宗），舍去宗族里世系繁衍有快慢、同一辈分里年龄有长幼的情况。

因此刘基的夫人在富氏家族的世系里大致是十三世或十四世，为梧溪始迁祖富应高（十二世）的侄辈或孙辈。

5. 龙川赵氏。

龙川赵氏为宋皇族。龙川赵氏始迁祖赵允夫为赵匡胤弟秦王赵廷美的后代，为宋皇室十八支系之一。

赵允夫，黄岩人，开禧元年乙丑（1205）进士。[1] 初任太守，继迁都务先锋，卒赠昭信将军。嘉熙戊戌年间（1238），赵允夫自闽告退东瓯，迁居瑞邑五十二都岩镇之龙川。开禧元年（1205）到嘉熙戊戌年间（1238），中间有33年的仕官时间，应该是进士仕官，磨勘和积功到都务先锋的官阶。

赵允夫孙曾经在黄岩仕官，"赵允夫孙名赵若贞，仕元朝，初任黄岩知县，迁同知，后升台州太守"，[2] 可能和赵允夫的黄岩搬迁背景有关。

赵允夫搬迁南宋末年，南田山地界已经为钱、富、蒋、刘等大族占据。对于其他家族，"福地"南田山发展空间似已经很小。其迁入的地点龙川，位于南田山麓底部。

龙川赵氏与富氏最有名的联姻是赵超构的母亲。赵超构，新民晚报社社长，中华人民共和国晚报界泰斗人物，母富氏。赵超构在梧溪出生，并从小在梧溪长大。其重听症即小时候在梧溪游泳，中耳发炎所致。现梧溪村有赵超构出生地门台及纪念馆。[3]

6. 屏川（文成西坑镇旧名）叶氏。

始迁自丽水松阳（莳山），兴旺于明，代表人物为叶诜、叶仕宁、叶圭等。

叶诜：江苏常熟人，《蒲源义塾记》自署籍贯为"屏川"（今文成西坑镇）[4]，宣德四年进士，成化年间南京兵马指挥使。[5]

叶仕宁：永乐二年进士。初以仪制司主事，升员外郎，永乐十六年升郎中，

（1）《浙江通志》卷一百二十六。

（2）《温州日报》http://wznews.66wz.com/system/2007/01/30/100250695.shtml。

（3）张林岚《赵超构传》。

（4）《江南通志》卷一百二十五及《现代谱》。

（5）《江南通志》卷一百二十五及《景泰谱》。

十七年六月升陕西布政司左参政。成化间修《青田县志》四卷。有《知非集》。[1]

叶圭：字季鼎。年逾弱冠，始习举业，博洽经史，门壁皆书格言，后以贡升知丰县。生平著作甚富，尤工诗、画。别墅在椒山，治流倚山，逶迤如桃源，人谓不减辋川。年八十七。所著有《遵制录》《椒山文集》。[2]

与富氏多有联姻。留存文献多署名"姻戚"、"世姻"，永嘉徐侗亦言两家为"世姻"。另富女□（十二世，富应高辈分），适屏川叶万三十公，某富家女适屏川叶良茂。叶女银（十六世），适屏川叶克懋。[3]元末明初的著名节妇富叶氏，即出自屏川叶氏。

六、联姻与富氏家族地位的保持

望族是经济政治实力、人脉关系聚集的箭垛。富氏和望族的联姻为家族地位的保持获得了好处。

其一，人脉来往，互壮声势。富氏历代族谱序言、人物传及相关诗文，多为有功名的姻亲所写。如刘氏家族刘璟、刘廌；叶氏家族叶诜，叶仕宁、叶圭；蒋氏家族蒋琰；钱氏家族钱裡；陈氏家族"甥"陈谷。[4]另如南宋时，"门下婿"著名书法家张即之为富氏二版族谱作序言。[5]

其二，诰命寻找。元末，富氏制诰失落后不久，"叶公三复（叶圭），尝拟以诰归吾宗。"[6]

其三，姻戚族谱里寻回富氏人物文献。清初，经耿精忠乱，富氏宗谱消失一百一十年，虽后在藏谱洞中找到景泰谱的手抄本，但"断篇残简，有费前人之遗意"。经富氏族人访求，从姻亲文集中找到富氏文献。如在刘基次子刘璟《易斋集》找到《跋富氏宗谱》，在刘基孙刘廌《盘谷集》中找到《南田富氏族谱序》《故乡贡进士富公墓志铭》《故浯溪处士富公行状》《浯溪八咏》《题富澄川葡萄园》等文献。

（1）《浙江通志》卷一百三十、《礼部志稿》卷四十一、《千顷堂书目》卷七、卷十八。

（2）《处州府志》。

（3）《景泰谱》。

（4）详见《景泰谱》。

（5）《梓川谱》第十二页。

（6）富鉁《喜先世诰命三首归宗敬题并序》，见《现代谱》第65页。

富氏地方经济史料：国史和家谱的同构

"家之谱，犹国之史"，[1]家乘（家谱）和国史具有同构性。国史有"诸侯世系"，对应家族有宗族世系；国史有"艺文志"，家谱有家族诗文；国史有序言（以《史记·太史公自序》为例），家谱亦有谱序；国史里有本纪、世家、列传，而家谱有人物传；国史的历史大事年表，而家谱有乡村记事。

家谱的经济史料与国史的"货殖列传"都是对经济、财贷的记载。《梓川谱》里保存的许多地方碑记、契约、借约和议约里的经济史料，对于了解明清两代地方财产纷争提供了具体的案例，为窥见并回溯明清地方社会风俗史提倡了实证。

以下材料俱来自《梓川谱》。

一、家寺维护

家寺发展概况。

（1）《叙富氏拨捐田入普慈寺坛樾记》[2]。

天顺七年（1463），《叙富氏拨捐田入普慈寺坛樾记》追溯了梓川富氏家寺的历史，富文皋在元代建立家寺普慈寺：

"（富氏）复居青田（南田泉谷）故里，蔓延迁丽之梓川。厥后文皋公为广西廉访使，司金事，生平乐善好施，梦寐有感，遂捐己地为普慈寺，檀樾创建法堂、两庑，三月而落成。又拨捐肥田一百五十余秤，内一抽四十一秤，与僧供佛烧香，其余奉祖朝奉大夫文皋公，每遇正月初六日忌辰，德修其田，详载石碑。"

以及寺庙倾颓，寺产流失的过程：

"岁久寺圮，碑亦断裂，而为佃者所侵。"

以及明正统（1436—1449）年间，梓川富良辅等召集族人修葺富氏家寺普慈寺，并"诣县"追讨被侵占寺田，天顺七年（1463），"倩石工造碑刊记"，并"文以志之"：

（1）《道光谱》"编部小引"。

（2）《梓川谱》第四十二、四十三页。

"至正统年间，富氏裔孙良辅等追念前烈，聚族亲之耆旧者，请僧住持，将寺之法堂与棂题杇坏次第修辑，良辅叹曰：'寺虽旋复，偿田缺少而勿稽其所侵，则无以安乃僧。'逐诣县具告前情，挨查佃人侵僭，讵知佃户互相欺隐，幸住持老老住金广诠号，理庵所藏中镇基薄一扇，良辅偕僧赴府告理，幸遇清廉郑府尊，提究鞫还前田给寺，良辅既已述先公之志，犹虑后佃效尤蹈辙，因倩石工造碑刊记，藉祈予文以志之。"

（2）《抄录给贴·处州府为民情事》⁽¹⁾。

天顺六年（1462），处州府通告《抄录给贴·处州府为民情事》，记载了富氏追回侵田的过程：

"据丽水县廿三都下管富今瓛，同本里普慈寺僧沈道济等，告称本寺田土，系仕宋朝奉中散大夫富文皋，与权署丽水县事、仕缙云主簿富德（得）岩两世，共拨田土一百五十余秤，接资僧寺人供奉香火油灯，历宋至今。奈因正统十四年山寇陈简逆乱，名僧逃窜他方，寺宇失修，崩圮而缺僧人、住持。各佃奸民郑尹等侵据为己业，富氏子孙瓛等，恐辜先大夫文皋公之志，得寺镇基薄并谱录，俱载田亩坵段字号，上名具告，本府差拘各佃审勘，得实律。究追给前田还寺，故给文帖，僧沈道济遵守如前，须至帖者，若帖下，富傎献、沈道济、僧徒道铭准此给。"

（3）咸丰二年文献⁽²⁾。

咸丰二年（1852），富氏首先追溯了元代富良辅等捐资的家寺寺田情况：

"富氏裔孙良辅，除租拨基田外，再重捐腴田八十秤入寺，外中和分前田七十八秤，各项坵段并祭祠，仪式开后一（疑衍字），本都观字号，续置张山后梅树，堨田三十坵，租七十二秤，内尹明续置十秤。良辅、良杰、良才共援田本都娄字号吴弄田八秤，中和分娄字号吴弄四十七秤田，又共号仓弄田十六秤，又廿三都今改昂字号蔡同田二坵十五秤，以上田土拨四十一秤与寺纳税役，及供佛烧香十五秤，内收谷十五秤，作祭祀支用，余剩存修辑庙宇。"

以及新增的寺田：

"裔孙旺焕助归普慈寺田三坵计额廿五秤，名坐落樟山水口，其粮推入普慈寺完纳。"

并对"祭规"进行强调：

"每岁正月初六日赴荐祖忌辰，合办供仪谷十秤，造酒二秤，羔棕饭腐签二秤，换麦磨面一秤，蔬果纸烛二秤，法堂铺设莲台，安富氏祖先神主，素礼奉养，富

（1）《梓川谱》四十五页。

（2）《梓川谱》第四十三、四十四页。

氏孙往拜者，各带香帖，但人有寮，宴食肴馔，无增无减，右书田土祭规，以为永远之计，后宜守之。"

（4）与僧人有关的维护情况。

宗谱还记录了普慈寺的日常维护情况，清代、民国僧人的记载尤其丰富。

其一，招徕僧人。道光廿九年（1849），僧人连海到云峰寺管理[1]：

"立讨札。僧连海，今因自情愿到丽邑廿三都云峰寺居住，管业富姓太祖已分左手厢屋碑堂一，及寸讨过，便用修理掌管，日后齐（斋）醴依照旧式。"

民国三十二年（1942）五月，僧人仁修，到普慈寺管理：

"立讨札。僧仁修，今因自愿向到普慈寺居住，管业富姓太祖已分左手厢屋碑堂一，直讨过便，用修理掌管，日后斋礼依照旧式两造，永无异言反悔之事。恐口无凭，特立讨札，永远存照。"[2]

其次为僧人借用寺产。康熙十二年（1673），僧人云峰"借过"富氏祀堂：

"廿三都普慈寺僧云峰，今借过富檀樾祖置创祀堂，原坐普慈寺左边横厢，历代供奉香灯，立借字过，塑关帝圣像于横厢，其关帝原位在中堂，如富宅通族拜祭之日，一厅中堂设祭拜祝，特立借约为照。"[3]

康熙廿三年（1684），云峰重立借约[4]，大概是富氏族人防止年久寺产被僧人侵占：

"僧云峰，原有富宅碑堂一所，在本寺左厢，前系平屋。今氏本约据存照。"

民国三十二年（1942）五月，僧仁修住持，亦立讨札：

"僧仁修，今因自愿向到普慈寺居住，管业富姓太祖已分左手厢屋碑堂一，直讨过便，用修理掌管，日后斋礼依照旧式两造，永无异言反悔之事。恐口无凭，特立讨札，永远存照。"[5]

二、家族议约

另外，还保存一些家族议约。

1. 道光二十年（1840），富永荣派下子孙立公约，不准砍伐坟山林木（公产），不许附葬：

（1）《梓川谱》第四十六、四十七页。

（2）《梓川谱》第四十七页。

（3）《梓川谱》第四十五、四十六页。

（4）《梓川谱》第四十六页。

（5）《梓川谱》第四十七页。

"立议约。富永荣派下子孙，原有坟山一处，土名坐落云峰寺后兰花圩，松树杂木每（百）株，房内子孙，念其盗砍，异日念其盗葬，一则伤其人丁，二则伤其太祖坟墓，合房子孙立出议约，五纸议过，松树杂木不许砍伐，又不许附葬。如有无耻之徒盗砍松木杂树，公罚钱八千文，如有附葬坟一穴，公议坟价六十四千，如有人不依议约，经公呈治理论，五房人等日后并无异言反悔之理念。恐无据立议，约五五纸，永远存照。" [1]

2. 道光八年（1828），富显龙派下子孙收回交于富氏外甥李氏耕种的田产，以做富显龙及其妻子李氏的"生卒祭享"：

"立议约。富姓祀孙众等，情因吾始祖显龙公妣李氏，于康熙戊午年所卒，无传，留下田地产业，先祖交与陈边耕种祭扫，于乾隆二十年志明转交与外甥李金斗。承值所念始祖木从根起，世代流支，所留业。理应入祠祭享，今同本村富姓祀孙公议建祠依旧，将吾显龙公下之业一应归祠内，以作常田，轮流值年，春秋二祭，公用显龙公粮，应当祠内随产完纳。但显龙公与祖妣，理应生卒祭享，不许失节，田地只许后代子孙轮流耕种，世远不许易卖，如有易卖，禀公究断，不容情。是以为立议约载谱，永远依照公管业，再照约。" [2]

三、土地买卖

土地买卖契约。咸丰五年（1855），富成相卖土地一块，及附带树木：

"立卖找断契。富成相。今因无钱行用，自情愿将自手前所买之地，土名坐落山头项大门前地一片樟树、柿树、棕、茶并杂木一概在内，内拍坐分四股，坐一股，四至不俱，依照前契，载明管业，因前价未足，自愿托原中，向到本村富细嫱、世德、世高、世遇、春茂、旺根、银贵、高星等叔兄边为业，三面言定，找得足价钱三千文，足其钱，即日亲收完讫，外不立领。其地自找断之后，并从买主，中等杂木永归买主，样簇护荫后垄风水，自此一斩割断，日后无找无赎，永为买主子孙血业，此出自心甘愿，并无逼抑等情，欲后有据，立此找断契，永远存照。" [3]

（1）《梓川谱》第四十八页。

（2）《梓川谱》第四十九页。

（3）《梓川谱》第五十九页。

四、遗嘱

保留了一份遗嘱。咸丰六年（1856），富成文出继次子得耀于叔父富旺运为嗣，并赠送祖父的产业，并由宗族轮流提供日常用品：

"立遗嘱。富成文。缘因所生二子，长名德辉，娶李氏，次名德耀，娶蔡氏，事已完成。适因嫡叔讳旺运，生二子，长成多，次成发，俱已早世（逝）。予思不有三，无后为大，愿将次子德耀承嗣于成多派下，以接运公后裔，以全宗支。目前运公逝世，仅留婶母周氏在，即（及）其产业寥寥，耀郎立嗣，实难供给。邀同房族面相酌议，愿将祖手遗业，并轮流常产家用什物等项。日后辉、耀分爨，一概□搭两股均分，着婶母百年，亦合同治丧。毋容退（推）三阻四，又不得争多竞少，予心始慰焉。恐后无凭，谨附谱内为据，爰是为嘱。"[1]

五、家谱经济史料的记载特点

通观富氏留存的碑记、契约、借约和议约，有几个特点：

（1）保存信息完整。下都署有明确年月，立约双方，"在见"（中人）名字，并有花押、"抄录给贴"等说明。碑记注明撰者，篆额者，书丹者和立石者，记录严谨，从一个侧面书名了家谱和国史严谨书写的同构性。

（2）保留了历代日常生活的信息。对于富氏家寺普慈寺的创建发展，寺田记录、日常维护情况尤其清晰。保留了富氏维护公产以及与外姓田产纠葛等事件。

（3）以事件记载简化了事情发展，叙述失之于立场单一，与国史里一些讳言和回避也有类似性。如正统年间富氏追讨寺田，是一个牵涉到富氏家族、占地佃农，官府等几方面的博弈过程，还牵涉到战乱时土地的转移和"无主田"所有权的认定。从正统年间（1436—1449）到天顺七年（1463），耗时数十年，是一个长期的权力制衡过程。但最终的呈现，是"富氏追回寺田"这么一个常规、合理且有利于富氏立场的记载。道光八年（1828）的富显龙派下子孙收回交于富氏外甥李氏耕种的田产，最终呈现的是富氏收回族人财产，用以"生卒祭享"尊崇祖先这么一个合理化的叙述，对于博弈过程并无描述，亦没有提及失去田产的李氏的反应。

（4）土地买卖契约为当时土地买卖的一个实例。遗嘱为富氏家族"睦宗族"的实例：不仅出次子为嗣，且提供田产以赡养婶母，以供出继子生活所需。

（1）《梓川谱》第五十六页。

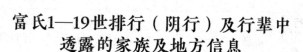

富氏1—19世排行（阴行）及行辈中
透露的家族及地方信息

关于南田富氏的历代行字，《现代谱》云："谱之有行，所以别长幼、序昭穆也。稽查景泰谱，阴阳二行并列，自第一世至十七世，行多失考，康熙乙亥惟立阳行。"[1] 由于康熙十三年的耿乱，富氏几近灭族，前十七世的排行失考。

一、现存的浯溪十八世到四十一世行辈

浯溪富氏宗谱现保留的富氏十八世到四十一世排行如下：

阳行：仁宁汉延、一以得之、国必日明、恒存诚敬、世尚文运、万邦永昌。

阴行：仁义礼智、孝悌忠信、圣慈中和、乾坤光泰、丝竹管弦、五声八音。[2]

现存的富氏族谱排行为乾隆四十八年（1783）修订族谱时所定，从十八世到二十五世，估计是根据当时重返浯溪的富之拱（二十五世）等人的回忆。

二、富氏一世到十九世行辈

以下根据《景泰谱》和《梓川谱》，对富氏一世到十七世行辈补全。

一世到十世的排行。

由于梓川富氏为南田十世富世延从泉谷搬出，梓川族谱应从南田族谱抄录，南田富氏的前十世排行也应如是：

"学道敦行、大敬顺温、良亨。"[3]

《景泰谱》亦可做佐证，留存的富弼排行："（五世）弼，行大三。"《梓川谱》亦记载为"行大三"。

自富世延（十世）搬迁后，南田富氏的行辈和梓川富氏的行辈有异。如十一

（1）"编部小引"。

（2）《古齐郡富氏行第》，见《现代谱》175页。

（3）《梓川谱》"支图外纪"第一页至第九页。

世，梓川的富氏行辈为"嘉"，南田的富氏为"百"。以下根据《景泰谱》的世系，对南田本支的富氏十一到二十世排行整理，如下表：

世系	排行	举例
十一世	百	富嘉谋：行百二。富渠，行百三。富嘉猷，行百四。富嘉言，行百五。富凯，行百八。富采，行百九。富成，行百十。
十二世	千	富应岩，行千五。富应炎，行千三十六。富应高，行千四十八。
十三世	万	富世荣，行万二九。富师古，行万二十。富复礼，行万二十一。富孟谦，行万三十。富孟升，行万三十七。
十四世	至、华、殷	至。富镐，行至十三。富银。 殷。富镒，行殷二。富鈚，行殷五。 华。富钫，行华二。富馆（錧）：行华三。富镀：行华十。
十五世	宝、彦、斌、珍	宝。富潮，行宝一。富瀛，行宝二。富源，行宝三。富津，行宝四。富满，行宝五。 彦。富浯，行彦二。富浑，行彦三。富瀰，行彦四。 斌。富文：行斌一。 珍。富泽，行珍（珍）一。富得，行珍（珍）二十。富泳，行珍（珍）二十三。
十六世	友	富自先，行友四十四；富添兴，行友五。富添锡，行友八。富棠，行友九。
十七世	叙	富祖杏，行叙一。富祖伏，行叙六。富崇，行叙四十四。富资：行叙六一。富𢓜，行叙二十七。
十八世	温	富休，行温二十。富渭，温三十四。
十九世	良	富齐，行良百三十。富宜广，行良五十。富昭，行良六十二。富元：行良九十五。
二十世	恭	富垠，行恭十九。富塾，行恭四十五。

则浯溪富氏十一世到二十世的"阴行"为"百千万（华）至（殷、宁、宝）、友（彦、珍）温良恭"：

三、富氏妇女的行辈

传统中一般妇女不上族谱。但是浯溪富氏的十四世、十五世，妇女亦有行辈，如下表：

世系	排行	举例
十四世	宁	富女□，行宁十四（和华同辈）。富女金，行宁四。

续表

世系	排行	举例
十五世	淑、肃、小	淑。富女口：行淑八。富女首：行淑十一。富女祐：行淑十三。富女祀：行淑十。 肃。富女杏，行肃一。富女梁，行肃二。富女樱，行肃六。 小。富女朵，行小五。

富氏让明代的家族女性上族谱，原因可能有：（1）元代富氏节妇（十三世富孟升妻叶氏）的鼓励，成为一族之光。富氏节妇的雅集为明代前中期富氏盛会之一。（2）遭元末大难，人丁减少。（3）被记载的女性，虽许多连排行和名字都没能记载完全，但能被记上，盖在家族中有让人印象深刻之处。或适名门，如富女苍，"适御史中丞诚意伯刘公曾孙文迪"，富女钦，"适莘野蒋秉广"，富女垒（十九世），"适刘府刘佛隐"；或有懿行。

综上，南田富氏1—20世行辈（阴行）为：

"学道敦行、大敬顺温、良亨百千、万至（华、殷、宁）宝（彦、珍、斌、淑、肃、小），友温良恭。"

其中的同一世系的不同阴行，或因房支不同，人数太多的缘故。

四、富氏排行透露出的信息

根据以上排行，或可以得出这样的信息：

1. 到景泰年修订族谱时，十世以前的阴行南田富氏已经不甚明晰，如八世、九世阴行为温、良，而十八、十九世排行亦为温、良。这一点，似乎从前十世除富弼（"行大三"）外其余富氏先祖均无行字可证。

2. 到元至正十四年（1354）（是年富氏十四氏富鑲兵败，被吴成七军所杀，富族遭受屠杀）前，富氏的人口到达相当的数量。十四世的阴行有至、华、殷、宁，十五世的阴行有宝、彦、珍、斌、淑、肃、小。以富鑲（十四世），出生于延祐乙未（1319），死于至正甲午（1354），时35岁，其排行为"殷五"，排行的靠前意味着年纪较大的兄弟辈后一定数量的子辈，即十五世。在承平时期，富氏有足够的物质基础进行家族繁衍，因人丁兹茂，故各房支另分排行。刘鹰的《南田富氏族谱序》亦云："当其盛时，正初会拜，少长至二千指。"正月初一参与朝拜的男丁有两百多人，可见得富氏的人口兹茂。

3. 行辈中一些婚娶资料为南田武阳刘伯温家族盛衰的旁证。洪武末年，刘基长孙袭诚意伯刘鹰获罪，贬谪甘肃。永乐元年，刘伯温子刘璟死节，直至景泰

（1450—1457），刘基后裔世袭五经博士，刘氏才重新兴盛。在刘伯温家族元末没有兴盛以及永乐后景泰前沉寂时，对武阳刘氏的称呼颇为平淡，如十五世"富女小，适武阳刘仕（士）取（刘基孙辈）"。十六世"富女苍，适御史中丞诚意伯刘公曾孙允迪"。刘基长孙刘廌生活在洪武及永乐（1402—1424）初，此二女的嫁入时间必当景泰（1450—1457）以前。刘氏重新兴盛后，富氏十九世"富女垄，适刘府刘佛隐"；十九世"富女大主，适刘府刘勉"，可见，此时刘氏居住已经被称为"刘府"，则刘氏或在南田有大的府邸。

参考文献

一、宗谱及相关文献

《浯溪景泰富氏宗谱》（浯溪，明景泰抄本）

《浯溪富氏宗谱》（梧溪，乾隆活字本）

《浯溪现代富氏宗谱》（浯溪，1995年本）

《梓川富氏宗谱》（梓川，2009年本）

《上海浦东富氏宗谱》

《富弼及祖裔》（郭瑞德编撰，1991年）

《富弼家族墓地》（洛阳第二文物工作队编，2009年）

宋邓名世《古今姓氏书辩证》，《四库全书》本。

二、古籍

（后晋）刘昫《旧唐书》，《四库全书》本。

（宋）欧阳修等《新唐书》，《四库全书》本。

（宋）薛居正《旧五代史》，《四库全书》本。

（元）脱脱等《宋史》，《四库全书》本。

（宋）李焘《续资治通鉴长编》，《四库全书》本。

（宋）不着撰人《京口耆旧传》，《四库全书》本。

（元）马端临《文献通考》，《四库全书》本。

（元）不著撰人《宋史全文》，《四库全书》本。

（宋）刘时举《续宋编年资治通鉴》，《四库全书》本。

（宋）李心传《建炎以来系年要录》，《四库全书》本。

（宋）李心传《建炎以来朝野杂记》，《四库全书》本。

（宋）徐自明《宋宰辅编年录》。

（宋）赵汝愚《宋名臣奏录》，《四库全书》本。

（宋）叶梦得《石林燕语》，《四库全书》本。

（宋）董煟《救荒活民书》，《四库全书》本。

（宋）李格非《洛阳名园录》，《四库全书》本。

（宋）尤袤《遂初堂书目》，《四库全书》本。

（宋）田况《儒林公议》，《四库全书》本。

（宋）王明清《挥尘余话》，《四库全书》本。

（宋）越令畴《侯鲭录》，《四库全书》本。

（宋）吴处厚《青箱杂记》，《四库全书》本。

（宋）费衮《梁溪漫志》，《四库全书》本。

（宋）王应麟《困学纪闻》，《四库全书》本。

（宋）黎德靖《朱子语类》，《四库全书》本。

（宋）周密《齐东野语》，《四库全书》本。

（元末明初）陶宗仪《说郛》，《四库全书》本。

（宋）吕祖谦《皇朝文鉴》，《四库全书》本。

《国朝二百家名贤文粹》，《四库全书》本。

题宋陈思编《两宋名贤小集》，《四库全书》本。

《宋五百家播芳大全文粹》，《四库全书》本。

（宋）黎靖德《朱子语类》，《四库全书》本。

（宋）范仲淹《范文正公集》，《四库全书》本。

（宋）陈襄《古灵集》，《四库全书》本。

（宋）韩维《南阳集》，《四库全书》本。

（宋）范纯仁《范忠宣集》，《四库全书》本。

（宋）苏轼《苏轼文集》，中华书局1986年点校本。

（宋）苏辙《苏辙集》，中华书局1990年点校本。

（宋）范祖禹《范太史集》，《四库全书》本。

（宋）晁补之《鸡肋集》，《四库全书》本。

（宋）杨时《龟山集》，《四库全书》本。

（宋）葛胜仲《丹阳集》，《四库全书》本。

（宋）程俱《北山小集》，《四库全书》本。

（宋）陈与义《简斋集》，《四库全书》本。

（宋）赵鼎《忠正德文集》，《四库全书》本。

（宋）韩元吉《南涧甲乙稿》，《四库全书》本。

（宋）陆游《渭南文集》，中华书局1976年点校本。

（宋）杨万里《诚斋集》，《四库全书》本。

（宋）王炎《双溪类稿》，《四库全书》本。

（宋）吕祖谦《东莱集》，《四库全书》本。

（宋）楼钥《攻愧集》《四库全书》本。

（宋）李弥逊《筠溪集》，《四库全书》本。

（宋）卫泾《后乐集》，《四库全书》本。

（宋）真德秀《西山真文忠公文集》，《四库全书》本

（宋）范仲淹《范文正公集》，《四库全书》本。

（宋）张方平《乐全集》，《四库全书》本。

（宋）尹洙《河南先生文集》，《四库全书》本。

（宋）邵雍《伊川击壤集》，《四库全书》本。

（宋）强至《祠部集》，《四库全书》本。

（宋）吕祖谦辑《宋文鉴》，《四库全书》本。

（宋）朱熹《伊洛渊源录》，《四库全书》本。

（清）黄宗羲、黄百家、全祖望等《宋元学案》，《四库全书》本。

（宋）吴泳《鹤林集》，《四库全书》本。

（宋）黄震《黄氏日抄》，《四库全书》本。

（宋）杜大珪《名臣碑传琬琰集》，《四库全书》本。

（宋）田况《儒林公议》，《四库全书》本。

（宋）王铚《默记》，《四库全书》本。

（宋）司马光《涑水记闻》，《四库全书》本。

（宋）邵伯温《闻见录》，《四库全书》本。

（宋）叶梦得《石林燕语》，《四库全书》本。

（宋）赵升《朝野类要》，《四库全书》本。

（宋）周烽《清波杂志》，《四库全书》本。

（宋）庄绰《鸡肋编》，《四库全书》本。

（元）柳贯《待制集》，《四库全书》本。

（明）李贤等《明一统志》，《四库全书》本。

（明）黄淮、揭士奇《历代名臣奏议》，《四库全书》本。

（明）陈邦瞻《宋史纪事本末》，中华书局1977年本。

（明）陈邦瞻《元史纪事本末》，中华书局1977年本。

（明）章定《名贤氏族言行类稿》，《四库全书》本。

（明）朱国祯《涌幢小品》，《四库全书》本。

（明）朱存理《赵氏铁网珊瑚》，《四库全书》本。

（明）吴之鲸《武林梵志》，《四库全书》本。

（明）彭大翼《山堂肆考》，《四库全书》本。

（清）倪涛《六艺之一录》，《四库全书》本。

（清）李翰文《三希堂法帖》，《四库全书》本。

（清）张英等《御定渊鉴类函》，《四库全书》本。

（清）毕沅《续资治通鉴》，中华书局1999年本。

（清）和坤等《钦定大清一统志》，《四库全书》本。

（清）黄虞翟《千顷堂书目》，《四库全书》本。

（清）潘永因《宋稗类钞》，《四库全书》本。

《全宋诗》北京大学古文献研究所编，北京大学出版社1991年。

《全宋文》四川大学古籍研究所编，巴蜀书社1988年至1994年。

三、方志

（宋）张误《宝庆会稽续志》，《四库全书》本。

（宋）周应合《景定严州续志》，《四库全书》本。

（宋）朱长文《吴郡图经续记》，《四库全书》本。

（宋）龚明之《中吴纪闻》，《四库全书》本。

（宋）范成大《吴郡志》，《四库全书》本。

（宋）梁克家《淳熙三山志》，《四库全书》本。

（宋）罗溶《宝庆四明志》，《四库全书》本。

（宋）潜说友《咸淳临安志》，《四库全书》本。

（宋）罗愿《新安志》，《四库全书》本。

（元）袁桷《延佑四明志》，《四库全书》本。

（明）董斯张《吴兴备志》，《四库全书》本。

（明）张德夫《隆庆长洲县志》，《四库全书》本。

（明）王鏊《正德姑苏志》，《四库全书》本。

四、论文

（1）富弼

曹清华《富弼年谱》，四川大学历史文化学院古籍所，2002年硕士论文

王瑞来《配享功臣：盖棺未必论定——略说宋朝官方的历史人物评价操作》，《史学集刊》2011年9月第5期

（2）族谱的范式、意义、史料价值

安国楼《中国家谱中的"欧苏法式"探讨》，《郑州大学学报（哲学社会科学版）》第31卷第5期（1998年9月）

王鹤鸣《宋代谱学创新》，上海图书馆，《安徽史学》2008年02期，第17—25页

梅华《宋代家谱序跋的文化意蕴》，《社会科学家》2012年8月（第8期，总第184期）

叶国爱《族谱的教育价值研究》，西南大学教育学原理专业2006年硕士学位论文

谭元亨《谱牒：无形的"祖宗言"》，《华南农业大学学报（社会科学版）》2007年第3期（第6卷）

常建华《中国族谱学研究的最新进展》，《河北学刊》第29卷第6期，第98—104页

冯尔康《宗族不断编修族谱的特点及其原因—以清朝人修谱为例》《淮阴师范学院学报（哲学社会科学版）》第31卷（2009年五月），第638—647页

肖唐镖《当前中国乡村地区的宗族重建状况分析》，《华中师范大学学报（人文社会科学版）》第10卷第2期（2011年3月），第31—37页

华智亚《族谱、民俗生活与村民的记忆——对安徽T村的考察》，《安徽师范人学学报》（人文社会科学版）第34卷第3期（2006年5月）

张先刚《族谱、墓地与祠堂》，厦门大学（学院缺）2007年硕士学位论文

张爱华《族谱话语与权力表达——明清径县张香朱氏系列族谱研究》，华东师范大学历史系2012年博士研究生学位论文

齐起《族谱史料价值探析》，吉林大学2013年硕士学位论文

胡萍《宁波地区族谱的史料价值》，《上海大学学报（社会科学版）》1998年6月

俞如先《清至民国闽西乡村民间借贷研究》，厦门大学2009年博士学位论文

张宗钦《民间谱碟在地方志中的应用》，《中国地方志》1995年第03期

张廷银、张斌荣《族谱所见诗文中的佚作与伪作》，《文学遗产》2007年第三期

顾宝林《民间流传欧阳修之佚文〈郭氏族谱序〉辨伪》，《井冈山大学学报（社会科学版）》第34卷第5期

李军《清抄本〈京兆翁氏族谱〉所收晚唐河西文献校注——兼论其内容的真实性》《敦煌学辑刊》2013年03期，第22—38页

（3）迁徙官僚家族

魏峰《宋代迁徙官僚家族研究》，浙江大学人文学院，2007年博士论文

魏峰《从坟寺看迁徙官僚家族与地方社会》，《中国社会经济史研究》二〇〇九年第三期，第24—28页

林浩《中国户籍制度变迁研究——个人权利与社会控制》，西南财经大学2013年博士学位论文

汪圣铎《宋代的功德寺观浅论》，《许昌师专学报（社会科学版）》第11卷第3期（1992年第3期），第37—42页

（4）籍贯的认定

包伟民，魏峰《宋人籍贯观念述论》，《浙江大学学报（人文社会科学版）》第37卷第1期

陈启生《关于历史人物籍贯的几点思考》，《中国地方志》2002年第4期第33—36页

王水根《籍贯探微》，《南方文物》1997年第4期，第90—92页，101页

何静《小议"籍贯"的表述》，江苏地方志2003年第三期，第27页

李广柏《着籍·寄籍·祖籍》，《文教资料（初中版）》1999年第02期，第105—109页

李朝军、王胜明《宋代晁氏文人籍贯考辨—兼议古人籍贯的认定原则》，《重庆社会科学》2006年第1期（总第133期），第35—44页

马泓波《浅谈地方志中人物的籍贯问题》，《中国地方志》2004年第10期，第21—25页

高寿仙《关于明朝的籍贯与户籍问题》，《北京联合大学学报（人文社会科学版）》2013年1月

石云生《明清时期"占籍"的嬗变》，《石河子大学学报（哲学社会科学版）》第21卷第6期

姚秀兰《户籍、身份与社会变迁——中国户籍法律史研究》，华东政法学院中国法律史2004年博士学位论文

戴伟华《唐代文士籍贯与文学考述》，见《江海学刊》2005年第2期

王铁藩《朱熹籍贯考》，见《福建论坛》1983年第06期

王铁藩《再论朱熹的籍贯》，见《福建学刊》1991年第3期

陈惟于《我是绍兴人——周恩来对自己籍贯表述的史实》，《今日浙江》1998年第04期，第30页

（5）家族史

王力平《邓名世与〈古今姓氏书辩证〉——兼谈宋代姓氏谱牒学的发展》，《文献季刊》2006年7月第3期

王杨梅《守成之难——洛阳富弼家族兴衰试论》，《洛阳师范学院学报》第33卷第4期（2014年4月）

施菲菲、富晓春《簪缨世家》，《温州瞭望》2006年23期

郭慧娟《〈名臣碑傅琬琰集〉墓志铭研究》，陕西师范大学中国古典文献学2013年硕士论文

廖志豪《苏州的府学、书院、社学与义塾》，《铁道师院学报（社会科学版）》1993年第二期。第49—51页

张郑炜《论北宋"取士不问家世"》，《四川师院学报》1982年第2期，第60—69页

王煌《漫评刘德清〈欧阳修论稿〉》，《江西社会科学》1992年第5期，第149—150页

周望森《"三藩"叛乱期间清朝统治集团关于浙江财赋何题的论争》，《浙江师范大学学报（社会科学版）》1988年第4期

（6）唐代人口（家族）的南徙

胡正武《顾况浙东行踪考略》，《台州学院学报》2005年2月

王振芳《略论唐后期士大夫与南方文化》，《山西大学学报》一九八七年第三期

林立平《唐后期的人口南迁及其影响》，《江汉论坛》一九八三年第九期

陈勇《唐后期的人口南迁与长江下游的经济发展》，《华东师范大学学报（哲学社会科学版）》1996年第5期

吴松弟《唐后期五代江南地区的北方移民》，《中国历史地理论丛》NO.3.1996

张葳《唐中晚期北方士人主动移居江南现象探析——以唐代墓志材料为中心》，《史学月刊》2010年第9期

王振芳《略论唐后期士大夫与南方文化》，《山西大学学报》一九八七年第三期

戴伟华《地域文化与唐代诗歌研究导言》，《华南师范大学学报（社会科学版）》2005年第2期

黄超、王善军《宋代族谱序跋所涉家族的地域分布》，《大连大学学报》第33卷第1期

（7）南北党争

王翠《北宋前期中央官僚的地域构成》，上海师范大学人文与传播学院，2013年博士论文

漆侠《范仲淹集团与庆历新政——读欧阳修〈朋党论〉书后》《历史研究》1992年第3期，第126—140页

焕力《范仲淹集团"朋党"问题辨——以滕宗谅事件争议为例》，《西南民族大学学报》（人文社会科学版）2013年第3期

张邦炜《君子欤？粪土欤？——关于宋代士大夫问题的一些再思考》，《人文杂志》2013年第7期

王京生、张传功《从"夏竦告变"看庆历新政的失败原因》，《济南大学学报》1992（第一期）

陈植锷《从党争这一侧面看范仲淹改革的失败》，《北京大学学报（哲学社会科学版）》一九八六年第四期

李真真《从元祐调停看宋代朋党政治倾向的恶性膨胀》，《社会科学辑刊》2009年06期

王连旗《北宋嘉祐二年进士研究》，河南大学2011年研究生博士学位论文

吕肖奂《欧阳修与杜衍的南都唱和析伦》，《吉林师范大学学报（人文社会科学版）》第6期

李真真《蜀党与北宋党争研究》，山东大学2010年博士学位论文

王红信、朱红亮《宋代的朋党思想及其对北宋政治的影响》，"历史与现实论稿"（1991.9.1）

宋鸿《宋代朋党思想及其对北宋政治的影响》，《河南大学学报（社会科学版）》第31卷第4期

张彦霞《论韩琦与其同僚集团的关系》，《安阳师范学院学报》2009年03期

肖红兵，倪洪《北宋神宗时期居洛士宦家居生活探微——以邵雍和司马光等人为中心》，《洛阳师范学院学报》2014年1月第33卷第1期，第41—46页

肖红兵《居洛士宦与北宋神哲朝政》，上海师范大学人文与传播学院2011年硕士学位论文

周扬波《洛阳曹英会与北宋中期政局》，《洛阳大学学报》第22卷第1期

周宝珠《北宋时期的西京洛阳》，《史学月刊》2001年第4期，第109—116页

何新所《试论西京洛阳的交游方式与交游空间——以邵雍为中心》，《河南社会科学》2011年04期，第64—67页

（8）科举地域与科举名额

（日）平田茂树《宋代政治史研究的新视野——以科举社会的"人际网络"为线索》，《史学月刊》（开封）2014年3期第22—27页

张彦霞《人际网络与士人仕宦——北宋名相韩琦的主要社会关系及其政治影响》，河北大学2004年中国古代史硕士学位论文

林岩、张海燕《北宋科举考试与京城地区的寄应问题》，《重庆三峡学院学报》2006年第2期第22卷，第49—55页

〔韩国〕裴淑姬《论宋代科举解额的实施与地区分配》，《浙江学刊》2000年第3期

穆朝庆《宋代科举解额分配制度初探》，《黄河科技大学学报》第10卷第1期（2008年1月）

刘希伟《科举时代的流动人口如何"就地应试"——关于寄籍应试政策的探讨》，《中国考试》，2013年6期，第44—48页

罗立祝《科举应试资格政策的演变与特征》，《北京大学教育评论》第3卷第4期（2005年10月），第81—84页

（9）范仲淹

张希清《范仲淹与富弼关系考》，《中州学刊》2010年5月第3期（总第177期），第197—203页

范文《范仲淹〈范氏族谱〉在江西的发现》，《江西教育学院学报（社会科学）》2004年05期，第85页

李乔《寒儒之家世守廉素——范仲淹寒素家风与其子弟之坚守》，《黄河科技大学学报》第14卷第5期（2012年9月），第29—34页

陈良学《范仲淹家族支系迁徙考略》，《寻根》2003年第5期，第130—138页

王善军《范氏义庄与宋代范氏家族的发展》，《中国农史》2004年2月，第89—94页

夏汇苗《宋代吴县范氏家族文学研究》，广州大学硕士中国古代诗学2010年学位论文

（10）富直柔

张环宙、叶巧珍《宋六陵历史文化价值新认识》，《浙江教育学院学报》2007年9月第5期，第71—76页

柳絮《葛胜仲及其〈丹阳集〉研究》。吉林大学2010年硕士学位论文

胡青《葛立方研究》，湘潭大学2011年文学与新闻学院论文

李欣《徽宗诗坛的创作群体及其地域分布》，《长江学术》2009年2月，第30—37页

林蓓蕾《活动于大观、政和年间的豫章诗社研究》，南昌大学2010年统招硕士研究生

姚璐甲《巩义石窟寺及其石刻价值》，《十堰职业技术学院学报》2010年4月

吴肖丹、戴伟华《江西诗派主脉——豫章诗社考述》，《南昌大学学报（人文社会科学版）》第42卷第1期，第126—130页

孙艳辉《赵鼎及其诗词研究》，南京师范大学2007年硕士学位论文

孙艳辉《南宋名臣赵鼎年谱简编》，《船山学刊》2010年第3期

钱建状《南渡词人地理分布与南宋文学发展新态势》，《文学遗产》2006年第6期，第64—72页

王兆鹏《宋南渡词人的诗社唱和》，《湖北大学学报（哲学社会科学版）》1992年第2期

白晓萍《宋南渡初期诗人群体研究》，浙江大学2006年博士学位论文

张晓利《南宋词社研究》，安徽师范大学2010年硕士学位论文

何春环《词亦"可以群"：论宋代南渡唱和词》，《西南师范大学学报（人文社会科学版）》第31卷第3期（2005年5月），第175页

左继红《陈与义诗歌研究》，河北大学2008年中国古代文学专业硕士学位论文，第3页

吴倩《陈与义诗歌论》，2010年广州大学学位论文

王兆鹏《读张元幹词札记三则》，《武汉师范学院学报：哲学社会科学版》1982第3期，第91—96页

张剑《范浚与秦桧、朱熹关系考论—兼从范浚看道学体系的生成》，《中华文史论丛》2013年04期

张剑《范浚、范端臣行年考》，《汉语言文学研究》2013年第4卷第4期

杨恒平《宋代桐木韩氏家族研究》，暨南大学2008年博士学位论文

郝天培《李弥逊及其诗歌研究》，西南大学古代文学专业2009年硕士研究生论文

潘殊闲《叶梦得与福州》，《闽台文化交流》2010.4

张玉璞《宋代"三教合一"思潮述论》，《孔子研究》2011年第5期

伍先林《宗杲的三教合一思想》，《佛学研究》2002年号

吴隆升《大慧宗杲禅学思想述论》，武汉大学哲学、宗教学学科2006年硕士学位论文，第34页

王宇《永嘉学派与南宋温州区域文化的进展》，浙江大学2005年博士学位论文

范学辉《宋代皇权与三衙用将》，《清华大学学报（哲学社会科学版）》2012年第5期（第27卷）

刘云军《影印本〈皇朝中兴纪事本末〉校正举例》，《重庆科技学院学报（社会科学版）2》008年第2期

刘京臣《盛唐中唐诗对宋词影响研究——以六大诗人为中心》，中国社会科学院研究生院2010年中国古代文学专业博士学位论文，第162页。

（11）粮长

童中平《明代粮长命运的变迁》，《经营管理者》2014年第24期

余兴安《朱元璋的乡治理想与洪武年间的乡政》，《史学集刊》1987年第1期

胡铁球《明代"重役"体制的形成》，《社会科学》2012年第6期

李婷婷《明朝中后期粮长制度衰落原因微探》，《安庆师范学院学报（社会科学版）》2015年2月第34卷第1期

秦博《明代勋臣政治权力的演变》，中国社会科学院研究生院2013年硕士学位论文

王书荣《地域文化与洛阳钱幕文人集团唱和诗研究》，广西大学2012年古代文学硕士论文

（12）家庙（祠堂）和祭祀

许美芳，王炜民《北宋家庙、祠堂与谱牒之考论》，《邵阳学院学报（社会科学版）》第9卷第2期（2010年04月）

王鹤鸣《宋代家祠研究》，《安徽史学》2013年第3期

刘雅萍《宋代家庙制度考略》，《兰州大学学报（社会科学版）》第37卷第1期2009年1月。

杨建宏《宋代家庙制度文本与运作考论》，《求索》2005年11期

杨建宏《论宋代民间丧葬、祭祀礼仪与基层社会控制》，《长沙大学学报》第20卷第4期（2006年7月）

赵旭《唐宋时期私家祖考祭祀礼制考论》，《中国史研究》2008年第3期

（13）过继子问题

郭东旭《宋代财产继承法初探》河北大学学报，I986年第3期，113—121页、98页

张艳丽《记同治五年一张继嗣文书》，《山东理工大学学报》第27卷第3期

（14）其他

樊昕《唐人文集宋代生存状况研究》，扬州大学2014年博士论文

郭广辉《移民、宗族与地域社会——以清代成都廖氏宗族为中心的讨论》，西南师范大学2012年硕士学位论文

陈未鹏《试论宋代文化的地域性特征》《佛山科学技术学院学报（社会科学版）》第28卷第3期（2010年5月），第27—30页

戴伟华、柏秀娟《超越与回归——从〈桃花源记〉、〈游仙窟〉到〈仙游记〉》，《中国文化研究》2003年夏之卷

第一部分：宗谱文献

　　因梧溪富氏景泰（1450—1457）宗谱残损严重，其中许多珍贵文献不为乾隆及以后宗谱所载。一些文献，虽载于现代版族谱，但错漏、讹误者，时时见之。对于了解富氏宗族的历史发展细节，多有不便。故不辞工夫之费，辨认、打字并标点如下，以供后之有志参阅者参考。

第一章：富氏诰命志

1.明景泰时宗谱丧失及寻回文献（富懿）

　　按：此一文献记录了明中期富氏寻回宗谱的艰难过程。《现代谱》、刘耀东《南田山志》虽有记载，然脱漏，讹误，更改甚多，故录如下。

　　夫神物兴，至宝在，天地间，上则气冲衡牛，头卜牛斗，下则山泽含辉，待价而沽，终不湮没。是皆阴灵之所呵护，变化不可测也。譬犹士大夫之家，有传世谱牒、告身、敕命，受之于君，承之于祖，不幸中叶失坠，久而复归，亦有之矣。自非祖宗积累之深，不能得也。

　　吾宗历官赵宋，诰敕颇多，荐经变故，家乘失传，止存九世祖节推公诰命一道、八世祖府教公诰命二道，向系南田族祖华八公得之于吾乡王氏家塾，而王得之于姻亲宋状元安固吴潜女氏。寻因予族女兄置诸奁具。□□□□□君克厚予曾祖，洎先大父访求四十余年……壬戌时兴……卷，……适值宗人大同簿致事（仕）归田，额为□。壬申，小宗子秉礼以书奉，趋余取索。夏四月甲戌，因会从弟秉圭、秉□同往纱埠留连，信宿，始得判簿继室□氏出，而复之予，亦乐酬以礼，于是持献严君，深藏箧笥，幸遂先志，喜不自胜。

　　于戏！吾宗谱牒，论（沦）于妇人之手者！二诰命得于妇人之手者，三观吾大父所著谱志可见矣。然则所谓至宝不湮没，兴（信）乎祖宗记得之深，验于此，又可见矣！因书此，以示来世，俾知所自而勿轻以示人，致有向者，十年不归之患。可不谨欤！可不慎欤！

复歌一首以识于左：

九世先公致政归，诰章散失几经时。悬知至宝难湮没，好是阴灵重护持。剑启鄞城神气肃，珠还合满夜光飞。姻戚幸籍收藏历，千载通家仰德辉。

景泰三年岁在玄黓涒滩秋九月初吉

二十四世孙秉初（应为十七世，见《道光谱》"世系"续应高公第二支浯溪派）

谨志

（据《景泰谱》校录）

2.清富燮褙补《景泰谱》文献（富燮）

二十六世孙讳燮，字国明，至十五、六岁时，稍知字墨，尝入泮。观此谱牒破坏，悲先世□器泯末（没），即用一年功夫收整赔（褙）补，于大清乾隆癸卯年重印新谱，一照此誊□。但前后有订差者，新谱俱已改正。吾年七旬，记此以遗后之孝子□孙，当收藏□□，勿使失藏，无不负予之苦心。

大清乾隆五十六年桂月□日记

（据《景泰谱》校录）

第二章：明前、中期以富氏族人
为中心的四次雅集诗歌

按：明前、中期以富氏族人为中心的四次雅集，多有名流到场，是富氏前中期强盛实力的体现，录如下。而《现代谱》脱漏记载之处甚多。

1.寿乐图诗歌（永乐七年，1409）

按：包括《现代谱》记载和记载脱漏的诗文。

寿乐图序

括芝田鹤溪之上流，有地曰语溪者，富君澄州居焉。与其伯氏济川，事母至孝。母年逾八秩而耳目聪明，体力强健。每躬率子姓，夙兴洗濯，洒扫庭内，奉安人出座听事，群童导前，诸妇以后。炉薰蔼瑞，华烛光晖，丝竹既陈，羞馔盛具，霞觞屡进，慈颜微酡，白发坐于堂上，彩衣舞于堂下。一门四世，和气蔼然，济济跄跄，融融洋洋，秩秩如也。二君跃然喜曰："乐哉！是不可以不识。"乃命工绘图，题曰《寿乐》，俾谷序之。

谷，君之甥也，故不敢以不敏辞，乃系之曰：

"人之于亲，鲜有得其寿者，亲寿，诚可乐矣！然必有以乐其亲，使亲亦得以享其乐焉，而始为至乐也。亲苟寿矣，而家道不丰，非乐也；家道丰矣，而闺门不睦，非乐也；闺门睦矣，而子姓不蕃，茕茕孑立，非乐也；子姓蕃矣，而家庭之政不修，宫墙之阋，或贻其亲之忧者，又岂可以言乐哉！于戏！甚矣，亲寿之难逢，而能乐其亲之寿者，为尤难也。今二君家道丰矣，闺门睦矣，子姓蕃矣，礼义优矣，与凡可以乐其亲者，无所不用其至矣！宜乎，其亲之寿，康康而乐！二君得以乐其亲之寿，而亲亦得以享其乐也。其爱日之诚，为何如哉！是图之作，将使后之子孙得以观感而兴起。恺悌之风、孝义之泽，益悠演于无穷矣。诗曰：'孝思（子）不匮，永锡尔类。'其斯之谓欤。"

永乐己丑（1409）四月既望谷旦

同邑、甥陈谷拜撰

（据《现代谱》27页、《景泰谱》校录）

望重名门孝义称，八旬慈母更幽贞，诸孙雁序方英锐，二子鸿生已老成。爱日花边珠祓盛，乡云阶下彩衣明。百年展庆承颜喜，善积何如变世荣。

贵州布政司有参议同邑周宗保

（据《景泰谱》校录）

春酒浮觞喜气舒，曾孙满眼懿颜愉。庭前孝子六旬浃，堂上慈亲八十余。鹤发彩衣双壁并，犁眉鲐背一仙癯。好将养志传明法，千古人称寿乐图。

监察御史云阳谭源清

（据《景泰谱》校录）

百年慈寿仰亲恩，庆蔼春晖至乐存。入馔笋香南涧竹，怡颜华映北堂萱。板舆迎曙山当户，彩衣滕欢月到尊。愧我吟诗徒有感，孤云望断几黄昏。

□□

（据《景泰谱》校录）

……起时宝髻。霞冠手自□扳舆推。从出……席。男东女西各就列，百拜升堂馈常食。佳肴美□膳膏香，甘滑灂涤罗醢腊。时蔬出圃含风剪，野果缀枝和露□。水晶之盘荐珍品，琥珀之杯浮玉液。奉觞上寿各进劝，不觉慈颜酣晕泽。二子翩翩彩袖翻，诸孙济济冠髦饬。一家喜气春风盘，亲意于斯最悦怿。世间轻薄不顾养，好饮聚蚊仍愽变，岂如富氏克羞者，以礼事亲严典则。谁家好事

· 223 ·

绘作图,寿乐命名端不忒。我生有母失敬养,闻善见图颜汗赤。安得画手如霹雳,为写此图千万亿。□由孝道准四海,嘉惠东西与南北。

赐进士、奉议大夫、礼部郎中、同邑叶仕宁
(据《景泰谱》校录)

桃花结实八千岁,王母移来向寿筵。南极青编先注禄,吾宗谱牒独推览。千声歌韵凌霄汉,八英□□几万年。莲岛采回松叶露,一杯持奉寿星前。

宗侄(富)塑
(据《景泰谱》校录)

才超伯仲族称贤,庆诞忻逢花甲全。歌馆声填珠履客,寿星先动绮罗宴。欢腾彩服春风盎,香摘蟠桃晓露鲜。愧我称觞初度后,巴歌聊写祝遐年。

(富)□

2.富节妇咏赞诗文(永乐九年、十六年、二十年、二十一年)

按:《现代谱》文字的记载有讹误,诗歌记载脱漏甚多。补充永乐九年诗文咏赞,十六年叶仕宁补诗、黄寿跋诗卷,二十年陈谷为诗集写序,二十一年孙隆写按语。

(1)文

富节妇传

节妇姓叶氏,宋郑国文忠公八世孙富孟升妻也。生子甫三岁而亡夫。舅既殁,惟姑在堂。叶氏年方二十,励志守节,养姑抚子,□□克家。其父母悯其早寡,屡欲夺其志。叶蓬首垢面,每以死誓,又是获全其节。

姑老病丧,明(按:衍文)叶侍奉唯谨,旦夕不离左右。旨其寒燠之奉,必躬亲,终始一,未尝小懈。家有猫,每居故侧,与饭则食,不与,虽鱼肉在侧不嗅。敢(按:衍文)有犬,每获兽于野,必衔至堂下,以示人而去。姑寿八十五而终,叶哀毁逾情。居丧尽,一子虽爱之,而训之必以礼义,遇之不少假借。奉祭祀以敬,处宗族以和,家事无巨细,悉究心处置,靡不合宜。性温好施,与儿凶荒之岁,邻里宗姻有不给者,悉赠之□,以贷买谷自远而来者,西州直之外,仍有路费之资……至老不衰,邻里咸煦其德……赞曰:

"昔召男孝行,家有鸡犬之异;今节妇之事,类之和气致祥。岂偶然哉?方其夫亡子幼之时,富氏之祠祀不绝如缕,微节妇安得子姓之振振,门户之奕奕乎?年少居孀,不贰其志,妇人之至行也。养老、抚姑、恤贫、济众,丈夫之所难也。节妇兼而有之,可尚哉也,可尚哉也。"

永乐辛卯(1411)仲夏既望
里生蒋琰敬书
(据《景泰谱》校录)

叶太孺人节孝传

节妇姓叶氏，浯溪富孟升妻也。子三岁而夫亡、舅没，惟姑在堂，年二十励志守节，养姑抚子，诚然克家。

其父母怜其早寡，欲夺其志，叶蓬首垢面，以死自誓。姑老病丧明，叶侍奉惟谨，终始如一，事姑八十五而卒。叶哀痛逾情，丧葬尽礼，一子虽钟爱，而训之必以礼义，过之不少假借。奉祭祀以诚敬，处宗姻以和穆，性温柔，好施与，恤贫济困，到老不衰。

乡里敬其德，咸赋诗以羡之。琰菇（？）乏（？）转（？），并赞之曰：

"共姜奋自誓，义重柏舟诗。去古既云远，淳风日浇漓。朝为姑家妇，暮成魁觇姿。视彼世腼颜，君子深恶之。嗟哉富氏母，守志节靡亏。早岁失所夫，矢心靡他驰。上养高堂姑，下抚褓褓儿。水蘗自清苦，修随循礼仪。勤勤执妇道，穆穆悖孝慈。孚孙克成立，寿考垂期颐。家道浸殷富，济民仍恤饥。母性仁且惠，宗戚无乖戾。和气百祥应，福善礼不差。金石尚可瞎（？），正心不可移。怡德乃所贵，足以昭民彝。会当董狐笔，特书垂光熙。"

时永乐辛卯（九年）仲夏既望

同邑蒋琰撰

（据《景泰谱》校录）

跋富节妇诗卷

呜呼！自柏舟之诗不作，而妇人能守其节，获书于一带之史者，盖寥寥焉。虽曰风俗所致而然，盖亦夫人女子之行修于闺门之内，士多不闻耳。若富节妇叶氏，非其曾孙处温以告之，文士而为之传，其不致于泯没也几希。然则叶氏之行固不可尚，而处温之孝亦君子之所取欤！余故并及之，以为为子孙者之鉴也。

永乐十六年（1418），岁在戊戌秋七月庚午

翰林院检讨从仕郎蒲田黄寿（生）书

（据《景泰谱》校录）

富节妇诗卷序

括苍青田富君处温，故宋郑公文忠之孙也。其先曾祖孟升府君，不幸早逝，厥配夫人叶氏甫二十，励志守节，上奉老姑，下抚遗胤，经荣（营）家业，誓死靡他。姑年老病，目疾，夫人奉养犹谨，祈（凄）寒暑雨，不违左右，躬调药膳，终始弗怠。遗孤寝长，家道日丰，几遇饥岁，酬恤宗姻、邻壤之民。有以赉贷贸谷者，常直之外，量其道之远迩，复加路费。家庭之内雍雍肃肃，和

气致（常）祥。姑年逾八□而殁，葬尽礼。乡邦之称节孝者，必以夫人为首，推为乡邦之称。先生蒋君为立传，搢绅咸赋（漏"诗"）以贵美之。

处温之先君子素斋先生，□（虑？）其散轶，哀立辑篇章，装潢成卷，处温克承前志，征言序其首。简谷忝居诸甥之列，以不敢辞，乃序曰：

"帝众攸降，人纪肇修，男子四方之志，女子从一而终。故柏舟之诗，共姜自誓，列女之传，汉儒所记，皆所以厚民彝，昭世德，以树四防也。世降俗偷，民心不故，若鼓盘之歌未毕，而好逑之念以萌。琴瑟之心未沉，而再醮之情已兆。自非故家世族，敦礼让义，忧出流作（俗），而获全于亢俪之道，几希矣！今观富氏之子孙繁盛，闺门雍睦，引翼诗书之泽，益崇礼让之风，虽由文忠公之盛德大业，（足）垂休祉，岂非夫人积庆之所致欤？诸公之作，从容雄伟，当与夫人之幽光懿德同垂于不朽云。是为序言。"

永乐二十年（1422）龙集甲辰孟秋上□
存存生陈谷撰
（据《景泰谱》校录）

余尝读柏舟诗，观汉陈节妇有德有守，实为人之所难为，诚足叹羡。然妇之守志养姑，亦人道之常事，果何而为世所重乎？以俗偷行簿（薄）人不古，或至与人拗凿，与姑勃鸡庭，有丧，而他堂有老而弗顾。以是校之，守节孝养者，又岂不为古今之所耶（衍字）取。今观富节妇叶氏，懿行内修，身乃妇道，虽早丧所天，其养姑克守克勤，有所树立，有能济贫恤苦，以致家之所畜，驯驯若有知识。故天道福善，将必相厥居，而昌厥后。征诸处温氏之能振先业，可见矣。宜其表着当世，与前休（修）同于弗朽，顾不伟欤！余尝读《列女传》，言节义之在人……如存祀。如此彼怀二心，过其门□□事其……惜乎。誉虽驰于里门，而善见遗于旌褒。苟非其曾孙处温氏之质广求文士，以表著之则，不能白于天下后世矣。是有可羡也！

永乐癸卯（二十一年，1423）七月既望
安固孙隆题
（据《景泰谱》校录）

（2）诗

姜本叶氏女，归为富家妇。二十失所夫，从一誓不负。乳下有孤儿，堂前有老姑。二命系妾身，此足不可移。家有猫与犬，犹解知妾意。人为万物灵，安敢自暴弃。悠悠浯溪水，峨峨南田山。水清冰皎洁，山高松耐寒。白璧尚含垢，明月有圆缺。二物虽足贵，莫比此妇节。

监察御史谭源清
（据《景泰谱》校录）

石林钟秀振南阳，坤道柔佳孰可方？养老有如陈孝妇，守身不减卫共姜。恤孤志在承先业，致爱情深致北堂。能踵前修仍积庆，一门孙子世弥昌。

福建布政司参政永嘉杨宗衡

（据《景泰谱》校录）

富氏青年妇，良人早岁徂。深闺悲怨鹤，永夜泣啼乌。顾望惟婴孺，相依只病姑。安贞心自劲，洒泪眼将枯。松柏风烟外，芝兰两露初。报施天不爽，奕叶更荣敷。

金华杜恒

（据《景泰谱》校录）

二十佳人励守正，事姑抚子立心诚。坚同翠柏终身劲，洁比严霜彻底清。敬事幽明昭令德，恩覃远近着贤声。山青水碧浯溪古，千载常留节孝名。

□□□

（据《景泰谱》校录）

贞妇生当极季年，良人遽尔相（有衍字：庆）弃捐。堂前鹤发姑已老，膝下婴儿犹襁褓。鞠儿见养故分所，宜不同穴徒相悲。青年何苦尔孀居早，犹似清晨楼栖草，此心匪石不可移，矢天重赋《柏舟》诗。垢面蓬头谢纨绮，辛苦机梭具甘旨。孤儿渐长家亦殷，适有盈赀能济民。贞妇之心孝且仁，和气致祥猫犬训。吁嗟贞妇世希有，令女共姜差何偶。越山苍苍越水长，贞妇之风同不朽。

文水颜敬守

（据《景泰谱》校录）

共共坤道，人孰弗知。谁得丧计，守之者稀。倬彼叶氏，犹出等夷。少孤承姆教，克迪柔微。长归齐郡，亦饬妇仪。君子不幸，蚤孀居。确秉厥志，誓死勿移。惟幼是绥，节之所守。老守所施，无负君子，无殄福基。笃斯善积，式介繁禧。以引以翼，以大后裔。

永嘉吴铎

（据《景泰谱》校录）

柏兮轩轩，既美且蕃，我思君子，永矢弗谖。柏兮森森，掩瑟与琴，仰彼芳泽，金石乃心。

善不自称，劳不自矜，仁能育物，孝慈是征，爱有芝兰，梦生堂下，清芳古今，以告来者。

安固虞璩

（据《景泰谱》校录）

富节妇赞

有美节妇，内行无愧……遽失所移之天死自……姑存，寿而没，宁抚三稔失

· 227 ·

怙之孤子□□□□至于贷橐程遥，给费以资其远鬻，产事窘，亦直以当其意。谨宗禋祀，恤亲邻之匮，狸仆不肯窃食，似若廉。捕犬常自献获，犹如知。盖由躬践共姜之贞，故得家有邵南之瑞。羡其德，则恪百世之鲁玄。言其节，则慰九泉之夫氏。此其以得缙绅之榆杨，馨简编之芳誉也欤！

永乐癸卯八月望日

东嘉季德几赞

（据《景泰谱》校录）

古称贤淑姬，鲁史憎（赠）褒词。共姜奋自誓，义重柏舟诗。去古既已远，淳风日浇漓。朝为丧家妇，暮饰他人姿。视彼世腼颜，君子深恶之。嗟哉富氏母，守志节非亏。早岁失所天，矢心靡他驰。上养高堂姑，下抚在襁儿。水藻自清苦，涤瀡婚礼仪。勤勤执妇道，穆穆惇孝慈。子孙克成立，寿考重期颐。家道浸殷富，济民仍恤饥。母性仁且惠，宗戚无乖离。猫犬亦可驯，孝感□□□。□气百祥应，福善理不违。金石尚可磨，贞心安可移？义德乃所贵，足以昭民彝。会当董狐笔，特书垂光辉。

教谕何贞

（据《景泰谱》校录）

妇人从一终，所贵在贞节。精金百炼刚不渝，白璧千年莹如雪。石林淑媛生名门，来嫔妃偶韩公孙。瑶琴锦瑟乐芳岁，紫鸾威风鸣朝威。永言百岁同偕老，孰谓忧虞生意表。青春二十颜如玉，镜掩尘台罢膏沐。孤儿膝下未能言，老姑在堂仍瞽目。黄泉杳杳无还期，子立茕茕当语谁？咀蘖含水备（倍）清苦，此心惟有苍天知。辛勤奉养且甘旨，籍籍乡邦称孝义。信知和气能感物，猫犬亦能主妇□。遗孤抚长家道丰，箕裘世页绍先隆。桂子庭前生香药，萱亲堂上日融融。奕世绵绵此瓜瓞。集庆华筵美姊操，子孙今日皆英杰。万古辉光日星揭。

□□

绣衣使者玉花璁，行春鞍辔观民风。□采歌谣付囊锦，归□为奏明光宫。

同里陈谷

（据《景泰谱》校录）

我之高祖姑，小（少）秉懿才。传家固有礼，善端得深培。及笄媲德们，令仪肃有斋。二十失天所，姑瞽子尚孩。衰麻泪蒲衣，宝鉴尘封台。厉志保贞刚，凛然不可回。义气贯金石，清风出□□。齐家老且慈，菽水兼提携。老穉忘所忧，猫犬俱欢谐。至今衍遗泽，曾玄尽奇环。伟哉义气门，允矣风化该。昆山蕴良玉，邓林植异才。振振麟趾仁，教自关雎来。安人妇道全，庆集百祥开。葆光夺志言，措辞亦荒哉。作诗为解讥，庶几识者□。

□□

· 228 ·

二十佳人两鬓清，……闻怨鹤声。猫犬驯良知懿德，……子秀，千古华编著令名。

同进士、奉议大夫、礼部郎中同邑叶仕宁

（据《景泰谱》校录）

年少堪怜失所依，茕茕子立守孤闱。奉亲尽孝心无二，抚子居孀志不移。梦断鸾凤忘配偶，化施猫犬识公私。生平贞节谁能见，只有乾坤日月知。

（浯溪富处温氏，余之姻戚也。处温读书好礼，追慕前人，谒余持曾祖母安人叶氏贞节卷索诗，以表彰之。余固弗能诗者，辞弗获，竟成律诗一章如右，以附群公珠玉之末，以记岁月之音。）

永乐戊戌（1418）正月晦前五日

赐进士、朝列大夫、贵州布政使司、右参议、同邑周宗保识

（据《景泰谱》校录）

3.浯溪送别诗文（永乐十九年、二十一年）

浯溪送别诗序

国以民为本，以食为天，其由来尚矣。是故，上而朝廷，非食无以享郊庙、厚邦国；次而百官，非食无以守职业、施教令；下而庶民，非食无以事君亲、育妻子。夫岂细故哉。国朝分建郡县，凡民政无大小，无一不统于君然又分编户，拔其尤者为粮长，专治租赋，所以体天恤民之盛典也。膺是选者，岁一朝京师，亲受上命，符牒征敛，征集又输诸官，计所入之数，粮长以之报命于阙廷之下，苟非廉干忠勤之才，安能敬厥事而不戾其民乎。

富公处温（按：名"玙"，富涟长子）偕予从弟克宏，廉干忠勤者也，故有是役。于是群彦咸酌酒赋诗，相送予浯溪之上，以饯行。嘱余序其首简，遂书以赠之。

或曰："由吾乡而之京，不啻七千里，跋涉山川，触冒寒暑，仆夫告疲，捆载而往，垂囊而归，何堪斯役哉！"余以为不然，今天亲民之吏，莫邑大夫。若也其秩固卑，苟有事而至阙廷，莫不战惧危溧惴惴焉，是恐受督责之加；幸而蒙一言奖谕，如获重宝。况乎以一介布衣？旅公侯卿大夫之后，登虎豹之阙，近日月之光，瞻天颜听玉音，亲沐汪秽（濊）之泽于九重之上哉。宜欣跃以对扬鸿休之不暇，尚何计奔走之勤乎。若夫眷恋之怀，离旷之恩，则群彦之篇什侈矣。兹故不及。

永乐十九年（1421）辛丑五月吉日

屏川三复叶圭

（据《景泰谱》校录）

送富君处温赴京序

曩余寓芝田屏川叶氏处，闻浯溪富君处温谦静冲雅，恨未及交。继而寓大渚十余载，转客屏川，辱叨款接，遣子侄相从，乃至（知）二家世为姻好，相去不远数里。几遇节序事，为未尝弗会，会则余必为衣冠之集，诗酒之娱情，孚而意洽。今年春，蒙延主家塾，遂娟（捐）家就寓，未几，予报患日久，寅夕眷顾，拳拳弗替，虽风义之笃者不是过。由是雅好弥笃，奚啻鱼川依而鸟云飞也。观其继志述事，克振前修，孝奉慈闱，友爱同气。虽老，而光润之气浮于眉颊；家虽柝，而翕然之情洽于室庐。亲宗族，睦乡党，内而私家经理，外而公务应酬，靡不周且至焉，可谓无忝为韩国文忠公之裔孙，可谓无愧先翁素斋之能子矣。

近因粮长事，竣将赴……京缴檄。或言弟侄□性均，则不谙。先既有□领符檄□，当亲往复，安可以修途触热，而怠事弗敬也。余谓士大夫当（……）盛明。际先岳气合之时，礼乐政教具修之日，可不思逢矣，壮图以广愽其闻见，遂汩汩于户庭，营营于里□者乎？然或有其志而无其时，有其时而无其资者，概不可以直遂也。均今不患时之弗际，资之莫俢，檄进乎？

诗：

“承丹陛事讫民曹，该讲从容就道，泛秦淮游乎？郑鲁之墟，拜孔林而迤东鄙，逾大江由常而秀而苏而杭，览名山大川之胜，搂鸿德骏望之士，瞻其仪规，□聆其绪论，耳目为之更新，胸次为之迪计，必有私淑之喜，卓乎不可及也！岂若余之能陋，寡闻而老朽于山驿耶！滨行诸友，咸赋诗以饯，姑序交义，并致属望之私于眷首音。”

永乐二十一年龙泉集癸卯五月望永嘉徐侗撰

（据《景泰谱》校录）

送君北上歌如何？事存家国志靡它。乡閈衣冠推弗众，□廷税赋重催科。九重雨露通龙汉，万里风云接凤坡，回首蓬莱天咫尺，承恩应报玉音多。

素履生林份

（据《景泰谱》校录）

祖帐衣冠拥水西，壶觞重劝手重携。担头诗卷添行李，马上江山入咏题。阊阖九重红日近，家乡千里白日云。方今四海车同轨，一路尘清快马蹄。

蒋恂

（据《景泰谱》校录）

梅榴花上雨初干，送别溪头擢木兰。回首白云离梓里，仰瞻红日近天颜。一区政洽生民妥，两岁粮完国用堪。金阙九重楼十二，观光此去缀通班。

留季和

（据《景泰谱》校录）

累洽重熙纂帝尧，天开泰运属皇朝。恩覃山解轻民赋，署梭银章出户曹。紫盖祥云通御幄，玉阳凉露湿征袍。金台回首承恩渥，早向泺河促转桡。

存存生陈谷

（据《景泰谱》校录）

祖筵荫烛吐奇花，别酒类倾潋滟霞。征税已勘充国赋，促装今喜上京华。九重阊阖云霄近，万里江山驲路赊。紫陌看花林驻马，倚门慈母望天涯。

叶仕宁

（据《景泰谱》校录）

梅潦兮方正，榴美兮喷火。浯溪波暖兮漱芳芷，香荡金醅兮浮绿蚁。歌拂剑兮翔鳞紫，送君之去兮数千里。逾浙河兮遡淮水，五云回首兮金阙迤。开阊阖兮耀宇旅，见彤城兮参豹尾。檄进九重兮承恩喜，桂席东归兮自容与。行将而时迈兮秋风起，白云望兮愁陟岵。鸿雁南征兮好附尺楮，吾当远行兮鹓以之浒。掬清泉兮涤尘耳，恭听霏谈兮为道。莲兰际之英伟……

又七言古诗：

浯溪柳风生晚凉。石榴花映黄金觞。举觞送远上周行。征途触热朝圣皇。公昔长驱征官粮。赋足北上销符章。停骖止鞍青丝缰。为我倒郯璃壶觞。酤歌醉曹拂豪铓。听破别离情莫伤。宵汉喜看鸾鹄翔。五云回首拜宠光。秋回锦城风露良。莲兰周览殊未央。泺河早买东归行。毋使慈闱堂北望。吾将倚棹芝川傍。遥迓锦衣归故乡。

叶正

（据《景泰谱》校录）

浯溪富处温氏将趋朝，来则数余，乏可为赆，效古人赠言之意，赋律诗一章以壮其行色。云：

"金□七月早风凉，正喜……帝乡紫陌鸡鸣秋……威玉音……庭悭所望，扫席俟公归……"

叶琴

（据《景泰谱》校录）

4.蒲源富叶氏贞节传（嘉靖二十三年）、耕乐图诗文（嘉靖二十九年）

赠贤甥富崇母叶氏贞节传

有孙元韶，世察告余曰："蒲源族姻富时康子汉厚之妻，余族之女孙也。贞节孝义，乡邑素重，内外同称，今以疾终，舆情叹羡，敢请挽章以表其行，可行乎？"

余闻孔子之言："有誉必有试，大舜以扬善为先。"节妇，同乡耳目所及，乃族亲世家之流风余韵也。鼓舞声教，维持风化，可不允所请乎？遂作古风以赠之，曰：

· 231 ·

圣王宣教化，《关雎》首一经。夫妇三纲本，节义宣扬名。屏川叶氏妇，宫范旧家声，蒲源文献子，淑配两相应。唱随全孝道，琴瑟方和鸣，凤缘原有素，凤卜缺成恒。叶氏年十九，夫作晓天星。生崇月方五，一旦失依凭。青年作孤寡，贤达共哀矜。修短寻常事，节义死生荣。瑶池若仙会，王母亦相迎。呜呼天降哀，孰不有虚灵。贞节与忠孝，高义几人登。夫妇誓同穴，乾坤并至精。洪均秉机轴，福善常有征，孟母三迁救，亚圣大儒成。陈母埋钱祝，科第子联登，有贞元必会，否极泰将承。所以君子心，松柏岁寒青。所以贞节妇，谷兰香自清。乡有月旦评，国有征善亭。旌表系人爵，炎凉有重轻。仁义为天爵，良贵自光莹。果识修天爵，女中之人英。

嘉靖二十三年（1544）秋

滁州教官眷老叶鑪书

（据《现代谱》109、110页校录）

耕乐图序

余奉天子命擢兖州费邑令，致仕莅青师铎会诸友宴竹泉亭，时有年兄讳介者，不鄙固陋造席请曰："先生署青田教谕，越数岁矣！而乡党遐迩，人情上下，已知之稔矣！若乡之时，康翁号'耕乐'者，真吾邑之善士也。德修于躬，行孚于外，肥遁而不狃于声华，励行而不流于习俗，纯笃雅饬，好读古书，有儒者风。有子汉濡，孙崇辈，皆贤且孝。而孙又能善继乃祖者也。是以优游晚景，从容自如。今当诞日，子姓绳绳，戏采奉觞，以叙天伦之乐，可贺。纯嘏先生，掌百里风化，闻善必颂，曷可已于言乎。"

予遂复之曰："寿乃五福之首，夫人之不可必得者也。不可必得而人得之，岂无所自而然哉。盖德者寿之基，寿者德之效也。"且夫富氏之族著于邑志旧矣！时康翁余尝馨其名而未炙（识）其人也。旧岁重造并归图里，一少年富崇者，以不均谒告于余，辞气和平，容止端一，既为之咨执政且知其为翁之冢孙也。今观介言，益知其养之有素矣。昔夫子曰："仁者寿。"夫岂诬哉！翁静以修身，俭以养德，乐于耕织，勤于劝课，故号之曰"耕乐"，此所谓名称其实而内外相孚者也。则锡以纯嘏，介以眉寿，自有不期而应者，诗人一则曰"百福"，二则曰"遐福"，易一则曰"天庆"；二则曰"余庆"。与夫书之一则曰："祥"，二则曰"高邵"，翁得之矣！

翁寿跻八秩，是莫非天之俾而臻上寿也。介曰："先生之言是矣！"敬书以赠。

嘉靖庚戌（1550）孟冬月谷旦

兖州府费邑令致仕、署青田教谕王礼撰

（据《现代谱》29、30页校录）

赠蒲源耕乐公诗

曾摘蟠桃拜木公，麻姑觚里醉霞红。知君应得长生诀，白发乌纱罕世逢。

余体道

（据《现代谱》66页校录）

细嚼丹砂与世违，松风一枕事轻肥、夜来公会东方朔，跨鹤然藜会紫微。

陈邦和

（据《现代谱》66页校录）

蒲源山高如空洞，半岭逢迎太白峰。翠岩碧壑□奇绝，昼师虽巧难形容。蒲源隐翁兹结庐，自宋分来从此居。日饮菖蒲酒三斗，时读床头万卷书。酒酣向山强歌舞。春日呼童问耕圃。不巾不袜乐丰年，八十何曾践官府。老翁德寿世罕有，超出尘埃更长久。斑衣拖彩连北堂，白发如丝照南斗。山中蒲酒绿如云，擎杯为君祝万春。擎杯为君祝万春，老翁平地一真仙。

（时康翁号耕乐，余族中亲翁也。世□□□□诗书，山水自乐，好善有超出风尘之态。若今岁八旬，乡民若大若少，皆走贺之。予不能闻，聊作蒲源歌以增之。）

太师文成公十世孙、国学生、同乡刘派书

（据《景泰谱》校录）

何人好德笃天真，畴福推来□□□。渭水年光开庆席，香山胸次等闲云。桂兰积土培根沃，松柏高标傲雪新。种菊归翁同晚节，老梅喜见报回春。

眷老松泉致仕叶鑪拜贺

（据《景泰谱》校录）

蒲源山水趣偏高，储精孕秀生雄豪。读书尚志继文学，膺全五福人几俦？少年不上青云梯，考槃自乐蒲水涯，种花植树供吟赏。花花时……如，陈粟常心乐施与。……呼相应常相亲。几回连褐以谈心，诗成梦□芳草春。崇祠立孝教孙子。岁□春秋严祭祀。礼乐周旋郑国风，蒲源千载称名士。喜兹寿乐开九旬，长庚彩灿九乾坤。王母献桃同寿酒，柔和相劝欢如宾。……明优老乌纱荣，桂兰祝寿看盈庭。金堂玉室名斯着，食霞服日应千龄。

族弟浯溪（富）蒿呈

（据《景泰谱》校录）

第三章：族谱中富氏人物传
（从南宋到民国）

富氏族谱中人物传颇多，因涪溪《现代谱》修订尚有讹误之处，现根据涪溪《景泰谱》和四库全书的相关资料，改正及辑录如下。如能方便后之志于研究富氏家史和地方家族史者，是所愿也。

1. 富应高（十二世）
宋故进士富公应高传

进士讳应高，字春牖，括芝南田泉谷，忠孝人也。生而神异，天性聪敏，自少穷经潜心学问，年十三四，力举学业，虽炎铄金寒折胶，不出户限，未几下笔成文，思如泉源，日出不舍，气势沈融，如老将帅师，旌旗火鼓，缤纷交错，咸中规矩。

既弱冠，中咸淳四年陈文龙榜进士。上奇其年少才雄，恩赏加厚，赐告（诰）归省越。至庚午，诣阙，乃上书曰："天下之根本在国，国之本在股肱，《书》不云乎：'股肱良哉，庶事康哉'？臣窃观陛下，股肱陈善闭邪之日少，谄谀误国之日多，况天下之地十去八九，且夫襄阳国之强藩，请命重臣出师捍卫，以视死守，设使彼复陷襄阳，浮汉入江，则国不可图也必矣！"上嘉纳进士之忠，命签书枢密院事。贾似道忌进士权夺国政，移授京湖制置使。进士知似道妒贤嫉能，他日必为贬谪，明日复上疏曰："臣亲已老，无他兄弟备养，日落西山，气息奄奄。报亲之日短，报陛下之日长……。"上为之动容，乃许归田。

是时宋季扰攘，进士严君寝疾，诊候汤药，靡昼靡夜，焚香移以身代，终不愈而卒。进士葬祭尽礼。服阕，天下大定，会诏征贤能，路官强进士起为国用，进士曰："我生于宋，当为宋臣，国既元矣，当有元臣，悉用我哉？"路官遂不复言。

进士好山水之胜，暇日下南岭，指语溪而言曰："人皆知泉谷可观，不知有此东土。"遂筑室家焉。进土独支门户，则课子诗书，笃亲睦族，步则接宾待友，救穷恤匮，太夫人在堂口口承颜，逐其所欲，每遇良辰美景，躬亲遨游，如此二十余年矣。太夫人一旦疾病，气击于胸，诸药莫治，思以割股可疗法，视刀于天，伺刀跃，方可用，进士屏营，涕泣未试，而太夫人卒。三日水浆不入口，泣血几绝者数日，寝苫枕块，未尝变易。方期进士考终命于耄期，以为乡之矜式，奈止。日既西，鲁阳之戈不挥，梁木既颓，狼胡之风不返，遂遘疾于正寝。

进士配夫人叶氏，子男二人：长孟谦，次日孟升。孙男二：曰铟、曰处。高祖梓，仕文州助教。曾祖瑛、祖父淀。父凯，字南夫。母太夫人郭氏，有淑。进士早失怙，太夫人非进士无以保卒，进士非太夫人之养，则忠孝无所伸。

其孙恐进士之行愈久而泯，具状请琛为传，故不敢辞，而述进士忠孝之大略云。传曰：

"'国之将兴必有祯祥，国之将亡必有妖孽。'度宋果用进士之辈，岂非祯祥？贾似道移进之官，岂非妖孽？惜乎！用祯祥之太晚，妖孽之甚久。进士上疏报国，忠也；辞官养亲，孝也。忠孝两全虽死不死，与日争光，与天地无穷矣！"

至正十三年岁在癸丑二月既望同郡

叶琛书

（据《现代谱》100、101 页校录，另见《景泰谱》）

故乡贡进士富公墓铭

（明）袭封诚意伯　刘鹰

公讳应高，字春牖，宋郑国文忠公七世孙也，世居青南田山之泉谷。高祖讳梓，文州助教，曾祖瑛、祖淀、父凯，皆潜德弗耀。公甫六岁，即从师学问，而手不释卷，习举子业。宋季尝一践场屋，颇符有司绳尺，既而叹曰："仕将以行其道也，世运微矣，用此何为？"遂不复有仕进志。

父遗疾，公奉汤药，侍左右，昼夜不解衣带，祷请以身代。旬余而府君卒，居丧尽礼。服阕之丑，下南岭游其地曰"浯溪"，瞻望徘徊，爱其林泉之胜，遂筑室而家焉。尝自叹曰："吾素居无闻于时，第以勿克负荷为忧。"由是励志笃行，身益修而家益裕。又曰："事亲若曾子，而孟子止曰可也！吾早失怙，幸老母在堂，凡身之所得为者而不为，则重吾之不孝。"故小有不慊，于心而终日不乐。

处宗族以恩，接宾友以礼。与人言，虽幼贱，必竭其忠，里有忿争或诉之，反复告戒，莫不悦服。元至大年间，饥馑荐臻，岁晏天寒雨雪，载途有造其门者，不问亲疏远近，必躬自慰劳而饮食之，又尝凭高四顾卢（庐）有不烟者，辄遗之以米，家之弊衣必使浣濯补缀而藏之，以遗人之苦寒者。乡公生平济入利物之行，率多类此。俄一日病革曰："吾恶寒，可置火于卧侧。"因屏左右，取平昔贫人借贷契卷悉焚之。嘱其子曰："吾家积德非一日矣，计利害义，义则不详，吾非昏乱而为此，正为汝辈谋耳！"言毕，安寝而逝。

配叶氏，后公三十载、寿八十五而终。子二：长孟谦，次孟升。女一，适西里蒋起岩。孙二：鐻、鈚。曾孙四：汀、浯、浑、灂。宋宝祐元年癸丑十月望日，公生之日也；元至正四年甲申十月九日，公殁之辰也。大明洪武三年庚戌八月乙酉，公之妣郭氏、嫔叶氏泊公枢合葬之日也，浯溪岫山之西，合葬之地也。

铭之者，特进荣禄大夫、袭诚意伯、同里刘鹰也。余忝属世姻，与公曾孙灂交，见其贤，而益信公之德也。

铭曰：

"德修于己，学优不仕。拥余恤贫，泽施遐迩。宜尔子孙，克缵前美。瓜瓞绵绵，丕显乃祀。"

（据《现代谱》158—159页、《景泰谱》、刘鹰《盘谷集》校录）

2.富孟谦（十三世）

浯溪处士富公墓志

公讳孟谦，字文恭，世居括苍南田山之泉谷。历世登显仕，为名卿者，冠盖蝉联，蔚为望家。六世祖讳景贤，绪兄直柔恩泽，仕宋为端明殿大学士，赠宣奉大夫，以宋宰相文忠公之孙直亮之次子（安中）为继嗣，仕文林郎，文州助教，即公之五世祖也。高祖瑛、曾祖淀、祖凯，俱隐德弗耀。父讳应高，字春牖，登咸淳进士，以世变不仕，自泉谷再迁乡之浯溪而家焉；时公年方五岁。

自少好读书，有力略，诗歌名于世，闻望重于乡。不幸仲氏讳孟升早世，公由是居家养亲，不复有仕进志。时孟升之妻叶氏，年方二十，励志守节，子立寡居，其子鈚，甫三岁，公抚育教诲，同于己子，同居共灶，凡二十余年，庭无闲言，既而叹曰："先君既殁，资产皆吾所承，今吾增拓倍于先君，契卷悉为吾名，异时吾子私为己有，则同气之义乖矣，岂吾之志哉。"即让祖宅以居鈚，分膏腴之半以与之。于是徙居浯溪之西，筑新第，前堂后寝，翼以两庑，规制宏敞，脊角华丽，复于正寝之东，构祠以奉先世神主，每晨省谒不失礼度。

当元季，山寇窃发，标（剽）掠村庄，遂迁瓯城，居数岁而复归，卒免于难。时乡邑馑饥荐臻，民皆菜色，公发囊，捐白金易谷粟，以济其亲族邻里之贫者。曰："吾五世祖文忠公尝活青州之流民五十余万，积功累仁，致有今日。吾虽不能效法吾祖，岂可私其资贿而不以周邻里之急哉！"时蒙存活者颇众，故远近无不感悦而号公为长者。

寿七十九，善终于家。至元庚寅九月十八日生也。于洪武戊申十一月廿三庚戌日，葬于浯溪之开水。

公天资刚毅，气量宽宏，慷慨有大节，不侮鳏寡，不畏强御，待宗族以和，处朋邻以信，虽三尺童子有问，必竭诚以告人。或有曲直不辨，惟公一言而决。致于官司征输期程，繁剧之际，公处之有方，民不劳而事集。

尝谓为人之不可知医，遗索海上诸家秘方，编汇成集。择其屡试有验者，岁发己币购药材，配剂以备，亲之不虞，复推其余以施病者，所济不可胜数。

配叶氏，有淑德。子镰，仕为处州路松阳县布上下巡检，率义士从官军击山寇，陷阵，为虏所执，殁于国事。女锁，适青田刘彦和。孙男汀、浯，皆斤斤雅餐（致），克世其家。

其曾孙瑎告予曰：“曾大父世纪（事迹）久潜，善行日就湮没，原（愿）假宠于公，志其始末，以图不朽。”余阅人多矣，夭札（折）贫病，而不得遂其生，于一旦一夕而死者伙矣！况富而寿者，世有几人？富则多事，寿则多辱，求其以逸道优游于晚年者，益寡矣。矧好德以保令终乎？孟子所谓“三达”，公居其二矣，岂非五福全备之吉士哉！又奚待安车蒲轮之礼，加锡帛复户之宠，而后谓之荣哉？

余世忝姻戚，遂论其大略如右，以状公之万一云。

洪武辛辛未（1391年）七月既望之吉
特进荣禄大夫、袭封诚意伯刘廌书于金陵官舍
（据《景泰谱》校录、另见刘廌《盘谷集》）

3.富锒（十四世）

故处士富公墓志铭

富氏之先有讳韬，仕唐工部郎中，松州刺史者，五世（五代）避乱隐居处州青田县南田之泉谷，四传而宋宰相郑国公出焉。公之孙曰直亮，曰直清者，爱南田山水之佳，复居泉谷。七传而咸淳进士讳应高，复自泉谷徙浯溪，即处士之祖也。生子讳孟升，才长而年弗永，处士之父也。配叶氏矣，而早寡，世称节父（妇），处士之母也。处士之讳锒，字伯珎，生三岁而孤，祖母在堂，母氏年才二十，励志守节，事姑抚子，甚得妇道，家业赖以弗坠，处士赖以成人。既克于睦族恤邻，处事悉得其宜，由是益隆，家日裕。

元季正至（至正）冬……闽中寇乱……富处士诚君子哉！吾侪笑人不能见几（机），故致此岁戊戌，官军补贼，声势大振。处士乃归自欧（瓯）城，乡民问（闻）其至矣，（无）不欣然归向。既而（继而）处士献策军门，攻城负固，招抚胁从，其间赖以全生者，亡虑数百。

明年，岁歉，且大疫，以民无所措，相率采竹实而食，处士恻然，罄其力赈之，存活甚众。时兵焚之余，故址鞠为草莽，始营居第遄迹。以而（已而）趋事者愤（奋）然，处士劳以酒食，给以谷粟，曾不虚（恤）费其力。首建家塾，延师以教子侄。新居既成，乃以家事付诸子而幅巾杖履，怡情山水间。惟事祝奉，祭必躬亲耳。

居数岁，忽膺疾。月余，虽甚备（惫），而未尝伏枕。一日，呼子、妇环立而谓之曰：“吾素知命，大数不可复延。所抱理，天之憾者，不可终养，吾视兹

等能不违吾志，而竭力奉承，吾目暝矣。仍善事汝母，和睦兄弟，毋坠先人之业！"言讫而逝。

洪武壬子（1372年）六月二十日生也［按：《景泰谱》世系：生元延祐泰戊午（1318年）八月二十日戊时，卒明洪武壬子（1372年）六月二十日戊时］，寿五十有五。公小（少）颖悟，知识过人。遇人果断直言，不邂（附）权势。邻里事有曲直，咸取决焉。身事两世之亲，承颜声色，未尝小有过差。母氏好施与，处士善养其志，以邻称贷，毋弗（二字误，应为"母"）与者虽多，不责其契券。贫者屡贷而屡逋，亦勿厌吝之色。其遇饥岁，踵门求济者无虚日，未尝使之空囊而返，枵腹而行也。人怀其惠，岁稔以先偿之。于是仓廪益丰，好善之心弥笃。及卒，吊者接踵，莫不呜咽流涕，叹处士之言，年不称其德。然而子姓繁昌，户隆盛，积善余庆，岂诬也哉！

处士之妃（妇）刘氏，有懿行，寿考而康宁。生子二人，长曰浑，次曰灂，皆□而克世其家。女一人，适同邑沈□，曾孙男十三人。长曰……女一人，亦幼……子浑，以永乐庚寅十月□日，洎故祖妣□□，洎安人叶氏之丧，葬于里之上村，距家南二里。刘氏指寿藏在焉。其孙曰玙者，奉处士行实来谒铭，顾琰安能发挥琰（衍字）处士之盛德哉？然君同里而氏联姻，慕处士之风久矣！乐道人之善以劝厥后，遂为之铭。曰：

"施之充，报必丰；积之后，传宜久。惟其然，裔多矣！铭厥德，永无斁。"

是岁腊月望日同里蒋琰敬撰

（据《景泰谱》校录）

殷五公墓铭

公讳鋾，字伯珍，孟升公子也。三岁而孤，母年二十励志守节，家业赖以不坠，公籍以成人。元季，闽寇犯境，随伯避乱瓯城，及静，乃归乡里。高其卓识。

迁（逾）岁饥且大疫，民苦无聊，公恻然捐所有而赈之，存活者甚众，损己利人，延师教子，诚然不倦。晚年幅巾谢事，寄情予山水之间。惟事亲奉祭，不敢少懈。膺疾月余，虽甚疲，未尝伏枕。一日呼子、妇，环立而谓之曰："吾素知命大数，不可复延所抱终。天之憾者不能终养吾亲，汝等能不违吾志而竭力奉承？吾目暝矣，仍善事汝母，和睦兄弟，毋坠先人之业！"言讫而逝。

公少颖悟，知识过人；迁（遇）事果断，不附权势；身事两世之亲，未曾有过胎（贻）其忧虑者。生元延祐戊午（1318）八月二十日戊时，寿五十有五，卒明洪武壬子（1372）六月二十日戊时。配刘氏，有懿行，寿考而康宁。

子二：曰浑、曰灂。孙男十三，孙女一人。浑等以永乐庚寅十月之吉，附葬于上村坟塝中心大陇，妣叶氏安人墓侧。其孙曰与（玙）者，捧处士行实来请铭。

· 238 ·

顾琰安能发挥其盛德者？然居同里而世联姻，慕处士之风久矣，能不乐道其善，以劝厥后乎？遂为之铭曰：

"施之充，报必丰；积之厚，传宜欠。惟其然，裔多贤：垂厥后，永不朽。"

时永乐辛卯（1411年）腊月望日

同里蒋琰撰

（据《现代谱》161、162页校录）

4.富鐮（十四世）

宝庄公传

（明）叶圭

公讳鐮，号宝庄，娶屏川叶勉之妹，有志操，性明敏，智勇过人，精通武略。

至正癸巳（1353），山寇窃发，大为民患，公挺身仗义，输己币给饷义兵，助顺讨逆，保障乡闾。

甲午（1354）三月十四日，与贼战于丁公坳，大破之，获贼三首。统兵武略将军、金判王冬雅重之。功闻于朝，授处州路松阳县巡检。未之任统兵，留佐官军，扑灭贼党，既而转战逾境，陷贼围中被执，累胁不降，诟骂不屈，遂遇害。

诚意伯刘公伯温、万户侯叶君良器发兵讨之，贼尽歼矣。

时永乐癸巳（1413年）春上浣

（据《现代谱》106、107页校录）

5.富浯（十六世）

富浯传

公生性刚直，志气温雅，事亲敬长，和姻睦族，读书好礼，精于星学。以人所生年月日时，孤□旺相，推人贤愚寿夭，言无不验。踵门扣问祸福者相续。公乐然告之，未尝有□色，人咸称之，以为李□中不能过也。

（据《景泰谱》"世系"校录）

6.富澄（十六世）

澄公传

公字伯清。当元季山寇窃发，从官兵深入，被寇所害，郑氏年二十，坚守正节，抚养二孤，时危乏食，不二其志。淑仪怡行，乡里贤之。

（据《现代谱》108、109页校录）

7.富浑（十五世）

知止斋处士富公墓志铭

永乐十二年甲午仲夏，济川处士富公疾终于家，又明年冬，既获襄事。越岁戊戌春三月既望，其孙竦奉公行录，以告余曰："先大父窀穸之后，数载矣，求志其墓，未获其人焉。惟公知先人最久，今愿有以成之。"宗保忝世姻，遂不辞其请。

乃按公之先祖韬为唐部刺史郎中，大（太）常寺少卿，松州刺史，避乱隐居括苍青田县南田山。其后因仕宦居河南，至宋宰相郑国文忠公之孙直亮、直清，自河南复还南田泉谷而家焉。又数传，公之曾祖应高乃徙居南田之浯溪。祖孟升，父钃，世修厥德，不求闻达。母刘氏，有懿行。公生于至正九年乙丑八月二十七日，享年六十有六。

浑公之名济川。公甫年六岁，□寇道□蜂起，世态（或漏"扰"）攘，公从父避瓯，未几还井，获其恬恃□。公承簪缨之旧，阀阅之美，刚而立人，志诗书，遇目克诵，涉猎经史，□周而下，至乎宋元前朝之兴衰，人物之有贤否，得悉经究。乐算数之艺，性气雄浩，言议方直。几（及）所交界（接），必端重之士。其遇权势之人，则视以为不屑而去之。然于人之穷急怠者，用之不能，教之未尝忽之也。居家治事，督使奴佣，如农圃樵渔之类，各致其效，不营外利，而业益丰，户益广。务繁剧之际，公娶（处）之晏然。初不坚（经）意，而设施措置，靡不合宜。

（漏字"国"）初以来，以丁壮产多之家，征集其以致租赋，曰粮长。乃假之以命令，授之以册录，民有弗率者，治之以刑，如官司之制。公膺是任，惟以言语晓之，使之知利病，秋毫无扰，楚罚不施，□（而）征输无滞，遐迩皆翕然称之。公尝谓世人孜孜于利禄之途，汲汲于鱼盐之市，自旦达暮，邈不知其所止。言曰："我生虽无所成名，而幸守先人之绪业，知止不殆，物之理也。"乃以"止斋"自号。浯溪上流之地曰"蟹谷"，公间或幅巾布裳，与所有盘旋其间，或咏或觞，乐以成趣，又自号曰"蟹谷山人"。

公性善吟咏，有佳致，与仲氏以浯溪之山川景物，掇其秀者为八题，前集袭封诚意伯约斋刘先生倡而赋之。烟岚光齐，明目畅怀，其胸次悠悠然，忧出流俗之表。公年六十，而北堂寿八旬有五，公兄弟爱敬同，诚奉养臻备，作寿图识其宴集蕃衍之状，以娱其亲。及毋（应为"母"）卒，居丧尽哀，葬祭如礼，奉先以敬，处族以和，教训以严，抚众以严惠以怜之间。与夫仆少，皆得其欢心。故虽孩童□□□识公为长者。

殁之辰，其年□月十九日也。子男二，女一人。兄弟和顺，妯娌……孙四人……敦，又曾孙男，方一人，孩幼。子二：曰格、曰桓；女一：孙四：竦、敦、艾、怛；曾孙方一人。配李氏，嫔李氏，同年卒，□□浯墺之山，宅之东侧也。葬之吉，丙申冬十二月十有五日，壬申也。铭曰：

"公之有生，质明气强。深谋远图，曰纪曰纲。激浊扬清，植善去凶。耿介之风，善氂所望。临民惠公，辞令从容。日丰其资，承彼耿光。公身不留，其名孔彰。浯水之东，浯山之阳。有闳其幽，公归允藏。"

赐进士出身、朝列大夫、贵州布政使、右参议同邑周宗保

（据《景泰谱》校录）

蟹谷山人传

南田之最巨者为鹤峰，尖而厥百余里，莫为隆阜，高峻崎岖，峭拔万仞。山之下溪水出焉，曰"蟹谷"，湍流激石，锵然有声。湍之下潴为灵湫，兴云吐雾，作蛟龙窟宅，仙释邱墟。登兹者，恍然若凭虚御风，不知其为人世间也。

出谷十余里为浯溪，水色天如，上下澄泓，层峰叠翠，四面戟列，松竹交修，居民质实，潜德君子富氏筑室居焉。有讳浑字济川者，少好读书，涉猎史传，考周汉之兴衰，历宋元之理乱，慕忠良之善行，佩先哲之嘉言。其高于世者凡六事，敬以述之：目不视非礼之色，耳不听淫乱之声，口不放夸诞之言，身不为诡异之行，利禄不介于怀，戮辱不惊于心。惟礼师课子，孜孜不倦，乃凿池种鱼，辟圃艺蔬，童仆追随，日以壶觞自娱。或瑟鼓面琴操，或泽吟而溪钓，其心悠悠然，出乎万物之表，放乎形骸之外，因自号曰"蟹谷子"，嘱予传其事。

予谓天地间名胜之区非一，往往晦而彰者，必待厥贞元会运，乃有其人焉。行虽美矣，苟不假夫名笔，载于高文大册之中，则不得传诸后世，愚活介乎绝域。登秘迹子厚之文，盘谷隐于太行，阐幽观昌黎之序，讵不以地因人而显，由文字而后彰乎。昔庚桑子隐楚郁垒之山，其大祉君子所居，喜庆之及于物者，其来尚矣！《易》曰："幽人，贞吉。"岂不信哉！余谫陋之才，固不足以彰盛事，因见嘱之，勤庸叙其万一，为蟹谷子传，以俟后之名公巨儒起而正之。

永乐癸巳（1413年）春三月上浣

三复子叶圭传

（据《现代谱》105、106页校录）

8.富瀰（十五世）

大明处士素斋先生富公圹志

呜呼！是为我先考素斋先生之兆。

先考讳瀰，字澄川，行彦□□。四世居括芝邑南田之泉谷，曾祖宋乡贡进士应高，再迁浯溪。祖讳孟升，父讳银，母刘氏。先考生而神气清明，长而好学。行义周于乡里，恩礼洽于宗姻，常以诗酒自娱。年五十九，卒于正寝。

生于元至正癸巳六月三十日，殁于大明永乐辛卯八月二十九日。以丙申十

月辛酉，葬于浯溪后垟之原。先妣安人夏氏，讳经，行淑十一，父讳桂，母黄氏，以贤淑择媲于先君，因政克修，和气蔼如也。后先君二十五（年）卒，寿八十四，生于元至正癸巳十二月二十三日，殁于大明正统丙辰十二月九日，以是月壬午合葬先君墓左，从寿藏也。

子男四：玙、璃、琳、传。女一，瑛，早世。世孙男十二：勉、款、谨、造、诚、侃、穆、恂、恒、衍、烈、官。曾孙男十一：估、娴、伦、湛、伦、挺、仿、邦、倜、伸、侃。女四，长帘适郑坑叶彦森，次玉，未行妆娟，青幼在室，付以介妇，蒋氏之函传之妻也。玙五内崩裂，滢述大略，以志诸圹。

孤哀子玙等，血泣谨志。

（据《景泰谱》校录）

素斋先生传
周宗保

少微垣，处士之宿，实为东浙栝苍州之镇星也。其地则山川淑钟英秀，笃生伟人。或登庸朝廊，或韬晦泉石，乐天守道，以终其身，高风懿德，足以激贪起懦。若吾素斋先生，则其人也。

公姓富氏，讳瀓，字澄川，宋太师韩国文忠公之裔也。少聪敏，多志略，髫齿若成人，比长，好学博综经史，务以明理性，达经济为事，而于训诂、传注，雕虫藻绘，不深经意。

早丧父，事母安人刘氏至孝，年逾八十而康宁，与伯氏济川，俱以斑白戏。子姓诜诜，捧觞称寿，和气蔼然，遂绘寿乐图于堂上，以悦亲意，缙绅君子咸赋诗以美之。伯仲之间，友爱天至，人以二难称之。家饶于赀，而能推余济急，好遵古礼。冠婚丧祭，一遵朱子成法。于里纷争，质之于公，只以直言劝解，无不感愧脱（悦）服。

洪武□□，邻境草寇构乱，扰攘邻落，公与屏川良殷叶君倡义，保障一乡，贼不敢犯。及官军剿抵，戮及注误，公愍恻无辜，极力拯救，存活甚众。

凿池种鱼以奉亲，辟馆延师以教子，树佳果以供豆边奉祭祀。所居之地曰浯溪，山水明秀，树木荟蔚。好天良日，公幅巾短策，诲以诸孙，或临流以赋诗，或登高纵目，情与物舒，境与心会，有不知其所以然而然者，其乐为如何也！因名其燕休之室曰"素斋"，故以人称之曰"素斋先生"云。

赞曰：

"《传》曰：'君子素其位，而行不户其外。'人有至贵于身，而不知乐于心，而不享假外物以为贵，而不觉其为危身之媒；躭生色以为乐，而不知其为蠹性之具。惟君子尊道守常，乐天知命，不怵于权势，不务乎荣名，逍遥徜徉，高蹈物表。

《易》曰：'素履坦坦，幽人贞吉。'其先生之谓欤者！"

（据《景泰谱》校录）

浯谷山人传

（先生讳瀚，字澄川，号素斋，又号浯苍山人）

富翁居于涧谷之中，而得厥所矣！性括静，好读书，闲尝幅巾被褐，坐浯溪上流，观波澜之浩渺，玩风云之卷舒，枕流漱石，脱巾濯足，乃击石而歌曰："风月其清兮，爽我精神。烟波其净兮，涤我埃尘。高卧羲皇兮，以终厥身。畅饮一醉兮，以乐天真。"

既而夕阳返照，樵歌出林，遂歌而和之曰："青山磊立兮，如凤如龙。白云耸拔兮，于陵于岗。舍兹泉石兮，陟彼庙堂。宏其施济兮，重厥恩光。"

浯谷曰："此歌非吾事也。"樵者曰："子既如此，盍陈其理，可乎？"

乃言曰："子亦知邱壑之为乐乎？方春和时，万物争荣，吾则负来耜躬被除，逍遥于原隰之上，啸咏于邱陇之傍，潜培芟莳，令吾之稼既庭且硕，他无恐惶矣。语曰'勤耕用奋三春力，岁数无虞六月粮'，且凿池注水，量其深浅以适纤鳞，出没游泳，鼓鬐播唇，鱼得其乐，而吾志亦伸。何事逐逐于世利，而仆仆于风尘？故愿晦迹而处浯谷，并不欲著其名而号'山人'。"询者唯唯而遇。

其浯谷山人，即澄川公也，又号"恬养子"云。

同里钱裡居兰斋敬撰
（据《现代谱》108页校录）

9.富格（十六世）

故浯溪友廿四富公圹志

屏川叶琴慎

呜呼！先生讳格，字至道，行友廿四，世居括之南田泉谷。高祖宋进士讳应高，始迁浯溪，家焉。曾祖讳孟升，祖讳鋆。父讳浑，字济川，母李氏。

先生好读书，尚志以孝悌，称年四十二，遘疾而卒。生于大明己酉十月二十八日，卒于永乐庚辰二月十七日。

先妣姓钱氏讳基，第彦四十四世，居南田之钱塘，实吴越武肃王之十三世孙讳希哲之女也。以贤淑配先君，年三十五岁，寡居厉志，楷范一门，皆由顺正。徭役虽繁，必先延师教子，赖有成而益进家业。

正统丙寅，竦适以闽右，居京师既久，归省乡人。迎而谢曰："吾乡昔遭寇乱，困于饥寒，微君之太夫人发己廪赈济，吾属何到今日。复拜君之面，抑君能终养于太夫人之天年，岂非积德果报乎？"一日，夫人无疾，召竦等前曰："吾归富氏，无愧妇道，愿汝等子子孙孙勤俭忠孝，勉承先志，死无憾矣。"言终而逝。夫人生于大明洪武丙辰七月十八嗣，卒于景泰壬申九月二十四日。以明年癸酉夏四月丁酉合葬考妣于杭坑淇园之阳，礼也。

子男三：竦、敦、艾。孙男九：俭、洗、僚、佐、位、倍、佑、仁、儆。女四，（长）适屏川叶恒，次女尚幼在室。曾孙男七：昭、口、鼎、晖、勖、羽、鼐。

竦哀不能文，谨述大略，以志诸圹。

（以上素斋、志道两公圹志，至嘉庆年间，墓旁露获。今依原志刊入，以贻后之览者，尚见先朝事迹。特记。裔孙祝三、耀宗敬述。）

（据《现代谱》164、165页校录）

10. 富桓（十六世）

桓公传

公行为有方，言直不讳。豪强咸惮之。孝事父母，周旋家务，常恐贻亲之忧。故不惮勤劳，而竭力以赴之。尝以事之京，中途遘疾，临终扶惫为书，其言"惟以不克终养二亲为恨"，而不及家事。

（据《现代谱》108页校录）

富桓传

公行方有为，言直不避，人畏惮之，性孝敬父母。父府君遘疾，卧不安于枕席，公日夜抚侍，积忧忘食，公私口有，徭役常恐贻府君之忧，故不惮烦劳，周旋其间。后以趋事至京师，归口口遘疾而卒。

（据《景泰谱》"世系"校录）

11. 富格（十六世）

富格传

公性气和敏，善于交好亲戚宾友，交接之以恭，侍之以礼，人或有事告之，公处之有方，人咸而敬之。好读书尚志，以孝悌称。

（《景泰谱》"世系"校录）

12. 富之拱（二十五世）

竹溪富翁传赞

南田之山其南二十里，有泉汇而为溪，水声涓涓，沥沥如人相与语，故名曰"语溪"。因行书与浯形似，后遂号为"浯溪"。其地多奇峰巉，大木之所盘蔚，献奇纳秀，故士多俊彦，室常殷阜，富氏其一也。有名之拱，号竹溪者，勤谨尚义，故其家日裕。予馆南田，命子燮，负笈相从，追随日久，因请予传。

按富氏先世，多显官，宋相文忠公为最著，翁（漏字"其"）二十五世孙也。乃祖讳应高者，自南田泉谷徙居浯溪之岘山，情欣丘壑，不求闻达，至蟹谷子及素斋公，皆斤斤雅肴，为当年英伟。植节有叶氏之正，维持风化，效忠有宝庄之义气。树立纲常，构宗祠以安昭穆。文恭念切尊亲，设义塾以振人文，雅敬心，存讲学。其氏族之盛，礼教之优，夙称仁里。

国初遭兵焚，宗人失散，富氏为之一厄。翁自泗溪归，身孤子幼，外乏姻亲凭依，内惟贤淑扶助，籍非有雄材殊量，鲜克成立。翁乃拓其旧，复增其新于前，更裕于后，返养源之侵田，克归故业，复祀先之祭产，弗替明因。不畏强御，不侮鳏彝，教子以耕读为本，治家以勤俭为经，故能自啬旋丰，由否转泰。

于戏！寿跻八秩衍余庆，既获遐龄，子列燕山继成功，更追丕烈。宜其振振振家声，永垂世泽也！

余乐为之传，并赞之曰：

"惟翁之德，覃孚遐迩。惟翁之勋，恢宏桑梓。既寿且康，克跻前羡。永奠丕基，垂厥福祉。"

时康熙庚寅（1770年）腊月望前三日，乡贡进士宇安金以成撰。

（据《现代谱》110、111页校录）

13.富之馨（二十五世）

之馨公传

公尚气节俭，勤施与，遇事勇往直前，不阿于物，人咸服其忠直，而与同气中，则恩义尤笃焉。

（据《现代谱》111页校录）

14.富之生（二十五世）

之生公传

公为人端庄淳朴，勤俭成家，义方教子，在乡邻间虽谦恭可挹，而居家则有威可畏，有仪可象。其谆谆训饬，子弟咸俯首听命，有严肃之风焉。

（据《现代谱》111、112页校录）

15.富之余（二十五世）

之余公传

公讳之余，得玉公子也。秉性温厚，不妄职与，以勤俭教家，故子孙繁衍，莫不由公宽宏致之也。娶梁氏，端庄孝敬，克襄内助，而宜其家室焉。

（据《现代谱》112页校录）

16.富国繁（二十六世）

国繁公传

公务耕耦，乐林泉。子三，训以义方。盖淳实可亲，乡党间今犹高其行焉。

（据《现代谱》112页校录）

17.富国陛（二十六世）

国陛公传

公慈祥恭谨，坦夷近人，有志略，尝宏第宅。盖雍雍乎有谦让之风焉。

（据《现代谱》112页校录）

18.富国俊（二十六世）

国俊公传

之拱公三子，字世芳，号颖川者，勤俭人也。素性忠厚，谨信寡言，不尚浮华，作事循理。处乡里中，温厚和平，不与人争，有谦让之风焉。至建祠续谱，亦竭力率先洵，所谓循规蹈矩以蓄其德者也。

（据《现代谱》113页校录）

19.富国明（二十六世）

燮公传

之拱公四子，字国明，笃斋其号也。天资英敏，甫冠游庠，且沉毅多智，胆识过人。厚以宅心，和以处众。构宗祠，恢祭产，公之力居多焉。

常览旧谱，装璜增订，以示来兹。今又乐任主修，书香继起，公之美善。不可胜述。配刘氏。厥子三，亦能克家。筑室岘山之东里。

（据《现代谱》112页校录）

20.富国顺（二十六世）

让泽公传

公讳国顺，号让泽，之拱公五子也。公为人慷慨，作事勤谨，具胆略，裕智谋。处乡里中，是是非非，凡事有不平者，公以数言折之。增厥田园，新乃第宅。凡建祠续谱，竭力率先，不辞劳费，故内外咸服焉。

（据《现代谱》112、113页校录）

让泽公暨徐孺人墓铭

徐绍伟

公讳国顺，号让泽，宋大学士富郑公二十六世孙。祖讳得禄公，父讳之拱公之五嗣君也。世居浯溪，筑室于上宅，因，以为号焉。

公为人直谅而勤业，具智略，多干济才。乡里有不平，剖以析，入皆感服。善家计，或扩乃产，好种树，贻厥孙谋。其后人构大厦者数屋，悉公之所培植也。尤信因果，命子敦书远涉南海拈香。善行一生，善行卓卓。

生雍正丙午八月（1726）廿八，卒乾隆庚戌（1790）十二月十四。德配徐孺人，系叶岸徐元熙公长女，贤淑并称。姑老足患，孺人晨夕在侧，维持调护，无稍懈志。祥慈好施，舍衣食以赈饥寒，修桥路以济行人。朔望持斋，顶礼大士，目亲四世，享龄八十又一，以寿考终。生雍正己酉正月三十曰，卒嘉庆己巳四月初二。以辛未夏吉日合葬蒲源之阳。

子三：太学生敦书，（敦）厚，（敦）本。孙六：庠生祝三，太学生敬宗，歌五、胜宗、乔楠、志宗。曾孙：庠生鸿学、（鸿）业、（鸿）藻、（鸿）儒、（鸿）图等。济济绳绳，皆自公与妣修德所由致也。

铭曰：

"宅兆富公，蜿蜒游龙，山川盘踞，天授佳茔。修德获报，兰桂郁葱。他年表垄，宠锡荣封。"

（据《现代谱》166、167页校录）

21. 富国元（二十六世）

裕斋富公墓志铭

阜阳郡庠 周丰

裕斋讳国元，字善长。祖得禄，父之拱，皆守分乐善以继承其家业，故世以德称。为乡间（后疑漏字）。至裕斋，继善益裕。厥嗣讳敦仁者，余同游庠挹，其风规俊逸人也。凤（凤）饱经书，克善继述。兄敦典，弟敦伦，皆斤斤雅饬，后先济美，与予缪绸非朝夕矣，因父之生平本末，备述请志。于戏！人之生也，岂偶然哉！

翁生泗溪，周从父返，其生平亦备历艰苦者矣。乃勤于田，俭为家，孝于亲，睦于邻，不角势以凌人，不贪财以自利。置产凡顷，未及讼于公庭；结室临溪，爰善居于我室。至构宗祠，恢祭产，不辞劳、不惜费。丕烈嘉猷，克遂先人之志；诒谋燕翼，复永锡类之隆。事业粲新，人文蔚起，浯溪山水为之生色，夫非公之力与！

康熙癸巳（1713）十月二十有六日，公生辰也；乾隆丁酉（1777）四月二十有四日，公卒之日也。三百九十有二甲子，翁寿也。谢林亭后垄，卯山酉向，翁之墓也。辛丑（1781）十有一月越朔甲申，翁葬之日也。浯溪西庄翁之徙，居室也。贞德之刘氏，翁之配也。继志光前人之烈，课子笃义方之训，为闾里之光，一族之选也！《诗》曰："乐只君子，邦家之基。"公其有之，是为志。

因铭之曰：

"惟翁之德，醇朴无瑕。勤耕课读，忠厚教家。乐山乐水，亦俭亦奢。增拓田园，培植英华。培植英华，可则可嘉。"

乾隆癸卯岁月（次）夷则上浣

（据《现代谱》170、171页校录）

22．富国奇（二十六世）

珠川富公墓铭

叶日跻

癸卯（1783）春正月二十四日，浯溪富翁世珍卒，有寿域焉，即于二月廿二日归墓。翁子讳在文与予善，且姻戚也。乃请志，予辞弗获，因志之。

翁讳国奇，字世珍，号珠川，宋相文忠公二十六世孙也。貌俊朴而心坦怡，善居室，乡里族人无不敬信。且守分务本，致蓄裕，复祖基，恢旧业，置土田，筑第宅。以先世宗祠毁坏，倡义而营建之，祭产微薄，竭力以增拓之。有之克继书香，无暇能绝世谤。翁之为人，固已无愧为人子，无愧为人父矣。况年逾古稀之五，有其寿，守正而弗纳邪。有其德，生盛明而死正寝，不为不幸。子成立而孙繁衍，不为无福人，如是夫何憾。

康熙己丑（1709）九月二十日子时，翁生之辰也。配陈氏，生康熙癸巳年（1713）八月十七日子时，寿六十有一，先翁卒。乾隆癸巳年（1783）六月十五日，母殁之日也。合葬于净水上村坟之麓，艮山坤向，有石版志。

子五人，长郡庠生。孙十三人。女二，长适湖里叶时松，次即予谪（嫡）嫂也。侄际阶，尚在娠，而兄日斗谢世，年十八，励志矢守，乡里嘉其节，而无闲言。吾门籍以增光，实翁之教泽流焉。

铭之者烟（姻）晚跻也。是为识（志）。铭曰：

"浯溪之旁，其原肮肮，其德孔嘉，其泽孔溥。厥有寝庙，以奉祭祀；厥有田庐，以垂孙子。存不妄行，殁不损名，克全弗毁，无忝所生。"

时

乾隆四十八年（1783）岁在癸卯六月既望

（据《现代谱》165、166页校录）

23.富国敬（二十六世）

国敬公传

公讳国敬，系之远公之子也。居九都篁庄，立身忠厚，言行果确，以力穑裕家，以勤俭教子，产业增辟，有无相通，乡人善之。

（据《现代谱》校录）

24.富宗金（二十七世）

宗金公传

公身躯短小，索性醇良，为人坦率，以勤承先，以简示后，至兄弟间，亦怡怡可人。因述其梗概如此。

（据《现代谱》112页校录）

25.富宗达（二十七世）

宗达公传

公娶朱氏，子二，女四。为人刚方磊落，品性清高。处乡里中，温雅可亲，不与物克，可谓刚而柔者欤。

（据《现代谱》112页校录）

26.富宗园（二十七世）

宗园公传

公寄迹田间，托身垄畔，前途艰难，后境方顺，成家立业，建屋于杭坑。子孙济济，由困而亨，亦可谓田舍翁之奇遇。

（据《现代谱》116页校录）

27.富在文（二十七世）

岘山处士传

先生讳在文，岘山其号也。天资英敏，好经书，乐诗赋，甫冠游庠。事亲尽孝。尤虔心续谱，仿阮籍之高风，得刘郎之逸趣。学富不骄，才多不吝，居身凛廉静之操，接人具谦恭之度，胸次悠然，洵梧溪之善士欤。

（据《现代谱》114页校录）

28.富敦仁（二十七世）

西庄居士传

西庄讳敦仁，字爱山，慷慨人也。乐山水，善吟咏，居西庄，遂号焉。习经义，冠游郡庠。和宗睦族，倡梓家乘，恭兄友弟，增拓田园。为人磊落，光明英敏。强毅长言，语裕知谋，且乐善好施，富而好礼。所谓闾里之光，一族之彦，不信然乎。

（据《现代谱》114页校录）

29.富敦厚（二十七世）

石池公传

公讳敦厚，字礼田。习经史而工文辞，耽诗酒而乐山水。足智多谋，遇事能断，积赀购业。正大有为之日，而特勒之以寿，良可惜也。然幸其淑配刘孺人，三十二寡，守贞矢节，勤偷督家，田庐益扩，其子孙亦复昌盛，是为由困而亨者欤。

（据《现代谱》114页校录）

30.富必盛（二十七世）

必盛公传

公为人闲雅好整，以暇结山水缘，缉睦邻里，一生平坦。寿跻八十余龄，曾受皇期优礼，高年之荣，粟肉之锡。以寿考终。

（据《现代谱》115页校录）

31.富必科（二十七世）

必科公传

公生而善良尚朴，素勤而且俭。幼习诗书，洞达世故，作室新楼基，克光前绪。子四，俱克家。长子曰熙尤忠厚，长媳刘氏，亦以贤能称。制行如公，可谓一乡善士。

（据《现代谱》114页校录）

32.富乔楠（二十七世）

瑶峰公墓志铭
邑庠生　徐焕奎

国学讳乔楠，字封五，敦书之仲嗣也。性敏慧，娴诗书。厥后辍读理家，乐善好施，无改父道。其兄胜宗公为董筑桥，公力襄其事。桥圮，公复雇工扛其遗石，后因存石多而桥复成，公之力居多焉。

妣郑孺人，贞静淑举。子二、女二，而长子志城入郡庠，次子铭旗入武泮。今日兰孙济济，斯诚承先启后之伟人矣。且长女适富阳徐培材，次女适岜川陈兆龙，具为国学名流，不又无愧于乘龙乎！

公生嘉庆丁卯年（1807）十二月廿七日辰时，妣生嘉庆己巳年（1809）十一月廿三申时。筑寿室于叶岸樟树垄，坐乙向辛兼卯酉。同治壬申（1872）端阳后一日公卒，驾车安厝，请铭于余。余为表亲，识其颠末，爰为之铭曰：

"佳城卜吉，长发其祥，宜尔子孙，浸炽浸昌。"

同治十三年（1875）十月二十三日谨识

（据《现代谱》170页校录）

33.叶孺人（富在文妻）、子富日坚（二十七世、二十八世）

叶孺人母子合传

金谷　侄祝三

孺人系庠生在文公之原配。中年而寡，适才分灶，四子俱幼。氏洁守孤孀，勤俭成家，增积田园，建屋于浯岙。年至八十四以寿考终，目亲四世。

长嗣君日坚，能通药性，济急救危，和宗睦族，凡遇义举，竭力囊事。次子日培，精卜巫，透识天机，论吉凶，多应验。三子日坦，克勤克俭，义方训子。四子日均，参究阴阳，善克择以稽事，裕家建屋立业。孙十四，曾孙济济。所谓由困而亨，祝叶三多，实女中之丈夫也。

（据《现代谱》118页校录）

34.富日芳（二十八世）

日芳公传

公温厚逊让而能忍，守分安常，简默沈静。处乡里间，虽日与豪强伍，总未闻有乖忤凌竞，其笃挚可知也。公壮岁，境尚困塞，惟奋志力作，不恤艰辛，卒能建屋成家。举子五，成勤俭继志，寿跻八十余，躬膺恩赏光宠之荣。《易》云"积善余庆"，不信然乎。

（据《现代谱》116页校录）

35.富日丰（二十八世）

日丰公传

公性情怡悦，身躯魁梧。虽少乏遗产之给，而志存兴起。率乃弟同力合作，锱积铢累，卒能构屋。尤善说辞，凡遇纷争，用力排之，毋使蚍雀牙角之终凶。所以寿迈八十有余，重领皇恩，固所宜也。

（据《现代谱》116页校录）

36.富日潜（二十八世）

日潜公传

公讳日潜，字永增，系国敬公之四子也。秉性和顺，敦孝悌，睦乡邻。当分灶时，以昆季之多，辞腴让美。止虽微而善谋，沐风栉风，所其无逸，因而日积月累，家道遂肥。淑配刘氏，相与佐理，内治尽善。举子四，皆克肖。公一生好义，排难解纷，倡率美举，既不自伐，亦无私意，其慷慨如是。

（据《现代谱》119页校录）

37.黄孺人（富日珍妻）（二十八世）

黄孺人贤节传

竹川任　鸿学

孺人系业儒日珍公之节配，性孝慈，年二十九而寡。敬事翁姑，乃父欲夺其志。氏坚柏舟之志，矢节自守，嫠居洁清，内外无闲言。举子一，名明简，虽钟爱之，而卒以义方是训，不少姑息，里人称为肖。勤纺织，节食用，撑持家务，日有起色，可谓贞而正也。现年五十七，俟节例符，用请旌表，以树闺阃之风教焉。

（据《现代谱》118页校录）

38.富敬宗（二十八世）

慎斋处士传

公讳敬宗，字日谨。能通药性，济急救危，乡里感（咸）德之。公自幼冲时遭家不造，甫六岁即失怙，十三岁复失恃，茕茕孤特，终鲜兄弟。幸仗其仲父秀田公，堂兄日彬，抚字教诲，一则视若己出，一则爱若同胞，相与保护，独致周详。及成立，任家政秩秩有条，以少年而具老成度。尤幸孺人刘氏，善襄内治，共成富吉，洵为佳偶。由是继长增高，家道素封，筑大厦于浯溪之西。山明水秀，唐皇杰构，所谓燕翼贻谋，以裕后昆者也。噫！公亦能人哉！

（据《现代谱》117页校录）

慎斋公暨刘孺人墓志

邑庠生　蒋廷勋

浯溪顺流过渡南桥，不数武（步），有地名"半山"焉。北横石圃，南镇罗星，坤山艮向，虎踞龙盘，独留之以待夫翁者，天赐之也。

翁讳敬宗，字日谨，号慎斋，系宋文忠公廿八世孙。原其始，六岁失怙，十三岁失恃，兼之终鲜兄弟，时以一线而引千钧，毋乃危甚。而翁竟巍然待立，虽少年已自成人。及壮，名列成均，克恢旧业，营考墓于蒲源，构大厦于塘丘，而且知药性，乐好施，闾里咸德之。其生平善行卓卓可称者，大率类此。

翁以道光丙午年（1846）五月初五寅时终，年五十有一。德配刘孺人，克襄内助，不愧孟光。生子四：长鸿飞、四鸿逶，名登国学；次缵忠，遵例入贡；三鸿谟，矫然杰出。翁逝后，而家道益微，远近成以风毛祝之。孙六：长立庠，名入邑庠；次益谦，身列国学，雕、镒、康、远，崭然头角，皆英俊可造之资。是其桂之馥也，兰之芳也，想翁亦将含笑于九泉矣！

余忝居姻戚，乃谨述其大略，以当高山景行之慕云。是为志。

咸丰五年（1856）乙卯仲夏

（据《现代谱》168页校录）

39.富朝宗（二十八世）

岁进士怀峰公传

公讳朝宗，字日新，雅号怀峰。生而明敏，颖悟过人。博经史，弹见闻。制艺精华，诗词工雅。甫试童试、遂博弟子员，旋而食禄于庠。至道光戊戌，科登贡成均。公有图书癖，多购如邺架，且不吝借读者。尝设帐于家之西塾，从游子弟多获售。犹能善交礼宾，好植名花，兴来或眠琴高啸，或饮酒赋诗。消暇日，于绿荫佳卉之傍以供清赏，儒林中有翩翩欲仙之致。

（据《现代谱》115页校录）

40.富胜宗（二十八世）

胜宗公传赞

增广生　张鸿翔

想翁品概，云如之何？持身谨慎，待物宽和。抱朴守真，奢华不争。乐善好施，疏财仗义。通途隔水，聚石成桥。有弟相助，大功得标。济美多人，一堂和怿。文造成均，武能射策。光前裕后，祥集福臻。齐眉白发，鲞耄同静。令孙有言，兹当修谱。实迹是书，他年堪睹。

（据《现代谱》119页校录）

41.富光宗（二十八世）

洽阳公墓志

端木国瑚

富公讳光宗，号洽阳，浯溪敦仁公之冢嗣也。道光甲午春，余宦归访旧戚，过南田，适公暨元配郑氏，继配刘氏。卜寿域于西陵金钟山原，脉联石圃，形类冠帻，络接动岩，状同凫铸，久擅福地之胜，别孕钟毓之灵。余观之瞿然，成喟然叹曰："天之报施善人，信不爽矣！"

公幼颖悟，精韬略。时甫弱冠，声振胶庠。事亲色养，天直质直。居乡有争，得一言即解。有行不义、言不善，面斥不少。如贫乏者周之，生平举动，无愧无怍。

兼之内助均贤，倡随偕老，深得风人美意，相敬如宾，不减孟氏芳徽。龟年逾花甲，皆曧铄不衰。教子孙以清白义方，乡评咸重之。所以天假牛眠，以隆阴益，明德之后，必有达人，正可为斯地卜之。

余不揣陋劣，略并数语以志墓云。

道光十四年（1835）岁次甲午仲阳月

赐进士钦点内阁中书端木国瑚

邑庠生春波刘淮敬书

（据《现代谱》167页校录）

42. 富尊五（二十八世）

尊五公墓志

郡庠生　志诚

公讳尊五，敦书公之三嗣也。赋性质朴，为人忠厚，外伏诸兄之力，内资德配之贤，席厚履丰，一生安乐。

盖公生嘉庆壬申年（1812）十二月十五辰时，卒同治壬申年（1872）十月廿七寅时。姚氏廖，贤而无出，抱胜宗公五子鸿经为嗣。氏生嘉庆癸酉（1814）五月十六亥时，卒道光（1848）戊申十一月初三申时。续氏程，生嘉庆丙子（1816）六月二十辰时，卒同治乙丑（1865）三月十五寅时。育子二：部溪、绵溪。兹则长嗣早登，泮沼二三，亦善居室。孙枝济济，夫何恨焉。同治之冬，卜厝于半山五花降之麓，坐庚向申。

余公之犹子也，爱书大略以志。铭曰：

"自来福地福人居，观公此墓信非诬。山回水绕钟灵秀，伫看子姓登天衢。"

光绪九年（1884）癸未岁次秋月

（据《现代谱》172页校录）

43. 富日靖、富明忠（二十八世、二十九世）

日靖公与明忠公合圹墓志

郡庠生　志城

浯溪北上，不数武（步），曰"外畲"，峰峦竞秀，状若莲花，堪舆恒探，其二形胜故，其地多墓。其西之大塆，负干面巽者，日靖公墓也。

公生于乾隆癸巳（1773）二月初三辰时，卒于道光甲申（1824）闰七月卅日申时。德配周孺人，生乾隆甲午（1774）九月二十巳时，卒于嘉庆甲戌（1814）五月二十巳时。

其嗣君讳明忠公，秉性刚直，喜与人排解，乡时咸推重之。咸丰丁巳，筑寿域于墓侧。

盖公生于嘉庆乙丑（1805）五月廿六辰时，卒于同治甲戌（1874）八月廿八卯时。元配姜孺人，生于嘉庆壬戌（1802）四月初五丑时，卒于同治庚午（1870）四月十六戌时。

兹俱埋玉矣。公四子作来，请余志，余先君与明忠公素相善，因举其大概以志之。爰铭之曰：

"群峰环秀，卜兆佳城，永垂藤荫，子姓绳绳。"

光绪九年（1884）岁次癸未孟秋月

（据《现代谱》172页校录）

44.富汝祥（二十九世）

汝祥公传

廪贡生、眷弟　严时楙

公讳汝祥，字明裕，号提庆，邑庠耀宗公之贤嗣也。幼而歧嶷，读儒书，明大谊，因不暇举业，援例而入太学。性刚而量大，言直而行端。闲则临渊垂钓，兴则把酒酣歌，一生悠然而得。虽有时与人有忤，毫无匿怨之情，阎里中谁不推重之。年迈花甲，一旦遇寇捐躯，闻者辄为惋惜！

配儒人徐氏，四德兼优，中馈无忝。育子三，俱完婚配，孙子诜诜。女二，各适名门，乘龙有选。佳城筑五龙头，艮坐坤向，而峰盘旋，秀气聚焉，所谓生顺而后宁者，其在兹乎！

余忝葭莩，素与耳（尔）熟，际兹修谱，爰乐举其大略，而为之传。

（据《现代谱》120页校录）

45.富汝珊（二十九世）

伟琳居士传

门生　鸿学

先生讳汝珊，号伟琳，系邑庠春公之冢嗣。少失怙恃，全赖杨祖妣抚养成人。幼习经历，博览群书。善属文，长诗赋，书法尤工。应童子试，邑侯董夫子取案元者再，士中奇遇，声隆合邑。入邑庠后，孜孜不已，屡列高等。志气勃勃，欲求上进。学曾受谆谆面命，即能捷采芹香，是为开首门生。嗣后成就者非一人，如张景谟、刘植是也；景邑如陈赓扬、李敦、陈风锵是也。有功名教，克光前烈。惜乎命压人头，屈之以寿。倘天假之以年，继长增高，岂不为吾族之名儒乎！

（据《现代谱》117页校录）

46.富汝邦（二十九世）

明作公墓铭

眷晚庠生 周师望

翁名汝邦，字明作。世居八都浯溪，系岁贡生朝宗公之哲嗣也。赋性刚方，存心正直。登太学而列成均，承先绪而启后裔。其惟骨肉间，去逆效顺，家训堪钦。其于邻里中，排难解纷，谠言足式。他若桥梁道路，靡不乐善好施也。

德配徐孺人，琴瑟静好，伉俪和谐。子三，俱襟怀磊落，志气轩昂。女一，适鳌里贡生周德瑞，亦复积善可风。翁既生前之有庆，预卜身后之全归。于是营其寿域于本都之半山，吉穴坐干向巽。属余作志，自愧无词，莫名翁德，特述其大略。而为之铭曰：

"浯溪洋洋，半山苍苍，公德发洋，山高水长。"

光绪九年（1884）癸未秋月

（据《现代谱》171、172页校录）

47.富鸿飞（二十九世）

明经公传赞

增广生 张鸿翔

国学讳鸿飞，字明经。富先生之为人，孝悌者其性也，宽和者其量也，而光明磊落又其概也。

曾于同治初年，粤匪窜入景邑，人心惊惶奠定，得先生倡义捐资，镇守险要，从此地方安堵，先生之力多焉。若夫遵严命，则字启鸿谟，悦慈颜，则封荣凤诰，而又善以身先，方施肘后，举凡筑桥修路，释难解纷，靡不尽心以济者，实难悉数。

今日者，年迈古稀矣。而桂馥兰馨，一堂济济，且长子立庠，名已早列邑庠，殆先生之获显报乎。爰载于谱，其即可为后人法。

（据《现代谱》121页校录）

48.富鸿学（二十九世）

竹川处士传

君讳鸿学，号竹川。禀资聪明，解悟敏捷。每读书得间，遇命题，则握管立就，谋篇尽善，且工楷法。应童子试，即符有司绳尺。未弱冠而辄赋采芹。自入庠后，益好学，午夜披诵，志图上进，将以待时也。尤好义，见美举，悉先之；见不平，剖决之。暇则研究医经，出则登临山水，其一种自得之趣，所谓："雅人意气烟雨上，处士风流水石间。"正堪为君特赠尔。

（据《现代谱》118页校录）

49.富鸿逵（二十九世）

鸿逵公序赞

增广生　张鸿翔

国学鸿逵者，予之故友也。忆自二十年前，见其与人缔交，不以货财相耀，不以意气自矜，而和气迎人，如饮醇酒。此其学问之深欤，抑亦性天之厚欤！不然，何以邻里乡党称其孝也，兄弟亲戚称其弟也，而朋友交游，又称其忠信也。惟其孝悌忠信，实有出于性天，斯足以称道弗衰。惜乎天不假之以年，而使砥行立节，已（以）成不朽以烈者，殆予友之所抱恨矣乎。

予以故旧之缘，有所不忘于心，而特为之赞曰：

"念我旧友，秉性纯良，孝悌忠信，实足流芳。"

光绪九年癸未孟秋（1884）

（据《现代谱》171页校录）

50.富鸿旗（二十九世）

小峰公传

拔贡林寿祺

小峰，鸿旗公之别号也，博经史、通音律、娴弓马。弱冠游庠，把风采者，无不雅重之。厥后成就多材，鸿经、铭旗，徐达彪悉其门生。且居家敦孝悌之谊，接人具谦恭之度。或对月弹琴，或临风品笛，迄今日轻裘缓带，尤想见其翩翩之雅度云。

（据《现代谱》122页校录）

51.富缵忠（二十九世）

明楷公传赞

庠生季镛

公讳缵忠，字明楷，郑国公廿九世孙，日谨公之仲嗣也。

考其为人，厚以待己，宽以待人，洞明世故，练达人情。处事宽猛相济，并不巧用机关。曾于咸丰年间，遵例入贡。

凡乡有善事，莫不倡率为之，修远迩崎岖之路，造行旅来往之桥，扶危济困，排难解纷。而又善承父志，肯构肯堂，时悦慈颜。请旌请表，训饬子侄。咸从规矩，其孝慈有如斯者。他如脱难俘虏，凡有经其地者，俱给付以为回里之资。是以桐孙挺秀，桂子芬芳，洵乎加人一等，而为阃中之重望也。

惜乎花甲初周，遂登仙籍。爰举其生平行事，备录而志之，以为觉者，得知其为人焉。

（据《现代谱》121页校录）

52.富廷芳（二十九世）

明郊公传

邑庠生　立庠

公讳廷芳，字明郊，国学生传宗公之冢君也。守口如瓶，防意如城，而笃信自矢。悉本性天，勿毁人之短，毋炫己之长。遇诸事有常变，酌诸权而各当。曾于同治年间，名登太学，居庭帏，而菽水奉亲，无愧子职。处乡里，而敬老慈幼，迥异人情。

德配叶孺人，克襄内助，不愧孟光。生子七，皆俊秀可造之资况，乃卜筑佳城，独敦仁孝。其善行可称，固昭昭在人耳目间焉。

爰述其梗概，登之于谱，以为后人览耳。

（据《现代谱》122页校录）

53.叶孺人（富明鳌妻）、沈孺人（富明骊妻）（二十九世）

叶孺人、沈孺人节孝合传

郡庠生　沈凤图

国学生明鳌公，节配叶孺人；明骊公，节配沈孺人。信乎名门淑女，世族贞姬也。

胡天不恤，二公早逝。叶孺人时年三十一岁，无出；沈孺人时年二十三岁，仅产四岁孤儿。自此妯娌和睦，节俭持家，松柏同操，冰霜共励。厝先翁孝思不匮，抚弱孤恩爱无偏。义方课子，慈惠待人。乡邑中耳目所及，赞扬不替，厥孤名凤翔，名列成均，得观上国之光。曾于光绪年间，邑候雷公采登邑乘，圣天子准请建坊表扬，并荷恩赍：“倚欤休哉，闺阁徽音。”

熙朝雅化，亦宗族之光也。际此年逾大衍，孙枝济美，宜其天锡纯嘏，后祸正未有艾，爰是为之传。

光绪九年癸未秋月（1884）

（据《现代谱》123、124页校录）

54.富鸿谟、妻刘孺人（二十九世）

丹泉公节孝刘孺人墓志铭

郡庠生志城

光绪癸未仲夏，余族举修宗谱，堂侄寿远告余曰：“先君丹泉公与叔，少共笔砚，尽识其梗概，今愿有以志之。”

258

余乃按公讳鸿谟，字鸣球，丹泉其号也。为人风流蕴藉，卓劳不羁，父师成以大器目之。应童子试，邑中名士，悉与之游。无如时运不济，屡蹶场屋。咸丰戊午（1858）六月朔，病笃，嘱其妻刘氏曰：“吾不孝，不能终养老母为恨，卿仍青年，能继吾志，勿玷门户，吾目暝矣！”刘以死自誓，言讫奄然，享寿二十有七。生于道光壬辰年（1832）二月十七卯时。刘抚周岁女，奉姑无倦。后择明经公次子希雕，明轩公仲嗣，寿远承桃。兹则姑寿百龄，堂开一世，洵为德门盛事，一族之光。光绪乙亥年，邑侯雷公为刘氏详请旌表，荣封孺人，不胜荣华。公在九泉，亦可无遗恨矣。

同治己巳年（1869）卜葬于山后之阳，坐癸向丁。余乐道其善，遂为之铭曰：“公之墓木今已拱，当年盟誓永不爽。龙章凤诰颂彤庭，千秋朱壤生光宠。”

（据《现代谱》167页校录）

55.刘孺人（富鸿谟妻）（二十九世）

节孝刘孺人序赞

增广生　张鸿翔

节孝富刘氏者，鸣球大兄之德配、申斋贤契之叔母也。

拙早闻其表年失偶，誓咏《柏舟》，车轩采访，已显载于邑乘矣。而申斋以有事过舍，因言叔父早逝，叔母未亡，深欲表其坚操，以昭示于后人。曰：“自我叔母之于归也，上尽修隋之仪，内为稿砧之助，宜室宜家，无非无仪，当延静好之春秋，共享耄期之岁月。不幸年方二十九岁，俟玉镜掩，离鸾琴弹，别鹄能矢，志以麾佗，久盟心于不改，其志节为如何？”拙应之曰：“心坚似石，节凛如霜，宜其光诸史策也。”书之于谱，斯真百世不朽云。

光绪九年癸未酉孟（1884）秋

（据《现代谱》124页校录）

56.富焕章（二十九世）

焕章公墓志铭

拔贡、试用教谕　林寿祺

焕章公富氏，字明哲，世家浯溪，宋文忠公二十九世孙也。祖增广生讳敦仁，父郡庠生讳桂。公君长凤承家学，敦庞朴厚，不事雕琢，乡里咸称为长者。先后配二刘氏，并出名门，静一端庄，伉俪和好。旧卜寿域于本村七源柿树蜂尖下之麓，坐坤向艮，今已俱归窀穸矣。

长嗣君荣藻，字恒谦。秉性醇良，厚以宅心，和以处众。配徐氏，勤俭笃家，克襄内政，亦合葬于墓侧。次恒诉、三恒让，咸有父风。孙存琪、琳、桀、禧、洪、诰。曾孙诚孝、益敏等，英英秀茁，克世其家。

恒谦翁为予侄，国学廷铨为翁婿，以书来乞铭，遂命笔应之。

铭曰：

"浯溪之水清而曲，活溪之山高而矗，佳城郁郁此中藏，会有纶音颁玉轴。"

同治十二年（1874）八月

（据《现代谱》169页校录）

57.富立庠（三十世）

立庠公传

砚弟、邑庠生　周仁

兄讳立庠，字彦土，号申斋，国学士鸿飞公之冢君也。正喧明道，敏事慎言，专心经史，笃志芸窗。于六艺手不停披，于百家口不绝吟，闲则明月弹琴，兴则寻花觅句。曾于同治辛末奉丁宗试，岁试入泮，厥后引居，求志适趣，衡门常览《朱子家训》数语，义方训子，勤俭持家，洞明世故，故有事投危疑，彼独从容而不迫。

同治年间粤匪窜入各邑，被虏（掳）逃归者时有过其地，赖伊送县给照，旋归故里，而况卜筑佳城，克敦子职，襄事筑桥，善承叔命，一生善行，卓卓可称，类如斯者。

生子三，束身儒雅，俱有圭璋特达之资。育女一，适配名门，无愧女中君子之称。

今日者，族因修谱，余常同窗合砚，略举大概，爰登于谱，而其名永垂于不朽矣！

（据《现代谱》123页校录）

58.富文（三十一世）

富文传

富焕荣

富文，字郁斋，名体仁。清光绪二十一年（1895）生于梧溪村耕读世家。父寿远，清监生，昆仲三人，富文居次，七岁失怙，赖两姊抚养成年。富文自小聪慧、倔强，少年时期脱颖而出。模仿性强，曾与小伙伴宰小猪以学屠夫，无所畏惧，尝拔文昌阁关公塑像之美髯以示胆量。头角峥嵘，锋芒毕露。

富文初读省第十一中，后入保定军校八期，遂入军界，历任排、连、营、团、旅长等职。1936年任卅一集团军中将参谋长。抗日期间，以军职兼陕北政务，任陕西第一政区行政督察专员兼保安司令暨榆林县长，驻榆林领八县。1942年辞政职转任苏、鲁、皖、豫四省边区干训团教育长，同年道经延安，毛泽东、朱德设宴款待。次年迁豫西警备司令。1945年，奉军政部令拟授飞渝部职，因痔疾住院治疗，未出院即又委以后勤部第一补给区副司令之职，1946年初赴沪到任，五月升司令，掌东南七省部队补给之命脉。1949年辞去军职，应陈诚之邀，赴台参赞。其间，陈多次委以重任，均辞不受。1959年告老退休，受聘台湾糖业公司顾问。1965年6月3日逝世，享年七十有二。葬台湾省台北市郊极乐墓地。

富文素重体育锻炼，体魄强健，臂力过人，陕北寒暑两绝之地，富文处之泰然。一生戎马，精力充沛。富文好学而勇于任事，端品尚往，廉洁奉公。为官体恤国民，有富氏先祖弼公清操奉公，守正不阿之遗风。任补给司令多年，过手钱财无止亿万，而两袖清风，一尘不染。富文生性耿直，不畏权势，不徇私情，尝云："余之做事，毁誉听之于人，是非审之为己，得失安之为素。"

富文一生身膺军职，辗转外乡，并热恋热土，乡情缠绵，常自叹愧无助于桑梓。1935年为考妣扶柩告窆，请假回乡，慨然允诺家乡办学经费由其负责，小学面貌焕然一新。惜日寇侵华，京、沪、杭相继沦陷而音讯中断。抗日胜利后的1946年，富文任职上海补给司令。重燃振兴故乡教育热忱，出面向沪各界捐募办学资金，并为当时的初等小学置办田产。对地方教育事业的巩固与发展发挥了应有作用。

夫人刘化英，南田文成公伯温后裔，温和恭俭，敦雅慈和，有怡往。生三子、三女均定居海外，子孙昌盛，福泽绵长。

（据《现代谱》125—127页校录）

富文中将暨德配刘夫人七秩双寿序
叶以新（品青）撰

甲辰之春丁卯之月，为我青田同乡富文郁斋先生暨德配刘夫人七秩初度寿辰，乡人金谋为之称觞介寿，先生以国难当前坚辞不受。以新与先生年相若，既同乡又数度同事，平时过往尽密，知之颇详，觉先生之为人与其在国家之丰功伟绩，当此仗国之年，鸿案齐眉中和之节，一门集庆，不能不有文以致其敬，而彰其善。爰不揣谫陋，效封人之祝，非敢为世俗之虚谀也！

尝考古之成大事、立大业者，必具有坚强之体魄，刚直之性情、负责之精神、廉介之德操。如身为军人具此四德，则其成就愈大。先生出身保定军校，毕生戎马，实具此四德而无遗者也。先生生长青田浯溪，山明水秀得天独厚。其就读处州中学与保定军校之日，特别注重体育，凡田径赛、器械操，均经苦练，于铁杠上各种特技表演，即专事卖艺者有所不如。因之昂胸挺干、膂力过人。自膺军职，不畏寒暑险阻，如榆林、蒙古、绥德等苦寒之地，交通阻塞之区，他人不愿去不能去之处，皆欣然乐就，安之若素而建殊勋，此坚强体魄之所致也。有坚强之体魄，类皆有刚直之性情，刚、以济事，直以壮气，为大事大业之张本。先生之言曰："我之做事，毁誉听之予人，是非审之于己，得失安之于素。"其大无畏之精神如此。

观其办教育长军旅，皆勇往直前，成人之所不能成，此则刚直性情之无为用也。

抗战胜利，先生任第一补给司令，地区辽阔，物质奇缺，业务之繁、案牍之多无以复加，先生则事必躬亲，钜细不遗。每当深夜，尚在批阅高以尺许之公文，一字不苟，是《易》所谓："君子终日乾乾，夕惕若厉。"先生负责之精神类皆如此。先生常引《左传》之言："国家之败，由官邪也，官之失德，宠络章也。"以刚直负责为己任，对官场恶习深恶痛绝；于义利之辨取与其间，特别审慎。有不明之徒于利害关头，饵先生以货物者，皆遭唾弃痛责。由是先生所主持之军政，皆能弊绝风清，士气高昂，其廉介之操又如此。惟其具此四德推诚相与，故无往而不著勋绩。

民国廿一至廿四年间，被派任各被服厂验收被服，以谨慎从公认真办理，对被服之改进颇多，奉令嘉奖。派任点验皖北、泗州、寿州所辖十六县地方队与考察地方吏治，深入山区洞察民隐，以办事谨慎不辞劳瘁，成绩卓著奉令记大功。派任湖北全省大、中学生暑期军训，其时事属初创，各省皆受阻挠，惟湖北省顺利完成，以热心任事，克尽勤能，奉令嘉奖。

民国廿五年任陕西第一区行政督察专员兼县长坂保安司令，以躬率晨操，寒暑不闻锻炼部属，以禁烟、禁娟整饬民风，夙著效绩。当日寇袭击神木府谷，率领地方团队三营，立予击溃，奉令嘉奖。是年西安事变，先生以行政督察专员兼陕西第一区党务指导团团长，设法策动所辖八县县长，一致请代榆林区驻军，第八十六师师长高双成殁绥德区驻军第八十四师师长高桂滋等起义，并函恳兰州省主席邓宝山，领衔通电拥护蒋公，扭转局势，厥功至伟，当奉稽营传令嘉奖，并赠蒋公玉照及礼品多种，此谨有案可稽而播誉一时者。

而言综先生一生之精力，大部用于军事教育，而成效垂诸日后。民国十七年任中央军校交通大队大队长，以招考严格、训练有方，今日海陆空军高级将领皆出其门下。民国廿四年任陆军整理处军官教育团大队长，凡沐其训练者，至今誉为"细柳将军"。尤以民国卅二年，第卅一集团军汤恩伯总司令驻豫西时，在时县用兵民创办政治学院，以公费招收二千余人，初因经济困难，用人不当，几至无法维持，迨汤总司令派先生接任该院长，乃得重整旗鼓。惟接事不久即遇日机来袭。某日下午，见日机一架盘旋上空，先生机警过人，次日即命全院员生提前起床，疏散附近村庄，不时果见八架轰炸机轮流肆虐，院舍全毁而员生安然无恙。嗣移居淅川县境训练，因故乃为请准教育部分发各大学就读。该生等能死里逃生而受高深教育，对先生之功德迄今尚歌颂不衰。

若先生之气凛与作为，经文纬武，本可登峰造极，造福无垠。惟先生淡于名利，不枝不求，用舍行藏，揆诸于道，故在台奉令退休，即韬棨而藏，深居简出，以讲求颐养训迪后昆为事。十载以还，康强日胜。曾文正公谓："历观刚直诸贤俊，硕德贞隐，定享大年。"信其然乎。

夫人刘氏，为刘文成公后裔，禀性温厚，娴静寡言，年十九归先生，姑早世，农村家务一身齐负，备尝艰苦。迨先生入仕，家道渐康，而夫人勤俭如故，于救苦济贫，则惟力而视，不少吝啬。尤为家事井井有条，无物不得其所。先生忙于公务无后顾之忧，得专力于事业之发展，夫人之功居多。

先公讳秉谦，前清生员。耕读为生，家虽不裕，而排难解纷常赔钱而息争，为乡里所称颂。先生育三男三女，头角峥嵘，纯厚质直，颇肖乃父，今也将门有种，兰桂腾芳。长仲超，毕业中央军校官至上校；次子仲华，毕业中央辐校，并留学美国，已官至中校；三子仲鄂，毕业空军学校，现任地勤工作；长女仲仙，毕业淡江文理学院，适项氏；次女季仙，毕业政治大学，适陈氏；三女榆仙，正在求学；孙女一，已毕业法商学院；孙男三，均在求学中。三代同堂，和乐融融。而先生与夫人皆精神矍铄。步履康强，为之颂三多，祝九如，不亦宜乎。仁者必寿，寿者必昌，我信其后，必能继堂上之美，有以发扬而光大之。

时

1964年岁次甲辰即古历4月10日古历2月28日于台湾台北

（据《现代谱》155页校录）

59. 富宝石（？世）

宝石公墓志
富步愚

乙亥（1995年）仲夏，耀愚弟自鲁北率眷回乡，目睹考妣坟茔杂草丛生，感慨系之，遂嘱余代为雇工重于整修。人生贵相知，又是童稚之交，义不容辞，不揣浅陋，特志数语以垂永久。铭曰：

"公讳宝石，忠厚善良。劳碌耕耘，平凡无闻。夫人周氏，眉案似宾。四德兼备，劬劳艰辛。昆仲三人，公居其二。豆箕相煎，谦恭忍让。罹祸瘝殁，殓骨归乡。捐弃前嫌，仁悌赞扬。胞弟宝瑚，报国从军。黄浦四期，搏击鹏程。天不假年，马革沙场。女名根娥，适配徐姓。哲嗣耀愚，不负教养。齐鲁创业，油界元勋。石油世家，儿孙相承。人才辈出，霞蔚云蒸。寸草春晖，重修坟茔。地灵人杰，福泽绵长。"

从侄富步愚拜撰

公元1995年岁次乙亥季冬　吉旦

（据《现代谱》173页校录）

第二部分：传世史料选

第一章：富弼评价

按：富弼作为宋代名相和配祀历代帝王庙的七十九位历史名臣之一，受到历代的高度评价。收集如下。

1.总评

论曰：国家当隆盛之时，其大臣必有耆艾之福，推其有余，足庇当世。富弼再盟契丹，能使南北之民数十年不见兵革，仁人之言，其利溥哉！文彦博立朝端重，顾盼有威，远人来朝，仰望风采，其德望固足以折冲御侮于千里之表矣！至于公直忠亮，临事果断，皆有大臣之风，又皆享高爵于承平之秋。至和之末，共定大计，功成退居，朝野倚重。熙丰而降，弼、彦博相继以老憸人无忌，善类沦胥，而宋业衰矣！书曰："番番良士，旅力既愆，我尚有之。岂不信然哉？"（《宋史·富弼、文彦博传赞》）

富郑公可谓盛德之士矣！所谓可以托六尺之孤，可以寄百里之命，临大节而不可夺者也，观此书，犹有凛然可敬之风采，其言论风旨，百世之大臣也。（《跋富郑公与潞公书》，见北宋黄庭坚《山谷集》外集卷九）

独所谓全苦节者贯始终，历夷险而不渝也。呜呼大忠，皋、夔元功，方召炳然大节，照暎今古，又何其盛哉！（元郑僖《范文正公翰长帖》，见《赵氏铁网珊瑚》卷二，又见《式古堂书画汇考》卷九、《六艺之一录》卷四百五）

佚曰："先朝宰相之贤，谁出富弼右？"（《宋史》卷三百四十四、《钦定续通志》卷三百五十九）

然王安石之变更家法，终不若富弼之计安宗社。（宋林駧《古今源流至论》前集卷九）

岩岩富公，仁者之勇。危言折敌，神色不恐。公在使车，敌不敢动。公在相位，四裔稽颡。出入三朝，为国轻重。（《富郑公》，见宋王十朋《梅溪集》前集卷十一）

庆历人望，元丰老成，片言折虏，访落戒兵。恩浸南北，寿配冈陵，鹤降星殒，始终之灵。（《富郑公弼》，见宋王柏《鲁斋集》卷六）

志节皎皎，忠勤勉勉。国有宪章，恪遵弗渝。奖善若培，去恶如莠。大臣之事，君子之守。（《富郑公弼》，见明孙承恩《文简集》卷四十一）

于本朝大臣，最重李文靖公，谓近三代气象。又以寇忠愍、富文忠、范文正之事为可法，异时归老山林，当作"三贤堂"于敝庐之侧，庶朝夕想象，如见其人也。（南宋朱熹《晦庵集》卷九十五下）

2.品性

公初游场屋，穆伯长谓之曰："进士不足以尽子之才，当以大科名世。"（北宋邵伯温《闻见录》卷九，南宋朱熹、李幼武《宋名臣言行录》后集卷二，清朱轼《史传三编》卷三十一）

时晏元献为相，求婚于文正，文正曰："公女若嫁官人，则仲淹不敢知，必求国士，无如富弼者。"（南宋朱熹、李幼武《宋名臣言行录》后集卷二，《香祖笔记》卷十一，《氏族大全》卷十九，北宋邵伯温《闻见录》卷九等，辞有小异）

富弼幼笃学，有大度。范仲淹见而识之曰："此王佐才也。"（《东都事略》卷六十八，《宋宰辅编年录》卷五，《名贤氏族言行类稿》卷四十八等）

尔今辅翊之臣，抱忠义之深者，莫如富弼；为社稷之固者，莫如范仲淹；谙古今故事者，莫如夏竦；议论之敏者，莫如郑戬；方面之才，严重有纪律者，莫如韩琦；临大事能断者，莫如田况；刚果无顾避者，莫如刘涣；宏达有方略者，莫如孙沔。至于帅领偏裨，贵能坐运筹策，不必亲当矢石：王德用素有威名，范仲淹深练军政，庞籍久经边任，皆其选也。狄青、范全颇能驭众，蒋偕沉毅有术略，张亢倜傥有胆勇，刘贻孙材武刚断，王德基纯悫劲勇，此可补偏裨者也。（《宋史》卷二百九十五，《续资治通鉴长编》卷一百六十六等）

且起复之说，圣经所无，而权宜变礼，衰世始有之。我朝大臣若富弼，一身佩社稷安危，进退系天下重轻，所谓国家重臣，不可一日无者也。起复之诏凡五遣使，弼以金革变礼，不可用于平世，卒不从命，天下至今称焉。（《宋季三朝政要》卷二，《资治通鉴后编》卷一百四十二等）

富郑公为人温良宽厚，泛与人语，若无所异同者。及其临大节，正色慷慨，莫之能屈。知识过人远甚，而事无巨细，反复熟虑，必全无失，然后行之。（南宋刘荀《明本释》卷下，南宋张镃《仕学规范》卷六）

3.执政

况其酝藉瑰伟，则英风锐气，无施不可。故镇抚国家，则有司马光、寇準、丁谓、韩琦辈；肃清边境，则有王韶、钟传、舒亶、种谔辈；决策运谋，则范仲淹、章惇、富弼、吕惠卿之流是也；抗章直谏，则唐介、包拯、董敦逸、邹浩之流是也；欧阳修及宋郊兄弟，则功业之外职于修史者也；杨亿、王安石父子，则政事之余，长于经术者也；石曼卿、梅尧臣之徒，则诗高于天下；黄庭坚、苏轼则文冠于古今。得人之盛，未易缕数然。其间文足以拔英躔而惊翰苑，武足以奉王命而挫敌威，持鲠谔之节而敢言，奋忠直之志而犯难，章章不可掩者，亦不下数百辈。（北宋欧阳澈《欧阳修撰继》卷三，《历代名臣奏议》卷八十三）

晏殊罢相，谏官孙甫（许昌人）荐富弼代之，仁宗怒曰："进用宰相，人主之任，臣下不宜有所指陈。"事在庆历四年。

于乎！弼有宰相之才，天下知之，甫荐之诚当矣。为帝者如果有心于用弼，宜曰："吾意正在斯人，卿可谓能为天下得人矣。"如此，君臣之间，岂不为相得哉？今帝乃不出此，而反有怒于甫，盖其意不在于弼尔。使其意果在于弼，岂不欣然从之，而何怒于甫耶？昔尧之相舜，以师锡舜，之相禹，以金言未闻进用。宰相为人主，独任事也。且古人有言曰："荐贤受上赏，况荐大臣以当大任者乎？"如甫者，宜受上赏，而反怒之，此帝之大失也。帝之意，岂不以为宰相之职乃人臣之极任，其登用之恩，当自己出，殊不知荐之在人，而用之在我，其恩又曷尝不自己出？（王叔英《论孙甫荐富弼代晏殊事》，见《明文衡》卷十一）

范仲淹入参宰政，富弼继秉枢轴，二人以天下之务为己任，谓朝政因循日久，庶事隳敝，志欲刬旧谋新，振兴时治，其气锐不可折。仲淹建议塞荫补之滥，复限以年齿定磨勘之法，由博士迁尚书外郎，由外郎升郎中者，非荐慰不以名闻。弼皆赞助其说，果推行之。（北宋田况《儒林公议》卷上）

神宗初年，锐志更治，虚席以俟富公之来。然当其时，言不足以胜辨，德不可以厌智，君臣之际难矣！此帖谓舁杖自便，盖斯时也，尝三复公求退之章，未始不扼腕痛愤，而或者谓公逆知五行休咎之说，而退则过矣。（《跋富韩公帖》，见《鹤山集》卷六十二）

4.外交

吾见奉使之人，惟富弼不可量也。因问："南朝如卿，人材有几？"弼曰："臣斗筲之器，不足道。本朝人材胜如臣者，车载斗量，安可数计？"察斯人大未可量。（《类说》卷十三，《谈苑》卷三）

战国而下，则苏武、富弼其选矣。（明周宗建《论语商》卷下）

富文忠之使辽，所谓"肃肃王命，仲山甫将之"也，苏文忠之翰墨也，所谓"吉甫作诵，穆如清风也"，《大雅·烝民》，兹可无愧富公。孙枢密、苏公犹子侍郎皆题名卷末，亦所谓"臧孙有后于鲁"者。嘉泰癸亥四月戊申。（《平园集》）（《宋苏轼书富文忠公神道碑》，见《御定佩文斋书画谱》卷七十七）

契丹自澶渊之役通好，守约不复盗边。至庆历间，以我方用师西鄙，且厌兵，因聚重兵境上，遣使来聘，欲求关南故地，中外震惧。是时富公奉命报聘，既见其主为陈："通好则人主专其利，而臣下无所获；用兵则利归臣下，而人主任其祸。"彼主感悟，因许增岁币，而契丹平，北方至今无事。

其后河朔大水，民流京东。公时知青州，兼京东东路安抚使，择所部丰稔者五州，劝民出粟，益以官廪，以赈济之。得公私庐舍十余万，区散处其人，凡活五十余万众，立法简便，天下至今传以为法。惟公以制科中第，历谏官、侍从，至相仁宗皇帝，危言直节，以道进退，勋业甚茂。然功在社稷，德在生民，此二事为最。予尝读公《谏垣集》、《奉使录》，慨然想见其风采。及来沙阳，见公绘像于罗畴老家，命工传写，且为之赞。庶几日瞻仪刑，以慰慕仰之心焉。其辞曰：

"天下达德，惟仁智勇，合之成体，散之致用。岩岩富公，备此三德，直道不回，以相王国。其智伊何？见于使虏，敷陈利害，以悟其主。欢盟至今，莫敢予侮。

其仁伊何？见于救灾，饥民如云，襁负以偕，法简惠周，垂训将来。何以行兹，断以勇克，众人所惧，公独不惑，夺虏之气，厉色折之，赈民之饥，诚意活之，我生后公，今观厥象，丹青载传，朝夕是仰。"（《富郑公画像赞》，见李纲《梁谿集》卷一百四十）

天骄自昔难羁縻，凭陵中夏侵北垂。秦城万里堑山谷，汉女远嫁为阏氏。赫然武帝事征伐，天下骚动士马疲。古来制御无上策，本朝镇抚诚得宜。祖宗守边有良将，胡骑远遁不敢窥。澶渊之役起仓卒，当时众议何其危。莱公庭争乃亲讨，貔虎百万从六飞。弩机暗发虏酋殒，震怖屈膝祈完归。欢盟从此到今日，生灵休息诚赖之。中间桀骜邀岁赐，悬河之辩亦莫支。笃生郑公为民社，一言剖决遂不疑。莱、郑之功实终始，配入太庙铭鼎彝。我生后公不及识，再拜图像涕泗洟。安得如公之人在廊庙，坐使德泽渐烝黎。（《富郑公画像》，见李纲《梁谿集题》卷十二）

5.文学

盖宋之诸君崇尚儒雅，公卿百执事率用文学之士，故士大夫争自淬砺于问学，在当时虽不以文名，其文亦自有以过人，如富公。（明何乔新《椒邱文集》卷十八）

6.身后之报

《鲜于公行状》：鲜于侁为太常少卿，会议神宗配享功臣。或欲用王荆公、吴文惠公者。公曰："富文忠勋德，天下具知，宜配享。"其议遂定。（《议定配享》，见宋秦观《淮海集》卷三十六，又见明彭大翼《山堂肆考》卷五十一）

熙宁间，富弼以元勋始令特带节钺致仕。其后继者，曾公亮、文彦博，他人岂可援以为例？（《宋史》卷三百七十八，《建炎以来系年要录》卷六十二，《北海集》卷二十八等）

中人规景华苑，欲夺故相富弼园宅。致虚言："弼和戎有大功，使朝廷享百年之安，乃不保数亩之居邪？"弼园宅得不取复。（《宋史·卷三百六十二》）

高丽太师门下侍中、集贤殿大学士金富轼，新罗人，兄弟皆以文章功名显，致位卿相，其命名曰富弼，曰富轼，曰富辙。辙又以子由为字。计其时当宋高宗朝，庆历、元祐诸名贤已为海外所景慕如此。（清王世祯《居易集》卷三）

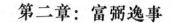

第二章：富弼逸事

1.生日

富文忠（生）甲辰年丙寅月丙午日癸巳时，韩忠献戊申年庚申月庚申日庚辰时，昔有术士云："富命可及九分，韩不及一二分，然功名禄位不相上下。"后忠献薨，才六十；文忠还政，优游自适，十年方捐馆，寿八十。始信术之精也。（宋高晦叟《珍席放谈》卷下）

元丰间儒者郭景初善论命，谓富彦国甲辰正月二十日巳时生，四十八岁自八座求出知亳州。神宗后召为相，终不肯再入。未六十致政，避申酉禄绝之运，全神养气，年八十余，至甲戌运方卒。（南宋吴曾《能改斋漫录》卷十）

2.家境

富郑公之父甚贫，客吕文穆公门下。一日，白公曰："有子十岁许，欲令入书院，事廷评大祝。"公许之。子郑公也。文穆见之，惊曰："此儿他日名位与吾相似。"公供给甚厚。后郑公两入相。（见北宋邵伯温《闻见录》，又见宋祝穆等《古今事文类聚》前集卷二十四）

富郑公之父甚贫，客吕文穆公蒙正门下。一日，白公曰："有儿子十岁许，欲令入书院，事廷评大祝。"公许之。其子，韩公也。文穆公见之，惊曰："此儿他日名位与吾相似。"亟令供给甚厚。后郑公两入相。……文富二公皆出吕氏之门。（《文、富二公皆出吕氏门》，见南宋不著撰人名氏《锦绣万花谷》前集卷二十四）

3.未登第之前

欧阳公为西京留守推官，富郑公犹为举子，每与公往来。是时胥夫人乳媪年老不睡，善为冷淘，郑公喜嗜之。每晨起，戒中厨具冷淘，则郑公必来。公怪而问之。乳媪云："我老不睡，每夜闻绕宅甲马声，则富秀才明日必至，以此验之，若如常夜，则必不来。"欧公知富公必贵。（王铚《默记》卷下）

晏元献判南京，范希文以大理寺丞，丁母忧，权掌西监。一日，晏谓范曰："吾一女及笄，君为我择婿。"范曰："监中有二举子：富皋、张为善，并可婿也。"晏曰："然则孰优？"范曰："富修谨，张疏俊。"晏即取富皋为婿，后改名，即富郑公也。为善后亦更名方平。（北宋江少虞《事实类苑》卷五十一，《氏族大全》卷十八，《东轩笔录》卷十四。文字有小异。）

公初游场屋，穆伯长谓之曰："进士不足以尽子之才，当以大科名世。"公果礼部，试下，公西归，范文正遣人追公曰："有旨以大科取士，可亟还。"公还京师，见文正，辞以未尝为此学。文正曰："已同诸公荐君矣久。为君辟一室。皆大科文字。可往就馆。"时晏元献为相，求婚于文正，文正曰："公女若嫁官人，则仲淹不敢知，必求国士，无如富弼者。"即议婚，公遂以贤良方正登第。（南宋朱熹、李幼武《宋名臣言行录》后集卷二）

4. 制科登第

而制科亦多由进士，故皆试诗赋一篇。唯富郑公以茂材异等起布衣，未尝历进士。既召试，乃以不能为诗赋恳辞。诏试策论各一，自是遂为故事。制科不试诗赋，自富公始。（叶梦得《避暑录话》卷上）

数国朝制策登科四十人，至宰相者一人（富弼）而已。（《制科宰执》，见宋李心传《建炎杂记甲集》卷九）

5. 出使契丹

公再使，以国书与口传之词不同，驰还奏曰："政府如此，欲置臣于死地。臣死不足惜，如国事何？"吕夷简争之曰："恐是误，当令改定。"仁宗问枢使晏殊："何如？"殊曰："夷简决不肯为此，诚恐误尔。"公怒曰："晏殊奸耶？党夷简以欺陛下。"公，殊之婿也，其忠直如此。（《宋名臣言行录》后集卷二）

吕许公初荐富韩公使虏，晏元献为枢密使，富公不以嫌辞，晏公不以亲避，其直道自信不疑诚难能也。及使还，除资政殿学士，富公始以死辞不拜，虽义固当尔，其志亦有在矣。未几，晏公为相，富公同除枢密副使。晏公方力陈求去，不肯并立。仁宗不可，遂同处二府。（宋叶梦得《避暑录话》卷下）

弼早有公辅之望，天下皆称曰："富公名闻四方，辽使每至，必问其出处安否。

忠义之性，老而弥笃云。"（北宋王称《东都事略》卷六十八）

晁说之尝为予言，富公晚年，见宾客誉其奉使之功，则面颈俱赤，人皆不喻其意。子弟于暇日以问公，公曰："当吾使北时，元勋宿将，皆老死久矣。后来将不知兵，兵不习战，徒以聘问络绎，恃以无恐。虽曲不在我，若与之较，则包藏祸心，事未可知。忍耻增币，非吾意也。"吾家兄弟尝论之。惜乎东坡作《神道碑》日，不知此一段事也。（南宋朱弁《曲洧旧闻》卷二）

6.庆历新政

庆历二年，仁宗用范文正公参知政事，韩魏公、富韩公为枢密副使，天下人心莫不欢快。徂徕石守道作《圣德诗》曰："惟仲淹、弼，一夔一皋。"又曰："琦器魁碨，岂视居楔可属大事，重厚如勃。"其后，富、范为宋之名臣，而魏公定册两朝，措天下于泰山之安，人始叹石之知人也。（北宋江少虞《事实类苑》卷八）

嘉祐四真。嘉祐中，富韩公为宰相，欧阳公在翰林，包孝肃公为御史中丞，胡翼之侍讲在太学，皆极天下之望。一时士大夫相语曰："富公真宰相，欧阳永叔真翰林学士，包老真中丞，胡公真先生。"遂有"四真"之目。欧阳公之子发棐等叙公事迹，载此语，可谓公言。（南宋洪迈《容斋随笔》五笔卷三）

7.与韩琦的交往

郑公偶疑不决，韩魏公曰："公又絮。"刘夷叔词云："休絮，休絮，我自明朝归去。"（明方以智《通雅》卷四十九）

富郑公、韩魏公同在中书。郑公母老矣，一日语及故事，宰相有起复视事者，魏公曰："此非朝廷盛事。"已而郑公居忧，朝廷屡起之。上章三辞，贴黄言："臣尝与韩琦言之，决不当起。"魏公曰："吾但以实言之，不料以为怨。"自是二人稍稍有隙。（《龙川志》）（南宋祝穆等《古今事文类聚》前集卷五十三，北宋苏辙《龙川略志》别志卷下）

弼自（嘉祐）六年三月己亥以母丧去位七月，以富弼为起复礼部尚书、同平章事、昭文馆大学士、监修国史。上既许富弼终丧，乃迁琦首相。或谓琦曰："富公服除，当还旧物，公独不可辞昭文以待富公耶？"琦曰："此位安可长保！比富公服除，琦在何所矣。若辞昭文以待富公，是琦欲长保此位也，使琦何辞以白上？"闻者亦是琦言。（此段据记闻，或移见富弼拜枢密使时。）（《续资治通

鉴长编》，卷一百九十五、《宋宰辅编年录》卷五，文字有小异）

　　至和间，仁宗寝疾。时相富文忠密通意光献立后，而慈圣意在英宗。传道内外者张茂则也；而伺察英宗起居状者，王广渊也，蔡抗也。事垂成，语文潞公。潞公为首相，与富公议协，密谕王文忠为诏草，常怀之以待非常。久之，仁宗疾有瘳，潞公服丧去位。按潞公服丧在出镇之后，富文忠乃召韩忠献为枢密使，且密告之，欲共图其事。富文忠寻亦忧去，忠献乃立英宗为皇子。富文忠闻之不怿，以谓事固定，待有变而立可也，万一有疑沮，则岂复得其人也。韩、富由是构隙。英宗即位，富文忠解丧为枢密使。一日锁院麻出，乃立颍王制。富文忠初不与闻，遂以语侵忠献，而引疾力去。韩忠献之丧，富文忠一不吊问。（北宋邵伯温《闻见近录》、《说郛》卷五十下）

　　时富韩公为枢密相，怪魏公不关报撤帘事，有韩魏公欲致弼于族灭之地之语。欧阳公为参政，首议追尊濮安懿王，富公曰："欧阳公读书知礼法，所以为此举者，忘仁宗，累主上，欺韩公耳。"富公因辞执政例迁官，疏言甚危，三日不报。见英宗，面奏曰："仁宗之立陛下，皇太后之功也。陛下未报皇太后大功，先录臣之小劳，非仁宗之意也。方仁宗之世，宗属与陛下亲相等者尚多，必以陛下为子者，以陛下孝德彰闻也。今皇太后谓臣与胡宿、吴奎等曰：'无夫妇人，无所告至，不忍闻。'臣实痛之。岂仁宗之所望于陛下者哉！"以笏指御床曰："非陛下有孝德，孰可居此。"英宗俯躬曰："不敢。"富公求去益坚，遂出判河阳。自此与魏公、欧阳公绝。后富公致政居洛，每岁生日，魏公不论远近，必遣使致书币甚恭，富公但答以老病无书。魏公之礼终不替，至薨乃已。岂魏公有愧于富公乎？然天下两贤。魏公、欧公之薨也，富公皆不祭吊。国史著富公不预策立英宗，与魏公至祭吊不通，非也。（北宋邵伯温《邵氏闻见录》卷三）

　　英宗立，以悲伤得疾，慈圣因垂帘视事。久之，魏公度上疾瘳矣，时旱甚，请天子以素仗出祷雨，都人争瞩目欢呼。魏公遂藉是执奏，丐归政天子，后许矣，未坚也。一旦，魏公袖诏书帘前曰："皇太后圣德光大，顷许复辟。今书诏在是，请付外施行。"后未及答，即顾左右曰："撤帘。"后乃还。时郑公方为枢密，班继执政而上。将奏事，则见帘已卷，天子独当宁殿上矣。既下而怒。魏公曰："非敢外富公也，惧不合则归政未有期。"其后熙宁间魏公薨于乡郡，而郑公不吊祭。识者以为盛德之歉。（宋蔡絛《铁围山丛谈》卷三）

　　光献对中书泣诉英宗病中语言，继而枢密入对，语亦如前。富公谓韩公曰："适闻帘下语否？弼不忍闻。"盖富意亦以太后之意为然，而归咎于英宗。及公力劝撤帘，不敢令富公预闻。（南宋朱熹、李幼武《宋名臣言行录》后集卷一）

厚陵待近侍甚严，其徒谗甚煽炽，慈圣殊不怿。富韩公上书切谏，其略云："千古百辟在廷，岂能事不孝之主。伊尹之事，臣能为之。"厚陵虽病，犹能嘉纳。其后圣躬康复，车驾一出，都人欢忭鼓舞，所在相庆。慈圣语其事于宰执，宰执称贺，魏公进曰："臣观太皇太后陛下所以谕臣等，必是圣心深厌万机，欲行复子明辟之事，此盛德也，前代母后岂能有哉。臣敢不仰承慈训以诏天下，臣等谨自此辞。"乃列拜，呼中贵卷帘而退。既下殿，富公徐曰："稚圭兹事甚好，何不大家先商量。"魏公微笑而已。（南宋朱弁《曲洧旧闻》卷八）

郑公与韩魏公议不合，富恨之，至不吊魏公丧。富公守某州，鲁直为尉，久不之任，在路迁延，富有所闻，大怒，及到，遂不与交割。后幕干劝之，方肯及鲁直。在史馆修《韩魏公传》，使人问富，曾吊韩丧否？知其不曾，遂以此事送下案中，遂成案底，后人虽欲修去此事，而有案底，竟不可去。鲁直也可谓乖。但魏公年年却使人去郑公家上寿，恁地便是富不如韩较宽大。

前史著富郑公以不与策立英宗，与韩魏公绝。《闻见录》亦载郑公为枢密相，怪魏公不关报撤帘事，因力辞执政，遂出判河阳，自此与魏公绝。每岁生日，魏公常遣使致书币，郑公但答以老病无书。今观此帖，乃郑公贺魏公手书也。白云向捧答，教则知前此又有书矣。书中辞意勤恳，出于至诚，且曰"终为苍生再起，亦天下之心也"，可见其慕望之重。然则所为郑公与魏公绝者，岂其言乎？按神宗即位，魏公除镇安武胜等军节度使、司徒兼侍中、判相州，郑公书称"司徒、判府、侍中"，当在此时，韩、富皆一代伟人，言行为世楷，则若使富以私憾绝韩，至不通书问，岂不为盛德累哉？昔人纪录盖难尽信，大抵类此此书之存犹足征焉，必有能辨之者。参政危公得此帖，以归魏公之远孙致用，致用出，以见示。故为之题其后云。（《富郑公手帖跋》，见元陈高《不系舟渔集》卷十四）

郑公因濮议与公及欧阳文忠公绝。后富公致政居洛，每岁生日，不论远近，必遣使致书币，甚恭。富公但答以老病无书，公之礼终不废，至薨乃已。公与欧公之薨也，富公皆不祭吊。富公贤者，而客气未融乃尔，亦不及公远矣。（明周召《双桥随笔》卷三）

若富郑公因撤帘事，谓韩魏公不早通之，甚不满魏公。魏公却终身致敬不衰，此是韩之器量大于富。处撤帘事，魏公迎机，而导当事而决，如何能早通于郑公？

郑公正人，其量之不大，由理之未明。信乎！程子曰："量由识长，识高则量大也。太极者，诚也。诚之之功，在敬以直内，义以方外。敬以直，诚之源也，义以方外，诚斯立焉。必直内，乃能方外，即主静之意也。敬义夹持，直上达天德，则人极立矣。"（清雷鋐《读书偶记》卷二）

嘉祐初，琦与富弼同相，或中书有疑事，往往私与枢密院谋之。自弼使枢密，非得旨令两府合议者，琦未尝询于弼也，弼颇不怿。及太后还政，遽撤东殿帘帷，弼大惊，谓人曰："弼备位辅佐，他事固不敢预闻，此事韩公独不能与弼共之耶？"或以咎琦，琦曰："此事当时出太后意，安可显言于众！"弼自是怨琦益深。（富弼怨韩琦事，据司马氏《记闻》。《邵氏见闻录》称富弼谓韩公"欲致弼于族灭之地"，恐弼初无此言也。）（《续资治通鉴长编》卷二百一、《资治通鉴后编》卷七十二）

公深居，托疾谢客，而尝苦气痞，康节曰："好事到手，畏慎不为。他人做了，郁郁何益？"公笑曰："此事未易言也。"盖为嘉祐建储耳。虽刚勇，遇事详审，不万全不发。（宋邵伯温《邵氏闻见录》卷十八）

8.熙丰变法

上既许富弼辞位，问弼曰："卿即去，谁可代卿者？"弼荐文彦博。上默然良久，曰："王安石何如？"弼默然。（《宋史全文》卷十一、《太平治迹统类》卷十二、《宋宰辅编年录》卷七）

熙宁初，神宗谓安石曰："有比丘尼千姓者，为富弼言：'世界渐不好，勿预其事也。'弼信之。"然不之罪也。（宋邵伯温《闻见后录》卷二十八）

公曰："以伍员比管仲，犹鹰隼与凤鸾。"王介甫用事，富郑公罢政，过南京，谓张文定公曰："不料其如此，亦尝荐之。"文定操南音，谓公曰："富七独不惭惶乎？"公问："吾丈待之如何？"文定曰："某则不然。初见其读书，亦颇有意于彼，既而同在试院，见其议论乖僻，自此疏之。"（宋苏籀《栾城遗言》，元陶宗仪《说郛》卷十六下）

王安石未柄用时，韩琦、富弼、欧阳修皆以王佐才目之，唯张安道、苏洵灼知其奸，迨后毒痛四海，而韩、富辈束手无策，奉身而退。一日，富弼见张安道语次，安道曰："当日安道知贡举，辟安石同事，既至，则一院之事皆欲纷更，因实时斥逐之。"弼闻之憫然也。安道可为善相人矣。苏洵辨奸论，诚千古只眼。而宋儒每谓苏氏父子与安石不协，是以有此未为公论。夫司马、韩、富诸贤，其后孰与安石协者？乃以论出于洵，洛党即断断焉，岂笃论欤？（清《御选唐宋文醇》卷三十九）

（公）虽刚勇，遇事详审，不万全不发，康节因戏之。公一日有忧色，康节问之，公曰："先生度某之忧安在？"康节曰："其以王安石罢相，吕惠卿参知政事，惠卿凶暴过安石乎？"公曰："然。"康节曰："公无忧。安石、惠抑本以势利合，惠卿、安石势利相敌，将自为仇类，不暇害他人也。"未几，惠卿果叛安石，凡可以害安石者，无所不至。公谓康节曰："先生识虑，绝人远矣。"（北宋邵伯温《闻见录》卷十八、《宋名臣言行录》外集卷五。文字有小异）

潘十六、十九秀才在富相为外甥。云舅氏往年典郡，某尝于左右修学，而舅氏每中夜，或独坐一静书室，中至二三更，但仰靠椅子，不知思虑天下何事也。（北宋不著撰人名《王氏谈录》、元末明初陶宗仪《说郛》卷二十四上）

郑公尝为予言永熙讨河东。刘氏既下并州，欲领师乘胜复收蓟门，始咨于众。参知政事赵昌言对曰："自此取幽州，犹热熬翻饼耳。"殿前都指挥使呼延赞争曰："书生之言不足尽信，此饼难翻。"永熙竟趋幽燕，卷甲而还，卒如赞言。郑公再三叹，为予曰："武臣中，盖亦有人矣。"（北宋王得臣《麈史》卷一）

富郑公尝与余论治道。富公曰："大抵朝廷须用贤者多，小人少，庶几其治也。譬诸疾病者，元气已虚，邪气已甚，姑以平和汤剂扶持之，可也。若进服疏转之药，则安能保其生耶？俟元气渐实，邪气渐退，虽使服药，瞑眩亦无所害耳。元气，贤者也；邪气，小人也。使贤者多，小人少，然后可力行其道。"郑公又言："人尝劝弼不次进用贤士大夫，及朝廷进用，偶未及已，则复出议论。余对以"人往往必以一身休戚观朝廷，不能以天下休戚观朝廷"，郑公以为知言。（宋龚鼎臣《东原录》）

9. 青州救灾

富郑公为枢密副使，坐石守道诗，自河北宣谕使还，道除知郓州，徙青州。谗者不已，人皆为公危惧。会河北大饥，流民转徙东下者六七十万人。公皆招纳之，劝民出粟，自为区画散处境内，居庐饮食医药无不备，从者如归市。有劝公非所以处疑弥谤，祸且不测。公傲然不顾曰："吾岂以一身易六七十万人之命哉！"

行之愈力。明年，河北二麦大熟，始皆襁负而归，则公所全活也。于是虽谗公者亦莫不畏服，而疑亦因是浸释。尝见与一所厚者书云："在青州二年，偶能全活得数万人，胜二十四考中书令远矣。"张侍郎舜民尝刻之石，余旧有模本，今亡之，不复见。（宋叶梦得《避暑录话》卷下、清李宗孔《宋稗类钞》卷二）

庆历末，富文忠公镇青州。会河决商胡，北方大水，流民垒入京东公所。劝抚八州之民出粟，以助赈给，各因村坊，择寺庙及公私空舍，又因崖为窟，以处流离。择寄居官无职事者，各给以俸，即民所赘聚藉，而授券以时给之器物，薪刍无不完具。不幸死者，为义塚收瘗，自为文，遣使祭之。明年夏，大稔，计其道路资遣，还业八州之间。所全活者，无虑四十余万人，其募为兵者，又万余人。仁宗嘉之，拜公礼部侍郎。公曰："恤灾赈乏，臣之职也。"卒辞不受。（北宋江少虞《事实类苑》卷八）

10.交游

田大卿为康节言，康节不答，以诗二章谢之曰："相招多谢不相遗，将谓胸中有所施。若进岂能禁吏责，既闲安用更名为。愿同梁许称臣日，甘老唐虞比屋时。满眼清贤在朝列，病夫无以系安危。"又云："欲遂终焉老闲计，未知天意果如何。几重轩冕酬身贵，得此云山到眼多。好景未尝无兴咏，壮心都已入消磨。鹎鸿自有江湖乐，安用区区设网罗。"文忠公终不相忘，乃因明堂拾享，赦诏天下举遗逸人，公意谓河南府必以康节应诏。时文潞公尹洛，以两府礼召见康节，康节不屈，遂以福建黄景应诏。（北宋邵伯温《邵氏闻见录》卷十八）

（邵雍）与富文忠早相知。富初入相，谓门下士田棐大卿曰："为我问邵尧夫可出，当以官职起之。不，即命为先生处士，以遂隐居之志。"田为先生言，先生不答，以诗谢之曰："相招多谢不相遗，将谓胸中有所施。若进岂能禁吏责，既闲安用更名为。愿同巢许称臣日，甘老唐虞比屋时。满眼清贤在朝列，病夫无以系安危。"富终不相忘，乃因明堂祫享，赦诏天下举遗逸。富意谓河南必以先生应诏。时文潞公、尹洛以两府礼召见先生，先生不屈，遂以福建黄景应诏。富不乐，奏乞再举遗逸，从之。王拱辰、尹洛乃以先生应诏，颖川荐常秩，皆先除试将作监簿，先生与秩皆不起，富时已丁忧去位矣。（《宋名臣言行录》外集卷五）

郑公以邵尧夫年高，劝学修养。尧夫曰："不能学人胡乱走也。"后遇疾，笑谓温公曰："雍欲观化，一巡疾革。"伊川顾曰："愿先生自作主张。"曰："无可主张者。"（南宋朱熹、李幼武《宋名臣言行录》外集卷五，明刘宗周《人谱类记》

卷下）

富郑公晚居西都，尝会客于第中，邵康节与焉，因食羊肉，郑公顾康节云："煮羊惟堂中为胜，尧夫所未知也。"康节云："野人岂识堂食之味，但林下蔬笋则常吃耳。"郑公赧然曰："弼失言。"（南宋王明清《挥麈录》后录卷二、《宋稗类钞》卷二十七）

《河南闻见录》：富郑公与康节食笋，康节曰："食笋甚美。"公曰："未有如堂中骨头之美也。"康节曰："野人林下食笋三十年，未尝为人所夺，公今日可食堂中骨头乎。"公笑而止。（南宋叶寘《爱日斋丛钞》卷五）

郑公自汝州得请归洛，筑第天津桥，与邵尧夫隐居相迩。曰："自此可时相招矣。"尧夫曰："公相招，未必来；不召，或自至。"（明彭大翼《山堂肆考》卷二十八、明刘宗周《人谱类记》卷下）

郑公谢事居洛。一日，邵康节来谒，公已不通客，惟戒门者曰："邵先生来，无早晚入报。"是日公适病足，卧小室，延康节至卧床前。康节笑曰："他客得至此邪！"公亦笑指康节所坐胡床，曰："病中心怦怦，虽儿子来，立语遣去，此一胡床惟待君耳。"康节顾左右曰："更取一胡床来。"公问故。答曰："日正中当有一绿衣少年，骑白马候公。公虽病，强见之。公薨后，此人当秉史笔记公事。"公素敬康节，神其言，因戒阍人曰："今日客至，无贵贱，立为通。"既午，果范祖禹梦得来，遂延入，问劳稠迭。且曰："老病即死，念平生碌碌，无足言然，龌龊怀朴忠，他时笔削必累君。愿少留意。"梦得惶恐叵测，避席谢。后十余年，修《裕陵实录》，梦得竟为修撰郑公传。此事尹侍郎说。（元末明初陶宗仪《说郛》卷三十四上、《古今说海》卷一百一）

昔富郑公中年居洛时，为尧夫所激发，所得益深。曾有书云："某不遇某，不过一村汉耳。"念庵尝对人言："某四十年前，盖滥俗人也。"郑公初年立朝风节，震耀一时，而自谓一村汉，则其所以求不村不俗者，必有所在矣。（清黄宗羲《明儒学案》卷三十五）

邵雍、程颢、程颐以道学名世，居洛阳，而彦博与之游。元丰中，与富弼及当时老成而有贤德者十一人，用白居易故事，就弼第置酒相乐，尚齿不尚官。已而图形妙觉，僧舍谓之"洛阳耆英会"，司马光为文序其事。王拱辰守北都，以书来谕曰："拱辰亦家洛，位与年不居数客后，顾以官守，不得执卮酒在坐席，愿与名其闲，幸无我遗。"其为时所嘉羡如此。（北宋王称《东都事略》卷六十七、《名贤氏族言行类稿》卷十二）

洛人邵雍、程颢、程颐皆以道自重，彦博宾接之，如布衣交，与富弼、司马光等十二人，用白居易"九老会"故事，置酒赋诗相乐，序齿不序官，图形妙觉，僧舍谓之"洛阳耆英会"，好事者莫不慕之。（《宋史》卷三百十三，《资治通鉴后编》卷九十二、《钦定续通志》卷三百三十八）

文忠公弼问邵伯温年几何？娶未？对曰："年二十四，未娶。"公曰："吾年二十八登第，方娶。"（南宋祝穆《古今事文类聚》前集卷四十六）

富文忠公尝谓邵伯温曰："吾年二十八登第，方娶。当先公先夫人时，未第，决不许娶。"（南宋祝穆《古今事文类聚》后集卷十三）

富郑公早年尝梦青州王相公以后事相托。郑公曰："相公德被生民，当得遐寿，何遽及此？"后二年罢相，知郓州，辟郑公为倅。到任岁余，有大星坠于宅园东北角，家人怪之，相公曰："后月当见。"至后月，薨。郑公为主丧事，故郑挽词曰："遗德被生民。"正与当年梦中符。（北宋阮阅《诗话总龟》卷三十四、宋江少虞《事实类苑》卷四十八）

及公作相，颢已为僧，用公奏，赐紫方袍，号"宝月大师"。公致政，筑大第于至德坊与，天宫寺相迩，公以病谢客。宗颢来，或不得前，则直入道堂。（北宋邵伯温《闻见录》卷十九）

11. 琐事

有仇生者，少与富郑公善，后以失欢，游于韩公之门。未几，韩、富不协，迁怒仇，谓背有所短也。及魏公卒，富公至不往吊，且欲甘心于仇。或谓仇，须面诣谢，仇曰："刺骨之恨，岂送面可消。但富公正人，韩公君子，短正人于君子之前，能不入于妒妇之条乎？"富公闻之释然。所谓难以情求，可以理谕也。第不吊韩公，至竟为富公身后名累。（宋袁裦、袁颐《枫窗小牍》卷下）

熙宁初，富韩公为相，神宗尝对大臣称河南守李中师治状。富公以其厚结中人，因对曰："陛下何从知之？"中师衔其阻己，及再尹，富公已老，乃籍其户，

令出免役钱，与富民埒。（宋洪迈《容斋随笔》续笔卷四）

富丞相一日于坟寺剃度一僧，贡父闻之，笑曰："彦国坏了几个，才度得一个。"人问之，曰："彦国每与僧语，往往奖予过当，其人恃此傲慢，反以致祸，放目击数人矣，岂非坏了乎！"皆大笑。然亦莫不以其言为当。（宋不著撰人名氏《道山清话》）

洛阳耆旧言伊洛水六十年一溢滥，自祥符至熙宁中，自福善坡以北率被昏垫，公私荡没，富公晏夫人尚无恙，仓卒以浴桶济之，而沉水退死者众多，妇人簪珥皆失，多有脱腕之苦。（宋张舜民《画墁录》）

郑公初不识许我，闻其名，遽召见之。我乘马直造厅庑，谒者请就宾次通姓名。我曰："既召我来，而不迎我，是见轻也。"复乘马径去。公闻之叹息曰："许我所以能我者，以无所求，而俯仰在我也。近有士人奴事蔡氏，每干谒，致子弟有牵来之语，凡士之处世，欲守节立己，当以我为师承，而弃廉绝耻之流，宜视此为覆辙，可不慎哉。"（宋吴炯《五总志》）

吴善长郎曹仪状恢伟，颇肖富丞相，文学之誉则未闻。有轻薄子赠之诗云："文章却似呼延赞，风貌全同富相公。"国初有武臣呼延赞，好吟恶诗，故云。（宋阮阅《诗话总龟》卷三十八）

司马文正初作《历代论》，至论曹操则曰："是夺之于盗手，非取之于汉室也。"富文忠疑之，问于康节，以为非是。予家尚藏康节答文忠书副本，当时或以告文正，今《通鉴·魏语》下，无此论。（北宋邵伯温《邵氏闻见后录》卷九）

12. 家居

国朝宰相最年少者惟王溥，罢相时父母皆在，人以为荣。今富丞相入相时年五十二，太夫人在堂康强。后三年，太夫人薨，有司议赠恤之典，云无见任宰相丁忧例。是岁三月十七日春宴，百司已具。前一夕，有旨"富某母丧在殡"，特罢宴。此事亦前世未有。（北宋欧阳修《文忠集》卷一百二十七、北宋欧阳修《归田录》卷下、宋江少虞《事实类苑》卷二十四、元末明初陶宗仪《说郛》卷四十上，文字有小异）

富韩公居洛，其家圃凌霄花无所因附而特起，岁久遂成大树。树高数寻，亭亭可爱，韩秉则云："凌霄花必依他木，罕见如此者，盖亦似其主人耳。"予曰："是花岂非草木中豪杰乎？所谓不待文王犹兴者也。"秉则笑曰："君言大是，请以为题而赋之。"予时为作近体七字诗一首。诗见予《家集》中。（宋朱弁《曲洧旧闻》卷二）

凌霄花未有不依木而能生者，惟西京富郑公园中株，挺然独立，高四丈，围一尺，余花大如杯，旁无所附。宣和初，景华苑成，移植于芳林殿前，画图进御。（宋陆游《老学庵笔记》卷九）

富郑公留守西京日，因府园牡丹盛开，召文潞公、司马端明、楚建中、刘凡、邵先生同会。是时，牡丹一栏，凡数百本。坐客曰："此花有数乎且？请先生筮之。"既毕，曰："凡若干朵，使人数之，如先生言。"又问，曰："此花几时开尽？请再筮之。"先生再三揲蓍，坐客固已疑之。先生沉吟良久，曰："此花命尽来日午时。"坐客皆不答，温公神色尤不佳，但仰视屋。郑公因曰："来日食后，可会于此，以验先生之言。"坐客曰："诺。"次日食罢，花尚无恙，泊烹茶之际，忽然群马厩中逸出，与坐客马相蹄啮，奔出花丛中，既定，花尽毁折矣。于是洛中逾服先生之言。先生家有传《易堂》，有《皇极经世集》行于世。然先生自得之妙，世不可传矣，闻之于司马文季。（宋马永卿《懒真子》卷三）

公颍昌牡丹时多作诗，前后数四，云"溪上名园似洛滨，欲遣姚黄比玉真"之句，又曰"造物不违遗老意，一枝颇似雒人家"，称道雒家殷懃不已。敬想富郑公、文潞公、司马温公、范忠宣公，皆看花耆德伟人也。风流追忆，不逮后生，茫然尔。（宋苏籀《栾城遗言》，元末明初陶宗仪《说郛》卷十六下）

富郑公致政归西都，常着布直裰，跨驴出郊，逢水南巡检，盖中官也。威仪呵引，甚盛前卒，呵骑者下，公举鞭促驴，卒声愈厉，又唱言，不肯下驴，请官位。公举鞭称名，曰："弼"。卒不晓，所谓白其将，曰："前有一人，骑驴冲节，请官位不得，口称'弼'、'弼'。"将方悟，曰："乃相公也。"下马执锐，伏谒道左，其候赞曰："水南巡检唱喏。"公举鞭去。（宋朱彧《萍洲可谈》卷三、元末明初陶宗仪《说郛》卷三十五下、清李宗孔《宋稗类钞》卷十、明何良俊《何氏语林》卷十四）

公清心学道，独居还政堂。每早起，启中门钥入，瞻礼家庙。对夫人如宾客，子孙不冠带不见。平时谢客，文潞公为留守，时节往来。富公素喜潞公，昔同朝更拜，其母每劝潞公早退。潞公愧谢。既薨，其子朝议名绍廷，字德先，守其家法者也。公两女与其婿及诸甥皆同居公之第，家之事，一如公无恙时，毫发不敢变，乡里称之。建中靖国初，朝廷擢德先为河北西路提举常平。德先辞曰："熙宁变法之初，先臣以不行青苗法（获罪），臣不敢为此官。"上益嘉之，除祠部员外郎。崇宁中，德先卒。郑人晁咏之志其墓，文甚美，独不书辞提举常平事，有所避也，惜哉。德先之子直柔，事今上，为同知枢密院事。（北宋邵伯温《闻见录》卷九）

在洛时，闻富郑公私忌裹垂脚，襂纱幞头，襂布衫，系篮铁带。此乃今之释服、襂禫服也。（宋王得臣《麈史》卷一）

熙宁间，王拱辰即洛，之道德坊，营苐甚侈，中堂起屋三层。上曰："朝元阁时，司马光亦居洛，于私居穿地丈余，作壤室。邵尧夫见，富郑公问新事。尧夫曰：'近有一巢居，一穴处者。'遂以二公对，富大笑。"（宋王得臣《麈史》卷三）

《晁氏客话》云："富郑公在，延潞公请纯夫作致语，云'衮衣绣裳迎周公之归老'，安车驷马，奉汉相之罢朝，富公大喜。"近时，王岐公自宫祠起知，绍兴府有以启贺之者，云"赤舄几几，方迟周旦之居东；绿竹猗猗，行竮武功之入相"，亦文矣。（南宋吴曾《能改斋漫录》卷十四）

13.性格

富公弼忠厚正直，出于天性，始终一节。故富公之使北也，朝廷以三书与之：其一，增物二十万；其一，增十万；其一，以公主妻。梁王使与敌约曰："能为我令元昊称臣纳欸，我岁增二十万物；不能者，岁增十万。"敌曰："元昊称臣纳欸，我颐指之劳耳。汝当以二十万与我，然须是谓之'献'，或谓之'纳'，然后可。至于公主则不必尔也。"富公固争。（北宋江少虞《事实类苑》卷八）

郑公知郓州，有士人出入一娼家久，其后与娼竞，乃挝其面，碎之，涅以墨，遂败其面。其娼号泣诉于府。公大怒，立追士人，至即下之狱，数日当决遣。其士素有才名，府幕皆更进言于郑公，曰："此人实高才，有声河朔间，今破除之，深为可惜。"公曰："惟其高才，所以当破除也。吾亦知其人，非久于布衣者，当未得志，其贼害乃如此，以如斯人，而使大得志，是虎生翼者，今不除之，后必为民患。"竟决之。（南宋施德操《北窗炙輠录》卷下）

富郑公为枢密使，英宗初即位，赐大臣永昭陵遗留器物。已拜赐，又例外独赐公加千。公力辞，东朝遣小黄门谕公："此微物，不足辞，虽家人亦以为不害大体，屡辞，恐违中旨。"公曰："此固微物。要是例外也，大臣例外受赐不辞。若人主例外作事，何以止之。"竟辞不受。（南宋沈作喆《寓简》卷五，明何良俊《何氏语林》卷十三，清李宗孔《宋稗类钞》卷十一）

　　富郑公为人温良宽厚，泛与人语，若无所异同者。及其临大节，正色慷慨，莫之能屈。赵宗道出公门下，公守亳社，宗道季子济为提举，常平劾公不行新法。罢使相，移汝州后，宗道卒，公赙恤其家，甚厚。服除，济偕诸兄以送，富公抚之甚恩，济不自安，起，谢罪。公曰："吾见故人子，前日公事不可论也。"（宋刘荀《明本释》卷下）

　　富公为人温良宽厚，泛与人语，若无所异同者。及其临大节，正色慷慨，莫之能屈，智识深远，过人远甚，而事无巨细，皆反复熟虑，必万全无失，然后行之。宰相自唐以来，谓之礼绝百僚，见者无长幼皆拜，宰相平立，少垂手扶之，送客，未常降阶。顾客坐稍久，则吏从旁唱"相公尊重"，客踧踖起退。及公为相，虽微官及布衣谒见，皆与之抗礼，引坐语，从容送之，及门，视其上马，乃还。自是，群公效之，自富公始也。自致仕归西都十余年，常深居不出，晚年宾客请见者，亦多谢以疾。所亲问其故，曰："凡待人无贵贱贤愚，礼貌当如一。吾累世居洛，亲旧盖以千百数，若有见有不见，是非均一之道。若人人见之，吾衰疾不能堪也。"士大夫亦知其心，无怨也。尝欲之老子祠，乘小轿过天津桥，会府中从市于桥侧，市人喜公之出，随而观之，至于安门市为之空。其得人心也如此。及违世，士大夫无远近皆相见，则以言，不相见，则以书，更相吊唁，往往垂泣。其得士大夫心又如此。呜呼！苟非事君尽忠，爱民尽仁，恻怛至诚之心充于内而见于外，能如是乎？（北宋江少虞《事实类苑》卷八）

　　治平中，公自定州归。朝既入，见退，诣中书，白执政，以求致仕。执政曰："康宁如是，又主上意方厚，而求去如此之坚，何也？"公曰："若待筋力不支，人主厌弃后去，乃不得已也。岂得为止足哉？"因退归私第，坚卧不起。自青州至是，三年凡七上表，其札子不可胜数，朝廷乃许之，以太保致仕。先是论者皆谓公筋力既壮，必未肯告去。至是乃服。（《庐陵居士集》）（北宋江少虞《事实类苑》卷八）

　　富韩公熙宁中罢相，镇亳，常深居养疾，罕出视事。幕府诸君须有事，必禀命者，常以状白公，公批数字于纸尾，莫不尽其理。或事有难决，诸君忧疑不能措手者，相与求见公，公以一二言裁处，徐语他事，诸君晓然，率常失其所。疑者退而叹服，莫可及也。公早使强敌，以片言折狂谋，尊中国，及摛大政，视天下事若不足为者，矧退处一郡乎。（《渑水燕谈》）（北宋江少虞《事实类苑》卷八）

公初甚欲见山谷，及一见，便不喜，语人曰："将谓黄某如何，元来只是分武宁一茶客。"富厚重，故不喜黄。（南宋朱熹《朱子语类》卷一百三十，《宋稗类钞》卷二十四。文字有小异。）

14.家教

郑公弼训子弟曰："忍之一字，众妙之门。若清俭之外，更加一忍，何事不办？"少时人有诟骂之者，弼佯为不闻。或告之弼曰："恐是骂他人。"曰："明呼公名。"曰："天下岂无同名者乎。"骂者闻之，大惭。（明刘宗周《人谱·人谱类记》卷上）

予昔官洛阳，有外医媪张氏，公卿士人家无不到。说富郑公治家严整，有二子舍，凡使女仆辈，戒不得互相往来，闺门肃如也。（宋王得臣《麈史》卷二）

知制诰宰相富弼，京之妇翁也。易龙图阁待制，知扬州，徙江宁府，拜翰林学士，知开封府。韩琦为相，京数月不一见。琦谓其傲，以语富弼，弼使往见之。京谓琦曰："公为宰相，而京不妄诣公者，乃所以重公也，岂曰傲哉？"出安抚陕西，迁群牧使。久之，以端明殿学士兼翰林侍读学士知太原府。（南宋王称《东都事略》卷八十一、南宋章定《名贤氏族言行类稿》卷一）

15.过世

《邵氏闻见录》：富郑公弼，元丰六年疾病。五日，大星陨于公所居还政堂下，空中如甲马声。公登天光堂，焚香再拜，知其将终也。（明彭大翼明彭大翼《山堂肆考》卷一百五十三）

富郑公之薨，神宗对辅臣悼惜，且曰："富弼平生强项，今志其墓者，亦必一强项人。卿等试揣之。"已而自曰："方今强项者，莫如韩维，必维为之。"（南宋徐度《却扫编》卷上、明何良俊《何氏语林》卷十三）

轼尝曰："轼于天下未尝铭墓，独铭五人，皆盛德。"故五人者，富韩公、司马温公、赵清献公、范蜀公、张文定公也。（南宋洪迈《容斋随笔》续笔卷六、南宋祝穆等《古今事文类聚》前集卷六十等。文字有小异。）

东坡初欲为《富韩公神道碑》，久之未有意。思一日，昼寝，梦伟丈夫称是寇莱公来访。已共语，久之，既即下笔，首叙景德澶渊之功，以及庆历议和，顷刻而就，以示张文潜。文潜曰："有一字未甚安，请试言之，盖碑之末，初曰：'公之勋在史官，德在生民，天子虚已听公，西戎、北狄视公，进退以为轻重，然一赵济能摇之，窃谓能不若敢也。'"东坡大以为然，即更定焉。（南宋徐度《却扫编》卷下、清《御选唐宋文醇》卷五十）

16.子嗣

王君觊拜三字（司），二十有七岁矣。自尔居洛起第，至八十岁，位至宣徽二府，尽其财力，终身而宅不成，子舍，早世，唯有一孙，与其侄居之，不能充一隅，未完亟坏。富郑公亦起大第，无子。族子绍定居之。绍定，本始姑苏人，富家又无子。（宋张舜民《画墁录》，载《说郛》卷十八上）

北宋名臣如韩忠献、范文正、富文忠、曾宣靖、晁文元、韩忠宪、吕正献诸家父子祖孙相继鼎盛，独司马文正公之后寥落不振。公无子，以从子康为嗣最贤。元佑间，方欲大用，而康早卒。子植，字公立，亦有贤声，早死，无子。天道之不可问如此。（清王士禛《居易录》卷八）

17.遗泽

后二十年，（韩）仪公始相佑陵。思陵中兴，兴念故家，所以富郑公之孙季申直柔，仪公之孙似夫肖胄，相继赐第，为右府。又三十年，令绰之孙钦道怀，亦赐出身登宰席，皆近世衣冠之盛事。若蔡元长之于攸，秦会之之于熺，盖恩泽侯，不足道也。（南宋王明清《挥麈录》余话卷一）

第三章：富弼遗迹

1.富郑公园

富郑公园。洛阳园池多因隋唐之旧，独富郑公园最为近辟，而景物最胜。游者自其第东出探春亭，登四景堂，则一园之景胜，可顾览而得。南渡通津桥，上方流亭，望紫筠堂，而还右旋花木，中有百余步。走荫樾亭，赏幽台，抵重波轩而止。直北走土筠洞，自此入大竹中，凡谓之洞者，皆斩竹丈许，引流穿之，而径其上横为洞一，曰"土筠"。纵为洞三，曰"水筠"，曰"石筠"，曰"榭筠"。历四洞之北。有亭五错列竹中，曰"丛玉"，曰"披风"，曰"漪岚"，曰"夹竹"，曰"兼山"。稍南有梅台，又南有天光台。台出竹木之杪，遵洞之南而东，还有卧云堂，堂与四景堂并南北左右二山，背压通流，凡坐此则一园之胜，可拥而有也。郑公自还政事归，第一切谢宾客，燕息此园几二十年，亭台花木皆出其目营心匠，故逶迤衡直，闿爽深密，皆曲有奥思。（宋邵伯温《闻见后录》卷二十四、题宋李格非《洛阳名园记》、元陶宗仪《说郛》卷六十八下等。）

郑公园。自其第东出探春亭，登四景堂，则一园之景胜可顾览而得。南渡通津桥，上方流亭，望紫筠堂而还，右旋花木中，有百余步，走荫樾亭，赏幽台，抵重波轩而止。直北走土筠洞，自此入大竹中，凡谓之洞者，皆斩竹丈许，引流穿之而径其上。横为洞，一曰土筠，纵为洞三，曰水筠，曰石筠，曰榭筠。历四洞之北，有亭五错列竹中，曰丛玉，曰披风，曰漪岚，曰夹竹，曰兼山。（清汪灏《御定佩文斋广群芳谱》卷八十二）

凌霄花。天下凌霄，藤必依大树，独西都富郑公园归政堂前一株，不附他木而生，高三四丈，岁着花数百。晁以道寄季申诗云："故园多谢凌霄木，直到丹霄上上头。"盖指此也。今山阴最多有一岁三著花者。（南宋施宿《会稽志》卷十七）

2.富弼各地遗迹

云门山题名。富弼题名，石刻，在青州府城南。（清倪涛《六艺之一录》卷九十七）

营丘东秦旧服周环众山，云门为之冠。然此山实不闻于天下，其磨崖题刻，有宋庆历八年富文忠公题名七人，熙宁二年欧阳文忠公六人，四年赵清献公二人，吴文肃公奎十一人，政和五年安抚使梁子美十七人。金泰和间，亦有益都少尹夹谷璋十一人。（元于思容《齐乘》卷一）

富相亭。府南瀑水涧侧，富文忠公知青州所建。欧公游石子涧诗，谓富相公创亭后，人又建冰廉堂，皆废。微醉翁笔，先贤遗迹，殆将泯焉。（元于思容《齐乘》卷四）

富公亭，在府城西四里石子涧侧，宋富弼知青州建。后人又建冰帘堂。欧阳修有诗。（清《山东通志》卷九）

嘉靖十有六年，青州兵防金宪东汾康公，以修西月城余材，修富文忠公祠于晏公庙之基。

祠旧在石子涧，石架瀑水立栅而亭之，后人目为"富公遗爱"者也。岁次湮没，徒有空名而已。涧即汉晋间望气者所谓广固城之五龙口。晏公庙实南向对之，晏公出处无稽，俗传水神也。野庙荒寂，或颓或理，地势如阜，丰隆圆秀，民居环其左右。

今乃坚广其垣墉，崇高其殿宇，中设文忠神主以将事。重门峻阶，有严有翼，俯渑洋之潺湲，挹云劈之崒嵂，尧山崎其背，驼峰耸其西。风晨月夕，烟雨雪霁之景，尤为奇绝。下与范文正公井祠东西相望，明爽旷达，真齐两景之伟观也。后树礼宾之堂，移晏公旧像于右，偏置守祠俗房于左。盖越月而告成焉。百年废祠，一旦兴复，耆老传颂，抵于兹望，康公之举真义举哉。

按《宋史·仁宗庆历四年》，富文忠弼（字彦国，河南人，中天圣八年茂材异等第，历官枢密副使）避逊，得除资政殿学士，加给事中，知青州，兼京东东路安抚使。河朔大水，民流京东，公择所部丰稔者五州出粟，得十五万斛，益以官廪，随所在贮之，得公私庐舍十余万，区散处其人，以便薪水，选老弱瘴病者，廪之山林河泊之利，听民取之，流民死者，为大冢葬之。明年麦大熟，流民各以远近受粮，而归凡活五十余万人，募为兵者，又万余人。上闻之，遣使劳公，即拜礼部侍郎。

前此救灾者，皆聚民城郭中煮粥食之，饥民聚为疫疾，及相蹈藉死，或待次数日，不食得粥，皆僵仆，自公立法简便周至，天下传以为法，至于今所活不知几千万人矣。史之所记文忠所活流民尚如此，则部民之受惠被泽可知。是以当时感之而祠之，后人颂之而不忘，有以也。祭法曰："法施于民则祀之；能捍大患则祀之；能御大灾则祀之。"然则前后屋而祀之者，礼也。文忠平生忠直，大节、德业、文章史册备载，兹不赘。（明杨应奎《建富文忠公祠记》，见清《山东通志》卷三十五之十九下）

宋富公亭。在耀州治西南。宋富弼父倅耀州，时弼常随侍。后七十年至绍圣中，汤元甫判耀州，追惟古迹，就子城筑台作亭，谓之"富公亭"。今其址尚存。（《大清一统志》卷一百七十九）

增《正字通》曰："汝州多楸树，富弼知州时，手植数百本于后圃。后人思其政，建郑公堂于楸林之下。"（清《御定渊鉴类函》卷四百十五）

香严院在县南四十里。唐开元元年建，会昌中废，大中复建，国朝大中祥符四年赐额，有富文忠公遗华，严颙师及王乐道、张隐之论道帖，更兵火弗存。（南宋《赤城志》卷二十八）

3.富弼书帖

后晋、唐书帖遣辞简少，而情致有余。韩公好义，善交翰墨，中绰有古人风度，虽不及形识面龙图公。然韩公端人也，观其取友，则公之名德，可知矣。（《宋富弼与王龙图帖》，见南宋李弥逊《筠溪集》卷二十一）

温公《历年图》，起共和之庚申，汔显德己未，上下凡千有八百年。以治平元年书成上送，则邵子年五十有四，富公年六十有一矣。帖谓："公亦以谓失之鄙夫。""亦以谓失之"，是富公先有所可否，而康节答之也。前辈讲学不倦，闻善相告，闻过相规。若此，用能进，则有以尊主庇民，退有以扶世立教也。（《跋康节先生答富韩公柬》，见南宋魏了翁《鹤山集》卷六十二）

窃观此帖，叹古人不可及，而人有希古人之意者，则亦古人焉耳已。富、韩二公为宋治世名臣，若韩公之盛业不居，求出外郡，富公犹拳拳以天下苍生再起。期之二公之审，出处为不可及矣！数百年后，墨迹在人间者，孰不珍爱而秘藏之。今大参危公，既得而复畀其子孙，以著二公相与之懿，其忠厚乎！曾谓古今人不同调也耶。至正癸卯初夏，天台刘仁本志。（《跋富郑公与韩魏公手帖》，见元刘仁本《羽庭集》卷六）

宋富弼十二帖。右韩国富文忠公手帖一十有二。其第一帖，公为昭文相时所遣，当是嘉祐三年。公自至和二年与潞国文忠烈公并相，及是始进昭文馆大学士，监修国史，帖所称集贤相公，则魏郡韩忠献王也。其第二帖，公服阕时所遣，当是嘉祐八年，公自嘉祐六年三月以母忧去位，至此服除，其年三月辛未，昭陵升遐，故帖中有"甫毕家祸，又遭国邮"之语。而第三帖谓"罪逆不死，已及除禫要"，当与第二帖同时也。其第四帖、第五帖，公为枢密使时所遣，当是治平元年，公既除母丧，即召入西枢，帖中所称"昭文相公"亦是魏王无疑。宋承唐制，以同平章事为真相之任，其上相为昭文馆大学士、监修国史，其次为集贤殿大学士。或置三相，则昭文、集贤二学士，并监修国史。各除此三大馆，皆宰相兼之，而亦以次而升。魏王自集贤进昭文，故帖中随时而异称也。其第六帖，公在宥府时所遣，亦当是治平元年。武举之罢，在皇祐元年十月己未。五年八月乙丑，虽摆秘阁，旧经试者五十一人用之，而其制犹未复，至是方议举行，故帖中有武举文字，始托西厅侍郎等言。是年九月丁邜，卒诏行之也。其第七帖，当是熙宁元年初判汝州时所遣。四五月间，河朔大水，民皆流离，南郊礼毕，两府臣僚故事当有恩赐，宰臣因灾而奏止之。公念念不忘民，故帖中亦有河朔水潦为患之云也。其第八帖，当是熙宁四年冬归洛时所遣。公以不行青苗之法，为提举官赵济、侍御史邓绾所奏。六月甲戌，落使相，以左仆射再出判汝州。七月，赴郡。十月中，引疾还家。故帖中有赴汝海治事，及归洛养疾之语也。其第九帖至十二帖所遣之时与第八帖同，而第九帖当是与潞公。时荆国王文公方得君群小翕然附和，最惮公之刚直，欲阴中之，故帖中有足疾七年，又积忧畏，心气不宁之叹。潞公素敬爱公，思欲荐起之，故帖中又有"曲□推假，恐惧无地"之恳也。大抵贤者之出处，实有关于时政之得失，今以此数帖观之，则君子小人进退之间，一治一乱，昭然可见。有不待论而后明，至若公之德行勋业，则载在国史，播于天下贤士大夫之口，虽妇人女子亦皆识公为贤，亦不俟言而始知也。此卷有宋宇文虚中跋语，谓装褫无次，故濂为详著。所遣之时，以足其未备，更为序次如右。虚中字叔通，成都广都人，以黄门侍郎使金，见存，仕为翰林学士承旨，皇统初，欲南奔，不果，竟被害云。（明宋濂《宋学士集》，清孙岳颁《御定佩文斋书画谱》卷七十六，清倪涛《六艺之一录》卷三百三十七）

右手帖四。首富文忠公弼，次李庄简公光，次楼宣献公钥，而大慧杲禅师亦以宋人附焉。文忠相业盛矣，而元刘仁本已有跋语；庄简、宣献皆南渡以后人望也；大慧虽缁流，然尝忤秦桧被谪，亦僧中之英乎！毛宪清修撰，持其乡人所藏此卷见示，聊记之。（《跋宋贤四帖》，见明吴宽《家藏集》卷五十五）

4.富弼著作

富文忠《八国语录》一卷。右富弼庆历二年，以右正言、知制诰为回谢契丹国信使西上，阁门使符惟忠副之。惟忠行至武强，病卒，以知贝州、供备库使、恩州团练使张茂实代之。所说机宜事件，具载录中。弼所争者"献"、"纳"二字，朝廷竟从晏殊议，用"纳"字。弼不预也。（南宋晁公武《郡斋读书志》卷五上）

《三朝政要》二十卷，宰相河南富弼彦国撰。庆历三年，弼为枢副，上言选官置局，以三朝典故分门类聚，编成一书，以为模范。命王洙、余靖、孙甫、欧阳修同共编纂。四年，书成，名《太平故事》。凡九十六门，每事之后，各释其意。

至绍兴八年，右朝议大夫吕源得旧印本，刊正增广，名《政要》。释明策备上之于朝馆阁书目，指政要为宝训，非也。（南宋陈振孙《直斋书录解题》卷五）

《富文忠集》二十七卷。丞相韩国文忠公、河南富弼彦国撰。《奉使录》亦在其末。（南宋陈振孙《直斋书录解题》卷十七）

富文忠《札子》十六卷。富弼撰。平生历官、辞免、陈情之文也。（南宋陈振孙《直斋书录解题》卷十七）

《奉使别录》一卷。丞相河南富弼彦国撰。庆历使契丹，归为语录，以进机宜事节，则具于此录。又一本，有两朝往来书附于末。（清厉鹗《辽史拾遗》卷九）

第四章：富氏制诰

按："吾宗历官赵宋，诰敕甚多"（富銛《喜先世诰命三首归宗敬题并序》，见《景泰谱》），《全宋文》中，存有富弼诰敕、口宣百余件；四库全书中，则可见得富直柔诰敕近二十件。然而随着时间的推移，战乱的发生，制诰慢慢消失。在明景泰年间，只存有富玠诰命一道，富伟诰命两道。今根据典籍，收录部分富氏家族制诰。

富弼所留制诰颇多，拟另结书出版。此处选《宰相富弼三代制（六道）》及议定配享之制诰。

富弼（五世）

宰相富弼三代制（六道）
曾祖敕

大臣有庆于国，则爵命上施其考祖，所以章贤德，广褒劝也。具官某曾祖某，躬执义善，发身扬名，诒于曾孙，集有福禄，登践枢极，卓为臣宗，申命有加，尚荣幽爽。可。

曾祖母敕

宗工之选，所以宠偁良大国之封，所以褒贤淑。具官某曾祖母某氏，顺足以有相，严足以有临，来嫔名家，诒禄厥后，为国元老，仪刑万方，开号全齐，既光大矣！徙之北国，其愈知荣。可。

祖敕

列爵五等，莫尊于公，必有盛德之士，然后可以膺此号。具官某祖某，秉哲迪义，不躬显荣，祚流闻孙，为世硕辅，追褒之礼，既极宠崇，序爵启封，尚其嘉享。可。

祖母敕

天子之宰，朕所恃以纲纪四方者也。爵命加其祖，妣岂不宜哉？具官某祖母某氏，蓄德在躬，以成家室，发祥于后，以遗子孙，申锡有邦，盖惟旧典。魏大名也，以是追封，岂特为宅穸之荣，亦所以佑其后世。可。

父敕

士以有子为荣，子以显亲为孝。宗公元老，世恃以宁，当有追崇之恩，称其致孝之意。具官某父某，惠和敦大，明允忠笃，位不侔德，乃生硕人，寅亮先帝，宠绥四海，方兴就事，佐佑朕躬，申命有章，兼荣幽显。可。

亡母敕

朕初篡服，登用旧臣，褒厚其亲，率循故事。具官某母某氏，显相吉士，笃生硕人，寿善康宁，考终福禄，追荣新窀，申命大邦，尚其淑灵，膺此休宠。可。

（王安石《临川文集》卷五十四）

富弼赠太师敕

庆历之盛，朝多伟人。维范与富，才业名位，实相先后，海内称诵，见于声诗，比之夔、契，经涉险阻，继以存亡，惟天所佑，克享全福。历相三世，配食清庙，肆予大享，加宠先正，亦克有子，列于在廷。具官某父某，德及夷夏，功载史册。出盟獯鬻，复结二国之欢，入秉陶钧，首开万世之议。性本直谅，终身不回，心乐虚闲，超世自得，音容未远，风烈可追。锡以上公之章，明我师臣之意。告于幽隧，慰尔后昆。可。（北宋苏辙《栾城集》卷三十二）

议富弼配享状

元祐元年六月某日，朝奉郎试中书舍人苏轼，同孙永、李常、韩忠彦、王存、邓温伯、刘挚、陆佃、傅尧俞、赵瞻、赵彦若、崔合符、王克臣、谢景温、胡宗愈、孙觉、范百禄、鲜于侁、梁焘、顾临、何洵直、孔文仲、范祖禹、辛公佑、吕希纯、周秩颜、复江公著状奏：

近准勅节文，中书省、尚书省送礼部本部勘，会英宗配享所有神宗皇帝庙后，降勅以韩琦、曾公亮配享所有神宗皇帝神主，祔庙所议配享功臣，今乞待制以上及秘书省长贰、着作与礼部郎官并太常寺博士以上同议。奉圣旨，依右臣等谨按："《商书》：'兹予大享于先王，尔祖其从与享之。'《周官》：'凡有功者，名书于王之太常，祭于大烝司勋诏之。'"国朝祖宗以来皆以名臣，侑食清庙，历选勋德，实难其人。神宗皇帝以上圣之资，恢累圣之业，尊礼故老，共图大治，辅相之臣，有若司徒、赠太尉、谥文忠富弼，秉心直谅，操术闳远，历事三世，计安宗社，熙宁访落，眷遇特隆，匪躬正色，进退以道，爱君之志，虽没不忘，以配享神宗皇帝，庙廷实为宜称。谨录奏闻。伏候勅旨。（北宋苏轼《东坡全集》卷五十三）

公曰："富文忠公勋德终始，天下具知，宜配食。"议遂定。因上言，本朝旧制，配享虽用二人，宜如唐，用郭子仪故事，止用富公一人。诏从之。（北宋秦观《淮海集》卷三十六、南宋杜大珪《名臣碑传琬琰之集》中卷五十三）

配飨功臣二十四人：大明殿富弼。（南宋王应麟《小学绀珠》卷六）

富绍荣（六世）

通直郎富绍荣可奉议郎制敕

具官某。朕建外宗正于别都，其财用供亿，尝命有司掌之。今复兹废官，以汝旧膺推择，擢进品阶，俾践厥次，往服恩命，尚其勉哉！可。

（北宋慕容彦逢《摛文堂集》卷四）

富直柔（七世）

胡寅、富直柔左右史制敕

左右置史，言动必书。自艰难以来，或废典籍而不录。然春秋之义，当系日月，而无遗若时记注之臣，思得誉髦之士。兹以尔寅，湖湘之秀，直谅多闻；以尔直柔，名臣之孙，儒雅蕴藉。宜并司于国志，以对侍于螭坳。往修厥官，无忝朕命。可。
（宋李正民《大隐集》卷一）

赐新除御史中丞富直柔辞免恩命不允诏敕

直柔省所奏辞免恩命事，具悉。朕躬履艰难，鉴既往之失，广直言之路，开无讳之门。凡白简所弹，皂囊所论，不惮屈己从之，惟恐下情之壅于上闻也。然人臣进言，自昔称难，而人主听言，尤为匪易。伊欲天下有尽言之益，而上有用言之效，安得遇事必言，而言之必可行者哉？卿天资直谅，绰有祖风，谏垣琐闼，纳忠多矣。不诡不讦，动中事会。盖夫二者之难求，适厥中期于济国家之务而已。朕用嘉之，肆进汝位，长兹风宪之司，俾率乃僚冀闻正论，往体眷意，何以辞为？所请宜不允，故兹诏示，想宜知悉。（宋綦崇礼《北海集》卷十三）

戊申富直柔签书枢密院事制

曰："王室之竞，吁俊为先。汲黯之在汉朝，奸谋寝而不用；叔孙之居楚国，敌兵解而自投。折冲有赖于精神，决胜盖存于帷幄。克膺斯寄，今得其人。具官富直柔，刚毅粹温，疏通端亮，志虑深于忧国，术略足以济时。朕纂绍丕，图缅怀先，正敷求世类，想见仪刑，爰得异才，置诸近列。谏诤极尽规之义，封驳著直绳之称。简在朕心，擢长宪府，居多謇谔之论，进殚密勿之忠，宜参筦于机庭，共协图于兵政。尔其咨谋不怠，夙夜以思，修除经武之规，讲画攘戎之略，以削平于多难，用恢复于故疆。配是似于前人，当承辟国之烈，不陨名于世德，用昭济美之才，其务对扬。毋忘朕训。"（南宋徐自明《宋宰辅编年录》卷十四）

新除端明殿学士签书枢密院事富直柔辞免恩命不允诏

朕惟庆历宗臣，驰单车入不测之敌，以片言成万世之功。相吾三宗，如古伊吕。朕慨然怀其人，而不及见也。以卿高明浑厚，德颇似之，故擢之众人之中，付以台谏之职。果能从容议论，动中事几，乃跻宥密之庭，将赖维持之力，庶使纪纲一振，威令四驰。坐臻宗社之安，复见君臣之盛，岂不济卿奕世之美，而成朕知人之明乎！陈义固辞，良非所望。所请宜不允。（宋汪藻《浮溪集》卷十四）

新除端明殿学士签书枢密院事富直柔上表辞免恩命
不允断来章批答

孔子曰："视其所以，观其所由，察其所安。"朕照临百官，盖率此道，以卿天资警敏，洞达古今，负刚明之才，操卓至之论，从容献替，有益于时。自升台谏之联，既阅岁时之久，朕于卿志，可谓灼知，卿为朕庸，固已素定。岂于今日乃复可辞？往即厥官，无烦辞费。（宋汪藻《浮溪集》卷十五）

新除同知枢密院事富直柔上表辞免恩命不允断来章批答

朕惟人君知其臣之可庸，故委以心而不贰；人臣知其君之可辅，故极其用而不辞。此先主任武侯，而张良从高祖，皆终其身而不去者也。卿自居台谏之联，朕已有用卿之意。况今预政滋久，结知益深，乃于序迁之命，而谆谆以辞乎！卿其毕精筹，维图所以报国者，廉退小礼，夫奚足为？（宋汪藻《浮溪集》卷十五）

新除同知枢密院事富直柔上表辞免恩命不允断来章口宣

卿虽举诏除，未离机省，乃布由衷之恳，愿还涣汗之恩。成命已颁，忱辞衹费。

（宋汪藻《浮溪集》卷十五）

知泉州富直柔落资政殿学士制勅

朕仁爱黎元，矜愍庶狱。每戒州县，必惟三尺之循，惧差毫厘，或起一夫之悔。岂意用刑之误，成吾旧弼之愆？具官某，早被简知，寖登严近，备更夷险，多历岁时，比从祠馆之淹，再畀侯藩之重，宜衹朕宝慈之训，以成而共理之良。乃于重囚，曾不关意，意緥玩习，养成于平日，致纷纭莫救于临时。传闻之初，疑骇相半，虽从坐本焉非首，情或可矜。然死者遂不复生，咎将谁执？其镌秘殿之职，以申司寇之刑，服我宽恩，无忘内省。（宋张扩《东窗集》卷六）

同知枢密院事富直柔，明堂大礼赦，恩封赠曾祖任尚书都官、员外郎、赠太师中书令、兼尚书令、追封韩国公言改封鲁国公勅

朕观载籍之传，考兴衰之绪。君子之泽，或五世而方兴；积善之家，信百祥之来降。植德之报，莫尔之隆。是生经世之臣，为国元老，及我运筹之佐，乃其曾孙。庆赐方行，褒嘉可后？具官曾祖，周才不试，厚德在躬。修仁义于奥窔之间，委穷通于寒暑之序。冯唐老于郎省，曾无不遇之嗟；于公大其闾门，固有将兴之兆。属均厘于霈泽，举开国之旧章，是用冠于五等之封胙，之东鲁，仍以三公之贵，兼长中台，足慰烝尝之思，亦广燕贻之庆。可。（宋郑刚中《北山集》卷二十二）

曾祖母韩国夫人韩氏赠鲁国夫人勅

天将赉良，佐于有邦，以为生民之庇，则必有休祥之兆，若警告于斯人者。此尔子之生，旄旌导从天赦，是承所以发于梦寐，而闻于国人者也。然则益昌厥后者，孰始基之？具官曾祖母，懿质淑范，来嫔德人，仁爱之实，见怀姻族。身享孝养，极于显荣，逮见其子出入将相，功德兼隆，为母如是，亦可谓鲜俪矣！而庆及四世，复亢厥宗，国有沛恩，肆加锡命，改封大国，亦礼之宜。可。（宋郑刚中《北山集》卷二十二）

祖任武宁军节度使、太师、守司徒致仕、韩国公、谥文忠弼，追封魏国公，余如故勅

朕仰念仁祖，聪明慈俭，燕及于万方，永怀宗臣，端亮忠嘉，功昭于四辅，

是为不朽，施于后昆，肆予厘事之成，与享湛恩之被。具官某，祖贤业经世，王功在民。闭邪责难，莫如孟子之事上；盛德至善，有若武公之佐周。措国家于九鼎之安，息兵革于百年之久，逮兹涂炭之极，益见蓍龟之明。宜世济之有人，知庆余之不爽。举斯宠典表，以大名用易国封。且仍公位，亦何加于旧物，姑申命于恩纶。可。（宋郑刚中《北山集》卷二十二，明程敏政《新安文献集》卷一）

祖母韩国夫人晏氏赠魏国夫人勅

景祐、庆历之际，有旧学之臣，曰"临淄公"殊，以隽德远业，克相睿明，乐善不倦，以得天下之英才，举而进之，布在显列，数世赖焉。是生贤女，作配人杰，福善之庆，逮其子孙。具官祖母，庄静明淑，礼法具宜，闺门之中，有叙有爱。鱼轩翟茀，命服赞书，而居有之，以至偕老。朕宗祀上帝，敷泽绵区，恩数首行于四邻，宠绥上及于三世。无以加厚，易封大邦，匪惟告第之增华，抑俾有家之知劝。可。（宋郑刚中《北山集》卷二十二，明程敏政《新安文献集》卷一）

父任右朝议大夫赠宣奉大夫绍庭赠太子少师勅

朕爰以季秋，肇称禋祀，冀获神灵之佑，不替祖宗之休，遂敷锡于四方，且推恩于百辟。矧辅臣之济美，知义教之有方，顾兹追远之思，用举彝章之旧。具官父，温恭是蹈，扬历具宜，沛然诗礼之无违，远矣德言之不朽。确守先志，恳辞官荣，是知岂弟之求，卒享蕃昌之报。惟储宫之二品，有训导之六官，莫严于师，用以加宠益，阐家庭之庆，式慰春秋之怀。可。（宋郑刚中《北山集》卷二十二）

母普安郡夫人刘氏赠彭城郡夫人勅

士有砥节，厉行克承，勋德之世，以保其靖。共之美廉洁之操者，苟无内助之贤，则亦不能成其志也。既相其夫，以成其家矣！又有贤子，为吾辅臣，宠渥之加，则有旧典。具官母，其承上也顺而正，其临下也简以慈，积善在躬，以有兹庆，属合宫之大旅，均霈泽于多方。易彼故封，锡之大郡，既增荣于存殁，亦用慰于劬劳。可。（宋郑刚中《浮溪集》卷二十二）

故妻齐安郡夫人王氏赠太宁郡夫人勅

先王制礼，与夫推恩，接下之文，未尝不本于人情也。夫相其夫于勤约之中，既已躬廉俭，而同甘苦矣，而不共享其安荣？则追赠之隆，抑以慰其私尔。具官妻，贤淑有闻，宜其闺门嫔于大家，安若素习，夭阏不寿，褒赏可忘？既疏锡于齐安，复进封于大郡，用均厘泽，以示宠绥。可。（宋郑刚中《北山集》卷二十二）

同知枢密院富直柔加食邑实封勅

朕肇修禋祀祗，见合宫刺六经之文，严祖功宗德之配导。三灵之况布，吁天请命之诚，粤厘事之无违，敷湛恩于有截。睠予廊庙之辅，与相肃雍之成，爰有旧章，以申宠数。具官几深济务，端亮在躬，爰登宥密之司，益着赞襄之美。运筹决胜，方迟子房之功；锡祉扬休，抑见召公之似。逮此精纯之展，故多陟降之劳，用加衍于户封，且陪敦于真赋。既启尔宇，勉思辟国之谋；益奋乃庸，无旷代天之用。钦我徽命，永孚于休。可。（宋郑刚中《北山集》卷二十三）

富直柔罢同知枢密院事，依前中大夫差提举临安府洞霄宫敕

二府极贤能之选，盖有赖于仪刑大臣。加体貌之恩顾，岂轻于退黜？苟亏靖共，莫副倚毗，公论靡容。朕其敢置具官，顷以识拔用之朝廷？庶几魏郑之孙，复振臧僖之后，亟置言路，颇当朕心，曾无几时，致位如此，而乃授意谏省，结交匪人，无忧国奉公之思，有狥私植党之累。弹章来上，深用怃然，需奏屡陈，辞荣甚确。谅难安于政地，姑就列于殊庭，加膝坠渊，朕之所戒，尽忠补过，尔尚省循。可。（宋郑刚中《北山集》卷二十六）

富直柔知衢州

朕驻跸江隅，回舆浙部。惟时西安乃在千里之内，所以夹辅王室，抚绥邦人，非予旧弼之臣畴，足以宽朕忧顾哉！具官某，秉德宽裕，宅心粹和，懿行可以度人，宏规可以经国。朕以三朝元老，故家遗泽，尚有典刑，举而置之宥密之地。而力辞政机，归栖真馆侧席之念，于兹累年。其释燕闲之居，往分民社之寄，非独资于共理，盖亦便于告猷。俾朝廷有屏翰之崇，郡邑知岩石之重，上下之治，相须而成，岂不休哉！（宋李弥逊《筠谿集》卷五）

资政殿学士左中大夫富直柔故父绍庭可特赠太子太傅制勅

肇禋重屋，大祀休成。推上帝之仁，既锡福于四海；广教孝之义，以加惠于庶工。矧吾旧德之良，尝预几庭之列，其于祢庙，可后褒扬。具官某故父某，资才绝伦，凭借甚厚，绰有名家之韵，称其世德之余，谓当勃兴。继承于世烈，遂储余庆，克闻于嗣人。兹因庙泽之行，用沛纳书之宠；东宫调护之地，益峻于品秩；春秋烝尝之奉，永燕于云来。可。（宋张嵲《紫微集》卷二十）

故母刘氏可特赠普宁郡夫人制勅

妇人有三从之义，服饰则系其夫；国家广教孝之风，褒扬盖因其子。属者大

事获考，均厘万官，宜沛湛恩，以加泉壤。具官某故母某氏，山河其德，婉娈其容。逮事舅姑，早奉执笄之馈；无违夫子，有严举案之仪。训教具修，闺门载睦。虽三徙实资于陟屺，而重茵永悼于终天，可无密印之章，用慰寒泉之念。俾易封于汤沐，用益耀于春秋。可。（宋李正民《大隐集》卷一）

富琯（九世）

中奉大夫、直文华阁、知太平州军州、兼管内劝农营田使、河南县开国男、食邑三百户富琯，依前特授中书门下省检正诸房公事。封如故。（南宋卫泾《后乐集》卷一）

第五章：富氏文章

按：富氏以耕读为族风，其族人善与文人交，留存文章、诗歌颇多，大部分见于全宋文。其政论文继承富弼感时而发，言之有物的特点。其诗词多半素朴，不事辞藻。

富伟的《松竹梅赋》为宋代赋体的名篇，富宗礼的《栖真寺记》记录了本地唐朝古寺栖真寺的信息。富嘉谋的《建庆元县经始记》记录了庆元县建县经过，颇有价值。

宋代文献

富临（五世）

富临：熙宁时吴郡（今江苏苏州）人，富严子，终池州节度推官，尝为金君卿僚属。

金氏文集序（元祐六年五月）

《金氏文集》，故尚书度支郎中金公之文也。公讳君卿，字正叔，少颖悟，善属文。康定中，文正范公出守邠阳，延致门馆，议论纵横，闻望卓著。逾冠举进士，登甲科。治五经，尤长于《易》。尝撰《易说》《易笺》，自谓可以起诸儒之膏肓，清辅嗣之耳目者矣。仁宗时，公以便亲调官江左，最为疏远，屡上封章，桓言利病，即毁其奏稿，故今传者，十无二一也。知制诰曾子固，尝志先府君谏议墓，以为公能以才自起于贫贱，欲以所为为天下，慨然有志者也。至和中，公上封事，乞建国根本。此人所未敢言者，公不畏逆鳞之怒，而引文、景、光、明故事以言之，此足见公之志也。

公所至之地，兴修学校，教导诸生。自公之暇，常为诗篇，言词绚美，文格清新，有韩、柳之风焉。故所进仁宗挽词五篇，翰苑中编为卷首。所作赋诗，尤为藻丽，文正公尝榜公赋于郡庠，以为格式。详议法律，皆主平恕。铭诔传序，公正不欺。时人称公有良史之才也。神宗更立法度，以底于治，故公受命出使，皆兼数职，奉行制诏，绰有条理。熙宁中，降敕书讲谕，曰："尔使于远方，尽瘁乃事，推我新令，为天下先。"此又足见其匡君泽物之用心也。公以忧勤成疾，享年不永。噫！倘使公遭遇其时，居卿相之任，则澄清天下，未易量也。

临川江君明仲，学出于公，而不忘公善诱之力，求公遗稿，十得其一，编成十五卷，号《金氏文集》。以临尝参佐于公，实知公之所存，惠然见借，诵读再四，如觌其颜采，命笔为序，庶几垂信于后世，俾观公之文。即知公之所存也远矣。公之登科入仕，治己化民，借于墓碑，今吏部侍郎彭公资器之所作也，载于集后。

元祐六年五月日序。

（《全宋文》）

南海庙程师孟祷雨记（熙宁七年）

熙宁岁次癸丑十二月丙申，距甲寅六月辛未，府帅谏议程公凡四谒南海广利昭顺王。盖将天子之命，求雨于神，而两祷两谢之，获虑颇异。前太守有一至庙下，已二十余年，而后寂寥无传。今公庤止，何其伟欤！亦足为灵宫一时之盛事，资邦人百年之美谈也。

时献官黄积、赵光弼摄奉礼，黎献臣摄太祝，富临辄记于退之之碑阴云。公之子德叟、义叟陪位。

（《全宋文》）

富绍荣（六世）

云门山题名（大观二年六月）

大观二年戊子六月十二日，朝奉郎富绍荣缘宗室财，用事至青社，因遇石子涧，来云门山。读伯父文忠公庆历八年题石，今已六十一年。感念徘徊，向晚之昌乐……

（国家图书馆藏拓片·各地五二零二。又见《山左金石志》卷一七）

富光祖（？世）

仰高亭记（崇宁三年十月）

少翁朱先生退居吴兴，翰林学士范公行词："尔年三十有五，方古人强仕之时，乃能谢归，求安田里，虽云独善而去，与口口衣昼夜行不止者异矣，朕亦乌能夺尔之志哉？丞于口口，尚有稍廪，其益清尚，仰而高风。可授大理寺丞致仕。"知制诰郑公行词："尔以文中科，不顾斗粟之禄，退而归故乡，从容乎湖山之集，不亦高乎？然尔之齿尚壮，不欲婴之以吏职者，亦将遂尔之雅操焉。可授秘书丞致仕。"郡守徐公筑亭城隅，列训词于座间，载之图籍，以称朝廷所以褒扬隐逸之意。通判军州事张公榜名"仰高"，今中书侍郎许公书额。故天下以"少翁"名其园，以"仰高"名其亭，而人或以"少翁"称先生也。

自少翁捐馆，历二十七年，其家有鬻其东园者，里人丁公并其亭而售之。少翁之季子翼中力辨弥年，县大夫不敢决，行中舍人自贬所移文，付之有司。录事参军李公持论甚端，而所谓仰高亭者，遂得抚置训词，而立先生祠焉。未几，户部尚书钱公女自滁阳走吴兴，欲析其居。翼中抚诸子甚厚，数譬解之。已而又欲购其宅者，以厚利诱之，且曰："季叔累名而兴义，累名则可訾。"兴义则不敢争。钱氏遂涕泣趋府，乞分明白，又诋毁，乞出卖。郡将虽知先生宅义不可分，孤幼产决不许卖，然不得已从之，而少翁园已售其半矣。

少翁园南北七十八丈，东西四十七丈，林木阴翳，而吴兴溪山，一览可尽。行吟径、弦歌亭、坐隐轩、廨舍庵、平远亭、五柳墩，皆少翁先生燕居游息之地，今之所存，十无一二，而三径凄凉，松菊殆尽。

呜呼！以少翁先生高操峻节，耸动海内，而季子翼中自南阳督陲投劾而归，年四十有二，葺其故庐以嗣先志，而魔难百出，乃知岩穴之士起而经世，欲为不败、孰而不失者难矣哉。又况一切虚假有数，必堕废兴口口同，不停不息。今少翁园犹存其半，抑未知后之人果能有其半耶！予因谒先生祠而登其亭，喜其废而新之，请刻之石，以为异时子姓之戒云。

崇宁三年十月日。

（《全宋文》）

富直柔（七世）

言前医官王继先特换武功大夫不当奏（建炎四年六月）

外议谓医官用药有功，自首于本色官迁之。武功大夫，昔之皇城使也，惟有战功、历边任、负材武者乃迁。无是三者，虽入仕日久，不以轻授。伏望陛下思名器不可假人之意，特加爱惜，以塞乱源。

（《建炎以来系年要录》卷三四）

题芦川归来集后（绍兴十三年二月）

仲宗（按：即张元干）孝爱忠厚之意，见于笔墨之间，盖不独文字妙当世也。表章仲宗尊祖之义者，其人往往余所欣慕，亦足以见仲宗所与游，多天下长者也。新安朱松，绍兴壬戌十月七日，观于连江玉泉寺上，（按：后据文四库全书补）观仲宗此文，感念洛阳松楸，未知拜扫之日，不冕涕泗横集。乃知此文之传，足以观夫为人之孙者，三复叹仰。

绍兴癸亥二月二十二日，洛阳富直柔题。（《题芦川归来集》卷一零）

富伟（十世）

松竹梅赋

群峰矗兮万玉，石一柱兮擎天；渺烟霞兮洞府，云露瀜兮飞泉。是为古皖之巨镇，而神仙之所家为。境虽胜而非远，人骨凡而未仙。或可望而不可到，矧欲拾级而摩其颠。嵩山主人曰："嘻！不然。高莫高乎嵩峰，远莫远乎祈连。苟有志乎驰骛，在着吾之先鞭。"

矧今嘉平，月方几望。雪三白兮初晴，云已收于列嶂，祥飚肃兮尘清，烟境纷兮万状。于是扬双旌，导华軿，驾彩凤，笼赤虬，休予暇兮萧散，缘空阔兮跨飞浮。从我者谁？二三仙俦。

秦封夫人之刚劲，直节君子之清臞，与商鼎之大宾，从杖履而同游。泛吴塘之激瀄，桂其棹兮兰舟，拂三祖之绝顶，古灿远兮名留。岭云横兮鸟飞，山梦围兮水流，酌石盘之甘露，驾山谷之青牛。濯予足兮飞泉，瀹予茗兮喷雪，掬九井之泓河，鉴三池之巉绝。光彩烂其如银，古老抵其丹穴，有仙子兮双方瞳，冠切云兮佩明月。芝其茹兮撷蕙兰，曳芙蓉兮问芳烈，拖予兮白云庄，坐予兮玉为床。明烛夜之瑞露，谈且笑兮飞瑶觞。

仙子或谓予曰："公骨秀而气刚，手标峻兮玉立，器质粹兮金相。其乔、松之徒兮，寿天地兮同久长，否亦傲睨兮万物之表，犹不失为汉之子房。吾将授公以驾云驭风之旨，餐霞饮露之方，此有道老之事也，幸无以吾言而为狂。虽然寄雅趣于碧云之间，味道腴于方外之宾，孰若反鸿蒙，抚星辰，依日月，庆风云，真筌赖其主宰，大钧播兮无垠，契司命于大始，长侍天皇兮万八千春？斯亦壶中之至乐，盖数百年而几人。然则主人之妙用，又岂山泽臞仙之所能伦哉？"

三友闻之，跃然而喜，抵掌鼓唇，愿继末旨。秦封大夫于是乎歌之，歌曰："三冬兮操冰霜，千尺兮材栋梁，下有茯苓兮华盖苍苍，凝为琥珀兮，亘千古而犹香。直节君子乃赓载歌曰："劲吾节兮心虚，挹夷齐兮为徒。长龙孙，招凤雏，岁既寒兮，誓不渝。"商鼎大宾又歌之曰:"冰雪其姿兮,霜月其神;孤标耿耿兮,万花让春。荐嘉宾兮,南风薰。调羹鼎兮,莫逡巡。"

三友歌阕,方瞳仙子促予而去,请申嘉宾之美。系之曰:"有美一人兮,春风之和。酝藉伊周兮,沉酣丘轲。厌上界之官府兮,寻汉岳之嵯峨。纳同宇于春台兮,令五袴而兴歌。千里蒙福兮,不为不多。四海系望兮,如苍生何。公何心兮,山之阿。整羽翰兮,天可摩。无为此焉婆娑。"

[《浯溪现代谱》注释:伟公,字季度,文成(旧浙江青田)人,居泉谷(南田泉谷)。南宋嘉定十年(1217)登造士第,任文林郎,安庆府学教授,敕宣议郎,卒于官署,年七十七,回葬南田南五里李后寨脚。]

(《浙江通志》卷二一七,刘耀东《南田山志》卷一四,梧溪《现代谱》56页。)

富宗礼(十世)

栖真寺记

夫栖真者,乃古今名胜之宝刹也,景物幽美,世仰名山。余因游览而过于斯,憩息久之,而檀越张君号起潜公设席置酒,乞余作栖真寺记,以志其先人创始之功。

余询其由,乃唐会昌二年壬戌岁,世仁公之创建也。中建大雄宝殿,装塑三宝金身并诸佛圣象。东西两廊翼,前建山门,其左右绘塑金刚,内建张氏家庙。左构僧房数带暨东西钟、鼓二楼,拨租三百余石,择僧住侍。每岁中元设会,祈佑清河,檀信存者获福,亡者超升。吁!德由善积,福由善修,张先世于冥冥之中,作无疆之福。

其子孙派分三处:曰上川,曰雅梅,俱各荣昌,所以阀阅相传,簪缨接踵。或为光禄大夫者有之,或翰林检阅有之,或为知府者有之,或为郡马者有之,或为邑宰郡判者又有之。间有未仕者,家积巨富,粟红贯朽。亦有晦德韬光者,待贾而沽,次于逸民之伦也。世之佳宾上客,游斯寺者,睹梁上之香名,庶知张氏之繁昌。

其未有(二字衍文)佛者,乃西方圣神,而我中国未之有也。后达磨阐教,面壁九年,汉明帝永平间,梦金人巍巍丈六,飞至殿庭,光明炳耀,此时佛法始入中国。梁武帝三舍身施佛,及后唐宪宗皇帝时,迎佛骨至京,历送诸寺,命文武官员广创丛林,大兴梵宇,此天下名山胜景,寺宇之所由建也。故士大夫殷实之家,捐田创寺,举世成以檀越称焉。

今张君先世,选胜于本里之西样(垟),相阴阳而度原隰,测圭晷而正方位,创寺建宇,额曰"栖真"。复舍田租,以给僧人衣食之资。其事至美也,其功至巨也。过此以往,纵世代屡更,而张氏之英声,堪垂于千古而不朽云。宝祐元年五月端阳日而为之记。

时

南宋宝祐元年（1253）5 月端阳日　谷旦

同邑（南田）进士富宗礼撰

（《现代谱》）

富嘉谋（十一世）

乞置籍拘管没官地田库息钱等奏（嘉定五年三月）

窃惟两淮历阳为淮西要郡，昨来胡寇侵援，攻围不下者，人人有死无二，而本州厢、禁军坚守之功为多，欲籍官田立广惠，以给民之孤独，开质坊收利息，以给军人守城之有功者。二事皆不可缓。

自臣到任以来，凡没官户绝田，入于官者籍之，今得田一千七百亩，岁收其租，以赡鳏寡贫穷孤独之人，及有死无以葬者。立广惠舍于州仓之内，尊委户曹主之，与常平、义舍兼举而并行。盖本州虽有常平、义仓，所得不多，一有水旱，则鳏寡无以养，贫穷无以给，未免有流徙之患，非所以惠贫民、实边境、弭盗贼也。

本州守城立功军兵四百九十五人，昨蒙朝廷给到宣帖，各人节次陈乞，帮行正请。本州具申江淮制置大使司，备申朝廷。回准指挥，其所增添请给，从本州应副。前任周马帅以本州窘乏，具申制置大使司，乞下总领所照各人所授宣帖给正请，且放行一半。续得旨，令和州于见桩管会子内，取接五千贯应副。前任守臣又申朝廷，于桩管钱内拨到会子五千贯，展计换见钱一万一千五百九十一贯，取会到实管守御立功厢、禁军四百四十五人，计二千七百六十四资，除周马帅任内添支外，再共添钱八百二十余贯。

臣到任，首申朝廷行下，于桩管钱内支拨一万贯文。今来月支已尽，不敢再申控告。今将公库趱积，到钱三万贯文，及将本州旧醋库改作激励抵当库，在阛阓处开置，月收息钱，专助添支当来守御立功厢、禁军，以为军人无穷之利，以示激劝。专委知录主人，又恐岁收息钱，支遣不敷，今益之以没官田桑之租，与夫本州节制司旧管抵当库所收息迁、公使库日收房廊、白地赁钱，并行拨隶，使后之为州者，得以了一岁添支之费。二策于和州，诚为兵、民莫大之利。除已揭榜晓示军民，黏连拘籍没官地田桑租、花利，及拨隶旧抵当库息钱、公库房廊白地钱、窠名单子外，仍开具措置广惠仓已拘籍到户绝租课，并拘籍支给守臣立功、厢禁军添帮钱，窠名抵当本息，没官地田、柴山隐漏桑租，及根括到逃亡户绝之家水陆地、柴山、桑林、石磊地租课等，申乞扎下本州置籍拘桩，专充两项支遣，庶几永为边郡无穷之利。（全宋文）

建庆元县经始记（嘉泰元年十月）

处统县有六，龙泉距处为远，而乡之松源距能泉为綦远。地居浙东之极，中高而下，下流水四注而湍急，其巉岩之峰，嵚㟧之石，屹立于瓯南、闽越之交。岭复而益峻，道隘而益隐，有户万计，愿为邑者盖有年矣。其居幽速，足迹未曾至县有不得其所者，令有所不闻，故豪民之武断，赋役之不均，诉讼之不平，其能自辩于令之庭乎？

庆元丁巳，民以状白府，请以松源一乡益以延庆乡之半，听置为邑。闻于郡刺史，达于朝。时冬官贰卿胡公纮，松源人也，为丞相京祁公所推重，首言建邑便，祁公深然之。冬十一月，诏可，锡名"庆元"。宜得才智士经始之，乃不以嘉谋无似，俾之首膺其选。丞相大书县额，以镇兹土。始铸县印，俾嘉谋躬佩而往。

越明年，三月既望，至是，领略山水，宜为治所者独薰洋，平旷而殊胜。刭地宅厥中，镇以龙山，印以鬼潭，遂卜地于兹，建县治，若迎韶颁春，若庚狂，冈不成具。丞廨在其东，尉廨在其西，县学在其北。邑之内植坊一十七所。乾之维，则有社稷以春祈秋报；坤之维，则有教场以阅武治兵。乃庙司城于东，乃桥广渡于西，乃阴山通道于福，而行旅者得由坦道，乃辟地凿崖于安溪，而入邑者乐出其途。皆山经地志所未有。

时松源之官赋积逋者千万有奇，嘉谋请于郡守赵公廘，予其半益之，故其成益速，民亦乐输而争先。嘉谋非智创之才，凡十有二月而徙今治。方析邑命下，咸谓缔创之事，古人所难，今储材不素，睢用民力，惧历稔而无成。时有木数千章，在深山穷谷，既巨且良。天久不雨，一夕暴流派溢，皆蔽溪顺流而下，亦异矣。而又田谷屡丰，田里熙然，岂谚才所能集？天实为之也！

嘉泰元年十月既望记。

（《虞邑遗文录》稿二。又见雍正《浙江通志》卷三二，光绪《处州府志》卷五、二七。）

明代文献

见上《景泰谱》文献

清代文献

富鸿基（？世）

送闽浙总督赵廷臣序

国家自定鼎以来，化理翔洽，二十有六载矣。复卒赐租，沾濡六服，而吾闽独劳止莫愒，雁户未归。岂承运自然欤？抑屯膏有待也？盖吾闽枕海视溷，为冲岛伏鲸鲵，城布营垒，兵民杂处，侵渔日滋，遂致土著之余，如淪无水。

天子亲政，聿新庶事，遍求海内疾苦，乃以吾闽并属之浙总制赵公天子若曰："尔尚有积劳于滇黔，以衽席余边氓，是用畀尔溷，尔能有大惠于溷溷安之。兹并畀尔闽，尔其以惠两浙者惠闽，副朕意。"

公闻命策，骑由天末度仙霞，屏撤驺，导携两舆，僮弄楱食，以随日午，借传舍治，一餐不费。有司供路，遇耕者、樵者、斑白而伛行者、老妇、挈瓶汲者、唐肆间负憩而聚语者、辄呼问之。曰："闽苦饷正供之外，催科多名，民以田听，兵饷所收，不能十之一。愿弃田立券于道，无受者。"曰："闽苦徭常调之外，胥随赂轻重，定三岛，动辄百千裹粮，不计日多道殣。"曰："闽苦口石头方山数里，一津皆倚兵为津，主物弥贵。"即曰："盐饷斗十文耳。今百者二。"曰："闽苦降弁。弁既粟民粟，庐民庐，而又蹑财劫假，饵民、饵民妇、饵民子女，因饵其身。"曰："闽苦蠹役。役以官媒、以兵媒，而因以蚀民、蚀帑。官既借，兵利羡余，自为媒，而兵复借役，擅赢缩，互为媒，民不能胜，闽几墟，闽苦盖如此。"公额之去。去乃知为总制也。

公奉朝命，偕都统、藩镇议，处置降弁应调发者，区画各得其宜，井巷用疏，市肆以平，鸡犬有声。乃檄郡邑曰："国家念闽未解兵，岁销司农金钱一百二万有奇，足闽粒。奈何更縻民？"又檄郡邑曰："令典驿马，非奉夏官符不得应。奈何以民为马？"檄于军曰："由京师抵闽关，可屈指计。乃蕰尔闽，而人自为关人。"檄于军曰："尔民卫也，而乃民厉。"更诘诸长吏曰："若不子若民也，而子若蠹，若且身为蠹焉，其奚以吏若民？"数月之间，耳目摩局，稗政悉薙，不特薙其稗也，且易其农焉。凡所奏请更置，天子久亮其公忠，必授俞旨，温如也。境内一旦焕然，改数十年之观，如彼旱魃大雨，斯沛如彼霁翳皎日，斯丽如彼道暍憩林，斯荫焉。

于是残黎乐更生，恋乡土，农歌于野曰："今日予犊兮，明日予牧兮，以无予尔肉兮。"商歌于涂曰："抱布一丈兮得尺五，载麦一斛兮得半蒲，今日何日兮无市虎。"村墟妇子钗钗珥治酒口歌曰："一亩田收十亩谷，不给县前一夕宿。今日何日兮收我鸡鹜。"而诸荐绅士子，羡溷人之早得公，而复自幸与溷人共得公也，引《泂酌》篇曰："泂彼注，兹可以饙饎"，又引《烝民》篇曰："四牡彭彭，八鸾锵锵"。而余闽人也，闻之不胜庆，忆《鸤斯》篇曰："维桑与梓，必恭敬止"，况口之父老子弟乎！然而余非止为吾闽庆也，为口国家庆也！

敬南向额手再拜，揽笔为之序。

（《福建通志》卷七十）

忠贞范公祠堂碑记（福建乌石山上，郑开极撰文、富鸿基篆额）

成仁取义，君子之大闲；舍命致身，人臣之亮节。故作忠作孝，所以立万古之纲常；而懋德懋功，允不愧千秋之崇报。如原任福建总督、加赠太子少保、兵部尚书、谥"忠贞"范公，讳承谟，其人者生则降自崧岳，为半壁之长城，死则重如泰山，扶两间之正气者也。

公少壮登朝，精神许国。父为从龙之首相，世笃忠贞；身应鸣凤之相期，名隆翰苑。枢机参北院，夤结鱼水之欢；锁钥出南天，旋奏虎林之绩。遂移浙土，擢制闽疆，盖自下车之初，快睹饮冰之操，安全为念，谓厘奸剔弊之在。所先恫瘝，乃身如拯溺救焚之不容缓，凡经咨访，次第举行，以邦本莫重于务农，而民力亟谋其宽恤。落甲自运，而里户不因；包赔革役给单，而现年不病。需扰差徭，计亩均派，以清任意盈缩之奸。丁口按地编征，以杜缺额逃亡之害。轸恤匠籍，而一班不患重科。蠲免寺租，而一田不忧两税。并图减役，而人无出乡充役之劳。分图纳粮，而人无越境催粮之苦。以至里书听乎公举，册式务于简明，所有种种之檄行，具见谆谆之节爱。其兴文教也，遍颁上谕之讲章，以维风俗，躬临观风之考校，以重胶庠。其修武备也，察核将弁之材能，而勤骑射，汰补目兵之羸弱，而简车徒。凡兹老成练达之深心，莫非桑土绸缪之至计。

顾乃患生肘腋，寇起门庭，诚有如睿鉴所云"智不及施，勇不暇展"者。公奋身骂贼，缄口绝粮。凶焰弥张，毅操益劲。段司农笏批朱泚，颜杲卿面唾禄山，自昔所称，于今为烈。将食叛人之肉，枵腹不饥；每握义士之拳，拊膺欲绝。若冰趋乎鼎镬，而鼠视乎豺狼。仇尚戴天，愤余生之与共；艰逾啮雪，誓九死以不移。卒骑昏虚旦柳而归，允兼慷慨从容之美。未几底定，大节益光，皇上轸悼荩臣，优赐谥荫，祭葬重以御书，给为家宝。可谓极褒嘉之异数，备存殁之至荣矣。

惟我闽人，钦鲁郡之孤忠，思国侨之遗爱。已于康熙己未金吁建祠，飨祀春秋，至今九载。近荐绅士庶，忾慕益深，谋拓祠而大之，先立华表，用壮观瞻。请于抚军，张公捐清俸，以佐梓材；郡守王公经营，以董其成。扶植人伦，信群公秉彝之好；讴歌子惠，尤八郡爱戴之诚。庙貌翼严，浩气将道山并峻；英魂昭假，芳名与炎海同流。勒可久之龟趺，扬不磨之鸿烈。樵苏一禁，永为彰德之林；俎豆二丁，长作表忠之观。

赐进士出身、通奉大夫礼部、右侍郎兼翰林院学士加一级、壬戌巳未两知贡举、前内阁学士兼礼部侍郎、内国史秘书、两院侍读学士、侍读编修、庶吉士、纂修实录、玉牒日讲起居注官、己亥会试同考、丙午顺天武闱主考、治年家眷、侍生富鸿基顿首拜篆额

赐进士出身、嘉议大夫、经筵日讲起居注官、翰林院掌院学士兼礼部侍郎、教习庶吉士、前内阁学士兼礼部侍郎、侍读学士、编修庶吉士、癸丑会试同考、

治年家眷晚生李光地顿首拜书丹

　　赐进士出身、承德郎、右春坊中允兼翰林院编修、庚戌巳未两充殿试受卷官、纂修玉牒内国史院编修、内弘文院庶吉士、己酉云南正主考、治年家眷、侍生郑开极顿首拜撰文

（《范忠贞集》卷一）

第六章：富氏诗词

　　富氏家族虽善于奏章而不善于文辞，但家族多上层人士，接受了良好的教育，其于诗词一途，亦留下许多作品。富弼晚年参加西京洛阳耆英会，与退休老臣诗歌唱和，现留存诗歌多为此时所作。

宋代

富言（四世）

游灵岩（按：地处福建）

闻说灵岩境最幽，乘闲舣棹共追游。飞泉翠滴半空雨，古树阴连万壑秋。缥缈香烟笼梵榻，嵯峨山势枕江流。登临眺望关河远，惹起乡思恋国愁。

富严（四世）

游虎丘

缭绕禅关锁翠微，游人到此便忘归。古今不尽春风恨，一剑清泉浸落晖。

富弼（五世）

弼承索近诗，复贶佳句，辄次元韵奉和诗，
以语志，不必更及乎诗也。惟一览而已

出入高车耀缙绅，从来天幸喜逢辰。道孤常恐难逃悔，性拙徒能不失真。风雨坐生无妄疾，林泉归作自由身。岁寒未必输松柏，已见人间七十春。

弼承索近诗，复觊佳句，辄次元韵奉和诗，
以语志，不必更及乎诗也，惟一览而已

赋分萧条只自如，生平常□官情疏。亡功每叹孤明主，得谢何妨作老天。官品尚叨三事贵，世缘应信一豪无。病来髀肉消几尽，尤觉阴阳声惨舒。

弼观罢，走笔书后卷

黎民于变是尧时，便字尧夫德可知。更览新诗名击壤，生生全道略无遗。

弼窃览长篇断章，有十二人中第二人之句，又赋一绝上呈

顾我年龄虽第一，在公勋德自无双。不推行业终难敌。富贵康宁亦可降。

答郑州祖龙图见寄原韵

坐拥双旌甫浚郊，总戎曾未属鞭囊。金寡妙方移疾，二府交修取惮劳。处世机牙都不竟，摄生权柄急须操。他时病起君恩报，始信林泉属我曹。

定州阅古堂

朔方之兵，劲于九土。尤劲而要，粤惟定武。兵劲在驭，用则罴虎。失驭而劲，骄不可举。曰保曰贝，闭壁连阻。武爵新守，束手就虏。皇帝曰："噫！汝武曷取。"有敝必革，以儒于抚。公来帅定，始以威怒。有兵悍横，一用于斧，连营怛之，胸粟腰伛。既惧而教，如哺如乳。以刺以射，以铤以鼓。无一不若，师师旅旅。列城自刺，靡不和附。阴渗为梗，降此大雨。大河破泄，在河之浒。民被黯垫，田入莽污。流离荡析，不得其所。公感日吁，予敢宁处。乃大招来，乃大保聚，乃营帛粟，寒衣饥茹。民归而安，水下孰御。强弱死生，由公复虑。曰义曰仁，震肃春煦。合和蒸天，天顺以序。公境独稔，爰麦爰黍。公俗独乐，夫耕妇杼。人虽曰康，公亦奚豫。谓此一方，民与兵具。务剧任重，稽古其裕。人皆谓公，与古为伍。公文化民，公武御侮。何思古人，公不自许。遂择奇匠，绘于堂宇。列其行事，指掌可数。前有古有，在我门户。后有来者，依我墙堵。斯堂勿坏，有堂有故，堂之不存，来者曷睹。宠乎焕乎，千载是矩。

涵虚阁

画阁高连百雉城，涵虚应不愧标名。门前柳色兼旗色，座上琴声杂佩声。肯羡五湖归范蠡，未饶三径隐渊明。我来恰值初晴后，山影波光分外清。

偈

执相诚非，破相亦妄。不执不破，是名实相。

寄欧阳公

滁州太守文章公，谪官来此称醉翁。醉翁醉道不醉酒，陶然岂有迁客容。公年四十号翁早，有德亦与耆年同。意古直出茫昧始，气豪一吐阊阖风。

寄题醉翁亭

偏州地狭民事简，醉翁自放出水中。琅琊倚天色苍翠，逊泉落石声玲珑。

寄裴士林

渤澥宣和旅翩飞，不堪朱邸负前期。东城晓骑思行乐，南浦春波怨别离。对竹岂能忘旧主，折麻方喜遇深知。冕旒正注方臣重，应许州人借一期。

句

遗德被生民。

句

昔年曾作潇湘客，憔悴东秦归不得。西轩忽见好溪山，如何却有楚乡忆。读书误人四十年，有时醉把阑干拍。

句

古云伏日当早归，况今着令许休假。

留守太尉相公就居为耆年之会承命赋诗

弼伏承留守相公就弊居，为耆年之会，承命赋诗，谨录上呈，伏惟采览："西洛古帝都，衣冠走集地。岂惟名利场，骤为耆德会。大尹吾旧相，旷怀轻富贵。日兴退老游，台阁并省寺。予惭最衰老，亦许预其次。遂俗肖仪容，烂然彤绘事。闽峤访精华，鲛绡布绝艺。令复崇宴术，聊以示兹惠。幽居近铜驼，荒敞仍湫庳。塞路移君庖，盈车载春醴。献酬互相趣，欢处不知止。商岭有四翁，晋林惟七子。较我集诸贤，盛衰何远尔。兹事实可矜，傅之足千祀。"

又诗并识云："弼窃览嘉篇断章，有十二人中第，公勋德自无双：'不惟行业终难敌，富贵康宁亦可降。'"

十月二十四日早始见雪登白云台闲望乱道走书呈尧夫先生

气候随时应，初寒雪已盈。乾坤一色白，山水云重清。是处人烟合，无穷鸟雀惊。

忻然不成下，连把玉罍倾。

嵩巫亭
平地烟霄此半分，绣楣丹槛照清汾。风帘暮卷秋空碧，剩见西山数岭云。

睢阳五老园
休宫致政老年间，庙堂尝享着袍冠。调和鼎鼐施霖雨，燮理阴阳佐武桓。念国不忘先世烈，归乡岂念旧庐寒。我辈若从亲炙授，仪容如在使人看。

岁在癸丑年始七十年正旦日书事
亲宾何用举椒觞，已觉闲中岁月长。不学香山醉歌舞，只将吟啸敌流光。

岁在癸丑年始七十年正旦日书事
生圣明明许从心，山川风月恣游寻。此中若更论规矩，籍外闲人不易禁。

岁在癸丑年始七十年正旦日书事
今年始是气骸年，我向年前已挂冠。都为君王断久疾，肯教先去养衰残。

岁在癸丑年始七十年正旦日书事
人生七十古来稀，今日愚年已及期。从此光阴犹不测，只应天道始相知。

台上再成乱道走书呈尧夫
密雪终宵下，晨登百尺端。瑞光翻怯日，和气不成寒。天末无织翳，云头未少干。四郊闻击壤，农望已多欢。

题范希文手书伯夷颂墨贵
夷清韩颂古皆无，更得高平小楷书。旧相嘉篇题卷后，苏家能事复何如。

尧夫先生示秋齐登石阁之句，病中聊以短章戏答
高阁岩峣对远山，雨余愁望不成欢。拟将敛黛强消遗，却是幽思苦未兰。

春日登大像阁
拂衣潇洒倦尘寰，走马登临未问禅。匝野乱流萦古堞，插云高阁逼遥天。山含暮色连青稼，柳带春容矗翠烟。独凭危栏不成句，敢同当日善游仙。

再登大像阁

万古泥阳旧帝畿，苦教行客泪沾衣。旧游水石应牢落，落尽余花犹未归。

题安乐窝（一名"谢邵尧夫见访"）

先生自卫客西畿，乐道安闲绝世机。再命经筵终不起，独甘穷巷寂无依。贯穿百代常穷古，吟咏千篇亦造微。珍重相知忽相访，醉和风雨夜深归。

句

凉深荔浦月，泠熨桂江秋。

偈

万木千花欲向荣，卧龙犹未出沧溟。彤云彩雾呈嘉瑞，依旧南山一色青。

尧夫先生示秋霁登石阁之句，病中聊以短章戏答

高阁昭晓对远山，雨余愁望不成欢。拟将敛黛强消遣，却是幽思苦未阑。

台上再成乱道走书尧夫先生

密雪终宵下，晨登百尺端。瑞光翻怯日，和气不成寒。天末无纤翁，云头未少干。四郊闻击壤，农望已多欢。

富临（五世）

紫微山

凿石诛茅四十年，棱层宝构出诸天。更逢地胜惊游客，不负身披坏衲田。别郡坐看云散后，平湖下压鸟飞前。还知老令忘归否，为惜难移近县廛。

富直柔（七世）

题万象亭并序

燕堂后本登览胜处，窘于短垣丛薄中，未见识拔。观文叶公政成之暇，命凿垣筑台，建亭其上，遂为一府面势殊特之观。落成有日，谨赋拙诗，少见欣快之意：

堂后山川面面通，向来奇观窘高蓬。元戎小试经纶手，万象都归指顾中。雨罢卷帘凭爽气，酒酣极目送飞鸿。明年凤阁篝台上，好寄新诗下北风。

（《宋诗纪事》卷四十二）

南渡感寓

南还山势渐陂陀，荡荡川涂接大河，马上吟诗无好语，聊从白塔记朝歌。

将至青田[1]

江西路近浙江南，佛屋烧残有石龛。想是故乡行欲近，粥糜浑觉水泉甘。

（以上二诗见《梓川谱》）

富樨（九世）

富樨，字修仲，洛阳人，绍兴七年（1137）生。富弼四世孙，以荫入仕。曾官知县，贰乌程，守一军垒。淳熙十三年（1186）卒，年五十。有《富修仲家集》，不传。

多丽（寿刘帅）

淡云收、晓来春满湘中。柳如烟、花枝如糁，万红千翠织浓。照帘旌、微穿丽日，动罗幕、轻转香风。天上良辰，人间淑景，生贤和气显殊钟。映时表、南山北斗，相并两穹崇。须知道、英明罕比，文武谁同。

奉慈亲、承颜戏彩，更闻吉梦占熊。扫蛮氛、遂清三楚，定徐方、行策元功。趣召遄归，康时佐主，指挥谈笑虏巢空。寿觞举、器舟斟海，不用水精钟。休辞醉，千龄会遇，美事重重。

（见《全宋词》）

元代

富恕（？世）

富恕，字子微，号林屋山人，吴江昭灵观道士。

垂虹

坤轴东南坼两端，巨灵擘华压平川。玉鲸偃蹇吞三峡，彩影连蜷落九天。有客吹箫明月下，何人酿酒大江前。阑干三百风烟晚，独立苍茫歌洞天。（《吴都文粹续集》卷三十六，《御选宋金元明四朝诗·御选元诗》卷五十九）

（1）作者为富直柔存疑。详见本书《支系叙述三：浙北富氏》。

西湖竹枝词

十里荷花锦一机，雨余荷气扑人衣。满船游女蒙白苎，阵阵腥风鸥鹭飞。(《御选宋金元明四朝诗·御选元诗》卷十二)

明

见《景泰谱》文献（略）。

清：浯溪富氏族人

见《现代谱》67—89页（略）。

第七章：富氏友人酬唱诗文

富氏的交往，在赵宋时期为名臣、巨儒，在元明时期，为进士、赐进士。在清代，则为地方官，读书人。整个交往的人员社会地位，呈逐渐下降的趋势。

今选赵宋时期富氏友人给富氏的酬唱诗文。富弼酬唱诗文、来往书信另结书出版，此处不录。

宋代

王珪

王珪（1019—1085）：字禹玉，北宋名相，著名文学家。祖籍成都华阳，幼时随叔父迁居舒州（今安徽省潜山县）。王珪自熙宁初年开始，连续为皇室起草诏书18年，并身居宰辅高职16年。曾笔撰著的《宋两朝国史》120卷、《在京诸司库条式》130卷、《王珪集》100卷，和续著的《宋六朝会要》。

送富郎中守苏州

绿绨传诏下天畿，驿驭骎骎拥使麾。境上人瞻司马节，里中昼耀买臣衣宾。

帷华履侵宵会，农野朱轓带雨归。方有壮图深许国，庾园无计恋芳菲。

（《华阳集》卷四）

宋祁

宋祁（998—1061），字子京，小字选郎。祖籍安州安陆（今湖北省安陆市）。北宋官员，著名文学家、史学家、词人。历官龙图阁学士、史馆修撰、知制诰，进工部尚书，拜翰林学士承旨与兄长宋庠并有文名，时称"二宋"。诗词语言工丽，因《玉楼春》词中有"红杏枝头春意闹"句，世称"红杏尚书"。曾与欧阳修等合修《新唐书》，《新唐书》大部分为宋祁所作。

上富枢密生辰诗（宋祁）

寒色瞳昽晓色开，五云葱蒨护三台。苍穹密起中兴运，华阁重兴上相才。凛凛凤仪呈鸑鷟，翻翻羽杖下蓬莱。隐然万卷蟠胸臆，应作前身孔孟来。

（《五百家播芳大全文粹》卷八十七）

上富枢密生辰诗（宋景文）

梦燕当年胜梦熊，凛然申伯诞乔松。素韬成算无遗策，密赞沉机纪大功。暂许身从赤松子，会须人看黑头公。且将他日经纶志，燕处包含蕴藉中。

（《五百家播芳大全文粹》卷八十七）

张伯玉

张伯玉（1003～约1070年），字公达，福建建安（今建瓯）人，北宋官员。早年举进士，又举书判拔萃科。仁宗庆历初以秘书丞知并州太谷县时，范仲淹推荐应贤良方正能直言。至和中通判睦州，时年三十，后迁知福州，移越州、睦州。有《蓬莱集》二卷，已佚。

六经阁记

六经阁，子史在焉，不书尊经也。吴郡州学，始由高平范公经缉之，其后天章蒋公，待制中书柳舍人，史馆昭文张、陆二学士行郡事，殿中丞李仲涂先生之犹子中台柳兵曹，今尚书富郎中，十年更八政，仁贤继志，学始大成，六经阁又建。

先时，书籍草创，未暇完缉，厨之后庑，泽地污晦，日滋散脱，观者恻然，非古人藏象魏、拜六经之意。至是，富公始与吴邑长洲二大夫，以学本之余钱僦之市材，直公堂之南临泮池建层屋，起夏六月乙酉，止秋八月甲申，凡旬有七浃，计庸千有二百，作楹十有六、栋三、架雷八、桷三百八十有四，二户六牖，梯冲窣悦，坛壝陶甓称是。祈于久，故爽而不庳；酌于道，故文而不华。经南向，史西向，子、集东向。标之以油素，揭之以油黄，泽然区处，如蛟龙之鳞丽，如日月之在纪，不可得而乱。大抵天地之极，致皇王之高道，生人之纪律，尽在是矣。

古者圣贤之设教也，知函夏之至广，生齿之至众，不可以颐解耳授。故教之有方，导之有源，乃本庠序之风，师儒之说，始于邦，达于乡，至于室，莫不有学。烜之以文物，耸之以声明，先用警策其耳目，然后清发其灵府，故其习之也易，其得之也深，其教不肃而成，不烦而治。驱元元入善域，优而柔之，使自得之，万世之后，尊三王四代法者，无他焉，教化之本末，驯善也。然则观是阁者，知六经之在，则知有圣人之道；知有圣人之道则，知有朝廷之化；知有朝廷之化，则向方之心、日懋一日，礼义之泽，流于外，弦诵之声，格于内。其为恶也，无所从其为，善也，有所归。虽不欲徙善远罪，纳诸大和，不可。

召康公之诗曰："岂弟君子，来游来歌。"子思之说，云布在方策。人存则政举，凡百君子，由斯道治斯，民畅皇极，序彝伦者，舍此而安适？得无尽心焉。诸儒谓伯玉尝从事此州游，学滋久，宜刊乐石，庶几永永无忽。

（南宋龚明之《中吴纪闻》卷一。又见南宋祝穆《古今事文类聚》别集卷三、《山堂肆考》卷一百二十四、《宋文鉴》卷七十九、《吴都文粹》卷一、《文章辨体汇选》卷五百六十一。又《中吴纪闻》有首段，后文献俱无。）

欧阳修

欧阳修（1007—1072），字永叔，号醉翁、六一居士，吉州永丰（今江西省吉安市永丰县）人，北宋政治家、文学家，"唐宋散文八大家"之一。

富公亭

巀嶭高亭古涧隈，偶携佳客共徘徊。席间风起闻天籁，雨后山光入酒杯。泉落断崖春壑响，花藏深崦过春开。麋麕禽鸟莫惊顾，太守不将车马来。

（《山东通志》卷三十五之一下）

梅尧臣

梅尧臣（1002—1060），字圣俞，世称宛陵先生，宣州宣城（今安徽省宣城市宣州区）人。北宋著名现实主义诗人。初以恩荫补桐城主簿，历镇安军节度判官。于皇祐三年（1051年）始得宋仁宗召试，赐同进士出身，为太常博士。以欧阳修荐，为国子监直讲，累迁尚书都官员外郎，故世称"梅直讲"、"梅都官"。

寄河阳金判富彦国

籍籍名方远，人知第一流。翻同贵公子，来事外诸侯。地险长河急，天高画角秋。仲宣应自乐，宁复赋登楼。

（《宛陵集》卷一）

邵雍

邵雍（1011年—1077年），字尧夫，北宋著名理学家、数学家、诗人。著有《皇极经世》《观物内外篇》《先天图》《渔樵问对》《伊川击壤集》《梅花诗》等。

戏谢富相公惠班笋三首

名园不放过鸦飞，相国如今遂请时。鼎食从来称富贵，更和花笋一兼之。
承将大笋来相诧，小圃其如都不生。虽向性情曾着力，奈何今日未能平。
应物功夫出世间，岂容人可强跻攀。我侬自是不知量，培塿须求比泰山。

（《击壤集》卷九）

谢富相公见示新诗一轴

通衢选地半松筠，元老辞荣向盛辰。多种好花观物体，每斟醇酒发天真。清朝将相当年事，碧洞神仙今日身。更出新诗二十首，其间字字敌阳春。
文章天下称公器，诗在文章更不疏。到性始知真气味，入神方见妙功夫。闲将岁月观消长，静把乾坤照有无。辞比离骚更温润，离骚其奈少宽舒。

（《击壤集》卷九）

谢富相公见招

相招多谢不相遗，将为胸中有所施。若进岂能禁吏责，既闲安用更名为。愿同巢许称臣日，甘老唐虞比屋时。满眼清贤在朝列，病夫无以系安危。

（南宋祝穆等《古今事文类聚》前集卷三十三）

秋霁登石阁

初晴僧阁一凭栏，风物凄凉八月间。欲尽上层尝脚力，更于高处看人寰，秋深天气随宜好，老后心怀只爱闲。为报远山休敛黛，这般情谊久阑珊。

（《击壤集》卷九）

赠富公（熙宁五年）

天下系休戚，世间谁拟伦。三朝为宰相，四水作闲人。照破万古事，收归一点真。

不知缘底事，见我却殷勤。

（《击壤集》卷九）

和十月二十四日初见雪，呈相国元老

壬子初逢雪，未多仍却晴。人间都变白，林下不胜清。寒士痛遭恐，穷民恶着惊。杯筋限新法，何故便能倾？

（《击壤集》卷九）

和相国元老

崇台未经庆，瑞雪下云端。虽地尽成白，而天不甚寒。有年丰可待，盈尺润难干。吠亩无忘处，追踪击壤欢。

（《击壤集》卷九）

答富韩公见示正旦四绝

正旦四篇诗，缘忻七十期。请观唐故事，未放晋公归。

（《击壤集》卷九）

别谢彦国相公（三首）

和诗韩国老，见比以宣尼，引彼返鲁事，指予来西畿。日星功共大，麋鹿分同微。华衮承褒借，将何答所知。

仲尼天纵自诚明，尝走狂诗到座前。造化功夫发得成，座前仍是洞中仙。

见比当初归普事，尧夫才业若为情。无涯风月供才思，清润何人敢比肩！

（《击壤集》卷十一）

韩维

韩维（1017年～1098年）：字持国，开封雍丘（今河南杞县）人。韩亿子，以父荫为官。曾为同修起居注，进知制诰、知通进银台司、翰林学士、知开封府、门下侍郎等，以太子少傅致仕。绍圣二年（1095年）定为元祐党人，再次贬谪。有《南阳集》三十卷。

永嘉郡夫人富氏墓志铭

太子太保田宣简公讳况之夫人富氏，河南人。曾祖处谦、祖令荀、考言，皆赠中书令兼尚书令，封邓、韩、秦三国公。赠祖妣刘氏、祖妣赵氏、妣韩氏封鲁、韩、秦三国太夫人。夫人之兄韩国文忠公，与宣简公为布衣交。秦公与太夫人皆奇爱

· 315 ·

夫人，慎择可妻者，素器重宣简公，遂以夫人归田氏，生十九年矣。时公已登进士第，益务力学，夫人总治内事，不以豪发累公之勤。已而公举贤良，对策第一，遂登侍从，位枢密使，而文忠公为丞相，对居二府。岁时朝谒夫人与秦国太夫人，嫂周国夫人，借入世图，之以为盛事。宣简公自枢府以疾谢政，夫人奉养扶持竭，其力凡六年，如一日。公薨，子幼，夫人葬于颍昌阳翟县。

初公买第于洛，夫人遂徙家焉。久之，梦公告以居。十一月庚申，奉公柩葬于河南府河南县金谷乡南张里，从秦国公之兆也。谓某辱公之知，实厚且久，以铭见属义，不得辞。铭曰：

"富氏之先，其尚莫穷，辰见于周，仕而不逢。时君弗察，以死偿忠。爰及后世，显莫如公。公之筮仕，遭我仁宗。奋辞发策，厥问载鸿。遂司谏垣，达帝之聪。朝对夕启，靡言不从。左右王体，蔚然古风。乃奉使指，抗虏龙庭。扶义据正，折其奸萌。守地息民，讫如初盟。出抚东夏，水溢民流。峙粮息室，毕给其求。既安既饱，复其先畴。凡公之为，主是归正。有其害之，必攘必争。奸谋险言，以撼皇听。崎岖杌陧，卒莫能病。既极而通，惟诚之胜。爰命作相，付畀邦政。质于朝言，人用胥庆。匪梦匪卜，天子神圣。嘉佑之末，主鬯虚位。聿求宗藩，首定圣嗣。系公一言，万世之利。上眷旧德，恩无与二。义忠言亲，形于诏旨。辞隆即安，屏翰是寄。公拜稽首，谢不任事。将旆相绂，归老于第。优游偃息，默与道会。翛然一室，物莫奸志。惟是报国，老而益厉。忠规谠谋，没然后已。昔周之宣，天锡良辅。赋政四方，阙衮是补。柔亦不茹，刚亦不吐。迹公猷为，实蹈其武。砻坚勒休，以志公墓。亿万斯年，为宋山甫。"（按：画线文字与富弼墓志铭同）

（《南阳集》卷二十九）

范纯仁

范纯仁（1027年—1101年），字尧夫，谥忠宣。北宋大臣，人称"布衣宰相"。参知政事范仲淹次子。

富相公挽词五首

河岳神灵降，唐虞景运开。致君优圣域，跻俗在春台。天上台星坼，人间梁木摧。霜风咽箫鼓，断续送余哀。

二纪经纶业，三朝翊戴勋。忘身神庶政，忧国见遗文。东合散群彦，北邙归大坟。邦人仰旐旌，洒泪向寒云。

千龄遭际盛，五福始终全。还政周星纪，怀忠入夜泉。华夷思旧德，河洛绕新阡。空有云亡叹，何由止逝川。

皇天不憗遗，圣制极哀荣。辽海千年去，明堂一柱倾。赤松违素志，白日闭佳城。康济无穷事，皆为后世程。

北走单车驯獩貃，东徂万室活饥羸。谋深先帝承桃日，功在仁皇与子时。英气不随钟漏尽，高名长与日星垂。登龙孤客怀知遇，恸哭秋原欲诉谁。

（《范忠宣集》卷五）

苏轼

苏轼（1037—1101），字子瞻，又字和仲，号东坡居士。北宋眉州眉山（今属四川省眉山市）人。北宋著名文学家、书法家、画家。嘉祐二年（1057年），进士及第。宋神宗时曾在凤翔、杭州、密州、徐州、湖州等地任职。元丰三年（1080年），因"乌台诗案"受诬陷被贬黄州任团练副使。宋哲宗即位后，曾任翰林学士、侍读学士、礼部尚书等职，并出知杭州、颍州、扬州、定州等地，晚年因新党执政被贬惠州、儋州。宋徽宗时获大赦北还，途中于常州病逝。宋高宗时追赠太师，谥号"文忠"。

寄富彦国

自古猎者胡与羌，胡羌相连动朔方。奸谋阴就一朝发，直欲截割吾土疆。遣使持书至阙下，四方物论如沸汤。天子仄席旰未尝，相君日暮犹庙堂。彦国感慨请奉使，誓将摧折其锋芒。受诏驱马出都门，都人走观叹且伤。猎胡闻风已厌伏，聚听大议羞乱常。愿如故约不敢妄，脱甲争献宝玉觞。旌旄逶迟还上国，所至观者如倾江。丈夫奔蹶喜出泣，妇女聚语气激昂。至尊虚怀坐赭床，中人催入见未央。对久赤日下辇道，翠华影转熏风凉。归来堂上拜寿母，宾车塞破甘泉坊。衣尘未涤又出使，往来绝域如门墙，已知高贤抱器识，因时与国为辉光。不烦一甲屈万众，以此可见才短长。彦国本为廊庙器，何祗口舌平强梁。使之当国柄天下，夷狄岂复能猖狂。

（《苏学士集》卷二）

范祖禹

范祖禹（1041—1098），字淳甫，一字梦得，成都华阳人。著名史学家，"三范修史"之一。其作品《唐鉴》深明唐三百年治乱，学者尊之，目为"唐鉴公"。

长乐郡君尹氏墓志铭

夫人尹氏，河南人。起居舍人、直龙图阁讳洙之女，太中大夫、集贤殿修撰张公讳景宪之妻。

起居以文学行，义重于一世，天下之士称师鲁，则知其为。尹公夫人事父母庄敬守礼，归于太中张氏，西都名族。姑李夫人宰相文靖公之女，治家尤谨法度。夫人奉事，常得其欢心。太中初，为小官，仰禄夫人，甘淡薄，一豪不辄费，唯李夫人所欲用，不计多寡有无。至以笄髮，继之太中寖显于朝，夫人犹菲食恶衣。李夫人喜宴集，夫人身执爨，与群婢等寝食，一有不安节，则夫人傍偟不下堂。将没，执夫人手曰："妇孝不可忘也。"姑既没，感慕久而不衰，与太中相待如宾，虽子妇不冠不见尹公，谪官而卒。夫人痛念终身，尝勉其弟曰："汝忘而父以谗废，而志不伸乎？"

太中没，诸孤归洛，夫人不出闺庭，而士大夫皆称其严整有法，入其门肃，如也。其戒诸女曰："汝曹事夫如事父，敬而有别，乃可以久。此吾得于汝外祖之言也。"晚而好禅，学不以事物累其心，宴坐终日，无所思营。及属纩，不戚不乱，顺受而待。

以元祐二年正月甲戌终于京师，年六十二。初封宜芳县君，进封长乐郡君。子五人。塾，承议郎、通判莫州；量，河中府司录，参军监兖州酒税；益，宣义郎，删定令勅官；重，承奉郎，监察利军酒税；直，承奉郎、监齐州税。女六人，长适承议郎石熙，次适信安军判官李毅，次适承议郎李士京，次适承奉郎韩宗质，次许嫁承奉郎富直清，次尚幼。孙男三人，女四人。

诸孤奉夫人之丧，将以某月某日祔河南府河清县上官村。太中之墓，以状谂于太史氏范祖禹。惟古之君子必有贤配，儆戒以成其德。若太中仕不苟合风节，著见于时，出入侍从，而清贫如素士，诸子皆克孝，事亲尽力，务养其志。然则夫人所以助其夫训其子者，从可知矣。铭曰：

易正家道，诗厚人伦。教本于内，行反诸身。夫人之贤，克配君子。有德有言，前烈是似。直内方外，士之所难。于穆夫人，居之以安。归从皇辟，赞有幽刻。诒其子孙，视此为则。

（《范太史集》卷三十九）

晁说之

晁说之（1059年—1129年）：字以道、伯以，自号景迂生。先世居澶州（今河南濮阳），钜野（今属山东）人。历任监陕州集津仓、监明州船场，通判廓州、提举南京鸿庆宫、知成州。靖康初，召至京，任秘书少监兼谕德、寻以中书舍人兼詹事。力言三镇不可割，谏止钦宗不可弃汴京出狩。为富直柔荐主。

寄富季申

故人风雪知何处，旅梦时时得旧游。温麦周禾不我饱，秦云陇水使君愁。刘琨数刻欢安在，何逊一筵笑则休。赋就思玄尘易绝，诗成述祖泪难收。曾窥西汉和戎策，尚忆南梁礼佛裘。大轴丹青犹凛冽，小官孙子太卑陬。故园多谢凌霄木，直到丹霄上上头。

（《景迁生集》卷八）

闻富季申迁校书郎

小富秋来慰所望，青衫叙进校书郎。相公勋业久弥著，孙子门阑渐有光。莫话诗过已埋没，且非椷脱得分张。白莲逋客独惆怅，泪尽西风归政堂。

（《景迁生集》卷九）

张扩

张扩：崇宁中（公元1104年左右）进士。授国子监簿，迁博士，调处州工曹，召为秘书省校书郎，寻充馆职。南渡后，历中书舍人。为著作郎时，秦桧赏其诗，迁擢左史，再迁而掌外制。所交如曾糙、朱翌、吕本中辈，皆一代大家。有《东窗集》。

次韵富季申著作对雪

瓮中冻蚁欲浮白，主人醉呼嗔恶客。到床不省雪作魔，半夜扶头惊晓色。因风初爱横斜好，侵户更怜飘洒密。为梅洗妆却铅粉，与竹护萌封茧栗。瀛州有士漫为郎，要看诸郎上槐棘。不妨病骨倚故絮，且忍饥肠待新麦。君今笔阵独横扫，冷屋无人夜鸣镝。快雪快晴吾弗忧，君诗自有回天力。

（《东窗集》卷二）

次韵晁待制喜富季申迁校书

郑公勋阀似汾阳，人物君看同舍郎。坐废衣冠谁论荐，中兴文字亦生光。未妨俗子轻薰沐，元得诗翁妙主张。闻说平戎遗策在，何时目击阵堂堂。

（《东窗集》卷四）

程俱

程俱（1078—1144）北宋官员、诗人。字致道，号北山，衢州开化（今属浙江）人。以外祖邓润甫恩荫入仕。宣和三年赐上舍出身。历官吴江主簿、太常少卿、秀州知府、中书舍人侍讲、提举江州太平观、徽猷阁待制。诗多五言古诗，风格清劲古淡，有《北山小集》。

宋故右迪功郎监潭州南岳庙富君墓志铭

君讳延年，字季长。富氏世家京洛，君之大父司空讳严，嘉佑中以秘书监守苏州，秩满上章告老，既得请，将归河南，吴人争挽留。父老前曰："公之惠爱在此邦，邦人怀思将无穷，愿毋去我，百岁后，吴人谨烝尝，护松槚，当世世如桐乡朱仲卿也。"公平时固已乐吴中风物之美，因留居不去，没葬吴县之宝华山，子孙遂为吴郡人。父讳临，官至朝散郎，守池州。君池州府君之季子也。

幼颖悟，长力学问，行修谨，笃孝养，不妄交游。乡里后生往往从之学，乡举三上，不第。建炎二年，礼部特奏名释褐。游西盐香，使者取以为江浦盐官察廉，遂以为使属。未几，乞监潭州南岳庙以归。绍兴六年正月一日以疾卒于家，享年六十五。三月十七日，其孤与贤、直惠（按：《梓川谱》作"与惠"）葬君宝华山先茔之侧。夫人，龚氏池州府君夫人之侄也，令淑有闻，后君二年卒。五女皆嫁士族。

君资和厚，与人交尽诚，无表里。家故贫，衣食间有余，则以周族属之急。时具酒食延宾客，常以读书赋诗自娱，泊无陨获之态。今资政殿学士、衢州使君君之从侄也直惠，自吴走千里，以君行状来谋，所以着君之美，而垂不朽者，资政以诿某。某惟郑国忠文公忠节直道，丰功伟烈，平生仰之，如北斗泰山；司空之耆德，遗爱东南，搢绅至今能道之。而君实其家令子孙。绍圣初，某方客吴下，尝过林德祖大云坊，遇君从容食顷，今四十六年矣。德祖善士，所与游亦可知其概矣。又某辱资政使君知，与之旧铭，其可辞则叙，而为之铭，铭曰：

学而敏，友则端兮。沾不沾，恬以安兮。老而仕，世方艰兮。日崦嵫，道阻遭兮。全而归，从厥先兮。

（《北山集》卷三十一）

廖刚

廖刚（1070—1143）：字用中，号高峰居士，顺昌谟武人。廖刚一生亲历两朝荣辱兴衰，历任刑部侍郎、御史中丞、工部尚书。

投富枢密札子（元年八月）

某今月初八日陛对蒙上，问福建盗贼事。虽已奏知梗概，退而思念，殊未副圣主忧勤咨访之意，日夜愧惧。今幸承钧旨，询究其事，谨如所戒条具，尘献如或可采，欲望特赐敷奏，不胜万幸。

一福建路民贫地狭，从来远矣。他日不为盗，而迩来相视蜂起，虽曰一方灾数，亦岂全无所。因初绿建州军贼作过，既而苗傅贼党王俣叛兵相继入。本路大兵，又蹑其后屋庐，储积焚荡掠取既尽，于贼又须供亿，大兵实无从出，自是迁徙散亡，濡足南亩者无几。食日益阙，民日益困，桀黠无赖者遂乘之，以鼓倡群小，驱率柔懦，聚为盗贼。如范汝为之徒，接续作过是也。

一范汝为啸聚一乡，初亦不敢猖獗，偶然官兵轻进失利，贼势遂张，自此荼毒一方，为害尤惨．今虽号为已就招抚实，未尝受帅司节制，而仰食于官者，不知尚几千日。费米二升五，合钱一百，其部辖有名目者，或至数倍前后。虽屡以放散闻于朝廷，其实仅汰疲弱千百辈耳。若强壮者方加选练，亡则补之，盖未有损也。

然则将何以处之？某窃以为招安谬误，已不可改正，当乘此遂招致之，如诸首领二百人，近皆授真命，谢向陆棠，亦各迁官，彼知朝廷赏其能勤王事，当不复怀疑矣。此可招致一也。迤来兵出辄败，其势稍衰，群贼又多欲攻之，不能无惧，此可招致二也。比又闻其徒，因争军实，至自相屠害，则是有立功希赏、爱慕官爵之心，此可招致三也。乘此机会，以好语呼来，江淛一处驻札，或便令谢、陆董之。彼首领既皆有官，必肯率众趋命，若但听在巢穴，是养虎之说，岂徒贻恶于闽，亦遗朝廷忧可不虑哉！

且汝为之众，其屯于建之城外者，谓之外寨。外寨凡数十旧，尝从之为贼，而今不食于官者据之。凡百姓有田业在寨中，必计其岁入之数纳银或钱，然后得耕。不然，则夺其种粮、牛畜而逐之。盖凭借大寨敢尔。若大寨起行，则专辄之罪，果无他意，即合率。诸有官首领，归节制下，福建既无粮食，当随逐前来勤王。不然，是将为乱，便合率应起。廖公昭余胜等并力掩杀，绝其粮饷，以众击寡歼之，必矣。且福建兵连祸结，若不如此痛解，休息无时，此一伙倘消因而尽释群盗之罪，与之更新其用命立功者，更与第赏其余，慰遣归业，则闽之人庶乎其有生意矣。

（《高峰文集》卷一）

再投富枢密论闽贼札子

闽中四境之险，殆是天设。昨闻朝廷尝有意经营，以备巡幸，比绿啸聚者多，说者遂以为盗贼之区，不复可睥睨矣。大不然。闽人尚义，君臣父子之心，虽为盗而不变，不过劫掠作过而已，此不可诬也。若修境上寨栅，当移诸处巡检，营于其侧，诸州县兵，各以其道里近附者，分定应援，虽有飞骑千里，讵能仰高而升乎？海道则又别作处置，此朝廷不可不留意也。难者必谓闽之险如此，苗傅、杨勍之徒，何以径入？曰："不然。"闽之官吏，惟不知险之可守，漫不经意。故二贼相继得度，非险之不可恃也。

（《高峰文集》卷一）

葛胜仲

葛胜仲（1072～1144）：字鲁卿，丹阳郡（今属江苏）人。绍圣四年（1097）进士。元符三年（1100），中宏词科。累迁国子司业，官至文华阁待制。卒谥文康。

宣和间曾抵制征索花鸟玩物的弊政，气节甚伟，著名于时。与叶梦得友密，词风亦相近。有《丹阳词》。

以梅花饷富季申枢密有诗三首谢次其韵

数枝幽艳逼人清，望腊先驰淡日程。往近枢光增妩媚，绝胜寒影照溪明。

姑射肌肤独占清，东南万树数乌程。便须挈榼连宵赏，要看琼蕤伴月明。

葛山庵畔野梅清，风便犹须半日程。闻说数枝来几席，何妨先赏到黎明。

（《丹阳集》卷二十二）

韩驹

韩驹（1080—1135）北宋末南宋初江西诗派诗人，诗论家。陵阳仙井（治今四川仁寿）人。徽宗政和初，召试舍人院，赐进士出身，除秘书省正字，因被指为苏轼之党谪降，后复召为著作郎，校正御前文籍。宣和五年（1123）除秘书少监，六年，迁中书舍人兼修国史。高宗立，知江州。绍兴五年（1135）卒。有《陵阳集》四卷，今存。

上富枢密生辰诗

盈数知良月，初弦耿素蟾。庆门传鹤质，吉梦协熊占。枢府高筹策，琳宫养粹恬。宾筵飞玉斝，书架秩牙籖。盛德三朝老，元勋四海瞻。仁公归衮绣，赤舄尚苍髯。

（《五百家播芳大全文粹》）

綦崇礼

綦崇礼（1083—1142）：字叔厚，山东高密人。幼颖迈，十岁能为人作墓铭。徽宗幸太学，崇礼出祭酒与同列二表，大称其工。政和元年（1118），登上舍第。调淄县（今山东省淄博市）主簿，历秘书省正字。高宗时，拜中书舍人；历漳州、明州，除翰林学士著有《北海集》六十卷。

贺富枢密启

伏审当宁登贤，岩廊进位，专本兵之柄，任正近辅之官。仪公望素高舆，情归重恭，惟庆慰。

粤若治朝之盛，最称仁祖之隆，多得良臣，共图大政。圣德歌于庆历，尤推同位之三公；忠节表于元丰，尚及挂冠之一。肆追评于先政，必订美于诸家。范氏有闻，蚤规忠宣之相；魏公是似，亦传仪国之封。伟名德之相望，视人门而为称。初疑庆阀，久仰嗣贤。盖其积厚而流长，乃或中微而末茂。是钟令器，翊此兴朝，天岂难谌，人将有待。

伏以某官，纯诚许国，远略济时。谋议尽规，不坠显忠之训；折冲销难，允持尚德之褒。惟克肖于前人，肆还膺于大任。鸿枢再命，既同辅政之初；黄阁三登，终继成功之后。将见中兴之任，独夸载世之勋。臣主俱荣，邦家同庆。某顷辞省户，远滞闽陬。紫橐同趋，犹想禁途之旧，青云在望，但嗟瘴海之遥。瞻颂兼深，名言曷既。

（《北海集》卷三十一）

贺富枢密启

登贤乌府，列位鸿枢。正色危言，久闻风于四海；元勋盛德，知济美于前人。夷夏耸观，邦朝增重，恭惟庆慰。

伏惟某官，器包文武，学际天人。擢秀谢兰，蚤席先门之庆；挺材楚梓，出膺大厦之求。遍履华途，峻跻法从。谏垣主议，居多补衮之忠；琐闼尽规，真有回天之力。进持中宪，益简上心。当虚怀无讳之朝，乘得位敢言之势。献可去否，济滋味以惟和，纠谬绳愆，振纪纲而自肃。渊衷有属，舆望同归。念天步之犹艰，悼妖氛之未靖，非贤罔又，舍公其谁？肆图辅世之功，延赏本兵之地。旋闻淮甸，果却胡军，系制胜于朝堂，遂折冲于樽俎。人思复古，方观阙政之修；国喜用儒，行见侵疆之复。期中兴于王室，用追绍于家声。

某夙荷知怜逖，闻登拜。一麾出守，徒拭目于青云；四方是维，尚蒙麻于沧海。其为欣颂，未易敷陈。

（《北海集》卷三十二）

吕本中

吕本中（1084—1145）：字居仁，世称东莱先生。祖籍莱州，寿州（今安徽寿县）人。仁宗朝宰相吕夷简玄孙。宋代诗人、词人、道学家。

次潘都尉、富季申冬日探梅韵二首

暑退园林物物新，过溪风好月初晨。酒壶茶具偏宜坐，细草残花别是春。但得主人令客醉，不辞秋冷和诗频。从来礼节生疏放，见我狂歌意自亲。

开府新从日下归，却寻山水对烟霏。剩披诗律留花住，不使亲知到眼稀。但见鲲鹏常远举，应怜蜩鷃只卑飞。此游尚恨还家早，未许溪头送落晖。

（《东莱诗集》卷十八）

赵鼎

赵鼎（1085年—1147年）：字元镇，号得全居士。南宋解州闻喜东北（今属山西闻喜礼元镇阜底村）人。宋高宗时政治家、名相、词人。崇宁五年（1106年）登进士第。累官河南洛阳令。高宗即位，除权户部员外郎。建炎三年（1129年），拜御史中丞。建炎四年（1130年），签书枢密院事，旋出知建州、洪州。绍兴年间几度为相，后因反对和议，为秦桧所构陷，罢相，出知泉州。寻谪居兴化军，移漳州、潮州安置。再移吉阳军。宋孝宗时，赠太傅、丰国公，谥忠简。淳熙十五年（1188年），配享高宗庙庭。为昭勋阁二十四功臣之一。著有《忠正德文集》、《得全居士词》等。

次韵富季申寄示

相期念畴昔，道在敢忧贫。分手便千里，论心复几人。微词动招谤，烂醉可藏身。第恐先求旧，黄麻起世臣。

（《忠正德文集》卷五）

次韵富季申雪中即事时闻北敌起兵京师戒严二首

东风花万点，落我酒杯间。欲和郢中曲，先颓坐上山。威稜徒料峭，生意自斓斑。谁是淮西将，提兵夜斩关。无才居客右，孤坐一窗间。梦到广寒殿，人来姑射山。舞低明佩冷，妆罢落花斑。便欲凌风去，天门隔九关。

（《忠正德文集》卷五）

自越趋明上虞道中和季申梅四首

关山戎马信音稀，肠断无人寄一枝。沽酒西城联骑入，上林踏雪探春时。孤标亦自惜幽姿，折赠行人第几枝。万斛清愁江上雨，曾看结子欲黄时。玉瘦香寒不自持，潇然冷蕊暗踈枝。向来几许闲花木，及见春光烂漫时。天与清芬心自知，丛林深处出纤枝。发明无限春消息，正是风霜作恶时。

（《忠正德文集》卷六）

李弥逊

李弥逊（1085～1153）：字似之，号筠西翁，吴县（今江苏苏州）人。大观三年（1109）进士。高宗朝，曾任淮宁知府、平江（今苏州）知府、中书舍人、户部侍郎、工部尚书等，以反对议和忤秦桧，乞归田。晚年隐连江（今福建省福州市辖县）西山。有《筠溪乐府》，存词80余首。

次韵王才元陪季申枢密诸公游东山之作

游云本无心，时为晴山留。我曹等云闲，亦作寻山游。驾言出城阙，古寺聊相投。摩挲铸金像，不知几春秋。行行及佳境，真成上扬州。追随况当人，华胄皆通侯。高名迈姚、宋，余事卑曹、刘。向来金銮御，一一亲垂旒。如何丘壑中，乃与猿鹤俦。寒威靳山秀，幽处不可求。清溪访鹿迹，古涧窥龙头。枯藤路断磴，未上吴牛愁。人言昔仙去，疑是竹务猷。云昏看山眼，欲展还复收。伊予岩穴走，南北万里遒。烟霞入膏肓，瞑□不可瘳。群公上界侣，解后天南陬。敢言同心臭，长抱躅等羞。心知造物戏，驽骀间骅骝。鹤书偶未下，爱日尚可偷。花风起群萌，枝上春欲流。更催小槽红，一笑非人谋。

（《筼谷集》卷十二）

次韵富季申枢密

半生类猿狙，裹以周公服。炙手安敢近，唾面未为辱。天公亦解事，纵之走林谷。长年饱烟霞，形影自相逐。晚从我公游，在侧愧珠玉。公居廊庙间，排难不枚卜。挺然国著□，盛事纪湘竹。爱闲能几时，天道七日复。吾侪三折肱，顾步敢求速。愿公膏泽流，长保薪十束。负暄抚稚子，一饭倘能续。胡椒纵可营，安用八百斛。

（《筼谷集》卷十二）

暇日约诸友生饭于石泉，以讲居贫之策，枢密富丈欣然肯顾，宾至者七人，次方德顺和贫士韵，人赋一章

崔嵬孔明柏，结阴众所依。移根天衢上，曾抚日月晖。如何去大厦，却绕乌鹊飞。终当烦万牛，挽取廊庙归。郑公泽既远，何以慰调饥。公其踵前修，一洗贫士悲。

（《筼谷集》卷十二）

富子立诚身斋铭

物不可得而正，曰正已已，不可得而正，曰正心。反身而诚，以合乎真。尽天之道，而施诸人。其感如神，子其书诸绅。

（《筼谷集》卷二十二）

富修仲学古斋铭

稼也圃也。亦周其身。箕也裘也，不违其亲。有君焉，俾荣而尊；有民焉，俾厚而醇；谁其师之，惟古之人。

（《筼谷集》卷二十二）

富南叔静明斋铭

火善晦，传薪而不昧。渊善审，鉴物而不隐。君子能定，泛然事物之应，勿用其明，而守其静。

（《筠谿集》卷二十二）

季申枢密设醴具素以待诸客表之有诗次其韵

击鲜举白不厌深，高烧银烛花成阴。不如伊蒲杂梨栗，数翁共话千古心。夜阑相对如梦寐，静听墙壁生潮音。我方逃禅君莫斁，归来星稀月初沉。

（《筠谿集》卷十三）

次韵季申枢密万象亭

丈人手笔与心通，点化虚无若转蓬。妙寄千言千嶂外，全收万象一檐中。深堂细篆观澄水，落日危栏数去鸿。更压小槽囊古锦，共临高处待春风。

（《筠谿集》卷十七）

病中初见梅花驰送季申枢密并以二绝

老干疏枝不耐冬，喜闻芳信扰青红。应绿技痒争春力，不待铅华破晓风。
病眼逢花不忍窥，飞奴走送已嫌迟。定知著意怜纤瘦，不放春心落别枝。

（《筠谿集》卷十九）

水调歌头（再用前韵）

不上长安道，霜鬓几惊秋。故人何在，时序欺我去如流。赏对洛滨仙伯，共说艺林佳致，魂梦与追游。更唱中秋句，得月上东楼。

云岩底，秋香下，楚江头。十年笑傲、真是骑鹤上扬州。却忆金门联辔，晓殿催班同到，高拱翠云裘。明月今千里，何计缓离忧。

（《筠谿集·乐府》）

陈与义

陈与义（1090—1138年）：字去非，号简斋，洛阳（今属河南）人。政和三年（1113年）进士，历任府学教授、太学博士、秘书省著作佐郎等职。宋室南渡后，累官至中书舍人、翰林学士、参知政事。有《简斋集》。

与季申信道自光化复入邓州书事四首

孙子白木杖，富子黑油笠。我独白竹篮，差池复相及。夕阳桥边画，岸帻归云急。

勿语城中人，从渠慎出入。

卖舟作归计，竹舆稳如舟。雾收青皋湿，行路当春游。老马不自知，意欲踏九州。依然还故枥，寂寞壮心休。

再来生白髪，重见邓州春。依旧城西路，桃花不记人。卜居得穷巷，日色满窗新。微吟惊市卒，独鹤语城闉。

城西望城南，十日九相隔。何如三枝杖，共踏江上石。门前流水过，春意满渠碧。遥知千顷江，如今好颜色。

（《简斋集》卷四）

次韵富季申主簿梅花

东风知君将出游，玉人迥立林之幽。欹墙数苞乃尔瘦，中有万斛江南愁。君哦新诗我听莹，句里无尘春色静。人人索笑那得禁，独为君诗起君病。欲语未语令人嗟，桃李回看眼中沙。同心不见昭仪种，五出时惊公主花。典衣重作明朝约，聊复宽君念归洛。笛催疏影日更疏，快饮莫教春寂寞。

（《简斋集》卷七）

寄季申

雨歇城西泥未干，遥知独立整衣冠。旧时邺下刘公干，今日辽东管幼安。绿阴展尽身犹远，黄鸟飞来节已阑。安得一尊生耳热，暂时相对说悲欢。

（《简斋集》卷十一）

林季仲

林季仲（约1138年前后在世）：字懿成，自号芦山老人，永嘉人。喜为诗，语佳而意新。宣和中进士。高宗时，赵鼎荐为台官，累迁吏部郎。秦桧主和议，季仲引句践事争之，大忤桧，寻罢去。后官太常少卿，知婺州。以直秘阁奉祠。著有《竹轩杂著》十五卷。

富季申赋梅次韵四首

容易烦公问讯梅，昨宵还有几花开。窗寒月落知相忆，细细吹香过竹来。
雪意商量欲放梅，破寒先遣一条开。去年花下人何在，策我蹇驴归去来。
谁将消息报江梅，一点先从雪里开。怪见逢迎有深意，我家曾与写真来。
未知何处是真梅，雪拥溪桥拨不开。莫讶行人数回首，西风十里送香来。

（《竹轩杂著》卷二）

· 327 ·

张元干

张元干（1091年—约1161年），字仲宗，芦川永福人（今福建永泰嵩口镇月洲村人），张睦九世孙，南宋词家。历任太学上舍生、陈留县丞。金兵围汴，秦桧当国时，入李纲麾下，坚决抗金，力谏死守。曾赋《贺新郎》词赠李纲，后秦桧闻此事，以他事追赴大理寺除名削籍。尔后漫游江浙等地，客死他乡，卒年约七十，归葬闽之螺山。张元干与张孝祥一起号称南宋初期"词坛双璧"。

与富枢密

和气从容一笑春，如公今是暂闲身。伊蒲馔设无多客，蒼卜花繁正恼人。已遣炉熏通鼻观，更分茗碗瀹心尘。僧房长夏宜幽僻，杖屦频来顾问津。

（《芦川归来集》卷三）

冬夜书怀呈富枢密

耳聋无用问新闻，矫首何妨目作昏。痴绝已甘投老境，背驰宁受乞怜恩。难陪年少从渠薄，赖得春回为我温。京洛交游频检校，渡江今有几人存。

（《芦川归来集》卷三）

念奴娇（代洛滨次石林韵）

吴松初冷，记垂虹南望，残日西沈。秋入青冥三万顷，蟾影吞尽湖阴。玉斧为谁，冰轮如许，宫阙想寒深。人间奇观，古今豪士悲吟。

苍弁丹颊仙翁，淮山风露底，曾赋幽寻。老去专城仍好客，时拥歌吹登临。坐揖龙江，举杯相属，桂子落波心。一声猿啸，醉来虚籁千林。

（《芦川归来集》卷五）

点绛唇（呈洛滨、筠溪二老）

清夜沉沉，暗蛩啼处檐花落。乍凉帘幕，香绕屏山角。

堪恨归鸿，情似秋云薄。书难托，尽交寂寞，忘了前时约。

（《芦川归来集》卷六）

十月桃（为富枢密）

蟠桃三熟，正清霜吹冷，爱日烘香。小试芳菲，时候无限风光。洛滨老人星见，□少室、云物开祥。丹青万江，熊兆昆台，凤举朝阳。

向元枢曾辅岩廊。记名著金瓯，位入中堂。梦熟钧天，屡惊颠倒衣裳。黄发更宜补衮，归去定、军国平章。管弦珠翠，兰玉簪缨，岁岁称觞。

（《芦川归来集》卷七，又见《芦川词》）

满庭芳

韩国殊勋，洛都西内，名园甲第相连。当年绿鬓，独占地行仙。文彩风流瑞世，延朱履、丝竹喧阗。人皆仰，一门相业，心许子孙贤。

中兴，方庆会，再逢甲子，重数天元。问千龄谁比，五福俱全。此去沙堤步稳，调金鼎、七叶貂蝉。香檀缓，杯传鹦鹉，新月正娟娟。

（《芦川归来集》卷七，又见《芦川词》）

感皇恩（寿）

年少太平时，名园甲第。谈笑雍容万钟贵。姚黄重绽，长对小春天气。绮罗丛里惯，今朝醉。

台衮象贤，元枢虚位。壮岁青云自曾致。流霞麟脯，难老洛滨风味。谢公须再为，苍生起。

（《芦川归来集》卷七，又见《芦川词》）

天仙子

序

三月十二日，奉同苏子陪富丈访笃翁于旧居，遂为杏花留饮。欢甚，命赋长短句，乃得《天仙子》，写呈两公，末章并发一笑。

楼外轻阴春澹伫。数点杏梢寒食雨。少年油壁记寻芳，梁苑路。今何处。千树红云空梦去。

惊见此花须折取。明日满城传侍女。情知醉里惜花深，留春住。听莺语。一段风流天赋与。

（《芦川词》）

奉送富修仲赴南昌尉

吏道虽余事，人情要饱谙。家风端自守，句法有同参。南浦翻云浪，西山滴翠岚。折腰与趋走，政恐未能堪。

（《芦川归来集》卷二）

冬夜书怀呈富枢密

耳聋无用问新闻，矫首何妨目作昏。痴绝已甘投老境，背驰宁受乞怜恩。难陪年少从渠薄，赖得春回为我温。京洛交游频检校，渡江今有幾人存。

（《芦川归来集》卷三）

范浚

范浚（1102—1150），兰溪人。绍兴中，举贤良方正。以秦桧当政，辞不赴。闭门讲学，笃志研求，学者称"香溪先生"，其理学思想对金华乃至浙江理学的影响久远。有《香溪集》二十二卷。范浚出自宦门祖父范锷、父范筠皆为显宦。有兄弟十人，除二兄范深为举人外，其余八位兄弟均为进士，九人全部做官，故有"一门双柱国，十子九登科"之佳话。

寄上富枢密书

浚不肖，伏食蓬菆。慕仰阁下盛德，愿望威重，有年矣。属趋行马之扉，借纳里刺，屡获侍杖屦而聆謦欬，慰释鄙心。殆若所谓受教一言，而七日不食，如飨太牢者，幸甚幸甚！

虽然，浚固有所慕仰，而非敢以求知也。今阁下乃有意，欲以小人姓名尘于荐书，闻命悸慄，不知所为。既愧浅昧，不足以仰承，特达知遇，又切欢咏阁下大雅宏度，其将以厚德镇浮俗，移浇风也。浚闻公卿之大任，莫若索士，而士则以自鬻为丑。抑尝怪近时公卿大人不俯眉下士，类多简弃，寒素莫之省，录狂生贱儒，习为躁竞，望高门而走谒，蓬蔂戚施，以期一顾一揖，而终不可得。是先达者，未尝求士于后进，而后进者，顾独求知于先达也。逆施倒置，闻见稔积，渐靡成俗，视为当然。此浚所以闭关穷间，无足迹于通贵之门。虽藿食水饮，而犹守愚抱拙，不之改也。

阁下以耆德硕望，辅天子中兴，历扬华涂，入柄斗枢，所以荐贤助国者，不可指计。今兹均佚琳宫，以接纳寒素为孜孜愈益不倦，士之蹑履墙屏，欲瞻辉光，希奖识者亦多矣。而清谈绪论，独见及于守愚抱拙之小人，此非将以厚德镇浮俗，移浇风故软？昔人谓"救渐靡之弊"，必俟乎荐绅先生德与位并者揭然建明之。阁下于今其荐绅先生德与位并者也，固可以镇浮俗，移浇风，则今日蒙被盛意，岂惟小人之幸，将天下寒素，实幸也然。

顾浚材智朽短，有所不能为者，念当仰辞严旨而惕焉，恐惧不敢遽前。谨先缄牍，粗陈其愚，继将走伏钧屏，舒叙微臆，以祈大君子幸察。傥阁下不遗鄙贱，终以浚为可教，则庶几获偕宾客后乘时，一进见于馆下，以幸道义之余诲。虽辱荐嘉命，不克谨承于今，而寒微之踪，固犹出门下。他日，苟可效心毕力，以报国士之知者，敢不自竭伏。惟阁下原其悃愊，非诡辞为解也。曲赐昭亮，而容允之冒渎，钧严无任，皇灼俟命，之至不宣。

（《香溪集》卷十八）

代贺富枢密启

伏审显跻秘职，光辅洪枢，涣汗风驰，欢声雷动。恭以某官，高华大阀。赫烜英称，士推韦康之渊宏；实伟世器，帝谓魏謩之谠切。真名臣孙，款奏论于合中，执宪刚于毂下。亟任本兵之重，方膺注意之隆。然当强敌横骄，频年大入，虔刘上国，燖剥生人，掠地覆军。讵伊攘却，绝江并海，无或谁何。边阃未有奇胜之兵，帷幄靡闻伐谋之论。九重北顾，仰贻尝胆之勤；四海南奔，怅切息肩之念。正须疏凿，力拯横流，有能竭忠节，以赞皇猷。于斯时也，将必刚主威而隆王室，其在公乎？内除飞扬跋扈之奸，外御暴勃凌纵之敌，竦戴上圣，图回中兴。正位鼎司，勒勋金册。

某甫脱巾而筮仕，尝披雾以修容。埏冶既开，窃幸三熏之大赐；云龙胥庆，欣逢一遇之荣观。

（《香溪集》卷二十）

次韵富修仲见赠二首

故人欣面欤，令我得眉伸。意有千金重，诗无一字陈。清规看后裔。贤业想前人。会续安边策，何当谒紫宸。

幽栖长懒放，野性耻浮沈。避俗真成僻，居山恨不深。感君来辱意，契我愿交心。但愧琼瑶赠，才枯欲嗣音。

（《香溪集》卷四）

林之奇

林之奇（1112年—1176年）：字少颖，号拙斋，福州侯官人。

医说赠孙楚士（节选）

乃遇威敏孙公之曾孙，邻几其名，而字楚士者，深于医者也。邂逅余于温国司马端行同寮之室，问余之疾状，而得余证于颜面之间，以诒韩国富子立曰："噫，固非得于风寒湿者也！是故在吾书中，而诸医偶未之察耳。人之血气，如天道之旋斡，盖一日而一周焉。久于端坐。而不时运转，则荣卫凝滞，而不得骋手足。扞格而不为用，则此疾之所由来也。"

（《拙斋文集》卷二十）

韩元吉

韩元吉（1118～1187），字无咎，号南涧，河南人，宋代词人，儒者。绍兴二十八年（1158）曾为建安县令。隆兴间，官至吏部尚书。乾道九年（1173）为礼部尚书出使金国。淳熙初，曾前后二次出守婺州，一次出守建宁。后晋封颍川郡公。平生交游甚广，与陆游、朱熹、辛弃疾、陈亮等当代胜流和爱国志士相善，多有诗词唱和。著有《涧泉集》《涧泉日记》《南涧甲乙稿》《南涧诗余》等，存词80余首。

送富修仲序

某尝读史，自汉而下，其称循吏者，县令实居其半。又尝观国朝诸公铭传，其贤德勋烈，号为名臣，而身试为县者，十亦不下七八。私窃独怪离乱以来，士大夫其视为县望望然，不啻如蹈水火，其不得已而居之，则甚于堕陷穽，触网罟，引领求救之不暇。幸而至于终，更则又如弃虮虱之衣，弛千钧之负，举手相贺，而不敢自以为能。

夫距汉则远矣，岂国朝之事，相去才数十年，而士风如是之不同哉！及某滥为县于此，然后始悟其由。盖古之所谓循吏，不过洁廉以为资乐，易以为政，平其狱讼，而拊其茕嫠，以字其民而已。租赋之外，未尝语财也。今于是数者，一切不问，其所先务，帷治财为然，而条目甚繁。朝会甚亟，多出于租赋之外。一物有缺，令则以不任职去，烦言或生，亦以擅兴获罪。故为今之官者，莫难于令朝廷。谓其难也，立法以驱之，俾凡自选，而更其秩者，必为县而后用。夫谓其难者，善矣。而不究其所以为难，岂亦议者未之思欤？

雒阳富修仲，尝为县者也，而复为贰于乌程。以他人视之，宜有不得用之叹，修仲乃愉然奉其亲以往，是亦举手相贺，而不敢自以为能耶。盖修仲之为县，其于洁廉乐易，平狱讼，而拊茕嫠，信有余也。而于世俗之所先务者，常有不忍之意，与予同病。今修仲久已释千钧之负矣，而予方引领于陷穽。故其行也，姑诵此以为赆然。

乌程距天子都会不二百里，在今畿甸，以修仲之敏于学而赡于文，济以循吏之政，其将用于时，无疑矣。使修仲而得用，庶几可以究为县之难，以复于上而革之。则异时书于信史，亦足以继诸公名臣之后也。

（《南涧甲乙稿》卷十四）

富修仲家集序

雒阳富槱，字修仲，文忠公四世孙也。幼孤，长子。伯父枢密公季申，以其恩入官。好学敏锐，自其少年，诗语、字画则已过人远甚。士大夫游富氏之门，皆知其为令子弟也。既壮，为他文，辞益赡，又刻意进士，举累荐于漕台，上官一见辄器爱之，争俾任其笺奏。虽其伯父亦谓："其可世吾家也。"既更京秩，试一邑，贰一州，得守军垒而遽终。莫不叹而惜之。

其二子集其平生所为文，以示予，曰："先君之交，君其厚者，愿为之序引，以藏于家。"予于是惕然而惊，恤然而感，曰："曩予与修仲昆弟同寓于闽，访僧庐，游名山，把酒赋诗，追逐上下，今犹多见其文字，独修仲不可见矣！其文实可传焉，可不为之一言。虽然，士之所不得自用者，才也，所抱者，志也。才之用否，系于时与命；而志之所尚，非文字安能发之。修仲先世之勋业与才之所可用，一见于天子，而不获尽于一州。年才五十，则命之奇，无可言者。然其事亲极于孝，兄弟极于友爱，交朋之间，乐易而无忤，至其趣向、所守，则端正而不颇。遇先达名辈，每汲汲咨问其作文之法；见当路贵人，率告以天下之利害。未尝为其身谋，则其志为可知。其为文与诗，则平淡简远，不为世俗镂镵奇崛之态。盖皆自其家学，好事者因其文集，而探其志，则修仲庶其不泯，岂独传于其家而已哉！"

淳熙丙午八月颍川韩某序

（《南涧甲乙稿》卷十四）

诚身斋铭（有序）

河南富子立，以"诚身"名其斋，而征诗于韩子。韩子曰："吾诗不必为也。诗以达情，而以论道。"吾惧其几于释老，盍试为之铭？

"夫子思、孟轲之说学者，日诵而易之，故必即异端以求道，不则其趋。□（疑即澹）如其居，颒如色以为容，择然后言，欲致其诚者，试以事，则无施焉。君子之于道也，将以成天下之务，非独为是槁木死灰然也。譬之水焉，其有序止也，可以观万物而行也，可以利万物，吾子其勉之哉！"

铭曰："老佛肆行，群心曰盲，置生问死，土木偶形。敝基诸儒，白首抱经，弗析厥理，虚文第程。何以救之，曰身是诚，诚久而著，道将纵横，放诸四方，如权遇衡。圣人之运，实侔于天，惟天不言，万物故成。君子反身，盖复其原。匪诚能天，以天道名。水流在川，无或不盈，子能终之，天下可平。"

（《南涧甲乙稿》卷十八）

杨万里

杨万里（1127—1206年），字廷秀，号诚斋，吉州吉水（今江西省吉水县黄桥镇湴塘村）人。南宋著名文学家、爱国诗人、官员，与陆游、尤袤、范成大并称"南宋四大家"、"中兴四大诗人"，官至宝谟阁直学士，封庐陵郡开国侯，卒赠光禄大夫，谥号文节。

上富枢密生辰诗

尝闻郑公声迹留契丹，忠义肝胆人所难。生民莫识兵革面，坐令中国如石盘。英灵钟禀固有异，端拜而议独胆寒。在天景星地朱草，无乃嘉瑞之郁蟠。郑公遗范后必大，飞木架学馨苑兰。朝廷搜猎不待次，枢柄足办谈笑间。幸令天下已妥帖，梦寐聊以寄东山。小春桃花破红蕚，和气帘幕风轻帆。降嵩孕昂掩周汉，酒杯潋滟香初阑。复闻五福一曰寿，但愿膺此比鹤鸾。亟随环召归禁密，发挥事业安尘寰。

（《五百家播芳大全文粹》卷八十七）

叶适

叶适（1150—1223），字正则，号水心居士，祖籍处州（今丽水地区）龙泉县，曾祖叶公济时方徙居瑞安。南宋著名思想家、文学家、政论家，世称水心先生。其代表的永嘉事功学派，与当时朱熹的理学、陆九渊的心学并列为"南宋三大学派"，对后世影响深远，是温州创业精神的思想发源。著有《水心先生文集》《水心别集》《习学记言》等。

故通直郎清流知县何君墓志铭

何君名瀹，字叔禹，处州龙泉人。其为南城簿、明州造船场，皆以忧不任事。后自温州司理、绍兴府北较务六年，而用荐者知清流县。开禧三年八月十五日卒于官，年五十六。先是，夫人富氏殁三年矣。嘉定元年十二月十九日，合葬于北里山。子一人，曰处权，转运司发解进士女之夫，曰张希颜。

君门地贵重，盖太传、清源郡王执中曾孙，徽猷阁待制志同之孙也。父佃，官差减，犹奉直大夫。然君自待如寒人单士，未尝以势加物。居官明恕，必举职而不为苛暴，尤恬淡远于声利，群从多已显，而君故常调，泊如也。将往清流，值淮北既交兵，众劝无行。君曰："遇患不避，义也。"州檄县馈，军前独君能至，全椒、来安不至也。既而宿、寿两将遁走，溃卒聚滁河无食，噪且乱，君以戍兵粮贷之，得免。敌决逾淮，吏焚廪弃积而南，或又因以为利君，独携口券、马草钱五十余万归之总司。守怒，扣空箧强拘之，总为诮谕，乃已。敌退，守与郡僚，留金陵沙上卖酒，不敢返。君挺身坐黄悦村，招散民种稻，趋刈麦昼夜。暑湿，中遂得疾，县人赖君方再造，皇恐扶舆，医建康，冀其愈，竟不起，哭而去。

悲夫！自复仇之议出，余固恳恳论奏，谓须家计牢实，彼必不可以进，而后我可以不退。且盟约久定矣，必彼先破坏，而后我徐应之。不然，前直掩而较，后曲藩墙扰，则堂奥摇矣。执事者不审，轻动妄发。未几，勇怯俱弊，使据正守义如君之贤者劳苦困极，而不得以老死。故其丧归，乡人迎之，无亲疏贵贱皆蕢涕雪泣，非特其恩厚素感于人，亦以君仕不逢，失其常所，而痛惜之也。

呜呼！非有述于后，则何以著君之志，而塞其子孙之哀？宜处权请之勤也。铭曰：

"身都子男兮家相门，往而不还兮堕时纷，故园有茹兮溪有缗，魂乎归徕兮无怨呻。"

嘉定八年十二月日。

（《水心集》卷二十一）

元代

郑元祐

郑元祐（1192—1364）：遂昌人。至正间，除平江路儒学教授，移疾去，遂流寓平江。后擢浙江儒学提举，卒于官。著有《侨吴集》十二卷，《遂昌杂录》一卷。

吴江甘泉祠祷雨记

吴概以水为国。东出而为吴江，其为州郭低洼，人烟聚落于浦溆之间、洲渚之上耳。州既左江右湖，云涛烟水，其为神龙之宫，灵怪之宅，尚何异哉？自非神龙以著灵，而人托龙之庥以为命，则其四封之内，呼吸而沼之者，顾何难哉？州之东行，涉江湖而为桥者相望，独第四桥之下水最深，味最甘，色湛湛寒碧，唐陆羽尝品第，入《茶经》，则其异于泉水也必矣！世传有龙居之，州人即其桥之北、水之中沚建祠以享龙，谓之"甘泉龙王祠"，其来盖甚久矣。

至正三年夏，大旱，田禾焦然就槁，民心皇皇无赖。时高昌雅理公为州达噜噶齐，忧心恻然，乃捐己俸市香烛，宿斋戒，躬致情词于昭灵观道士富恕，乞为将诚吁天。而公率僚幕胥吏之属，悉徒跣，谒龙于祠下，再拜稽首，为民请命。富君乃用其教法役神，召龙炼铁缺符投桥。水符才入，而雷殷殷自水起，去云四垂，雨即随至。公忽惊且喜，以手加额曰："神明不远如此哉！"船迎龙漫至州署，有赤鲤跃入公舟中，公命僮捧纵之，波雨雾沱告足，即昭灵设醮谢。比竣事，复迎牲祠下，合乐大缝，以苔龙神之灵贶，是州遂成有年。

于是州之人欢然曰："吾州依龙以为命，故水旱必祷，然未有若我公诚心恳至，一念之顷，神人孚合，其向应。盖若执左券交相付者，其故何哉？"遂昌某晓于众曰："若知公尝为泗州长吏乎！天久雨，泗之民将为鱼公笺词，请于上帝。词有曰：'甘减一年之寿禄，愿起百姓于泥涂。'词焚而雨，霁然。则公之惠政，爱民至不惜身命有如此尔，民亦知之乎？"于是州之民悉公之心，戴公之惠，恃公以为命，有在矣。作祷雨感应以记之。

（《侨吴集》卷九）

挂蓑亭记

宋丞相富文忠公其子孙渡南而散处者，往往有之江南入职方故家，遗辙往往寄迹于释老异教，而公之诸孙曰"紫微"者，遂为道士于吴江之昭灵观。为屋不百楹，而神明偶像居什六七。州境既狭，而紫微又不乐与凡构接，恒飘飘有凌云之思，谢去而未能。乃于州东雪滩之上结一亭，甚隘，覆以绿莎，仅庇风雨，婆娑俨然一襄之悬也。遂扁曰："挂蓑。"盖将与三高神游，意犹未足，则又绘《仙山访隐图》置于中，若将寻真蓬莱，访其师安期羡门于云海之上，以究竟黄老之说，而成遐举之愿也。

某与紫微方外友也，乞记于图之左，为之说曰："神仙有无不可知，然自秦以降，世主每甘心焉。使诚有之，其神灵长年变化于兆朕之表，奚必山林、岩壑之间哉？岂山林、岩壑幽闲深阒，人迹罕到，仙者乃始乐居。世固有高世遁迹之士，胶其光而不耀，郄其名而弗居，俯仰以自乐，优游以终老，则山栖树巢，不厌深密者，古盖多其人，未必一一皆然也。概亦隐者之流耳。夫隐者如沮溺、荷蒉之徒，虽圣人不能语之化，其卓识远见，世盖有不得而闻者。今岂无其人乎？紫微访而得之，某虽老，尚将从而究问焉。"

（《侨吴集》卷九，《吴都文粹续集》补遗卷下）

明代

1.刘麃

浯溪八咏并序

芝田鹤山之北，浯溪之水出焉。溪之两岸有著姓富氏，其先故宋太师河南郑国公之苗裔也。有济川、澄川其字者，文雅好诗辞，掇其山川景雾之美者为八题，征诸士君子以咏其胜，闲闲子为之赋八绝云：

峭峡春涛

前溪怪石倚嵯峨，峭峡无风自作波。昨夜雨余春水足，桃花浪暖鲤鱼多。

杨州晚照

野气凝阴天欲暮，汀洲烟景夕阳微。苍茫风外垂杨树，无数闲花学雪飞

· 336 ·

古洞晓云

浯溪溪上洞中天，时有祥云起石根。鬼女晓来神变化，白衣舒卷净无痕。

层峦暮雨

夕阳西去已黄昏，天外轻云锁翠峦。涧底小龙腾未远，一帘微雨过林端。

溪坞晴岚

树色波光淑景赊，雨余岚气绚晴霞。渔郎溪上幽居处，春雨迷茫第几家。

渔矶霁月

一雨枝头春水平，黄昏稍霁月华升。忘饥（机）妙有垂纶叟，犹自披蓑学子凌（陵）。

竹迳暝烟

幽居溪上两三家，曲径疏篁景最佳。水色幽临山色暝，轻烟一抹自横斜。

松坡残雪

丰年瑞雪雪何多，解冻东风喜渐和。几日晴晖消不尽，尚余残玉满松坡。

恒斋诗并序

吾友富君韫城，以恒名斋，夫恒常久不息之谓也。易曰："雷风相与恒巽而动，刚柔皆应，君子贵在贞上则利有攸往。"今韫城生于世家大族，遭时变更而能读书知德，甘处寂寞之滨以致命，遂志不失中正之道，将见悔亡朱市方来，以复其始，而为吾道之光也。因作恒斋诗以致期望之心云耳：

天地运不息，阴阳迭刚柔。圣贤道靡穷，盛德贵口常。四时更代谢，日月长辉光。泰岱高不移，郁为天下望。川流无停波，浣海斯汪洋。所以君子人，乾乾以自强。富君韫城氏，世家名括苍。少小志儒术，学业超乡邦。遭时鲜所遇，分守知退藏。斋居以恒名，始终示不忘。沧桑从变迁，吾心岂炎凉。谁谓鹪鹏鹏，甘逐燕雀翔。谁谓汗血驹，勿克驰康庄。大运有如此，勉旃宜自臧。勿为利禄摇，勿为名势惶。息心守吾庭，常道以自匡。彝伦苟攸叙，闻望目以彰。忠信建间里，行将播四方。伫看风雷作，利往期庙堂。

为富澄川题葡萄园

人皆尚丹青，我独爱水墨。丹青事五彩，水墨意气得。画师亦无数，挥洒罕奇特。
葡萄大宛种，广利移中国。张骞破西羌，手种黄白黑。直方品群果，列次第五植。
汉武邀王母，以之酿琼液。元忠献世宗，百缣酬惠泽。杏林王仲昭，兹图久珍惜。
澄川郑国裔，友爱情谊积。特寄隔山岳，蛟龙下空碧。飞腾蜷局闲，珠玑粲筵席。
嗟嗟世间人，何须重颜色。君子与小人，所尚岂同迹。气味有清浊，悉各以类易。
宁知玩好闲，亦足以观德。作诗咏葡萄，聊作置虚壁。

以上俱见《现代谱》

2.《景泰谱》文献

见附录第一部分第二章。

清代

李光地

李光地（1642年—1718年）：字晋卿，号厚庵，别号榕村，福建泉州人，清朝著名清官、理学名臣。康熙九年（1670年）进士，历任翰林编修、吏部尚书、文渊阁大学士等职。曾协助平定"三藩之乱"、"统一台湾"。著有《历像要义》《四书解》《性理精义》《朱子全书》等书。

礼部右侍郎富鸿基墓志铭

康熙三十一年七月十四日，通奉大夫、礼部右侍郎、兼翰林院学士、加一级致仕云麓富公，以寿卒于家。其孤长公中琰，伤痛灭性，至情闻远近，既以讣请铭于子。子于长公渊也，而素所感服，师式惟公，不敢以不文辞。乃次公之世族、官爵，与立朝居乡始终之大节，合而志诸其墓，而且铭之。

公讳鸿基，字盘伯，云麓其号也。先世为吴之毗陵（按：今江苏省常州市）人，始祖以明洪武时从军入闽，遂为闽之晋江人。八世以上家谱毁于火，其详不可录。自八世下，至公祖惠我公，笃行力学，以至孝闻。公父观曙公，举于乡，为教授，有潜德实行，乡人称长者。祖父赠如公之官。

公为观曙公长子，生之夕，光满室中，头角峥嵘起两角，母夫人手摩之久，隐隐始渐平。

公为人孝友，出于天性，姿禀端亮醇直，有刚毅果断之操，人不可干以私，而已亦不屑屑然求苟合于当世。幼精举子业，补弟子员食饩。顺治辛卯副榜甲午，领乡荐，戊戌，以高第捷礼闱。其所历之官，则起庶常授编修，升侍读侍读学士，充日讲起居注官，又迁内阁学士。其所更之职，则己亥分校礼闱纂修《玉牒》，丙午典顺天武闱试，纂修《世祖章皇帝实录》，修《太宗文皇帝实录》，又为实录总裁。辛丑、庚戌两丁外内忧。终乃迁礼部右侍郎。凡仕两朝，垂三十有六年，遂以病乞休而归老田间。凡十载。

公之为庶常也，习满汉正音，喉舌间毫厘能悉辨，工清书。世祖章皇帝御试，置第一礼闱，分校所拔人材，称最盛。已未、壬戌两知贡举，严锁□之禁，尤痛惩誊录谬误者，闱中积□，为之一清。公退食则简默，无一语及朝廷事，亦不喜谈人是非，口讷讷似不能言者。至盈庭聚议，则持正论不激不靡，必抒其所见，其言曰："会议者，将以上对君父，下关国计民生，吾竭吾诚焉而已。人之喜怒事之成否，岂所计哉？"故刑部尚书环溪魏公，常语人曰："吾见会议，班中胸次洞达，无纤微私意者，惟云麓先生而已。"

功令大臣得与保举。尝有暮夜持金相动者，公峻拒之。所举两江总制北溟于公，卒为藩辅名臣。于公曾以知己来谢公，公曰："进贤乃国家之公，何敢私为德也？"致仕大学士武定李公为总制，时颇有吏议，公昌言谓李公："东南保障，动系安危，异日国家辅弼之选，不宜吹索疵瑕不释。"盖公议论行谊，清直不阿，皆此类也。

先是，观曙公疾，公在京心动，假归，奉汤药仅两月，而观曙公弃世。公擗踊哀号，水浆不入。丧葬不用浮屠，悉斟酌古礼行之，近世士大夫自公始也。及母夫人卒，讣闻京师，以不及奉饭含，哀毁加甚。平居事其叔如父，爱弟之情，逾于己子，推广恩义，以及于族之人。既乃构家祠，率族属，春秋行一献礼。盖公之天性敦笃，拳拳本源如此。

致仕家居，屏迹杜门，虽乡人不得见面。今大司马秀水杜公，与公为同年，交善，适奉命入闽，过公里，趋□公。时冒雨至门，冠盖尽沾湿，而公以疾谢。杜公强入，直步至卧所就榻，与公语，伏枕而见之。或达官造，请公身数以往，公数以辞。至忿忿作色，公亦不顾。

吾乡自明季文敝，学者离经破体，穷极怪神。公出而谈程朱之理，所为文深厚明粹，轨步先民。独自振拔于滥觞之余，盖彬彬乎大雅未坠也。

丁卯，太皇太后宾天，公力疾兼程，哭临跋涉而归，于是病愈惫，越三四年不起。

昨者，公年七十，予以文寿公，谓公去国八载，舆论益孚，虽薄流贪夫，语及公皆肃然动色。今圣天子方□忠厚之化，擢用旧德，公必将特起，为天下用。即不然，而清望峻节，有以潜化州闾。海内知其名者，无不心仪行式。公之关维世道，禆赞休遇，盖未遽也。晚出无幸，典型其萎，实维乡邦之吊。虽然，公之学之行，于朝于家，磊磊无怍，而平生恩遇始终，贤嗣克世。盛德飨报，公盖可以无憾矣。

公生于天启六年七月二十四日丑时，卒于康熙三十一年七月十四日寅时，寿七十有二。元配诰封夫人苏氏，先公卒二年，葬于晋江三十六都住头乡之原，坐壬而揖丙，虚左圹以待公。公有子七人云云。将以康熙三十二年十一月二十一日辰时启殡，亥时下窆，与夫人并穴合葬焉。铭曰：

"公之诞降，惟前辛酉。海波渐腾，芽蘖群丑。倚仗循环，乱端治首。公生其时，岂曰或偶。公为文章，光明醇厚。革变浇讹，权如反手。公立朝端，谠言不苟。人否公臧，人可公否。退而居乡，瓶封其口。世际休隆，干枢坤纽。偃甲包戈，截彼九有。公卧林皋，为国黄耇。厚德熏蒸，俗跻仁寿。公之精灵，造物与友。或峙为山，或灿为斗。閟诸幽宫，斯铭不朽。"

（《福建通志》卷七十三）

李厚庵

生平不详。

富鸿基传

富鸿基，字盘伯，号云麓，晋江人。顺治甲午举人，戊戌进士，选庶常。习满音，工清书。己亥御试第一，授编修，分校礼闱。升侍讲，与修《玉牒》。假归省觐，丁外艰。服阕，起原官。迁侍读，升侍读学士。丙午，典顺天武乡试，纂修《世祖章皇帝实录》，丁内艰。服除，迁内阁学士兼礼部侍郎，充日讲官起居注、纂修《太宗文皇帝实录》总裁。

甲寅，耿、郑之乱，窃踞闽中。相国李光地时为编修家居，密疏陈贼可取状；请王师由赣抵汀，乘虚而入。疏既具，而道梗不通；遂以蜡为丸，置疏其中，遣家人间道微行，经年乃达京师。阁中以人自远来，虚实未知；虑有变，拒不纳。鸿基曰："孤臣效忠，出万死为国家图东南半壁计，奈何坐失机宜！吾当以全家百口保之。"即日代奏，圣祖大喜，出疏遍示满、汉诸大臣，辄予施行。丁巳，王师入闽，康亲王先遣令旗护鸿基眷属，阖门安堵。是秋，进礼部右侍郎。持节祭忠勇王海澄公黄芳度，特恩便道省家，为从古未有之宠遇。还朝后，己未、壬戌两知贡举，锁院积弊为之一清。

以病假，再疏陈请，谓："公署非养疴之地，卿贰岂卧治之官！"蒙俞（谕）旨，病痊补用。归家十年卒，年七十二，赐葬、谕祭。

鸿基持身严重，力挽浮浇，所行多酌古礼，居丧独辟浮屠。少小时，当明季文弊，穷极神怪之余，首为程朱经学、钱王文法。后习虽屡变，然郡人士至今知正学而诵守者，实鸿基倡之也。性惇厚，不轻论人是非；至盈庭聚议，则谠正不随。刑部尚书魏象枢每语人曰："吾于会议班中见其胸次洞洞、无夹带一物者，惟云麓先生而已。"里居，有司未尝得面。同年友大司马秀水杜臻奉命过泉，冒雨至门，直入卧室；乃得与语。然终以病，谢不报谒刺。其洁谨自守类如此。

所著有《日讲四书》十六卷、《诗文集》四卷，藏于家。子中、琰、采。

（《泉州府志》卷四十五"人物列传·国朝列传一"）

王士禛

王士禛（1634—1711）：山东新城人。清初著名文学家，其诗与钱（谦益）、吴（伟业）、朱（彝尊）齐名，号称"清初四大家"。其所倡导师的"神韵"诗论，对当时及其后的诗歌创作产生过重大影响。

同杨尔茂、富盘伯两宗伯，李湘北阁学，
张素存宫庶，信初侍御游摩诃庵二首

西院枕回溪，青山满高阁。祇园天气佳，苔砌余红药。鸟如迦陵响，梵是鱼山作。微雨忽来过，纷纷几花落。

东院更幽绝，苍苔引深处。修篁蔽帘栊，风声在高树。怳惚思旧游，缱绻未能去。谁赋洞庭诗，清如杼山句。（东院壁间有僧题诗云："图画当年爱洞庭，波心七十二峰青。而今高卧思前事，添得卢师倚石屏。"）（《精华录》卷三）